东吴哲学文丛
丛书主编 李兰芬 邢冬梅

李兰芬 ● 著

国家"十二五"重点图书出版规划项目

百年中国马克思主义伦理思想研究述要

百年学脉折射时代变迁
论题交锋彰显中国道法
人物思想构筑精神家园

苏州大学出版社

图书在版编目(CIP)数据

百年中国马克思主义伦理思想研究述要 / 李兰芬著
.—苏州:苏州大学出版社,2015.5
(东吴哲学文丛 / 李兰芬,邢冬梅主编)
ISBN 978-7-5672-1313-5

Ⅰ.①百… Ⅱ.①李… Ⅲ.①马克思主义－伦理思想－研究－中国 Ⅳ.①D61

中国版本图书馆 CIP 数据核字(2015)第 099011 号

书　　名	**百年中国马克思主义伦理思想研究述要**
著　　者	李兰芬
执行策划	李寿春
责任编辑	许周鹣
出版发行	苏州大学出版社
	(苏州市十梓街 1 号　215006)
印　　刷	苏州工业园区美柯乐制版印务有限责任公司
开　　本	700 mm×1 000 mm　1/16
印　　张	23
字　　数	425 千
版　　次	2015 年 5 月第 1 版
	2015 年 5 月第 1 次印刷
书　　号	ISBN 978-7-5672-1313-5
定　　价	60.00 元

苏州大学版图书若有印装错误,本社负责调换
苏州大学出版社营销部　电话:0512-65225020
苏州大学出版社网址　http://www.sudapress.com

总　序

　　出版"东吴哲学文丛",不只是为了展示既有研究成果,更是为了表达一种哲学探究的愿望和谋划。恰似苏州大学的校训:"养天地正气,法古今完人。""东吴哲学文丛"关注的不是某一个具体的哲学问题的研究,也不是某一哲学领域、某一哲学流派、某一哲学时代的探讨,"东吴哲学文丛"意图呈现东吴哲学一种多元并存的哲学视野、一种"凸显问题意义、淡化学科分野"的思维路向、一种哲学共同体的学人情怀。

　　当今世界是一个高度复杂与多元重叠的世界。我们进入了相较以往更突出的东西文化冲突且交融、共生且纷争的时代。身处其中的中国哲学人,获得了相对于以往更开阔的全球性视野来回溯和前瞻、反思和建构与人类历史、与现实密切相关的理论主题。"东吴哲学文丛"就是在这样一个语境中产生的。

　　"东吴哲学文丛"的作者以苏州大学哲学一级学科的学者为基础,开放性吸纳秉承东吴哲学研究理念的其他学者的著述加入;"东吴哲学文丛"的论著主题和内容基本涵盖所有哲学层面的论题讨论和反思,开放性吸纳新锐以及其他学科论题的哲学辨析;"东吴哲学文丛"的未来关注走向会更明显地凸显全球性视野下的中国问题和中国思考,开放性地将中国思考建设性植入世界的现实文化。

　　从东吴大学算起,苏州大学已经走过110多年的历程;苏州大学的东吴哲学在时代蹉跎与变迁中,在与社会的政治、经济、文化环境的碰撞、纠结、融合中,努力实现超越。"东吴哲学文丛"是苏州大学哲学学科和哲学研究的多面走向的一个出口,也是寻求哲学交流、哲学合作、哲学发展的一个路径。

　　经过几代人的努力,苏州大学哲学学科形成了"一体两翼"的研究格局、"兼容并蓄"的地域特色和学术风格以及"多元互动"的跨学科发展路径。在新的起点和平台上,哲学学科全体同仁携手耕耘教坛、学苑,谱写哲学发展新篇章。"东吴哲学文丛"将努力成为这种发展路径和平台的一种指征。

李兰芬　邢冬梅

目 录
Contents

导论　发掘和传承中国伦理思想的理论资源 / 1

历 史 篇

第一章　马克思主义伦理思想中国研究的引介与传播期（1919—1949）/ 10

一、马克思主义伦理思想在中国传播和形成 / 10

二、马克思主义伦理思想在中国传播和形成过程中的各种伦理论争 / 12

第二章　马克思主义伦理思想中国研究的建构与争辩期（1949—1978）/ 22

一、社会主义建设道德——毛泽东伦理思想的发展 / 22

二、马克思主义伦理思想中国化曲折发展阶段的重大道德理论论争 / 26

第三章　马克思主义伦理思想中国研究的反思与复苏期（1978—1991）/ 35

一、邓小平伦理思想：新时期马克思主义伦理思想的探索成果 / 35

二、马克思主义伦理思想中国化成熟阶段的重大道德理论争鸣 / 40

第四章　马克思主义伦理思想中国研究的对话和拓展期（1991至今）/ 48

一、马克思主义伦理思想研究的纵深发展 / 48

二、关于马克思主义伦理思想的继承和发展问题的学术争鸣 / 50

三、以德治国和公民道德建设问题 / 56

四、中国梦与信念伦理问题 / 57

论 题 篇

第五章　马克思主义道德本质问题 / 66

一、马克思主义道德本质观在中国的历史演化 / 67

二、马克思主义道德本质观中国化研究基本内容 / 72

第六章　道德的阶级性、继承性问题 / 76

一、马克思主义伦理思想传入时期对道德阶级性、继承性的论争 / 76

二、20 世纪 60 年代对道德阶级性、继承性问题的论争 / 81

三、20 世纪 80 年代对道德阶级性、继承性问题的论争 / 84

四、20 世纪 90 年代对道德阶级性、继承性问题的论争 / 87

第七章　婚姻、家庭、妇女贞操、爱情伦理问题 / 91

一、对传统家庭伦理的批判与清算 / 91

二、新趋势与新挑战 / 98

第八章　为人民服务 / 104

一、为人民服务思想的确立与发展 / 104

二、为人民服务的科学内涵和实现方式 / 114

三、为人民服务与集体主义的关系 / 116

四、为人民服务与市场经济 / 119

第九章　革命的功利主义 / 123

一、毛泽东的"革命的功利主义"思想 / 124

二、市场经济条件下的功利主义问题 / 129

第十章　人道主义 / 137

一、五四时期的人道主义思潮 / 137

二、改革开放初期的人道主义思想 / 140

三、20世纪90年代以来的人道主义思想 / 143

第十一章 爱国主义 / 147

一、1919年至20世纪30年代初的爱国主义和爱国运动 / 149
二、20世纪30年代至1949年新中国成立期的民族爱国主义与人民民主主义的统一 / 154
三、新中国成立以来爱国主义与社会主义的统一 / 158

第十二章 集体主义 / 169

一、集体主义百年研究综述 / 169
二、集体主义的合理性研究 / 176
三、集体主义模式研究 / 182
四、集体主义发展趋势研究 / 183

人 物 篇

第十三章 劳工神圣：李大钊伦理思想 / 188

一、道德的本质和作用问题 / 190
二、革命的共产主义人生观问题 / 194
三、自由人格的培养问题 / 198
四、婚姻、家庭道德以及妇女解放问题 / 201

第十四章 伦理的觉悟：陈独秀伦理思想 / 203

一、对道德概念及其功能的理解 / 204
二、对道德本质及其规律的认识 / 206
三、"伦理的觉悟" / 209
四、自利与他利相结合的功利主义思想 / 210
五、重视人的完全发展的人道主义思想 / 212
六、爱国主义思想 / 213
七、婚姻家庭伦理观 / 217

第十五章 为人民服务：毛泽东伦理思想 / 220

一、道德的本质 / 221

二、全心全意为人民服务 / 224
三、集体主义思想 / 228
四、婚姻、家庭、妇女贞操、爱情伦理思想 / 231
五、无产阶级革命功利主义思想 / 234
六、爱国主义思想 / 238
七、道德的阶级性、继承性 / 243

第十六章　修养文化：刘少奇伦理思想 / 248

一、生产过程中的道德原则问题 / 248
二、共产党员的道德修养问题 / 253
三、无产阶级的集体主义思想 / 258
四、人生观问题 / 259
五、道德的继承性问题 / 261

第十七章　奉献精神：周恩来伦理思想 / 265

一、集体主义思想 / 265
二、为人民服务思想 / 266
三、共产主义人生观 / 269
四、共产主义道德修养观 / 271
五、道德的继承性 / 275
六、政治伦理思想 / 277
七、由"泛道德主义"到"伦理化人格" / 279

第十八章　建设社会主义的精神文明：邓小平伦理思想 / 281

一、经济与道德的关系 / 282
二、集体主义思想 / 284
三、坚定共产主义信念道德 / 287
四、为人民服务思想 / 288
五、爱国主义思想 / 294
六、功利主义思想 / 298
七、加强社会主义道德教育 / 304

第十九章　以德治国：江泽民伦理思想 / 307

一、对物质利益和道德关系的阐释 / 307

二、对爱国主义、社会主义、集体主义的论述 / 310
三、对革命功利主义思想的新发展 / 314
四、对社会主义人道主义精神的理解 / 315
五、生态伦理新思想 / 316
六、民族精神与人的全面发展 / 318
七、以德治国思想 / 319

第二十章　批判旧道德宣传新道德：周原冰伦理思想 / 322

一、共产主义道德思想 / 323
二、马克思主义道德科学的基本问题研究 / 327
三、道德的阶级性和继承性问题 / 332
四、对集体主义道德原则的认识 / 335

第二十一章　马克思主义伦理思想的学科化：罗国杰伦理思想 / 338

一、对马克思主义伦理学理论体系的探索 / 340
二、对集体主义和爱国主义道德基本原则的认识 / 342
三、对中华民族传统道德的批判继承 / 345
四、对社会主义市场经济道德的探索 / 349
五、对家庭伦理道德思想的关注 / 353

后　记 / 357

导论　发掘和传承中国伦理思想的理论资源

　　回顾百年中国马克思主义伦理思想研究的历史发展和思想变迁,对于促进中华民族伟大复兴的中国梦具有重要的理论价值和实践意义。经济发展和技术进步构成党的十八大勾画的"两个一百年"以实现中华民族伟大复兴中国梦的硬实力,执政者的担当意志、社会的良好风尚和公民的道德素养则构成其具有决定性意义的软实力底蕴。如果把"中国梦"比作一棵树,前者是显性的树干枝叶部分,后者则是隐性的基础和根系部分。如果把"中国梦"比作一座城市建筑物,前者是地面的房屋、马路和相关风景,后者则是盘根错节于地下的基础管网。换句话说,只有经济发展和技术进步,还不能支撑起"中国梦"的全景性蓝图。"中国梦"不仅是经济发展的小康社会,也要更多地关注人文精神、道德品质和国民素质的培育。因此,推进"四个全面",实现两个"百年"奋斗目标,必然呼唤"公民道德建设",以垒砌助力中国腾飞的"精神跑道"。只有当国家公民对一些基本的道德准则和道德信念达成认同和共识时,中华民族伟大复兴的中国梦才能获得其正当性、合法性和影响力的社会支持系统。经过三十多年改革开放造就的经济高速发展、财富总值迅速增长、已步入中等收入阶段的中国,如何调整或协调利益分配格局,使社会发展步入一个既保持发展效率、又体现社会公平的良性进程;如何在慷慨陈词中国崛起、中国奇迹、中国震撼这一历史事实的同时,也能凝聚表达走向世界舞台和国际社会的"中国思想"、"中国价值"和"中国道德",这既是一个不可延缓或回避的现实课题,也是一个需要极其慎重和积极推进的过程。面对现实课题,发掘和传承百年中国马克思主义伦理思想研究的历史进程、论题交锋和人物代表,构成了本课题的文风结构和学术诉求。

　　道德因时代而发展,时代应道德而前行。纵观中国近百年来,革命、战争、社会运动跌宕起伏,传统观念与现代观念的撕扯,本土文化与西方文化的碰撞,尤其是市场经济的迅速变化,不同利益群体或社会阶层之间形成了不同的、甚至相互冲突的道德理想和价值评价尺度,人们负面社会心态不断蔓延,社会伦理秩序渐渐地由可控状态陷入"失序"风险。百年历史表明,道德既是社会革命的对象,也是现实变革所企依的手段。当"人们不得不在同一历史时刻经历中与西、古与今(或者新与旧)的道德观念,乃至文化理想信念的冲突,让我们的伦理学家不得不在古今中西的多种相互竞争、相互冲撞之间做出理论选择,对来自古今中西的各种道德理念或伦理学知识资源做出有效的回应"[1]。探寻中国百年来道德变革及其思想资源,尤其是马克思主义伦理思想资源,以平常心态看待我国社会各领域普遍存在的诸种道德问题,以反思和化解"为什么一个道德国度面临道德解体危机"(郑永年)问题,不仅是为讨论中国国家道德治理进行一种思想史的逻辑梳理,更是在新时代发掘中国伦理学发展的思想资源,促进中国社会文明进步的一种现实策略。

马克思主义伦理思想自"十月革命"一声炮响传入中国到现在,已有将近100年的历史。100年来,从李大钊的《我的马克思主义观》《物质变动与道德变动》等创始型、素朴性马克思主义伦理学论作到以罗国杰主编的《马克思主义伦理学》等为代表的体系化、学科化马克思主义伦理学论著,从五四时期的诸子百家到新时期全社会高扬社会主义精神文明,随着新民主主义革命、社会主义革命的胜利和社会主义建设实践的不断发展,中国人对马克思主义伦理道德思想的研究也从无到有、从低层次到高水平、从现象到本质、从一般到特殊(特色),经历了一个翻天覆地的变化。在这跌宕起伏、波澜壮阔的百年历史中,中国社会历经的由传统社会向现代社会转型之"三千年未有之大变局"至今仍在行进当中。伴随百年中国由传统社会向现代社会、农业社会向工业社会、计划经济向市场经济、工业化向信息化、区域化向全球化、知识经济初见端倪的伟大变革以及"大跃进"、十年"文革"、改革开放等一系列的跌宕起伏,马克思主义伦理道德思想在中国也历经了螺旋式上升与曲折式前进的发展历程,可以说,"在很大程度上,百年中国的伦理学研究同百年中国社会及其道德文化的递嬗流变是一致的"[2]。

1919年五四运动至1949年新中国成立,为马克思主义伦理思想在中国的传播阶段。这一时期,中国社会历史经历了深刻的变化,社会关系分化组合之频繁,各种矛盾相互交错之复杂,为几千年中国社会历史所仅有。社会的剧烈动荡与民族危机的空前加剧,直接引发了以"救亡图存"为目标的社会启蒙思潮的兴起,中国思想文化领域呈现出"百家争鸣"的态势,伦理道德思想领域内的争鸣也因之呈现出"百花齐放"的局面,各种伦理思潮方兴未艾。与此同时,各种伦理思潮之间又展开了旷日持久的论争。然而,各思潮都因不能科学诠释社会历史中的道德现象,未能认识和解决道德的内在本质及其

---

[1] 万俊人:《中国伦理学的知识状况》,《光明日报》2003年9月2日。
[2] 万俊人:《百年中国的伦理学研究》,《高校理论战线》2012年第12期。

规律诸多重大的理论问题,终为历史所摈弃。而以马克思主义唯物史观为哲学基础的马克思主义伦理道德思想却脱颖而出,它科学地解答了中国历史遗留下来的伦理道德问题,并与中国具体革命实践相结合,诞生了中国化的马克思主义伦理道德思想——毛泽东伦理思想。这一历史事件标志着马克思主义伦理学成功引入中国,同时也为其在中国取得主流伦理道德价值体系地位实现了成功一跃。

马克思主义伦理思想的引入并非一帆风顺,其间历经了复杂的斗争,这种斗争不但来自于马克思主义内部各派系,也来自于外部的其他种种伦理理论体系。科学的马克思主义伦理道德思想通过与内外两股势力的斗争和较量,使其科学性更加鲜明地呈现于世人面前,而腐朽错误伦理道德思想的本质则昭然若揭,人们对其反动本性也有了更为清醒的认识,这为马克思主义伦理思想的普及和中国化提供了广阔的理论舞台。这场旷日持久的思想斗争紧紧围绕中国伦理走向问题展开,围绕这一核心问题,形成了三种理论流派:马克思主义、资产阶级自由改良主义、现代新儒家的旧封建复古主义。三派之间的斗争是在对以下具体伦理问题的争论过程中展开的:(1)道德本质、规律、功能的论争;(2)经济与道德关系问题的论争;(3)道德阶级性问题的论争;(4)婚姻、家庭、妇女贞操、爱情伦理道德问题的论争;(5)个人与社会关系问题的论争;(6)为人民服务;(7)爱国主义问题;(8)人道主义问题;(9)人生观的论争;(10)功利主义问题;(11)道德继承性问题的论争。

1949年中华人民共和国成立至1978年中共十一届三中全会召开,为马克思主义伦理道德学说中国化的建构阶段。这一阶段,中国的马克思主义伦理道德思想研究虽然遭受了十年"文革"的重创和扭曲,仍然成就斐然,特别在20世纪50年代末60年代初,中国马克思主义伦理道德思想研究的短暂繁荣,为改革开放后马克思主义伦理道德思想的复苏及繁盛奠定了基础。

新中国成立以降,马克思主义在中国大陆取得了意识形态的统治地位。作为马克思主义价值核心的马克思主义伦理道德思想在与西化派伦理思潮和现代新儒家伦理思潮的斗争中形成与发展起来。马克思主义包不包括伦理学,应不应该建立中国式的伦理体系成为马克思主义中国化遇到的主要问题。归结起来主要出于以下几方面的原因:其一,尽管马恩列提出过许多重要的伦理思想和道德观点,但他们未来得及建立起系统的伦理学知识结构,因为当时伦理道德问题相对经济、政治问题而言处于次要地位。其二,由于新中国成立初期新生的无产阶级政权忙于"基本上实现国家工业化和对农业、手工业、资本主义工商业的社会主义改造"和清除各种剥削阶级的思想影响,理论界还无暇顾及马克思主义伦理道德学说的专题研究。加之"向苏联学习"的国策也影响、遏制了中国马克思主义伦理道德的研究,因为苏联建国后几乎40年未研究伦理学,这就使得伦理学的价值难以得到足够重视。其三,受"伦理学是资产阶级伪科学"的"左"倾思想影响,限制了马克思主义伦理道德思想的研究。当时,许多学者还不善于用马克思主义的基本原理去探索伦理道德领域的理论问题,也不知道如何对待以往的伦理道德遗产,把古代的都认为是封建主义的,西方的都认为是资本主义的,对封建主义文化和资本主义文化则更加片面地认为只能批判和抛弃,不应该吸取和继承。凡此种种,使得马克思主义伦理道德思想无从发展。1952年高等学府院系调整,伦理学被当作伪科学砍掉了。这种状况持续到50年代末,直至1964年前后才得以扭转,受苏联马克思主义伦理学研究的影响,中国学者在意识形态领域重新确立了马克思主义伦理道德思想的重要地位。1960年3月,根据社会生活发展的需要,在中央有关部门的支持下,中国人民大学组建了新中国成立之后的第一个伦理学教研室,标志着中国马克思主义伦理道德体系进入了建构期。在此期间,学界展开了初步研究,发表了一些有关马克思主义道德学说的论文和关于青年道德修养的著作。毛泽东同志于1951年、1953年分别在京剧继承问题和历史继承问题的两次争论中提出"百花齐放,百家争鸣"方针,并于1956年5月2日,在最高国务会议第七次会议上正式提出实行"双百"方针。1956年中共八大前后,中共中央提出"百花齐放,百家争鸣"的方针,肯定知识分子已成为工人阶级的一部分,发出"向科学进军"的号召。在"双百"方针的正确指引下,学术研究领域呈现出一派自由、繁荣景象。社会主义道德和共产主义道德得到进一步的传播和发展。伴随社会主义建设的全面展开和学术领域的不断繁荣,毛泽东伦理思想在这一时期得到了进一步发展、完善,主要体现在《党在过渡时期的总路线》《论十大关系》《关于正确处理人民内部矛盾的问题》《坚持艰苦奋斗,密切联系群众》等一系列文章中。这些文章中蕴含的伦理道德思想是马恩列道德思想与中国社会主义建设实践相结合的产物,是毛泽东社会主义建设伦理道德思想形成的标志。1963年,毛泽东同志号召"向雷锋同志学习","全心全意为人民服务",在这一伟大号召下,全社会掀起了向雷锋同志学习的高潮,人民群众得到了深刻的教育,受到了巨大的鼓舞。马克思主义伦理道德思想理论的深化和实践的开展充分表明中国不仅实现了传统道德的现代转换,而且最终实现了资产阶级道德向社会主义道德的历史性转型。旧中国腐败污浊的社会风气一扫而空,取而代之的是生机勃勃、健康清新、奋发向上的新思想、新风尚。广大人民群众的思想觉悟和道德面貌发生了翻天覆地的巨变。社会主义道德和共产主义道德理论研究红红火火。

这个时期的主要学术成果有：杨甫、徐特立等人发表的文章，对《共同纲领》中提出的国民公德予以具体的解释和界定，并认为爱祖国爱人民爱劳动爱科学爱公共财物即人民的新道德的表现。萧德的《论中国人民的新爱国主义》等文则对新中国成立后新爱国主义的内涵、本质和特征做了比较全面的分析论述。张岱年的《中国伦理思想发展规律的初步研究》一书和《道德的阶级性继承性》等文，冯定的《人生漫谈》和《共产主义人生观》等书，吴晗的《说道德》《再说道德》以及《三说道德》等文，李奇的《马克思主义对伦理学的革命变革》《论无产阶级道德原则和功利主义》《关于道德的继承性和阶级性》《动机和效果的辩证关系》等文，周原冰的《道德问题论集》《培养青年的共产主义道德》及《简论共产主义道德的实质》《简论共产主义道德的基本原则》《试论共产主义道德的基础》等文，罗国杰的《伦理学的对象是什么？》《有关道德评价的几个问题》两篇文章……。此外，还有周辅成对西方伦理学名著的编辑和对资产阶级人性论人道主义的介绍评析，许启贤、江峰、高仲田、步近智、唐宇元等人关于道德阶级性、继承性讨论的文章，以及对马克思主义伦理学对象、任务、方法的讨论，一些报刊还专门开展了幸福观、荣辱观、人生观、婚姻观等的讨论，都是这一时期有代表性的伦理学研究成果。

中共十一届三中全会的召开，揭开了中国由计划经济转向市场经济、由封闭走向开放的序幕。1978年至1991年是我们党领导中国人民进行社会主义市场经济体制改革探索，基本形成中国特色社会主义理论体系的时期。进入新的历史时期，面对"文革"带来的价值混乱和道德危机，人们开始重新反思到底需不需要道德，需要过一种怎样的道德生活。在人们价值观念如何转向的十字路口，社会道德实践迫切需要伦理道德研究的支撑，马克思主义伦理道德思想呼之欲出。伴随着这场史无前例的改革开放实践，马克思主义伦理道德思想中国化进入了全新的探索期，探索的成果是形成了邓小平伦理思想。

20世纪90年代以来，中国社会进入了一个亘古未有的历史新阶段——社会转型期。1992年邓小平南方谈话揭开了这一转型的序幕。1992年10月，中共十四大确定了建立社会主义市场经济体制的改革目标。1993年中共十四届三中全会《关于建立社会主义市场经济体制若干问题的决定》勾画了社会主义市场经济体制的基本框架，制定了社会主义市场经济体制的总体规划。2001年12月11日，中国加入WTO，正式融入世界大舞台，与世界各国的交往更加密切。在这短短的十余年间，中国的政治、经济、文化以及事关国计民生的诸多领域都得到了飞速的发展，并取得了举世瞩目的伟大成就。社会主义市场经济的逐步完善，不但克服了计划经济体制下"吃大锅饭"的严重弊端,极大地调动了人们的积极性、主动性,解放了社会生产力,同时,也创造了巨大的物质财富和精神财富,极大地丰富了广大人民群众的物质文化生活。然而,市场经济的发展在一定时期内也可能拉大利益分配的差距,激化不同利益群体的矛盾,甚至引发某些不安定因素。如何使公平与效率相协调,尊重个人价值与弘扬集体主义精神相统一,鼓励一部分人先富起来与坚持走共同富裕道路相衔接,已成为我国不可规避的重大问题。妥善协调各种利益关系和矛盾,需要运用行政的、法律的、经济的手段,还需要依托社会道德的力量,然而道德与经济的关系应如何处理?马克思主义伦理学何以应对新时期的挑战?面对一系列重大理论问题,以江泽民同志为核心的第三代领导人和以胡锦涛总书记为核心的第四代领导人高屋建瓴、总揽全局地提出了一系列治国方略。

中共十五大确立了依法治国的战略。2000年6月,江泽民《在中央思想政治工作会议上的讲话》中提出了"以德治国"的方略,强调要实施"依法治国"与"以德治国"并举的治国方略。2001年,中央印发了《公民道德建设实施纲要》,明确了公民道德建设的指导思想、方针原则、主要内容和实施措施。2002年,中共十六大确立了全面建设小康社会的目标,2003年中央又根据新的形势提出了科学发展观。2005年,中共十六届四中全会提出了构建社会主义和谐社会的目标。这一系列举措都充分说明在由传统计划经济体制向市场经济体制转轨的过程中,伴随着改革的全面推进和不断深化,我国社会在更多领域、更深层面上发生着现代化的转型。这一社会转型可以概括为:由传统社会向现代社会的转变;由自给半自给的产品经济向全面的社会主义市场经济的转变;由农业社会向工业社会的转变;由乡村型社会向城镇型社会的转变;由封闭半封闭的社会结构向开放型社会结构的转变。在这一走向工业化、城市化、市场化、和谐化的过程中,人们的思想观念也经历着全方位的洗礼和冲击。根据人类思想的发展规律,越是社会变革、跨越、转型之时,就越是思想解放、碰撞、争鸣之时。在这样的时代背景下,马克思主义道德思想在我国获得了前所未有的发展空间和机遇,进入了社会主义发展道德阶段,呈现出空前繁荣的发展景象。

纵观中国近百年来的历史发展和伦理学的学科推演,可以看到,马克思主义伦理道德思想在中国历史演进进程中的不同阶段呈现出不同的理论样态、表现出各异的理论特质,依据这些理论样态和理论特质,我们可以将马克思主义伦理道德思想在中国的发展大体划分为四大阶段:马克思主义伦理思想中国研究的引介与传播期(1919—1949),这一时期的特色是马克思主义伦理道德思想在中国的传播;马克思主义伦理思想中国研究的建构与争辩期

(1949—1978);马克思主义伦理思想中国研究的反思与复苏期(1978—1991),马克思主义伦理道德思想新时期的探索;马克思主义伦理思想中国研究的对话和拓展期(1991至今),中国马克思主义伦理道德思想研究空前繁荣。历经四大时期的起承转合,我们已经初步构建起了中国特色的马克思主义伦理思想话语体系,为国际共产主义、社会主义伦理运动,特别是为中国特色的伦理道德发展做出了巨大的贡献。

在时代的召唤下,在"邓小平理论"、"三个代表"重要思想的光辉指引下,在党和国家领导人的高度重视下,马克思主义伦理道德思想研究再度迎来了它的春天。马克思主义伦理道德研究围绕"道德与经济的关系这一核心问题"展开,整个过程呈现出一派空前繁荣的景象,主要表现在以下两个方面:一是在马克思主义伦理观的指导下,马克思主义伦理思想研究不断向新的深度和广度推进。20世纪90年代以来,是新中国马克思主义伦理学获得飞速发展,伦理学体系不断完善,新学科不断出现,并在面向世界、面向未来、面向现代化中取得重大成就的时期。这一时期的伦理学研究以主动适应时代和社会发展的要求、更新理论体系和面向市场经济作为其伦理论证的新形象出现在中国的学术舞台上。二是我国社会转型时期,在马克思主义伦理思想的继承和发展问题上,出现了激烈的理论论争和空前的学术争鸣。其中以"经济与道德的关系"为核心,围绕社会转型与伦理变革、市场经济与伦理道德、发展市场经济与坚持集体主义原则等问题展开的学术争鸣,为当代中国全面深化改革铺陈了思想基础和理论准备。

历 史 篇

第一章 马克思主义伦理思想中国研究的引介与传播期(1919—1949)

1919年五四运动至1949年新中国成立,为马克思主义伦理思想在中国的引介、传播阶段。围绕着中国伦理文化向何处去,怎样才能实现中国传统伦理的近代化、现代化等历史课题,各种伦理思潮竞相争雄,在这种错综复杂的斗争和论争中最终形成了以李大钊、陈独秀、毛泽东等为代表的马克思主义,以胡适、吴稚晖等为代表的自由主义西化派和以梁漱溟、杜亚泉等为代表的现代新儒家三足鼎立的局势,可以说三派的并存与对抗,形成了中国20世纪思想史上伦理思潮发展的基本格局和主要趋势。"20世纪初,在毛泽东等一代青年看来,要彻底改变中国积贫积弱、混乱不堪的现象必须从变化民质、改造人心、重铸国魂和民魂入手,因此竞相把目光集注在道德革命和伦理启蒙上。"[1]马克思主义伦理思想也正是在与西化派伦理思潮和现代新儒家伦理思潮的斗争中,在中国共产党领导的新民主主义革命、社会主义革命和建设的实践中形成和发展起来的。毛泽东伦理思想的诞生,标志着马克思主义伦理道德思想在中国的成功传播和形成,同时也奠定了马克思主义伦理思想在中国的主流伦理道德地位。

一、马克思主义伦理思想在中国传播和形成

马克思主义伦理思想的传播是中国近代以来向西方学习、大力引进和介绍西方文化的结果。早在1902年以前,英国在华传教士李提摩太、中国留日学生、上海广智书店等个人和组织就通过各种渠道不同程度地介绍了马克思的伦理思想。1902年10月16日,梁启超在《进化论革命者颉德之学说》一文中,简要介绍了马克思的政治伦理学说。1905年11月,朱执信写的《德意志社会革命家小传》,比较详细地介绍了马克思、恩格斯的生平活动,并节译了《共产党宣言》中的十项纲领,同时,提到了《资本论》,认为马克思的社会主义旨在为多数人谋幸福。资产阶级民主主义者孙中山先生在他的《三民主义》

---

[1] 王泽应:《百年伦理学研究回溯》,《东南学术》2000年第5期。

一书中也大力宣传马克思的思想。1912年10月,孙中山在上海中国社会党总部发表《社会主义派别及批评》的演讲,对欧美各社会主义流派进行了评述,并赞扬了马克思的科学社会主义,"马氏之说,则专论资本,谓资本亦为人造,亦应属于公有",其目的"为社会大多数谋幸福者也"。"斯即社会主义本经济分配法之原理,而从根本上予以解决也。"[1]辛亥革命以后,国内一些报纸杂志陆续开始介绍马克思主义的著作和思想,《新世界》杂志不仅连载了恩格斯的《社会主义从空想到科学的发展》一文,而且还对《共产党宣言》《资本论》加以介绍和评述,认为《共产党宣言》"不啻是20世纪社会革命之引导线,大同太平新世界之原动力"[2]。

"十月革命的一声炮响,给中国送来了马克思列宁主义"(毛泽东语),马克思主义伦理思想也进一步传入中国。李大钊同志于1918年发表了《法俄革命之比较观》《庶民的胜利》《布尔什维克主义的胜利》等一系列文章,较为详细地介绍了马克思伦理道德的本质、基础和根源。1919年5月,李大钊又为《新青年》主编了《马克思主义研究专号》,并亲自撰写了《我的马克思主义观》一文,首次在中国系统完整地介绍了马克思主义的三个组成部分——政治经济学、科学社会主义和唯物史观的基本观点,与此同时,陈望道也于1919年年底第一个把《共产党宣言》翻译成中文并在1920年8月公开出版。在李大钊、陈独秀、瞿秋白、毛泽东等一批最早的马克思主义者的努力下,1921年7月以马克思列宁主义为指导思想的中国共产党宣告成立,这一事件标志着中国人开始要走马克思主义的新的伦理文明之路。马克思主义伦理学从此以后将成为中国共产党人进行道德建设的指导思想。

五四运动和第一次国内革命战争时期的马克思主义伦理思想从总体上说还处在一种传播和初创时期,突出表现在不仅理论研究缺乏深度和创见,而且也没有介入人们的道德生活,没有同中国革命的具体实践和道德实际相结合。事实上,马克思主义伦理思想同中国革命的具体实践和道德实际相结合,进而获得创造性的发展,是要经过一个漫长的探索过程的。这一过程,既要有一定时间又要有自身的正反两方面经验的积累,还要有一批既精通马克思主义又熟悉中国具体情况和道德实际的理论家与革命家。如果说五四运动和第一次国内革命战争时期还不完全具备上述条件,那么第二次国内革命战争时期和抗日战争时期则使这种条件日趋成熟了。这就是中国的马克

---

[1] 刘宋斌等编:《五四运动前马克思主义在中国的介绍与传播》,湖南人民出版社1986年版,第315—316页。

[2] 转引自刘宋斌:《论辛亥革命对中国共产党创建的历史推动作用》,《中共党史研究》2011年第10期。

思主义伦理思想——毛泽东伦理思想的形成和发展。毛泽东伦理思想是中国化的马克思主义伦理思想,又是马克思主义化的中国伦理思想,它既是对马克思主义伦理学说的创造性发展,又是对中国传统伦理文化的批判性超越,是马克思主义伦理思想的基本原理与中国革命的道德实际、与中国传统伦理文化的优秀因素相结合的产物,它揭示了中国伦理文化从传统到现代转变的一条光明路径。刘少奇、周恩来、朱德、董必武等老一辈无产阶级革命家对毛泽东伦理思想的形成与发展均做出了重要的贡献。

20世纪三四十年代,在传播和发展马克思主义伦理思想方面做过许多工作并取得杰出成绩的还有王亚南、艾思奇、胡绳、李达等著名理论家。他们均著文批判西化派伦理思潮和新儒家伦理思潮,运用马克思主义的唯物史观分析探讨了道德与社会生活、经济利益的关系,比较详细地阐发了道德的阶级性、时代性以及民族性等问题,对马克思主义伦理思潮在中国的广泛传播与发展做出了自己的贡献。

二、马克思主义伦理思想在中国传播和形成过程中的各种伦理论争

在此期间,各种伦理论争主要是围绕以下具体伦理问题展开的:关于道德本质的问题,经济与道德关系问题,道德的阶级性、继承性问题,关于人生价值观的问题,个人与社会关系问题,婚姻、家庭、妇女贞操、爱情伦理道德问题,为人民服务问题,功利主义问题,爱国主义问题,人道主义问题,等等。

(一) 经济与道德关系问题

经济与道德关系的讨论源于马克思主义者与封建复古主义和自由主义西化派的关于道德的起源、本质和发展规律学说的论战。在道德本质问题上,封建复古主义者宣扬道德决定论,张东荪在《我们为什么要讲社会主义?》一文中说,"精神方面的思想不解放,道德不改造,那物质方面的组织是不能改造的";而张君劢在《中国之前途:德国乎?俄国乎?》中也将意志看作是社会发展的根本动力和社会变革的根本原因。现代新儒家代表人物贺麟在他的《经济与道德》一文中,从经济与道德的二律背反出发,得出了经济不能决定道德,道德亦离不开经济的结论。这种观点实质上是唯心主义的道德决定论。自由主义西化派宣扬效用论,胡适在《实用主义》中指出,"真理原来是人造的,是为了人造的,是人造出来供人用的,是因为他们大有用处所以才给他们'真理'的美名的,我们所谓真理,原不过是人的一种工具。譬如'三纲五

伦'的话,古人认为真理,因为这种话在古时宗法观念的社会很有点用处"[1]。他明确指出,这里的真理是包括道德的,就是说,道德和真理一样都是人造的,供人用的,对人有用处的工具。

针对两种错误的道德本质论,1919年9月至11月李大钊连载于《新青年》杂志第6卷第5、6号的《我的马克思主义观》,阐述了经济基础和上层建筑的辩证关系,强调了经济基础的决定作用,以及生产力这个最高动因,指出一切社会政治的、法制的、伦理的、哲学的,简单说来,凡是精神上的构造,都是表面的构造。1920年元旦发表的《由经济上解释中国近代思想变动的原因》等文章中旗帜鲜明地指出,道德是由经济决定的,并随着经济的变动而变动。1920年,活跃于新闻界的北京《晨报》记者陈博贤,为纪念马克思诞辰一百〇一周年在《晨报》副刊"马克思主义研究"专栏上连载了河上肇的《马克思的唯物史观》译文。在这篇文章中,他阐述了经济基础与上层建筑的关系,"个人之精神的意识的状态,不足以左右社会组织;而社会组织倒可以左右个人之精神的意识的状态";他还根据上述经济基础与上层建筑的关系,说明物质文明与精神文明的关系,提出改造社会的途径。他指出,"物质的文明因也,精神的文明果也",马克思虽然也承认精神文明可以反转左右物质文明,但是"他认为物质的文明为根本的动力"。李达、邓中夏、恽代英、瞿秋白等也撰文指出社会基础决定社会建筑,社会建筑又影响社会基础。物质世界永远处在流变中,经济也在流变中。经济的流变可以"生出"政治、法律、道德、宗教、哲学,也能"消灭"它们,可以"生长"社会制度、风俗、艺术、科学,也能"变更"它们。

(二)道德的阶级性、继承性问题

1923年,在科学与人生观关系的论战进行得如火如荼之时,问题与主义论战在马克思主义者李大钊与西化派领军人物胡适之间展开了。胡适在《介绍我自己的思想》一书中把人仅仅看作是人类学和生物学上的"种",抹杀了人的社会性和阶级性,从而取消了伦理道德的社会性和阶级性,进而将批判的矛头直接指向马克思主义唯物史观。马克思主义者李大钊在《阶级竞争与互助》《我的马克思主义观》中指出人类社会的阶级自原始社会公有制解体以后便产生了,所谓阶级,就是经济上厉害关系相反的利益集团。阶级分为统治阶级和被统治阶级,不同阶级有属于本阶级的道德。文章阐述了阶级斗争和唯物史观的关系,指出马克思所说的阶级斗争之由起,"全因为土地共有制崩坏以后,经济的构造都建立在阶级对立之上"。1920年8月13日和9月16

---

[1] 葛懋春、李兰芝编:《胡适哲学思想资料选》(上),华东师范大学出版社1981年版,第62—63页。

日,蔡和森在写给毛泽东的两封信中也阐述了道德阶级性问题。他说:"我以为现在世界显然为两个敌对的阶级世界,学说亦显然划了鸿沟。自柏拉图统御以来的哲学思想(人生哲学、社会哲学)显然为有产阶级的思想。其特点重理想轻生活,重精神轻物质。马克思的唯物史观,显然为无产阶级的思想。以唯物史观为人生哲学社会哲学的出发点,结果适与有产阶级的唯理派相反。故我们今日研究学问,宜先把唯理观与唯物观分个清楚,才不致堕入迷阵。"胡汉民于1920年1月在《建设》杂志上发表的《阶级与道德学说》一文中指出,"道德以人类社会的本能为根柢,而以当前社会的要求为规范",道德又往往是"阶级的道德",是社会强有力的阶级迫使下层阶级的民众以服从其"利己的欲望","自然没有平等的意味"。毛泽东于1942年发表的《在延安文艺座谈会上的讲话》一文则进一步指出,只有具体的人性,没有抽象的人性,在阶级社会里,只有带着阶级性的人性,而没有什么超阶级的人性,从而指出了道德的阶级性。

道德阶级性论战的实质是要不要在道德方面进行彻底变革的问题,资产阶级自由派主张走温和改良的渐进路线,马克思主义主张革命式的根本变革。

关于道德的继承性问题。1920年,梁启超出版了《欧洲心影录》一书,指出要对西方文化进行重估,强调与维护儒学价值,从而引发了如何处理传统与现代、东方与西方伦理道德传统之间的关系的大讨论。1922年,梁漱溟出版了《东西文化及其哲学》一书,指出要用中国人的人生态度去接纳西方人的科学民主。1927年大革命失败后,蒋介石建立起大地主大资产阶级的政权。为维护其统治,蒋介石十分重视伦理道德的社会作用,提出了"道德为立国之本"的口号,大力强调"伦理建设"。他在1932年5月《革命哲学的重要》一文中提出,一个民族、一个国家要立于不败之地,就要有"民族精神"、"民族道德"、"立国精神"、"国家的灵魂"、"复兴固有的道德";他不仅反对无产阶级的马克思主义的伦理思想,也反对资产阶级的伦理思想;他一再强调无论是共产主义还是自由主义,他们都是外来的思想,不仅"违反了中国固有的文化精神",而且"不切于中国的国计民生";他强调"伦理建设"既不"守旧",也不"言从",而以"中国此时此地的需要"为依据,因此,他炮制了一套以"四维"、"八德"为核心的封建买办法西斯伦理道德,极力推行所谓"新生活运动",要求人们要用"规规矩矩"、"合乎国家纪律"的"新义"来理解礼义廉耻等传统道德规范。他们还把陆王心学等封建伦理思想同西方柏格森的生命哲学拼凑在一起,建立起"唯生论"和"力行哲学",提出了所谓"尽性致诚"、"杀身成仁,舍生取义"的道德伦理,以对抗马克思主义伦理思想。并且在1934年2月,蒋介石为了把他鼓吹的"力行哲学"贯穿到实际生活中去,又发起了所谓"新生活运动"。

自由主义西化派代表人物胡适主张全盘西化,他在1929年的《中国今日的文化冲突》一文和1935年3月在《独立评论》第142号的《编辑后记》中先后两次提出"全盘西化"的主张。

针对上述两股思潮,马克思主义者展开了针锋相对的斗争。五四时期,毛泽东在湖南创办《湘江评论》,批判封建主义及其道德;不久,创建新民学会和"文化书社",积极学习和传播马克思主义及其伦理思想。陈独秀在"社会主义"的论战和"无政府主义"的论战中发表了几篇重要的文章,捍卫马克思主义的伦理思想。在《社会主义批评》《女子问题与社会主义》等文章中明确论述马克思主义的社会主义是科学的,社会主义要帮助妇女和劳动者,反对资本家。李达在《社会学大纲》《社会学之基础知识》等著作中阐述了马克思主义伦理思想的基本原理。针对以蒋介石为代表的封建买办法西斯伦理道德,周恩来、范文澜、齐燕铭、艾思奇、胡绳等一大批马克思主义者对其进行了激烈的批判。

(三)关于人生价值观的问题

"五四"时期,在个人与社会关系问题上,形成了四种不同的派别,自由主义西化派、现代新儒家、无政府主义和马克思主义。自由主义西化派的胡适在《介绍我自己的思想》《不朽》等书籍和文章中阐发他的了"自然主义人生观",在个人与社会关系方面提出了"健全的个人主义",主张在"个人主义"的基础上讲"为我"与"为人"的统一,他说:"社会是个人组成的,多救出一个人便是多备下一个再造新社会的分子。所以孟轲说'穷则独善其身'。这便是易卜生所说的'救出自己'的意思。这种'为我主义',其实是最有价值的利人主义。"这种思想在五四运动反封建礼教的斗争中曾起到了积极作用,然而,在"五卅运动"中,胡适指责革命青年投身共产党所领导的反帝爱国运动"算不得救国事业",他宣称"真正的救国的预备在于把自己造成一个有用的人"(《爱国运动与求学》),号召青年按为我的原则先造就自己,这就暴露了其鼓吹的"个人主义"的反动性。

现代新儒家关于个人与社会的关系的观点集中体现在冯友兰新理学的人生境界说中。冯友兰在《新原人》中指出,人生境界分为功利境界和道德境界。在功利境界中,社会的福利是实现个人福利的工具和手段,人的一切行为都是为了追求自身的福利;在道德境界中,个人与社会消除了对立,人不仅能在社会中生存,而且自我的完善需要在社会中才能实现,生活在道德境界中的人都以"贡献"为宗旨。

1920年,陈独秀在广州法政学校作了《社会主义批判》的演讲,无政府主义者区声白听讲以后立即写信给陈独秀,表示"异议",于是陈独秀与他往返三次通信,展开了论争。

马克思主义与无政府主义围绕着是否要建立无产阶级的政党和政府的问题展开的。在伦理道德方面,体现为个人与社会的关系问题的论战。无政府主义者区声白、黄凌霜在个人主义世界观的基础上强调唯意志论和英雄史观,宣扬"社会由个人自发的冲动而进步","要无限制的发挥自我",反对社会主义的计划经济和按劳分配的原则,主张小生产者的分散生产和绝对平均分配;反对任何组织和集中领导,主张绝对自由和极端个人主义。对于此,一批共产党人陈独秀、李大钊、李达、蔡和森、毛泽东等对其进行了反驳。为此,陈独秀先后撰写了《无政府主义之解剖》《谈政治》,李达在其主编的党的刊物《共产党》月刊上,发表了《短信》《社会革命的商榷》《无政府主义之解剖》,李大钊在《少年中国》上发表了《自由与秩序》等文,蔡和森在国外为《新青年》撰写了《马克思学说与中国无产阶级》一文,毛泽东给肖旭东、蔡林彬并在法诸会友的信,及旅法的周恩来等都旗帜鲜明地批判了无政府主义。

陈独秀批判无政府主义"绝对自由"的谬论,他提出无政府主义的绝对的自由是不可能的,在没有改革社会制度的前提下,个人的道德、自由都是不可能的。李达针对绝对自由也指出:"资产阶级并不怕人提倡什么绝对自由、绝对平等的社会那种抽象的思想,他们所怕的,还是那种最有力的具体的即时可以实现的社会主义制度。""能够成为无政府主义的,只有个人主义","主张无政府主义的人,是根据'个人主权的哲学'上面说话的","个人的无政府主义的特质,主张个人绝对的主权和自由,单靠完成个人实行无政府主义,所以个人的无政府主义,主张自我,主张改造内部生活,主张发展心意性格,改造内部生活、精神生活,与社会主义的本质完全不对"。针对无政府主义的"社会是由个人自发的冲动而进步"这一谬误,他明确指出,一切政治的、经济的、社会的组织和各种制度,"决不是一人或数人的意志和感情表现所能颠覆,所能绝灭的",因此,他强调要干革命的事业,"必定要具有一种能够作战的新实力方能办到的"。

在反对极端个人主义的基础上,马克思主义者进一步提出了正确的个人与社会关系,瞿秋白在《现代社会学》中指出,个人之间、个人与社会之间的影响往往不是直接的,个人之间是以劳动联系为基础的错综复杂的互动关系的系统,社会之外,绝无独立的个人,社会之发展导源于人群,人是社会的动物,社会的人与人的社会性都只能在社会中发展。

在个人与社会关系问题上,马克思主义者李大钊认为,一切革命青年,包括自己都要以为劳苦大众的幸福为己任,为劳苦大众的翻身解放而斗争[1],正确阐发了个人与集体、个人与群众的关系。瞿秋白在 1931 年所作的《普罗大众文艺的现实问题》一文中,最早使用了"无产阶级集体主义"这一概念,并在《瞿秋白选集》中进一步指出,无产阶级集体主义必须完全克服个人主义倾向。关于个人与社会关系的论战中,恽代英在《怎样创造少年中国》《论社会主义》等文章中尖锐地批判了个人主义。

三个派别争论的焦点是个人利益和社会、集体利益的地位优先性问题。马克思主义者认为,国家、社会、集体利益高于个人利益,个人利益应服从国家、社会、集体利益。李达在《女子解放论》中阐述了个人与社会的辩证关系。他认为,人类社会是一个大系统,其"真意义"在于"社会是个人的系统,个人是社会系统的一员。有个人而有社会,有社会而有个人",这就是说"社会与个人是相对的实在的","离个人没有社会,离社会没有个人"。在个人与社会的关系问题上,现代新儒家、资产阶级自由派、无政府主义者都主张个人利益至上原则,而马克思主义则采取了辩证的方式科学地提出了"集体主义"原则。

(四) 婚姻、家庭、妇女贞操、爱情伦理道德问题

以梁漱溟为代表的现代新儒家极力维护中国传统的婚姻家庭伦理,陈独秀对此给予了强烈的批判。他认为,粉碎根深蒂固的旧的家庭伦理道德,就要打破儒家的伦理道德。他反对家庭"以感情为本位,以虚文为本位",提倡家庭"以法制为本位,以实利为本位"。他认为,重家庭、轻个人的这种伦理观念造就了家庭中"依赖成性,生产日微;貌以家庭为和乐,实质黑幕潜张,而生机日促耳。昆季之间,率为共产,倘不相养,必为世讥"。"交游称贷,视为当然,其偿也无期,其实也无物,惟以感情为条件而已。""社会经济,因以大乱。"他还指出:"凡此种种恶风,皆以伪饰虚文任用感情之故。"而西方"以法治实利为重者,未尝无刻薄寡恩之嫌;然其结果,社会各人,不相依赖,人自为战,以独立之生计,成独立之人格,各守分际,不相侵渔。以小人始,以君子终;社会经济,亦因以厘然有叙"[2]。

自由主义西化派代表人物胡适在《论贞操问题》一文中指出,贞操是男女双方的事,绝不可偏于女子一方,贞操是一种交互道德,双方都有守贞操的责任。在婚姻方面,胡适认为爱情是婚姻的核心,没有爱情的婚姻是不道德的婚姻。

李大钊在他的《物质变动和道德变动》一文中指出,女子贞操问题并非与人类社会的出现相伴而生的,而是由于妇女在经济结构中的地位低于男子而

---

[1]《李大钊选集》,人民出版社 1959 年版,第 160 页。
[2] 陈独秀:《东西方民族根本思想之差异》,《青年》第一卷第四号。

引发的,因此,即使是资本主义的男女关系也是不平等的,唯有社会的分配达到公平时才可能实现真正的男女平等,贞操问题也会随之发生内容上的变化。此外,李达、陈启修、蔡和森等利用唯物史观分析了女子受压抑的经济根源和女子解放的根本条件,揭示了恋爱婚姻问题对经济基础的依赖关系,提出在剥削阶级统治下,恋爱婚姻只能是附庸,是为资本主义所支配的。

(五)为人民服务问题

为人民服务道德原则的提出是直接对阵封建主义和自由主义西化派的。封建复古主义认为,道德是维护封建统治的工具,其基本原则是为统治阶级服务的。自由主义西化派认为,道德是达到人生幸福的手段,道德是为个人利益服务的。而马克思主义认为,道德的基本原则应该是为人民服务。

为人民服务作为共产主义道德的主要内容之一,这种思想的形成也经历了一个过程。在五四运动时期,最早的共产主义者李大钊就提出了"劳工神圣"的伦理思想。毛泽东在用马克思主义指导中国革命的实践过程中逐渐形成了"为人民服务"的思想。1942年,毛泽东在延安文艺座谈会上的讲话中指出:"为什么人的问题,是一个根本的问题,原则的问题。"而"这个根本问题不解决,其他许多问题也就不易解决"[1]。这是一个"立场问题。我们是站在无产阶级的和人民大众的立场。对于共产党员来说,也就是站在党的立场,站在党性和党的政策的立场"[2]。他还说:"什么是人民大众呢?最广大的人民,占全人口百分之九十以上的人民,是工人、农民、兵士和城市小资产阶级。"[3]毛泽东在这里阐明要为人民服务,就必须站在人民大众的正确立场上。他曾指出:"应该使每个同志明了,共产党人的一切言论行动,必须以合乎最广大人民群众的最大利益,为最广大人民群众所拥护为最高标准。"[4]他曾指出:"我们的责任,是向人民负责。每句话,每个行动,每项政策,都要适合人民的利益,如果有了错误,定要改正,这就叫向人民负责。"[5]他还说过:"任何政党,任何个人,错误总是难免的,我们要求犯得少一点。犯了错误则要求改正,改正得越迅速,越彻底,越好。"[6]

要更好地服务群众,最为重要的方式是要最大程度地反映人民群众的利益,正如毛泽东同志在1934年1月27日江西瑞金召开的中华苏维埃共和国

---

[1]《毛泽东著作选读》下册,人民出版社1986年版,第534—535页。
[2]《毛泽东著作选读》下册,人民出版社1986年版,第524页。
[3]《毛泽东著作选读》下册,人民出版社1986年版,第532页。
[4]《毛泽东选集》第3卷,人民出版社1991年版,第1096页。
[5]《毛泽东选集》第4卷,人民出版社1991年版,第1128页。
[6]《毛泽东选集》第4卷,人民出版社1991年版,第1480页。

第二次全国苏维埃代表大会上强调的:"一切群众的实际生活问题,都是我们应当注意的问题。假如我们对这些问题注意了,解决了,满足了群众的需要,我们就真正成了群众生活的组织者,群众就会真正围绕在我们的周围,热烈地拥护我们。"[1]他教导全党全军必须牢固树立全心全意为人民服务的宗旨。在1944年9月写的《坚持为人民服务》一文中,毛泽东指出:"我们的军队,是真正人民的军队,我们的每一个指战员,以至于每一个炊事员、饲养员,都是为人民服务的。我们的部队要和人民打成一片,我们的干部要和战士们打成一片。与人民利益适合的东西,我们要坚持下去,与人民利益矛盾的东西,我们要努力改掉,这样我们就能无敌于天下。"[2]1945年4月,在《论联合政府》的报告中他又指出,要尊重人民群众的主人翁地位,"人民,只有人民,才是创造世界历史的动力"[3]。人民群众是历史的创造者。他说:"社会财富是工人、农民和劳动知识分子创造的。"[4]毛泽东指出,社会主义事业和无产阶级"革命是什么人去干呢?革命的主体是什么呢?就是中国的老百姓。革命的动力,有无产阶级,有农民阶级,还有其他阶级中一切愿意反帝反封建的人,他们都是反帝反封建的革命力量。但是这许多人中间,什么人是根本的力量,是革命的骨干呢?就是占全国人口百分之九十的工人农民"[5]。而"全心全意为人民服务,一刻也不脱离群众;一切从人民的利益出发,而不是从个人或小集团的利益出发;向人民负责和向党的领导机关负责的一致性;这就是我们的出发点"。确定了党和军队的宗旨:"完全是为着解放人民的,是彻底地为人民的利益工作的。"毛泽东在《纪念白求恩》中指出:"白求恩同志毫不利己专门利人的精神,表现在他对工作的极端的负责任,对同志对人民的极端的热忱。……我们大家要学习他毫无自私自利之心的精神。从这点出发,就可以变为大有利于人民的人。一个人能力有大小,但只要有这点精神,就是一个高尚的人,一个纯粹的人,一个有道德的人,一个脱离了低级趣味的人,一个有益于人民的人。"[6]除毛泽东以外,包括刘少奇、周恩来在内的许多共产党人也对为人民服务的思想进行了详细的论述。

(六)革命功利主义问题

革命功利主义的思想主要集中在毛泽东的伦理思想中。毛泽东反对空

---

[1] 《毛泽东选集》第1卷,人民出版社1991年版,第137页。
[2] 《毛泽东军事文集》第2卷,军事科学出版社、中央文献出版社1993年版,第730页。
[3] 《毛泽东选集》第3卷,人民出版社1991年版,第1031页。
[4] 《〈中国农村的社会主义高潮〉的按语》,人民出版社1956年版。
[5] 《毛泽东选集》第2卷,人民出版社1991年版,第562页。
[6] 《毛泽东选集》第2卷,人民出版社1991年版,第559—660页。

洞虚假的道德说教，坚决主张伦理道德必须服从于和服务于"人类全体的幸福"，道德的善就表现在为人民谋利益。他主张，一切为群众的工作都要从群众的需要出发，而不是从任务良好的个人愿望出发。只有从人民的利益出发，从无产阶级的阶级利益出发，才能真正理解和把握马克思主义的道德观。如果死抱住某种现成的教条，或从某种主观的观念出发，而忘却了人民的利益，忘却了无产阶级的阶级利益，那就根本无马克思主义的道德观可言。

1942年，毛泽东在《延安文艺座谈会上的讲话》中认为，唯物主义者并不是一般的反对功利主义，而是反对超阶级的功利主义，主张阶级的功利主义。针对有人以"功利主义"罪名去贬低革命文艺的企图，毛泽东旗帜鲜明地指出："唯物主义者并不一般地反对功利主义，但是反对封建阶级的、资产阶级的、小资产阶级的功利主义，反对那种口头上反对功利主义、实际上抱着最自私最短视的功利主义的伪善者。世界上没有什么超功利主义，在阶级社会里，不是这一阶级的功利主义，就是那一阶级的功利主义。我们是无产阶级的革命的功利主义者，我们是以占全人口百分之九十以上的最广大群众的目前利益和将来利益的统一为出发点的，所以我们是以最广和最远为目标的革命的功利主义者，而不是只看到局部和目前的狭隘的功利主义者。"这一庄严而诚实的宣告，揭示了文艺的功利主义属性，揭穿了"超功利主义"论者的谎言，表明了无产阶级革命者在功利主义问题上所应持的态度。无产阶级功利主义的基本内容就是为最广大群众谋取最大的利益，毛泽东说过："马克思列宁主义的基本原则，就是要使群众认识自己的利益，并且团结起来，为自己的利益而奋斗。"[1]由此看来，无产阶级的功利主义思想是马列主义基本原则的重要体现。

与此同时，毛泽东在论述无产阶级革命的功利主义过程中，提出了动机和效果统一论，把动机和效果统一到了最广大人民的最大的利益上。毛泽东明确指出，他既反对片面的动机论，认为这一般是唯心主义；也反对片面的效果论，认为这一般是机械的唯物论。毛泽东在《延安文艺座谈会上的讲话》中就曾论述过动机与效果的问题。他指出："这里所说的好坏，究竟是看动机（主观愿望），还是看效果（社会实践）呢？唯心论者是强调动机否认效果的，机械唯物论者是强调效果否认动机的，我们和这两者相反，我们是辩证唯物主义的动机和效果的统一论者。……社会实践及其效果是检验主观愿望或动机的标准。"[2]并且在他看来，动机和效果的统一，必须有为大众的动机和

---

[1]《毛泽东选集》第3卷，人民出版社1991年版，第864页。
[2]《毛泽东选集》第3卷，人民出版社1991年版，第868页。

有被大众欢迎的效果相统一。他说:"为大众的动机和被大众欢迎的效果,是分不开的,必须使二者统一起来。为个人的和狭隘集团的动机是不好的,有为大众的动机但无被大众欢迎、对大众有益的效果,也是不好的。"[1]行为的动机既是受一定的效果所驱动,又要受效果的检验,两者有内在的统一关系。因为任何一种正常的行为,总是有一定的预期效果的。正如马克思所说:"任何事情的发生都不是没有自觉的意图,没有预期的目的的。"[2]"由此可见,毛泽东同志所阐述的动机和效果的辩证统一关系,和马克思主义创始人的观点是完全一致的。这种观点是和道德本质特征、即道德的功利性紧密相连的。"[3]毛泽东论述的这种在最广大民众的最大利益基础上的动机和效果统一论,为建立中国化的马克思主义伦理学提供了丰富的内容,是马克思主义伦理思想与中国革命实践相结合所产出的优秀成果之一。

---

[1]《毛泽东选集》第3卷,人民出版社1991年版,第868页。
[2]《马克思恩格斯全集》第21卷,人民出版社1965年版,第341页。
[3] 李奇:《关于道德建设中的几个理论问题》,《哲学研究》1995年第6期。

第二章 马克思主义伦理思想中国研究的建构与争辩期(1949—1978)

1949年中华人民共和国成立至1978年改革开放前夕为马克思主义伦理道德思想中国化的曲折发展阶段。这一阶段,中国的马克思主义伦理学研究有发展也有坎坷。

在新中国建立至改革开放前的近30年时间,马克思主义伦理道德思想中国化发展的进展主要表现在两个方面:一是社会主义建设道德——毛泽东伦理思想的发展;二是20世纪50年代末、60年代初的几场大的道德讨论的发生。

一、社会主义建设道德——毛泽东伦理思想的发展

毛泽东伦理思想作为毛泽东思想体系的一个不可或缺的组成部分,是对马克思列宁主义普遍原理和中国革命具体实践相结合的一系列独创经验的伦理概括,是马克思主义伦理学在中国的运用和发展,是中国化的马克思主义伦理学。这一时期,中国社会主义从革命走向了建设,毛泽东的伦理思想也相应地从革命道德走向建设道德。

新中国成立之后,以毛泽东领导的中国共产党经过抗美援朝、土地改革、镇压反革命以及随后的社会主义革命和建设事业的蓬勃开展与马克思主义、毛泽东思想教育,大大提高了人民群众的社会主义、集体主义、爱国主义与国际共产主义的道德品质。1951年10月12日,《毛泽东选集》第1卷出版发行。此后,在全国掀起了学习毛泽东著作的热潮。《毛泽东选集》第2卷和第3卷,也相继于1952年4月和1953年4月出版发行。同时,伴随着刘少奇《论修养》的3次出版,形成了2次全党学习热潮,从而形成了全社会人人追求发扬党的优良传统、全心全意为人民服务的社会风尚,为中国共产党领导全国人民战胜困难,创造了良好的党内环境和社会环境。

(一)毛泽东经济伦理思想——社会主义建设道德的核心

当国民经济得以恢复,各项民主的社会主义改革任务得以完成以后,1952年年底,党中央按照毛泽东的建议提出了过渡时期的总路线,把发展生

产力和变革生产关系,把社会主义建设和社会主义改造有机地统一起来,开始了我国有计划的经济建设。通过制定和实施第一个五年计划,通过大规模地对农业、手工业和资本主义工商业的社会主义改造,到1956年,社会主义制度在中国得以建立,我国进入了社会主义初级阶段。特别是1956年4月,毛泽东发表了著名的探索社会主义建设的重要文章《论十大关系》,标志着毛泽东的经济伦理思想趋于成熟。这段时间,毛泽东发表了一系列文章,对社会主义改造时期的经济伦理思想进行了有益的探索。

1. 要从中国的基本国情出发,认识经济发展的客观规律

毛泽东在1956年9月15日《中国共产党第八次全国代表大会开幕词》中指出:"要把一个落后的农业的中国改变成为一个先进的工业化的中国,我们面前的工作是很艰苦的,我们的经验是很不够的。因此必须善于学习。"[1] 毛泽东在1962年1月30日《在扩大的中央工作会议上的讲话》中进一步提出:"社会主义建设,从我们全党来说,知识都非常不够。我们应当在今后一段时间内,积累经验,努力学习,在实践中间逐步地加深对它的认识,弄清楚它的规律。一定要下一番苦功,要切切实实地去调查它,研究它。"[2] 对社会经济发展的认知与探索,毛泽东一贯强调客观规律的掌握,他指出:"由必然王国到自由王国的飞跃,是在一个长期认识过程中逐步地完成的。对于我国的社会主义革命和建设,我们已经有了十年的经验了,已经懂得了不少的东西了。但是我们对于社会主义时期的革命和建设,还有一个很大的盲目性,还有一个很大的未被认识的必然王国,我们还不深刻地认识它。我们要以第二个十年时间去调查它,去研究它,从其中找出它的固有的规律,以便利用这些规律为社会主义的革命和建设服务。"[3]

2. 坚持和发扬艰苦奋斗的作风

艰苦奋斗是中国人民的传家宝,无论革命战争年代,还是在和平建设年代,毛泽东都随时告诫全党、全国人民要继续地保持谦虚、谨慎、不骄、不躁的作风,继续地保持艰苦奋斗的作风。毛泽东在带领全党艰辛探索中国社会主义建设道路的过程中,提出的这一系列勤俭建国和勤俭节约的思想,是我国社会主义现代化建设的重要指导思想和重要社会主义道德观念。

3. 厉行节约,反对贪污浪费和官僚主义

毛泽东认为,艰苦奋斗是我们的政治本色,勤俭节约不仅是积累资金、加

---

[1]《毛泽东文集》第7卷,人民出版社1999年版,第117页。
[2]《毛泽东文集》第8卷,人民出版社1999年版,303页。
[3]《毛泽东文集》第8卷,人民出版社1999年版,第198页。

速国家经济建设的方针,也是整肃党纪、提高工作效率和转变党风社会风气的方针,不但在经济上有重大意义,而且在政治上也有重大意义。毛泽东多次告诫大家:"要使我国富强起来,需要几十年艰苦奋斗的时间,其中包括执行厉行节约、反对浪费这样一个勤俭建国的方针。"〔1〕"我们要保持过去革命战争时期的那么一股劲,那么一股革命热情,那么一种拼命精神,把革命工作做到底。"〔2〕为防止工农的人民政权蜕变成官僚资产阶级政权,为防止人民政权"为人民服务"的政治宗旨失色,他特别提出:"我们一定要警惕,不要滋长官僚主义作风,不要形成一个脱离人民的贵族阶层。谁犯了官僚主义,不去解决群众的问题,骂群众、压群众,总是不改,群众就有理由把他革掉。"〔3〕毛泽东勤俭节约的思想与风范是一笔宝贵的精神财富,激励着一代又一代中国共产党人艰苦奋斗、披荆斩棘,带领人民战胜贫穷、走向富裕。

4. 实现共同富裕

毛泽东把实现国家的繁荣昌盛、人民的共同富裕作为他所追求的社会理想的重要内容。早在新中国建立之初,毛泽东就已明确提出了共同富裕的概念,并积极地探索具体的实现道路与模式。为着这一理想和目标,他殚精竭虑,进行了艰辛的探索和努力。从农业合作社到人民公社的发展与演变,真实地反映了他的富裕观和价值取向。1955年,毛泽东曾经分别在7月31日中共中央召集的省、市、自治区党委书记会议上、10月召开的中共七届六中全会以及出席资本主义工商业社会主义改造问题的座谈会上,发表讲话,比较集中系统地阐述了有关共同富裕的思想。毛泽东的共同富裕思想"一方面他以生产关系的升级来努力寻求现实中的平等发展与同等富裕,另一方面他又把经济的富裕与革命精神、道德建设对立起来,从而陷入取舍两难的矛盾之中"〔4〕。

5. 加强职业道德建设

毛泽东强调坚持走又红又专的道路加强职业道德建设。他在《关于正确处理人民内部矛盾的问题》一文中明确指出:"我们的教育方针应该使受教育者在德育、智育、体育几方面都得到发展,成为有社会主义觉悟的有文化的劳动者。"〔5〕他还说:"红与专、政治与业务的关系,是两个对立面的统一。一定要批判不问政治的倾向。一方面要反对空头政治家,另一方面要反对迷失方

---

〔1〕《毛泽东文集》第7卷,人民出版社1999年版,第240页。
〔2〕《毛泽东著作选读》下册,人民出版社1986年版,第801页。
〔3〕《毛泽东选集》第5卷,人民出版社1977年版,第326页。
〔4〕张瑞敏:《毛泽东"共同富裕"思想解读》,《史学月刊》2003年第2期。
〔5〕《毛泽东著作选读》下册,人民出版社1986年版,第780页。

向的实际家。"[1]他指出,思想和政治"是统帅,是灵魂",思想工作和政治工作是完成经济工作和技术工作的保证。政治家要懂业务,"不懂得实际的是假红,是空头政治家。要把政治和技术结合起来"[2]。毛泽东提出的社会主义教育目的明确规定了对新式劳动者的全面要求:既有社会主义觉悟,又有科学文化知识;既有为人民服务的思想,又有为人民服务的本领;又红又专,德才兼备,德智体全面发展。在职业教育过程中,毛泽东十分重视德育,认为思想政治课在教学中是不可或缺的,德育课程设置要适量。早在1939年7月,在《中共中央军事委员会关于整理抗大问题的指示》中,他指出:"学校一切工作都是为了转变学生的思想,政治教育是中心的一环,课目不宜过多,阶级教育、党的教育与工作必须大大加强。"[3]新中国建立后他又强调说:"政治是第一,并不一定政治理论、政治活动要搞得多,学校里搞政治运动不能过多,过多就要妨碍业务学习。""政治是统帅,帅不是兵,兵要多,而统帅只有一个。政治第一,不等于政治课时数第一。"[4]

(二)毛泽东对于集体主义思想的进一步完善

在社会主义建设时期,毛泽东写了《关于正确处理人民内部矛盾的问题》《论十大关系》等一系列光辉著作,精辟地论述了怎样正确处理国家、集体和个人,整体和局部及眼前与长远的利益关系。按照毛泽东关于集体主义原则的论述,国家利益是广大人民群众最大利益的体现,是集体利益和个人利益的源泉和保证;没有国家利益,集体利益和个人利益就成为无源之水、无本之木。因此,集体利益高于个人利益,国家利益又高于集体利益。这是毛泽东对集体主义思想的完善和发展。

(三)毛泽东关于"五爱"思想的进一步完善

1949年10月,在新中国成立之际创刊的《新华月报》扉页上,登载了毛泽东同志的题词:"爱祖国、爱人民、爱劳动、爱护公共财产为全体国民的公德。"同期,由毛泽东同志主持起草并通过的《中国人民政治协商会议共同纲领》第42条规定:"提倡爱祖国、爱人民、爱劳动、爱科学、爱护公共财物为中华人民共和国全体国民的公德。"毛泽东同志把"五爱"作为"社会公德"加以提倡,并在《共同纲领》和宪法中规定尊重社会公德,这在理论上、实践上及现在的公民道德建设中都具有十分重要的意义。"五爱"规范是理想性和现实性的统一,既从一般群众的实际思想水平出发,易于被广大群众所接受,又对共产党

---

[1]《毛泽东著作选读》下册,人民出版社1986年版,第803页。
[2]《毛泽东著作选读》下册,人民出版社1986年版,第779页。
[3]《毛主席论教育革命》,人民出版社1967年版,第4页。
[4] 转引自袁振国主编:《中国教育思潮》,教育科学出版社2000年版,第105页。

人提出了较高层次的道德要求,是评价和判断我国公民道德行为的标准,也是社会主义社会共产主义道德的基本规范。

二、马克思主义伦理思想中国化曲折发展阶段的重大道德理论论争

伴随着马克思主义伦理道德思想在中国的传播和发展,结合毛泽东伦理思想,学术界在20世纪50年代末、60年代初对于马克思主义伦理学的研究和探索进入了空前活跃、繁荣的新时期。总的说来,这一时期伦理道德领域的理论论争主要包括:(1)关于道德阶级性、继承性的讨论;(2)关于马克思主义道德本质的讨论;(3)关于幸福观的讨论;(4)关于荣辱观的讨论;(5)关于人生观的讨论;(6)关于婚姻观的讨论。

(一)关于道德阶级性、继承性的讨论

关于道德的阶级性与继承性问题,是20世纪60年代争论比较热烈的一个话题。吴晗、冯友兰等先生通过道德的继承性和批评性等问题,要在中国恢复和发展伦理学研究。据说,这一讨论得到毛泽东的赞同,他也认为需要研究伦理学[1]。讨论是由吴晗同志的《说道德》和《再说道德》两文引起的。之后,《新建设》《光明日报》《哲学研究》《文汇报》《江淮学刊》等当时全国著名报刊陆续发表了许启贤、吴晗、李之畦、冯其庸、江峰、高仲田、艾真、石梁人(周原冰)、步近智、唐宇元和阎长贵等人(需要说明的是,许多作者系笔名)的文章,涉及的主要问题有:怎样理解阶级的道德;在封建社会和资本主义社会里,统治阶级道德所起的作用是什么,被统治阶级有没有自己的道德;不同阶级的道德之间的关系怎样;统治阶级的道德是否具有两面性,是否可以继承,等等。

1. 关于"阶级的道德"的两种观点之争

"阶级的道德"是一定社会历史发展的产物,随着社会性质和阶级的不同,它们有不同的阶级内容,没有永恒不变的道德。恩格斯说过:"道德总是阶级的道德;它或者是为支配阶级的统治和利益辩护,或者是当被压迫阶级足够强大之时,它表现对于这个统治的抗争,而代表被压迫者的将来的利益。"[2]在阶级的道德这个讨论中形成了"道德就是统治阶级的道德"和"道德不仅包括统治阶级的道德,而且还包括被统治阶级的道德"这样两种意见,

---

[1] 陶涛等:《中国伦理学的过去、现在与未来——万俊人教授访谈录》,《伦理学研究》2010年第3期。
[2] [德]恩格斯:《反杜林论》,人民出版社1999年版,第100页。

前者是以吴晗同志为代表,后者以许启贤、李之畦等人为代表。吴晗认为,"所谓阶级的道德也就是统治阶级的道德"〔1〕。之后,在《三说道德——敬答许启贤同志》一文中修正了这种说法,指出:"所谓阶级的道德,在一般情况下,就是统治阶级的道德。"〔2〕他认为,统治阶级总是把维护自己阶级利益的道德强加于人,冒充为全人类的道德。统治阶级利用道德来说服、控制、剥削他的臣民,并通过各式各样的办法进行它们的"道德"宣传、教育,这样,统治阶级的道德论在一般情况下,也就成为被统治阶级的道德论。

但是,更多的人对这种意见表示质疑。他们认为:"阶级道德"这一概念,应该包括统治阶级道德和被统治阶级道德。"在阶级社会里,人总是属于一定阶级的,不属于统治阶级,就是属于被统治阶级",而对应的阶级的道德,"也应该包括统治阶级的道德和被统治阶级的道德",在阶级社会里,统治阶级的思想和道德尽管占统治地位,但这种情况决不能得出"阶级的道德就是统治阶级的道德"的结论。〔3〕

2. 关于统治阶级道德和被统治阶级道德之间关系的三种观点

两种对立阶级的道德之间的关系问题的认识主要有"作用型"关系、"斗争型"关系和"矛盾型"关系这三种意见。

"作用型"关系主要是以吴晗同志为代表。他认为,统治阶级的道德和被统治阶级的道德之间是相互影响、相互作用的。"历史上的统治阶级的道德论,通过种种渠道,是曾经在广大人民中起了毒害、欺骗作用,使他们长期以来把统治阶级的某些道德论点作为自己的道德来看待,加以维护、执行的。"〔4〕反过来,被统治阶级的道德也对统治阶级的道德起过一定的作用,被统治阶级的勤劳、诚实、朴素、勇敢的美德以及面对外敌入侵时的英勇抗敌,决不投降、妥协、变节的英雄气概也深深地影响了统治阶级的道德。

"斗争型"关系主要是以李之畦、步近智、唐宇元等同志为代表。他们认为,上述意见存在一定的问题。"对立的阶级道德之间的关系只能是相互斗争的关系而不是别的。因为统治阶级道德所反映的阶级利益是不可调和的、不可改变的,统治阶级的道德,无论某些被统治阶级成员怎样自愿地去执行和维护它,它总还是维护统治阶级利益的统治阶级道德,不可能变成被统治阶级的东西。反之也是一样,被统治阶级的某些道德规范或道德品质无论表现在统治阶级的任何成员身上,它总还是维护被统治阶级利益的被统治阶级

---

〔1〕 吴晗:《说道德》,《前线》1962 年第 10 期。
〔2〕 吴晗:《三说道德——敬答许启贤同志》,《光明日报》1963 年 8 月 19 日。
〔3〕 许启贤:《关于道德的阶级性与继承性的一些问题》,《光明日报》1963 年 8 月 15 日。
〔4〕 吴晗:《三说道德——敬答许启贤同志》,《光明日报》1963 年 8 月 19 日。

道德,不可能成为统治阶级道德体系中的东西。"彼此的道德观念可能会对个别成员的思想行动产生影响,但是"对立阶级的道德观对彼此阶级的成员个人的影响,决不能混同为两种对立阶级的道德观之间的影响"[1]。

"矛盾型"关系主要是以高仲田等人为代表。他认为:"统治阶级的道德和被统治阶级的道德,是矛盾的两个方面。这两个方面是互为条件、相互作用的。"第一,"没有统治阶级的道德,也就没有被统治阶级的道德;没有被统治阶级的道德,也就没有统治阶级的道德","统治阶级的道德是矛盾的主要方面,被统治阶级的道德是矛盾的次要方面"。第二,"统治阶级的道德和被统治阶级的道德,互相联系着,在一定的条件下统治地位又相互转化"[2]。这一时期的许多学者认为,在阶级社会中存在着两种相互对立的阶级道德,因而也就不能不在阶级社会中存在着两种互相对立的道德传统。

3. 关于统治阶级道德的继承性问题的三种意见

对于统治阶级的道德是否可以继承的问题,学者们主要有三种意见:"可继承论"(以吴晗为代表)、"不可继承论"(如许启贤、冯其庸等学者即持此观点。参见后者论文如《封建道德不能批判继承——与江峰同志商榷》,《哲学研究》1964年第1期。冯其庸根据大量的材料,论证了封建道德是没有人民性的,忠孝节义是麻醉人民的"精神毒药")、"部分继承论"(以李之畦、石梁人等为代表)。前两种意见主要是通过分析道德是否具有两面性入手来证明统治阶级的道德是否可以继承。承认统治阶级的道德具有两面性也就承认了道德的继承性。后一种意见主要是从历史的、动态的角度来论述统治阶级的道德可以部分地继承。

(二) 关于马克思主义道德本质问题的讨论

关于马克思主义道德本质问题在20世纪60年代初讨论得也非常热烈,发表了许多论文。争论的焦点在于研究伦理学的基础是什么?许启贤同志在《江汉学报》1963年第10期上发表的《马克思主义伦理学的对象、任务和方法》一文中认为,马克思主义经典作家关于道德的含义,"有必要给以补充"。他认为,马克思主义关于道德是社会意识形态,是社会存在的反映这个论点,"虽然揭示了道德的本质",但仅仅这样来看道德是很不够的,还"应该对道德的含义作广泛的理解"。他认为,"伦理学研究的道德现象,不仅是道德意识现象,而且还包括道德活动现象"[3]。另一种意见和这种意见不太一致,以

---

[1] 李之畦:《〈三说道德〉一文提出了什么问题》,《光明日报》1963年9月21日。
[2] 高仲田:《关于道德的批判继承问题》,《光明日报》1962年10月7日。
[3] 许启贤:《马克思主义伦理学的对象、任务和方法》,《江汉学报》1963年第10期。

郑文林、李光耀、江峰为代表的学者们坚持物质决定论的观点,认为,从经济基础和经济关系出发去研究伦理学中的各种问题,去探求一切道德问题的最终源泉,是唯一科学的方法。相反地,抛弃马克思主义关于道德的本质的规定,背离马克思主义研究伦理学的科学方法论,就会把伦理学的研究引到错误的道路上去。他们通过分析马克思主义经典作家关于道德本质论述的内在含义入手,同时反驳了许启贤同志给自己的论点的几点依据。倡导对马克思主义道德本质的理解"不能从定义出发,只能从实际出发"。对道德的理解需要"坚持历史唯物主义的基本原理"。具体说来,"马克思列宁主义的道德科学,是无产阶级战斗的武器之一。它应当在战斗中充实、完善和发展。它像马克思列宁主义的其他一切学科一样,应当是活的科学,我们只应该从无产阶级和其他革命人民活生生的斗争实践中来研究它"[1]。

(三) 关于幸福观的讨论

20世纪60年代初,"许多报纸就革命青年的幸福观问题,先后展开了一次广泛而热烈的思想讨论"[2]。关于幸福观的讨论,主要是围绕什么是幸福,人应该追求何种幸福,幸福的来源是什么,以及如何处理个人幸福与他人、集体幸福的关系,等等这些问题展开的。

1. 关于幸福的内涵及标准

幸福观"是一个和世界观、人生观有关系的问题"[3],是人生观的最突出体现[4]。以乌强为代表的学者认为,"所谓幸福,似乎是某些利益和权利的总和,即获得了某种利益或权利,或者某种愿望得到了满足。否则就是不幸"[5]。在阶级社会里,阶级性是幸福的根本特征。各阶级的利益是不一致的,剥削者的幸福是被剥削者的不幸和痛苦,是社会罪恶的根源。"什么是幸福?不同的阶级,有不同的理解。资产阶级津津乐道的幸福,是建筑在个人私利甚至于损人利己、损公肥私的基础之上的。无产阶级所推崇和提倡的幸福,则是建立在公字基础之上的;无产阶级不以个人的享乐为幸福,以为集体、为人民谋利益为幸福。"[6]幸福总是一定阶级的幸福。"马克思主义者总是用革命的观点,来看待幸福的问题。"[7]以许启贤为代表的学者认为,在阶

---

[1] 石梁人:《试论马克思主义道德科学研究的对象、范围和方法》,《学术月刊》1963年第3期。
[2] 洪声里:《许多报纸讨论"什么是人生的最大幸福?"》,《新闻业务》1963年第12期。
[3] 窦仲菊:《什么是最大的幸福》,《前线》1963年第11期。
[4] 叶汝贤:《试论雷锋的幸福观》,《中山大学学报》(哲学社会科学版)1964年第1期。
[5] 佚名:《幸福问题》,《中国青年》1963年第18期。
[6] 丁丁:《什么才是幸福?——看〈幸福〉有感》,《电影评价》1979年第Z1期。
[7] 余惠敏:《马克思主义的幸福观》,《江淮学刊》1964年第3期。

级社会里,幸福观是有阶级性的,"什么是幸福? 无产阶级有无产阶级的看法;资产阶级有资产阶级的看法"[1]。"在阶级社会里,不同的阶级对于生活的评价,对生活的欲望、要求以及对生活所采取的态度各不相同,这就是他们的幸福观的反映。它与各个阶级的道德观、人生观、世界观是密切相关的。"[2]资产阶级与无产阶级的看法是完全对立的,资产阶级认为幸福的事,在无产阶级看来则是可耻的行为,无产阶级认为幸福的事,资产阶级则认为是不幸。任何时代都没有抽象的一般的超阶级的幸福,认为资产阶级宣扬的没有阶级性的幸福是对青年的引诱和腐蚀。因此,不能离开特定的阶级和历史条件来谈幸福。提出应当具有怎样的幸福观时,其目的不是叫人沉湎于关于幸福问题的抽象思考,而是为着叫人弄清楚幸福问题的实质内容。对于幸福的标准问题,学者们以时代英雄和道德表率为例,指出"实现他的人生理想,全心全意为人民服务,彻底革命,即为共产主义事业奋斗到底就是人生最大的幸福"[3]。

2. 人应该追求何种幸福

新中国成立初期,在朝气蓬勃的新国家建设的宏伟目标激励下,在对社会主义新中国的美好畅想,以及与旧社会的强烈对比之中,社会各界"深切体会了新时代的幸福"[4]。理论界普遍认为,对幸福的追求应当融入社会主义建设事业之中,增强政治素质,学习道德典型,投身日常工作,等等,都是追求幸福的途径和方式。在马克思主义基本理论的指导下,学者们普遍认为,幸福观主要有三种:资产阶级幸福观、小资产阶级幸福观和无产阶级幸福观。在各种幸福观中,"以无产阶级的幸福观最进步、最合理、最科学"[5]。学者们普遍认为,损人利己、唯利是图,把自己的幸福建筑在别人的痛苦之上,这是资产阶级的幸福观。把"有一个理想的爱人,添一个可爱的孩子,住一所漂亮的房子"当作人生最大的幸福,满足于过一种安分守己、小康之家的生活,这是小资产阶级幸福观。以集体利益为利益,以国家幸福为幸福,"先天下之忧而忧,后天下之乐而乐",把建设社会主义、共产主义事业作为自己最高的理想和最大的幸福,这是无产阶级的幸福观。学者们进一步认为,资产阶级的幸福观是可耻的,然而在当时的社会中毕竟是少数;持小资产阶级幸福观的人在当时并不鲜见,小康之家的幸福虽然不同于资产阶级那种依靠剥削得来的充满铜臭味、血腥味的幸福,但两者在本质上是一样的,同是从个人出

---

[1] 许启贤:《批判冯定同志的"幸福观"》,《前线》1965年第4期。
[2] 刘放桐:《马克思主义以前西方伦理学史上的幸福观》,《学术月刊》1964年第1期。
[3] 叶萌:《略论王杰同志的幸福观》,《学术研究》1966年第1期。
[4] 孙福熙:《深切体会了新时代的幸福——回忆"五四"前后美术界的情形》,《美术》1957年第5期。
[5] 谷方:《学习雷锋同志的幸福观》,《前线》1963年第12期。

发,我字当头,这种处处为个人着想的小康幸福不是真正的幸福;无产阶级的幸福观是人类美德的最高表现,它不是把个人、小家庭放在首位,而是把集体、革命的事业放在首位,是值得人们赞美和追求的。[1]

3. 关于幸福的来源

关于幸福来源的观点主要集中在两个方面:一是幸福来自革命,来自斗争[2],来自于党的领导,"毛主席是幸福的引路人"[3];二是幸福来自劳动[4],来自学习[5],来自奉献。"人们充满高度的希望和决心,相信在较短的时期内,经过辛勤劳动,就可以用自己的双手,把我们的国家建设成为一个最先进的、具有高度现代化工业、农业和高度文化的国家。"[6]时任山东省总工会副主席的孙哲南认为,幸福来源于忘我的劳动,他引用雷锋同志的话来佐证这一观点,"人生在世,只有劳动,奋发图强,用自己的双手创造财富,为人类的解放事业——共产主义贡献自己的一切,这才是最幸福的"。认为劳动是人类衣食之源、生存之本,没有劳动,人类社会一天也不能维持下去,更不会有什么人类幸福。只有辛勤的劳动,才能争取人类最美好、最幸福的共产主义社会早日实现,才能为自己和后代创造更大的幸福。谢象晃在《论幸福》一文中指出,我们只能靠劳动、自力更生,来建设我们的国家,创造幸福,幸福由劳动创造出来,这是一条真理。在讨论中,更有来自全国不同战线上的劳动模范、先进工作者,用他们的亲身体会来谈怎样通过劳动获得幸福。工业战线代表全国工业先进生产者曲淑姿的实际体会是:"幸福来自劳动,只有在建设社会主义的劳动中,充分发挥创造性,才有更大的幸福。"农民代表全国农业劳动模范胡兆坤说:"一个人只要忠实地为人民服务,什么工作都有前途,都能得到幸福;劳动和幸福是分不开的,一个人只有当他投身于劳动人民的行列,积极地参加劳动并做出成绩来,他才会感到什么是真正的幸福。"商业领域代表百货商店售货员刘福英的亲身感受是:"我的幸福——顾客的笑容。我能够为群众做一点有益的事,使群众更加热爱党、热爱毛主席、热爱社会主义,就是我的幸福。"

4. 如何处理个人幸福与他人、集体幸福的关系

在幸福的价值取向问题上,存在着个人主义和集体主义的对立。通过相

---

[1] 阳作华:《资产阶级幸福观和无产阶级幸福观的根本对立》,《江汉学报》1964年第8期。
[2] 王水生:《"革命就要斗争,斗争就是幸福"》,《黄河建设》1966年第8期。
[3] 王德安:《毛主席是幸福的引路人》,《中国民族》1960年第3期。
[4] 石震:《劳动着是幸福的》,《中国农垦》1957年第5期。
[5] 徐学惠:《学习·劳动·幸福观》,《中国金融》1964年第7期。
[6] 艾思奇:《生产关系和生产力的矛盾与人民内部矛盾》,《哲学研究》1958年第3期。

关研究比较可以看出,在马克思主义理论、毛泽东思想的指导与社会主义新中国建设实践的鼓舞下,学术界对集体主义价值取向的强调和论证明显强于个人主义的价值取向。

(四) 关于荣辱观问题的讨论

关于荣辱观问题的讨论,主要内容集中在对待生活和劳动方面的问题上。这场讨论,自1963年6月起,历时5个月。这次讨论实质上是一次关于人生观问题的教育。通过这场讨论,对于帮助广大群众划清无产阶级荣辱观和资产阶级荣辱观的界限,提高思想觉悟,发扬艰苦奋斗、艰苦朴素的传统作风,抵制资产阶级思想的侵蚀,都具有重要作用。在对待生活问题上的荣辱观主要是围绕这样一些话题展开的:对于艰苦朴素、奢侈浪费何者为荣、何者为辱的问题;对于"土里土气"是不是不光彩,人是不是可以不加分析地"随着环境走",艰苦朴素是不是已经过时,工作作风和生活作风能不能截然分开等问题,以及在婚丧嫁娶、送往迎来等事宜上,怎样实现简朴风尚的问题。在对待劳动方面以何为荣、以何为辱主要是围绕这些问题展开的:为什么劳动光荣,不劳动可耻?革命者是以普通劳动者的身份和群众打成一片的,以同吃、同住、同劳动为荣,还是以特殊自居、高人一头、摆官架子、当"甩手掌柜的"为荣?是热爱劳动、争做政治上和劳动上的先进分子光荣,还是好逸恶劳、游手好闲、不事劳动光荣?提倡干部参加集体劳动是不是"一阵风"?知识青年参加劳动是荣是辱?等等。对于这些问题的讨论,绝大多数人站在了正确的方面,有些原来持有某些不正确看法的人,经过讨论也改变了看法,清除了资产阶级荣辱观的影响,提高了思想觉悟,使得人们认识到树立无产阶级荣辱观不仅是当时阶级斗争的迫切要求,而且也是革命和建设事业的迫切需要。

(五) 关于人生观问题的讨论

新中国成立后,围绕着如何树立全心全意为人民服务的革命人生观[1],为建立"共产主义人生观",为青年们正确地认知人生观,"以帮助他们了解'应该怎样做人'的道理"[2]。形成了一个学术争论的热点。

另外,关于人生观问题的讨论主要围绕"在农村生活前途和乐趣在哪里"和"青年人怎样生活才有意思"这个问题展开的。这个问题首先是由张克玉同志给《南方日报》的一封信引起的。之后,《南方日报》陆续发表了多篇文章对此进行讨论。这场争论的焦点在于:在农村生活,做一个平凡的人能不能

---

[1] 苏里:《树立全心全意为人民服务的革命人生观——学习〈为人民服务〉心得》,《吉林师大学报》1965年第1期。
[2] 张青:《读"共产主义人生观"》,《读书月报》1957年第3期。

有好的前途和命运?

大家普遍认为,回答这个问题离不开阶级的立场,"在剥削阶级看来,一个人能够骑在别人头上,搜刮掠夺,发财享乐,欺世盗名,闲逸过日,自己的'人生'就是最有意义最有价值了,至于旁人的死活,一概可以不管。"而无产阶级则会从无产阶级的立场出发,为劳动人民的整体利益着想,"使子孙后代都过着共同富裕、友爱互助的日子"。晓帆认为:"不同的世界观和人生观就有不同的看法,资产阶级的世界观和人生观是建立在'唯利是图'这个观点上的,哪里有利可图,哪里就是好地方、好世界;人生是为了私利而奋斗的;私利愈多,前途愈大;没有私利就没有前途。"站在这种立场上的人们认为,只有有了名誉、金钱才是有了好的前途和命运。而无产阶级是根据历史发展的规律,根据人民的利益来确定自己的理想的,"一个人能力有大有小,职业也不一样,但是只要有正确的共产主义的方向,在自己的岗位上贡献全部力量,做出成绩,推动历史的车轮不断前进,他就有理想,有前途"。在谈到如何提高自己的阶级觉悟时,王跃子同志认为,"参加农业生产劳动,正好一方面从事劳动锻炼,一方面接受阶级斗争的教育和锻炼,以不断提高自己的阶级觉悟"。

(六) 关于婚姻观的讨论

自 1950 年 5 月 1 日《中华人民共和国婚姻法》公布施行以来,传统婚姻制度下的很多腐朽的东西就逐渐淡出了历史舞台。但是残存的价值观念依然大有市场,理论界以《婚姻法》的颁布实施作为契机展开了关于新婚姻观的讨论。通过这场讨论,大家普遍认为要改变旧有的家庭观念,摆脱"传宗接代"旧思想的影响。不论是男是女,都是共产主义事业的接班人,在我们国家,男女是平等的。婚姻法的公布施行,对于广大群众据以建立幸福美满的婚姻关系,对于建立和巩固新型家庭关系[1],对于广大妇女的自由和解放[2],对于发展民主团结的家庭生活的法律标准和道德标准[3],都起到了积极的作用。

"恋爱问题不仅是每个青年的切身利益问题,而且也是一项重要的社会问题。"[4]婚姻恋爱问题体现着阶级性,要反对"恋爱至上、个人幸福等有害的思想内容"[5]。这是因为,婚姻关系和婚姻制度,在阶级社会里是一定阶级关系的表现形式之一。芮沐指出:"婚姻家庭制度是和一定的社会制度密切联系着的,它随着社会制度的变化而变化,随着社会制度的发展而发展。"

---

[1] 李正:《中华人民共和国婚姻法对建立和巩固家庭的作用》,《政法研究》1955 年第 5 期。
[2] 成东柳:《我国婚姻家庭制度的革命》,《法学研究》1960 年第 3 期。
[3] 童书业:《从历史上看婚姻法的伟大意义》,《文史哲》1953 年第 2 期。
[4] 杨佳民:《谈谈革命的恋爱观》,《前线》1964 年第 3 期。
[5] 文齐思:《评〈三家巷〉〈苦斗〉评论中的错误倾向》,《读书月报》1957 年第 8 期。

新中国的建立,把婚姻家庭从封建的压迫下解放出来,建立成今天的社会主义制度下男女真正平等、团结和睦的美满的婚姻家庭制度,是一个历史过程。[1]任何社会、任何时代的婚姻问题都是这一社会关系的一部分,而且婚姻关系和其他关系一样,都归结于一定社会的阶级关系。所以,我们在对待恋爱婚姻问题上,要树立无产阶级的恋爱婚姻观,"应该以双方具有共同的革命理想作为恋爱的基础",而且"双方必须做到真正的男女平等,互相尊重,应该在学习上、生产上、工作上和政治思想上互相帮助、互相鼓励、共同进步"。新中国建立初期,婚姻家庭问题上的反封建、反资产阶级斗争非常激烈,虽然旧的经济基础已经被消灭,但当时旧的思想意识还继续阻碍新的婚姻家庭关系的发展,因此,"只有经过长期的自我教育,才能摆脱剥削阶级的思想影响"。才能真正实现恩格斯所说的婚姻的充分自由:这种婚姻的充分自由,自由在"对选择配偶尚有巨大影响的一切派生的经济顾虑消除之后,才能普遍达到。到那时候,除了相互的爱慕以外,再也没有别的动机存在了"[2]。

---

[1] 芮沐:《新中国十年来婚姻家庭关系的发展》,《法学研究》1959年第5期。
[2] 恩格斯:《家庭、私有制和国家的起源》,人民出版社1972年版,第79页。

第三章 马克思主义伦理思想中国研究的反思与复苏期(1978 — 1991)

一、邓小平伦理思想:新时期马克思主义伦理思想的探索成果

随着改革开放新时期的到来,百废俱兴、百事待举,人们发自内心地呼唤新道德、废除旧道德。然而,在传统道德失去吸引力,旧的道德规范失去约束力,而现代道德观念、道德规范尚未建立起来的情况下,整个社会处于一种因价值判断系统紊乱产生的无所适从和困惑迷惘的"道德失范"过程中。80年代,伴随着思想解放而兴起的对"文革"教训的总结,出现了在否定"文革"、"左"倾错误路线的同时,对传统伦理道德和民族文化持全盘否定的倾向;产生了自由主义和全盘西化论的思潮,形成了萨特热、尼采热、弗洛伊德热和西方马克思主义热,在某种程度上强化了对西方功利主义、实用主义和个人主义伦理价值观的推崇;甚至出现了为"个人主义"正名、为"向钱看"进行辩护和否定共产主义道德的现象。这种道德失范以道德价值观念的变革为先导,从观念层面向行为层面纵深发展。总的来讲,无论是道德观念的冲突还是道德行为的失范,都是在高度集中的计划经济体制基础之上的传统道德权威——道德"政治化"走向崩溃,从封闭的道德走向开放的道德过程中产生的:一方面表现为无序的、混乱的乃至退步的;另一方面则更多地表现为在扬弃传统道德价值观念的过程中新道德的逐渐生成。这一切都要求马克思主义开拓新视野,发展新观念,进入新境界,伦理学的复兴成为必然。

随着高等学府陆续恢复招生,1978年中国人民大学首先恢复了伦理学课程。继中国人民大学之后,北京大学、上海师大、北京师大等也陆续开设了伦理学课程。在一些重点院校,还开设了中国伦理思想史、西方伦理思想史、当代西方伦理学等课程,这些课程的设置为马克思主义伦理学的研究提供了一个对话的平台。1980年,在江苏无锡召开了全国第一次伦理学讨论会并成立了中国伦理学会,这是马克思主义伦理学复兴的显著标志。1982年,罗国杰主编的《马克思主义伦理学》和唐能赋、唐凯麟主编的《马克思主义伦理学原理》两书相继出版。其中罗国杰主编的《马克思主义伦理学》是新中国第一本

马克思主义伦理学教科书。之后,适应各级各类学校的教学需要,伦理学教科书的编写如雨后春笋般地生长发展。其中有代表性的有魏英敏、金可溪编著的《伦理学简明教程》,张善城编著的《伦理学基础》,张培强、陈楚佳主编的《伦理学概论》等。老一代伦理学家,如张岱年、周辅成、周原冰、李奇、朱伯昆等也相继推出一批学术专著,发表了一系列有影响的学术论文。例如,张岱年的《中国伦理思想研究》,朱伯昆的《先秦伦理学概论》,周辅成主编的《西方著名伦理学家评传》,周原冰的《道德问题丛论》和《共产主义道德通论》,李奇的《道德与社会生活》和主编的《道德学说》等著作推动了伦理学在恢复阶段的传播与发展。这一时期,伦理学学科建设也在一批老中年学者的带动下有秩序地进行,招收硕士研究生、博士研究生的工作得以顺利展开并取得了相当大的成就,基本上形成了一支结构合理、阵容壮观的学术队伍,为伦理学在20世纪90年代的繁荣和勃兴奠定了基础。

伴随着伦理道德实践的推动、马克思主义伦理学的复兴,邓小平伦理思想呼之欲出。邓小平伦理思想是马克思主义伦理思想与当代中国改革开放道德实践有机结合的光辉典范,是引导全国人民进行社会主义现代化建设的行动指南。如果说改革开放以前的伦理学主要是建立在以阶级斗争为纲基础上的革命化的、政治化的或批判化的伦理学,侧重于阶级与阶级之间的斗争和党内的路线斗争,那么中共十一届三中全会以后的伦理学就是建立在以经济建设为中心基础之上的社会化的、经济化的和建设性的伦理学。因此,从某种意义上说,邓小平伦理思想也是关于改革道德的学说。它以"解放思想,实事求是,团结一致向前看"为精神实质,以改革开放和建设有中国特色社会主义现代化强国为时代主旋律,以面向世界、面向未来和面向现代化为基本价值视野,以培养社会主义"四有新人"和促进中华民族的伟大腾飞为宗旨,体现了与时俱进的伦理品格和道德气质,创造性地丰富和发展了马克思主义伦理思想,实现了马克思主义道德思想中国化的第二个里程碑。邓小平指出:"我们要建设的社会主义国家,不但要有高度的物质文明,而且要有高度的精神文明。所谓精神文明,不但是指教育、科学、文化(这是完全必要的),而且是指共产主义的思想、理想、信念、道德、纪律,革命的立场和原则,人与人的同志式关系,等等。"[1]邓小平伦理道德思想的博大精深,主要体现在以下诸多方面:

---

[1]《邓小平文选》第2卷,人民出版社1994年版,第367页。

(一)坚持物质利益原则与集体主义原则的辩证统一——新时期道德的基本原则

邓小平在强调国家利益、集体利益、个人利益三者结合的同时,强调了物质利益原则,坚持和发展了马克思主义道德思想。"在社会主义制度之下,个人利益要服从集体利益,局部利益要服从整体利益,暂时利益要服从长远利益……我们提倡和实行这些原则,决不是说可以不注意个人利益,不注意局部利益,不注意暂时利益。"[1]翌年8月,他又指出:"我们提倡按劳分配,承认物质利益,是要为全体人民的物质利益奋斗。每个人都应该有他一定的物质利益,但这决不是提倡各人抛开国家、集体和别人,专为自己的物质利益奋斗,决不是提倡各人都向'钱'看。"[2]这些讲话以及其他许多论述,充分表明邓小平在教育每个公民要坚持国家利益至上时,总是以充分尊重公民的合法利益为出发点,甚至主张国家要让利于民;同时,他在鼓励、支持劳动者关注个人的物质利益和个人的全面、自由发展时,总是以提倡个人利益服从社会整体利益为前提,引导劳动者个人懂得"只有在集体中,个人才能获得全面发展其才能的手段……只有在集体中才能有个人自由"[3]。他尖锐地批评过去那种"左"的只讲牺牲精神而不讲个人物质利益的观点:"我们在新民主主义革命时期,就已经坚持用共产主义的思想体系指导整个工作;用共产主义道德约束共产党员和先进分子的言行;提倡和表彰'全心全意为人民服务','个人服从组织','大公无私','毫不利己、专门利人','一不怕苦、二不怕死'。现在已经进入社会主义时期,有人居然对这些庄严的革命口号进行'批判'。"[4]强调在制定和执行政策时,必须承认人民群众对正当物质利益的追求,尽力满足人民群众的利益要求。在此,邓小平坚持和发展了物质利益是道德基础这一马克思主义伦理观,并创造性地发展为中国特色的社会主义功利主义伦理道德理论。

(二)在"三个面向"中培养"四有"新人——社会主义道德建设的根本目标

邓小平根据社会主义初级阶段的历史任务及其战略目标,创造性地提出了培养"四有"新人的理论,并以此作为社会主义道德教育和道德修养的目标。邓小平认为,我们"搞社会主义精神文明,主要是使我们的各族人民都成

---

[1]《邓小平文选》第2卷,人民出版社1994年版,第175页。
[2]《邓小平文选》第2卷,人民出版社1994年版,第337页。
[3]《马克思恩格斯全集》第3卷,人民出版社1960年版,第84页。
[4]《邓小平文选》第2卷,人民出版社1994年版,第367页。

为有理想、讲道德、有文化、守纪律的人民"[1]。"要教育人民成为'四有'人民,教育干部成为'四有'干部","我们的目标是'四有'"。[2]这就清楚地告诉我们,社会主义精神文明、道德文明建设的根本目标就是培养有理想、有道德、有文化、有纪律的社会主义新人。"四有"新人理论的提出,既为我们进行社会主义道德教育提供了客观依据,又为全体劳动者指明了道德修养、追求理想人格的努力方向。

(三) 全心全意为人民服务——中国共产党的根本宗旨

邓小平重视和强调共产党员及领导干部在道德建设过程中的楷模示范作用。马克思主义经典作家认为,在阶级社会或有阶级存在的社会里,占统治地位的阶级的思想(包括道德在内)总在该社会中居于统治地位。社会主义社会也不例外。因此,执政的共产党、党的各级领导干部的道德行为、人格品性对社会道德建设起着举足轻重的影响,对整个社会的道德价值取向起着决定性的导向作用。确立和坚持全心全意为人民服务的党的根本宗旨,在道德建设领域,就是要通过为人民服务的理论发展和实践推进,在全社会范围内形成良好的道德氛围。在社会主义现代化建设过程中,如何做到全心全意为人民服务?对此邓小平说:"社会主义现代化建设的极其艰巨复杂的任务摆在我们的面前。许多旧问题需要继续解决,新问题更是层出不穷。党只有紧紧地依靠群众,密切地联系群众,随时听取群众的呼声,了解群众的情绪,代表群众的利益,才能形成强大的力量,顺利地完成自己的各项任务。"[3]在经济改革和对外开放过程中,他一再要求党员尤其是党的高级负责干部更要身体力行,全心全意地为人民服务,否则"还怎么能教育青年,还怎么能领导国家和人民建设社会主义!'只有这样,我们的事业才能获得成功的基本保证"[4]。邓小平认为,要在全社会形成社会主义道德风尚,关键是领导干部以身作则,带头实践共产主义道德。关于党的领导干部在道德建设中率先垂范的问题,是邓小平一以贯之、反复强调的重要思想。早在中共十一届三中全会前,他就在各种重要会议上多次强调:"领导干部,特别是高级干部以身作则非常重要。群众对干部总是要听其言、观其行的。"[5]因此"要教育全党同志发扬大公无私、服从大局,艰苦奋斗、廉洁奉公的精神,坚持共产主义思想

---

[1]《邓小平文选》第 2 卷,人民出版社 1994 年版,第 408 页。
[2]《邓小平文选》第 3 卷,人民出版社 1993 年版,第 205 页。
[3]《邓小平文选》第 2 卷,人民出版社 1994 年版,第 367 页。
[4]《邓小平文选》第 2 卷,人民出版社 1994 年版,第 342 页。
[5]《邓小平文选》第 2 卷,人民出版社 1994 年版,第 124 页。

和共产主义道德"[1]。在领导干部队伍建设和廉政建设方面,他号召党员领导干部努力学习毛泽东、周恩来同志的榜样,不仅要真正做到全心全意为人民服务,更要身体力行共产主义思想道德,共产党员和领导干部要以自己的模范行为和道德人格垂范于社会,以推动社会主义道德建设的健康发展。

(四)"五爱"——新时期道德的主要规范

社会主义社会应实行什么道德,提倡什么道德,既是一个重大的理论问题,也是一个实践问题。邓小平从改革开放条件下广大人民群众的思想道德觉悟实际出发,提出了广大群众能普遍接受和实行的道德要求——"五爱",从理论上明确了社会主义建设新时期的主要道德规范。不仅如此,邓小平还指出社会主义时期道德具有层次性,有普遍性的社会主义道德和先进性的共产主义道德之分。我国从新中国建立初期就提倡"五爱"公德,1949年《中国人民政治协商会议共同纲领》第40条规定:"提倡爱祖国、爱人民、爱劳动、爱科学、爱护公共财物为中华人民共和国全体国民的公德。"这些要求鲜明、朴实,起过很好的教育作用。在当时的历史条件下,还没有向全国人民提出"爱社会主义"的要求。1982年12月4日,第五届全国人民代表大会第五次会议通过的《中华人民共和国宪法》,把"爱护公共财物"改为"爱社会主义",从而使"五爱"成为社会主义新时期道德建设的基本要求。它是全国人民现行的道德行为规范,是人人必须遵守的公德。1986年9月28日,中国共产党第十二届中央委员会第六次全体会议,通过了《中共中央关于社会主义精神文明建设指导方针的决议》(以下简称《决议》)。这是我们党新时期做出的第一个关于加强社会主义精神文明建设的专门决议。《决议》指出,社会主义道德建设的基本要求是爱祖国、爱人民、爱劳动、爱科学、爱社会主义。要使"五爱"在社会生活中的各个方面体现出来,在全国各民族之间、工人农民知识分子之间、军民之间、干部群众之间、家庭内部和邻里之间,以至人民内部的一切相互关系上,建立和发展平等、团结、友爱、互助的社会主义新型关系。

综上所述,邓小平的社会主义伦理道德思想是在改革开放和以经济建设为中心的社会主义建设的大潮中生发而成的。它反映了当代社会和人类发展的要求,它一经产生出来便对经济建设产生这样或那样的重大影响。它以人民的利益为出发点和归宿点。一切从人民的利益出发,全心全意为人民服务是它的核心价值观,集体主义精神是它的基本原则,"五爱"思想是它的重要伦理规范,培育"四有"新人是它的根本目标。它是马克思主义无产阶级伦理思想在当代中国的反映。邓小平的伦理道德思想作为中国社会主义道德

---

[1]《邓小平文选》第2卷,人民出版社1994年版,第367页。

的当代形态,本身就是一个动态的、开放的,并将在社会实践中不断充实完善的有机系统。其重大的理论意义和现实意义已正在并将继续为有中国特色的社会主义现代化建设实践所证明。

二、马克思主义伦理思想中国化成熟阶段的重大道德理论争鸣

面对社会生活中出现的新问题、新观念,新思潮,人们开始重估前一阶段对传统道德价值观念和西方道德价值观念的认识,重新思考我国现代道德的定位和取向,在伦理学界展开了许多理论论争。马克思主义伦理学的研究和探索进入了空前活跃、繁荣的新时期。总的说来,这一时期伦理道德领域的理论论争主要包括:(1)关于"道德主体性"的讨论;(2)"主观为自己,客观为别人"的讨论;(3)关于集体主义的讨论;(4)关于婚姻家庭伦理问题的讨论;(5)关于爱国主义的讨论;(6)关于人道主义的讨论;(7)关于功利主义的讨论;(8)关于传统道德批判与继承问题的讨论。

(一)关于"道德主体性"的讨论

由1986年2月3日,《光明日报》上刊登的题为《人的主体性是一切道德活动的原动力》一文,引发了一场关于"道德主体性"问题的讨论。这场讨论旨在从哲学层面对"文革"时期的社会道德生活进行反思,尤其是对"文革"时期主宰社会道德生活的绝对主义道德进行理论上的清算。这一争论主要提出了人在道德生活中的主体性地位,研究主体的不同情况,这是有积极意义的。但对于主体性怎样发挥,主体自由要不要受客观必然性制约,可不可以只讲个体主体地位不讲社会集体主体地位,则存在着不尽相同的看法。主要代表人物有肖雪慧、夏伟东、兰秀良、罗若山等。

讨论中对"道德主体性"的张扬主要突出了两层意思,一是强调道德对个人来说应当意味着自我肯定和自我发展;二是个人的自我肯定和自我发展要求个人的权利与利益。有些人认为,道德的根源不是社会经济关系,而是人的主体需要,人是道德的创造者和体现者的积极主体,人的主体性是一切道德活动的原动力。"从本质上说,道德是人自我肯定、自我实现和自我发展的一种特殊形式"[1],是一门"特殊的人学"。他们认为,应该从道德的角度研究人的本性、人的需要、人的价值、人的生活目的、行为规范等多种人的问题。批评者则认为,上述伦理观点仍然是从抽象的人出发研究道德,如以"人的需要"而言,事实上不同时代、不同社会地位的人,有着不同的需要,脱离人们的社会经济关系就难以了解和把握"人的需要"。至于只肯定道德对于人的自

---

[1] 杜振吉:《近三十年来关于道德本质问题的研究综述》,《道德与文明》2010年第2期。

我肯定、自我实现和自我发展的作用,这又是很片面的。自我的肯定、实现和发展,不但离不开社会和他人,而且任何自我的肯定、实现和发展,必然同时要求对自我的某些否定、牺牲和限制。片面宣扬坚持道德主体性,其目的不过是为了摆脱原有伦理学体系和社会道德规范的制约,表达了一种片面维护个人利益、个人价值的情绪。

道德主体性问题的提出,进一步揭示了道德固有的本质特征、特殊职能与使命。通过这次讨论,有助于弄清道德主体性和道德约束性以及个人与社会、主观与客观、自由与必然的辩证统一关系,在道德生活中既要发挥人的主体性,也不能片面地唯心主义地张扬主体性。

(二) 关于"主观为自己,客观为别人"的讨论

1980年5月号《中国青年》杂志发表了一篇署名为潘晓的谈人生观问题的文章。文中提出"任何人,不管是生存还是创造,都是主观为自己,客观为别人","只要每一个人都尽量去提高自我存在的价值,那么整个人类社会的向前发展也就成为必要的了。这大概是人生的规律,也是生物进化的某种规律——是任何专横的说教都不能淹没、不能哄骗的规律!"文章发表后首先在青年当中掀起了关于人生观的大讨论。直到1981年第6期由郭楠柠与陈汉涛撰写了总结性文章,文章充分肯定了青年们在讨论中提出的"社会应重视'人的价值',集体应重视'个人价值',个人应自觉地按照社会需要提高'自我价值'"的观点的同时,在关于如何对待"公"与"私"的问题上,指出"公"与"私"的基本关系是既统一又对立的,首先是统一的,其次才是在一定条件下分裂的甚至是对立的。(逻辑)通常情况下,"主观为自我,客观为别人"是可能的,有它存在的合理性,只有在"公"与"私"出现分裂、对立时,"主观为自我"才难以同时实现"客观为别人"。之后,在理论界继续展开讨论并形成了几种意见。一种意见是赞成潘晓的看法,并借机宣扬"人的本质是自私的","人都是利己的"等观点,把"主观为自己,客观为别人"当作一种价值观念竭力推广。一种意见认为,"人活着是为了使别人更美好",因此,"主观为自我,客观为别人"是错误的人生观,如1981年2月12日《解放日报》一篇文章指责"主观为自我,客观为别人"是"一种利己主义的人生哲学,在理论上是错误的,在实践上是有害的"。1982年8月23日《北京日报》一篇文章指责"主观为自己,客观为别人"是"私人商品生产者的陈腐道德"。1984年4月18日《羊城晚报》在一篇文章中指责"主观为自己,客观为别人"是"一种个人主义的人生哲学"。另外,还有一种意见认为,"主观为自己,客观为别人"不是先进的人生态度,可以允许,但不宜提倡。这一讨论,为在新时期怎样正确看待革命道德传统和怎样进行人生观、道德观教育

起了重要作用。

(三) 关于集体主义的讨论

集体主义历来是马克思主义的一个基本原则。但在我国长期以来,由于抽象地谈论个人和集体的关系,孤立地强调前者对于后者的服从,在一些人中间产生了片面的"左"倾思潮,反对对人民群众个人利益的关心、爱护和帮助,否定了我们党的群众观点和群众路线的优良传统。这种"左"倾思潮在"文化大革命"中达到了顶点,在粉碎"四人帮"之后,在一些人的头脑中仍存有这种流毒的影响。有的认为,关心个人利益不属于集体主义的范畴,是资产阶级人道主义的观点,有的虽不同意这一观点却不敢理直气壮地指出:关心、爱护和帮助发展人民群众的个人利益是集体主义的起码要求。不正确地把整体利益同个人利益对立起来,片面强调整体利益,片面驳斥个人利益,严重地压抑或挫伤了个人的主人翁精神。实践要求必须实事求是地反思马克思主义的集体主义原则。为此,在学术界展开了一场集体主义的大讨论。主要代表人物有李奇、周原冰、许启贤、罗国杰、罗若山、章海山、赖朝荣、尹继佐等。

许启贤在《光明日报》1990年3月12日著文,对非难社会主义集体主义的某些谬论进行了批判。他指出,把社会主义集体和旧时代的集体混为一谈,进而把社会主义集体与封建道德的"整体主义"混为一谈,是完全错误的。私有制社会剥削阶级的集体是冒充的集体、虚幻的集体,它以实现一己阶级的私利为首要目的,它不能代表整个社会的真正普遍的利益。社会主义集体则不同,它所代表的目的、利益远远优越于旧社会的旧集体。[1] 许启贤认为,共产主义道德的集体主义原则在强调集体利益的同时,从来也不反对、不排斥广大人民群众的个人利益,并对个人利益是不是公共利益的基础,个人利益与利己主义的区别发表了自己的观点。他认为,不能把复杂问题简单化,研究个人利益同集体利益的关系时,既要防止过去那种只要集体利益不重视或不要个人利益的"左"的做法,也要防止那种把个人利益看成唯一现实的利益,把共同利益从属于个人利益的做法。他认为,个人利益不等于利己主义,公共利益也不等于利他主义。[2] 罗若山也谈了集体主义道德原则中的主体性理论,他认为,完整地表达集体主义中的主体性原则应该包括三个方面的统一关系:个人既是集体的主体,又是集体的客体;既是集体主义原则的构造者,又是它的约束对象;既是对集体负有社会义务,又享有集体中的个人权

---

[1] 孟兰芬:《对非难社会主义集体主义一些悖论的辨析》,《道德与文明》1990年第3期。
[2] 许启贤:《坚持社会主义,必须发扬集体主义》,《教学与研究》1990年第1期。

利。对集体主义的内涵作了重新阐述,集体主义原则不再是服从性原则,而成为调节性原则;集体与个人之间的协调是双方相互履行对对方的义务的双向过程,而不是个人对集体的单向过程。[1]李奇认为:"必须从理论上和思想上批判和纠正各种利己主义思想和形而上学的片面性;大力宣传并发扬集体主义精神。"[2]周原冰从社会价值是第一位的社会凝聚力的角度论证了在社会主义初级阶段坚持集体主义原则的意义[3],罗国杰从个人主义和集体主义的对立角度批判了非难集体主义的危害[4],陈依元则从批判存在主义关于人的错误观点的角度,探讨了集体观念或集体主义作为人的本质的必然性和必要性[5]。章海山从集体主义的现实基础、社会利益和个人利益及其两者的关系等角度论证了集体主义的必要性[6]。龚乐进从反资产阶级自由化思潮的角度探讨了坚持集体主义的必要性[7]。其他一些学者对此问题也发表了自己的看法。

(四)关于婚姻家庭伦理问题的讨论

关于婚姻家庭伦理问题始终是这一阶段讨论的热点之一。讨论主要围绕我国社会主义婚姻家庭道德的原则,社会主义婚姻家庭道德同封建的和资产阶级的婚姻道德做斗争展开。主要代表人物有张友渔、王家福、陈明侠、梁旭光等。

1982年6月11日在《工人日报》开辟的"在恋爱婚姻问题上应该树立什么样的道德风尚"讨论专栏里,刊登了刘菊芬写的《究竟是谁不讲道德》一文。文中,那个曾经扬言永远和妻子刘菊芬"一起度过幸福的一生",后来又另寻新欢的贾之德,在回答刘菊芬的责问时说道:"什么叫道德?夫妇之间有爱情才合乎道德。恩格斯说过:'只有以爱情为基础的婚姻才是合乎道德的。'你懂吗?我已经不爱你,如果勉强生活在一起,还谈得上什么道德呀!我既然爱上了别人,和别人结婚才是最合乎道德的。如果我辜负了她,那就是不道德。"由贾之德的"道德论"引发了一场关于婚姻家庭伦理的讨论。

什么样的婚姻才是合乎道德的?在讨论中,有的人为贾之德的不道德行径辩护,提出了"爱情转移论"。他们认为,当贾之德"跨出山村,大千世界一

---

[1] 罗若山:《也谈集体主义道德原则中的主体性理论——兼论集体主义道德原则内涵的变化》,《社会科学》1986年第5期。
[2] 李奇:《当前仍要发扬集体主义精神》,《齐鲁学刊》1982年第3期。
[3] 周原冰:《在社会主义初级阶段坚持集体主义原则的意义》,《学术月刊》1990年第6期。
[4] 罗国杰:《论个人主义和集体主义的对立》,《中国高等教育》1990年第1期。
[5] 陈依元:《集体主义试解》,《社会科学》1983年第6期。
[6] 章海山:《关于集体主义的几个理论问题》,《现代哲学》1991年第1期。
[7] 龚乐进:《略论集体主义》,《哲学研究》1990年第1期。

下展现在他眼前,他的理想得到升华的时候,他的择偶条件也一定会提高","爱情转移是感情中的正常现象","他追求一种更崇高、更理想的爱情有什么过错呢",等等。为此,陆遥同志还引进了西方国家的"性解放"说进行辩护。他说:"西方国家由于生产发达、技术先进,在性生活方面比我们进步,我们目前经济还不发展,但迟早也会走这条路的。"对此,王家涵在《愿家家幸福和睦——"在恋爱婚姻问题上应该树立什么样的道德风尚"讨论总结文章之一》一文中给予了反击。他指出,"爱情转移"不能填补道德的缺损,"性自由"也只不过是人类性生活的一种"返祖"现象。在婚姻家庭问题上,在当时要特别注意批判形形色色的剥削阶级道德观,抵制资产阶级利己主义思想的侵袭。张友渔也再次重申,在婚姻家庭问题上,要树立以爱情为基础的,夫妻之间互敬互爱,自觉承担家庭、子女的义务和社会责任的共产主义道德风尚,自觉抵制资产阶级自由化思潮的影响,特别要警惕那种"想爱谁就爱谁"的"性解放"思潮对一部分青年的影响。支持张友渔的还有沈忠俊、何祚诚、梁旭光、陈紫云等。

另外,随着市场经济的发展,受西方"性解放"、"性自由"观念的影响,我国"离婚"现象、"第三者"现象逐渐成为人们讨论的热门话题。对此,很多学者发表文章阐述了自己的观点。

(五)关于爱国主义的讨论

爱国主义历来是伦理学讨论的核心话题。粉碎"四人帮"之后,肃清"左"的思想影响,正确认识和进行爱国主义教育,将"文革"中对爱国主义教育的歪曲扭转过来成为这一时期的重要任务。基于此种现实政治与社会需求,爱国主义再次成为理论界讨论的热点。理论界就爱国主义教育的目的,新时期爱国主义的内涵,爱国主义的形成和发展,如何继承和发扬爱国主义精神等问题展开了激烈讨论。比如,江晓原以《爱国主义教育不应成为科技史研究的目的》为题,探讨了爱国主义的本质和特征等问题[1],该文为爱国主义教育划分了科学与价值的分野标准,无疑具有重要的科学意义与现实意义。罗国杰从爱国主义和国际主义的角度探讨了爱国主义教育在道德建设中的意义与价值[2]。一般认为,爱国主义是人们信守践履并衡量其言行的一个重要道德范畴[3],爱国主义也被赋予一种凝聚民族向心力的核心力量[4]。

---

[1] 江晓原:《爱国主义教育不应成为科技史研究的目的》,《大自然探索》1986年第4期。
[2] 罗国杰:《马克思主义伦理学》,人民出版社1982年版,第292—302页。
[3] 孙国华:《略论近代爱国主义道德范畴》,《齐鲁学刊》1984年第4期。
[4] 张江明:《爱国主义是中华民族凝聚力的核心》,《学术研究》1991年第1期。

(六) 关于人道主义的讨论

"文革"结束后,人们开始对过去"左"倾思潮下全盘否定人道主义的观点进行拨乱反正,对"文化大革命"中的种种非人道行径进行彻底清算,企图从人性、人道主义等方向找到答案。于是,在理论界就引发了一场关于人道主义的大讨论,并于20世纪80年代初逐渐达到高潮。这一时期,有关学者纷纷发表文章阐述自己的观点,并且,就人道主义问题还专门召开了学术讨论会,出版了论文集。这场论争最初讨论的最主要的积极成果,是把人道主义区分为作为历史观的人道主义和作为伦理原则的人道主义;主张对人道主义历史观加以否定,而对人道主义伦理原则应加以吸收,用马克思主义观点加以改造,形成了社会主义人道主义思想。1984年,中共中央党校主办的《理论月刊》第2期发表的、1月27日《人民日报》转载的胡乔木的《关于人道主义和异化问题》一文是最主要的代表作,文章充分肯定了马克思主义人道主义是社会主义道德规范体系的一个根本原则,将对马克思主义的认识向前推进了一步。一时间,理论界形成了一个学习和探讨这一问题的高潮。为此,教育部专门发出了关于学习胡乔木同志重要文章《关于人道主义和异化问题》的通知[1]。但是,他把人道主义在历史观和世界观的意义上宣布为资产阶级意识形态,在理论上尚欠说服力,在实践中对弘扬社会主义人道主义也不利。黄楠森同志认为,这场讨论虽然使人道主义伦理原则在马克思主义理论体系中找到了自己的位置,但并没有很好地贯彻到实践活动中去。另外,人道主义是不是最高的道德价值原则和价值目标?能不能作为共产主义、社会主义道德的基本原则?能不能用人道主义取代集体主义?人道主义是伦理原则还是历史观?在这些问题上仍未达成共识。

(七) 关于功利主义的讨论

改革开放以来,人们的功利冲动受到一定程度的激发,在产生积极效应的同时,也产生了一些消极效应。一些人借故为"个人利益"正名,只讲"功利",不讲义务,只讲自我,不讲社会,出现了一些"个人利益至上",损人利己、损公肥私、金钱崇拜的现象,严重地败坏了社会道德风尚。于是,一些人把罪责推到功利主义身上,要求给功利主义降温,抑制人们的功利冲动。关于"功利主义"的讨论成为伦理学界的热点之一。当前,在我国从传统计划经济体制向社会主义市场经济体制转轨时期,在社会主义道德建设中,应否倡导功利主义道德原则?应如何理解和贯彻功利主义?如何看待功利主义价值观

---

[1] 《教育部关于学习胡乔木同志重要文章〈关于人道主义和异化问题〉的通知》,《高教战线》1984年第3期。

对中国传统道德的冲击？对此，我国伦理学界众说纷纭。

通过这场讨论，在理论界形成了诸多观点。例如，有的认为市场经济必然导致功利主义，功利主义价值观主张追求物质利益、注重实际功效，在中国改革开放的今天，有不可低估的现实意义。有的认为，市场经济的发展必然引发人们的功利冲动，功利主义道德原则和市场经济运行规律存在着必然的联系。有的则认为，功利主义及其理论体系存在一系列缺陷，而且在现实生活中会产生负效应，如果任其发展，必然会腐蚀社会风气，引发道德水准滑坡。目前不仅不能提倡功利主义，而且要使社会上已经出现的功利主义降温，应该多讲些道义和理想，抑制人们的功利冲动。我国当前正处在由传统的计划经济向社会主义市场经济的转型时期，无论在经济领域，还是在政治、思想文化领域，都经历着一场革命性的变革。从"以阶级斗争为纲"向"以经济建设为中心"转变，从批"唯生产力论"向"贫穷不是社会主义"、"社会主义就是发展生产力"转变；在企业改革中，企业不再是以完成上级下达的生产任务为目的，而转变为以盈利的多少作为评判企业优劣的标准。提倡社会主义功利主义，符合我国当前市场经济的基本价值取向。提倡社会主义功利主义，有利于人们更好地理解和把握我国长期以来所倡导的集体主义道德原则。同时，通过场讨论在中国传统文化中的功利主义思想方面也形成了新的认识。

（八）关于传统道德批判继承问题的讨论

20世纪80年代改革开放初期，自由化思潮再度泛滥，民族虚无主义思想甚嚣尘上，全盘西化论再度复活，对传统文化和传统道德更采取一概否定的态度。全盘西化论宣扬，现代化就是"西方化"，而西方化就必须全面、彻底和配套地把西方的科学技术、政治制度、意识形态以致伦理道德全面移植到中国来，就是用西方的道德观、价值观来反对社会主义的道德观和价值观；宣扬中华民族的传统道德是阻碍改革开放、束缚个性发展、制约商品经济发展的桎梏。民族虚无主义者把批判的靶子直接指向儒家的伦理道德，对儒家伦理道德思想采取形而上学的态度，以偏概全，企图通过对儒家思想的全面否定达到否定整个中国传统文化的目的。与两种错误思潮针锋相对，马克思主义者再次阐明了对待传统道德的科学态度——批判继承。主要代表人物有翁金墩、黄万盛、王润生、李凡夫、王锐生、蒋国田、姜法曾、宋惠昌等。

这次论争实际上是对20世纪五六十年代道德继承性问题讨论的延续，也是讨论最彻底的一次。马克思主义者从传统道德中包含的民主性、民族性、科学性、合理性因素方面，从道德的社会性、社会认同、社会性外观方面，从道德的全人类因素方面,从新旧社会的某些共同历史条件和共同背景方面给予了猛烈回击。肯定了道德历史遗产是可以批判继承的,提出阶级性不是继承性不可逾越的鸿沟;肯定了民族传统道德在现代社会生活中仍有价值,它是我们现代化进程中不可或缺的思想资源和精神动力,在对待现代社会生活中重物质、轻精神,重工具理性、轻价值理性以及社会失序、道德失范和心理失衡等问题上将发挥积极作用。对待中华民族传统伦理道德,既不能受"左"的思想的影响,也不能受右的思想的干扰,而只能采取辩证分析的态度。对此邓小平也曾明确指出"要划清文化遗产中民主性精华同封建性糟粕的界限"[1]。

---

[1]《邓小平文选》第2卷,人民出版社1994年版,第335页。

第四章 马克思主义伦理思想中国研究的对话和拓展期(1991 至今)

20 世纪 90 年代以来,中国社会进入了一个亘古未有的历史新阶段——社会转型时期和社会全面发展时期。在由传统计划经济体制向市场经济体制转轨的过程中,伴随着改革的全面推进和不断深化,我国社会在更多领域、更深层面上发生着现代化的转型。这一社会转型可以概括为:由传统社会向现代社会的转变;由自给半自给的产品经济向全面的社会主义市场经济的转变;由农业社会向工业社会的转变;由乡村型社会向城镇型社会的转变;由封闭半封闭的社会结构向开放型社会结构的转变。在这一走向工业化、城市化、市场化、和谐化的过程中,人们的思想观念也经历着全方位的洗礼和冲击。根据人类思想发展规律,越是社会变革、跨越、转型时,就越是思想解放、碰撞、争鸣时。在这样的时代背景下,马克思主义道德思想在我国获得了前所未有的发展空间和机遇,进入了社会主义发展道德阶段,呈现出空前繁荣的发展景象。

马克思主义道德思想在我国社会转型时期出现的空前繁荣主要表现在以下四个方面:

一、马克思主义伦理思想研究的纵深发展

20 世纪 90 年代以来,是新中国马克思主义伦理学获得飞速发展,伦理学体系不断完善,新学科不断出现,并在面向世界、面向未来、面向现代化中取得重大成就的时期。这一时期的伦理学研究以主动适应时代和社会发展的要求、更新理论体系和面向市场经济为其伦理论证的新形象出现在中国的学术舞台上。

各级各类伦理学学术研讨非常活跃。影响比较大的有 2000 年 10 月在河北石家庄举行的"中国伦理学会第 10 次学术研讨会";2004 年 10 月在江西师范大学举行的中国伦理学会会员代表大会暨第 12 届学术研讨会,会议的主题是"弘扬和培育民族精神",着重就"民族精神"、"科学发展观"、"公民道德建设"、"未成年人思想道德建设"等当前道德实践中的一些热点、难点问题进行

多视角、多层面的探讨和交流。会议还进行了换届选举,中国社会科学院陈瑛研究员当选为新一届会长。另一方面,中国马克思主义伦理学的建设和发展跨出了历史性的一步,与国外伦理学界的交流与合作日益加深,国际性伦理学学术会议的举办也十分频繁。1999年11月、2000年7月、2002年10月、2003年10月、2005年4月分别在中国北京、韩国忠州、韩国首尔、中国武汉、中国南京召开了"中韩伦理学学术研讨会";1998年10月在北京举行了"东亚经济发展与社会伦理"国际学术讨论会;1998年12月在广东珠海召开了"第二届海峡两岸伦理学研讨会";2001年11月在深圳举行了"中越社会主义市场经济与道德建设"双边学术研讨会;2003年11月在北京召开了"东亚社会及其伦理价值"国际学术研讨会;等等。另外,随着实践伦理学和应用伦理学的迅速崛起,相关的学术研讨也如火如荼。2000年6月、2001年10月、2003年1月、2004年5月和2005年8月分别在江苏无锡、湖南长沙、香港、湖北宜昌、宁夏银川举行了全国第一至第五次"应用伦理学讨论会"。1995年11月和1997年5月分别在湖北武汉和日本东京举行了第9、11次"中日实践伦理学讨论会";1998年9月和2002年12月在中国台湾举办了"海峡两岸实践伦理研讨会";2001年7月在日本东京召开了"东亚实践伦理学研讨会"。生命伦理学方面的学术交流更是异常活跃,我国分别组织或参加了1999年5月、2000年10月和2001年8月两度在中国香港、一次在英国伦敦举行的"生命伦理学国际研讨会";2001年7月和2002年6月在中国台湾中枥举行了第三、四次遗传伦理国际生命伦理学学术研讨会;参加了2002年11月在韩国首尔举行的第四次亚洲生命伦理学大会、2003年11月在日本京都举行的亚洲生命伦理学对话会议等。2004年9月在江苏南通举办了由中宣部宣教局等单位联合主办的首届中国公民道德论坛,更是将伦理学与社会的发展紧密地联系在一起,在化理论为德行和用伦理学改造社会、凝聚人心等方面开创了新的历史纪元。推出了一批有一定理论深度、有相当社会影响的学术著作,发表了数以万计的学术论文。唐凯麟编著的《伦理学教程》、魏英敏的《新伦理学教程》、万俊人的《伦理学新论》、李兰芬的《伦理学导论》以及郭广银主编的《伦理学原理》等,在伦理学学科体系的建构方面均做出了一定的贡献。

在实践伦理学和应用伦理学方面,更是取得了十分可观的学术成果。陈瑛的《应用伦理学的发轫》、甘绍平的《应用伦理学前沿问题研究》等著作对应用伦理学理论做出了有益的探讨。在实践伦理学方面,如对公民道德建设、爱情伦理学、婚姻家庭伦理学、性伦理学、青少年伦理学、职业伦理学、社会公德和普世伦理学的研究如火如荼,且大多具有填补空白的学术创新意义。在应用伦理学方面,更是后来居上,大有引领伦理学发展潮流之势。经济伦理学、政治伦理学、管理伦理学、科技伦理学、生命伦理学、生态伦理学、环境伦理学、教育伦理学、宗教伦理学、文化伦理学、国际关系伦理学、新闻伦理学、网络伦理学、社区伦理学等新的交叉学科不断诞生,出版了不少令人耳目一新的学术专著,发表了数以千计的学术论文。一些应用伦理学学科在短短几年时间里,就发展成为热门学科和显学科,取得了十分可观的成果,整体上推进着中国伦理学的发展水平,并引起了世界的密切关注或瞩目,为人类伦理学的进步与繁荣做出了巨大的贡献。

二、关于马克思主义伦理思想的继承和发展问题的学术争鸣

这些论争主要围绕社会转型与伦理变革、经济与道德、市场经济与伦理道德、发展市场经济与坚持集体主义原则等问题展开。

(一) 关于社会转型与伦理变革的关系

20世纪90年代以来,许多伦理学者将视点集中于市场经济的逐步实施所引起的伦理危机及其伦理变革。随着改革的深化和经济体制的转轨,社会生活诸领域均呈现出重大的变化。一方面是经济的迅速发展,人民生活水平的显著提高;另一方面,隐藏在经济运行背后的深层次的社会问题和矛盾也日益凸显,如道德风险、信用危机等成为经济发展的桎梏,严重影响着经济体制改革的深化和现代化的发展。针对社会转型与伦理是否需要变革以及如何变革的问题,学界形成了三种有代表性的观点。

一种观点是"不变说"。如许启贤认为,我国社会由计划经济转向市场经济的变革只是经济运行方式的变革,而不是社会制度的根本变革。若把它混淆成社会形态的根本变革,认为计划经济体制下的整个社会道德观念都应该根本变革转型的看法完全是一种误解。这种改变在伦理道德上,绝不是改变其社会主义的性质。在社会主义市场经济条件下,仍要坚持社会主义道德原则,即五爱道德标准和集体主义原则。

另一种观点是"变革说"。如江畅认为,转型中的现代社会日益个体化、多元化、科技化、复杂化,与此相对应,传统道德向现代道德的变革必然表现出如下趋势:一是道德主体由传统的一元向多元转化,不仅国家、社会是道德主体,群体与个体也是道德主体;二是道德评价由绝对转向相对,对不同的道德主体有不同的道德评价标准;三是道德标准由严厉转向宽容;四是道德价值由传统的善恶两极转向正当、合法、守约等多极;五是道德约束由他律转向自律。

还有一种观点是"生态相适应说",即建立一种与社会主义市场经济生态相适应的伦理道德体系。樊浩认为,道德体系与市场经济的"相适应",不是

机械的经济决定论的自然过程,而是能动的道德建构的价值过程。这种相适应是一种"生态相适应",是在生态世界观和生态价值观统摄下的"相适应",是整体有机、辩证互动、以整个社会文明的合理性为最高价值取向的"相适应"。樊浩认为,学术界必须以创新的理论勇气和学术精神,进行道德—经济关系方面的重大理论澄清,建构道德体系与社会主义市场经济的"相适应"。

（二）关于经济与道德的关系

经济与道德的关系是马克思主义伦理学的基本问题。在人类历史的本质和总体层面上,道德与经济是什么关系？它们之间是相一致的一元关系,还是二律背反的二元关系？是相互生成的适应关系,还是互为代价的冲突关系？随着市场经济的逐步推进,对这一问题的再思考引发了伦理学、经济学、社会学等多学科领域的广泛关注,形成了"经济与道德是否存在二律背反或二元对立"的争论。

一种观点认为,经济与道德存在二元对立。长期以来,道德与经济二元对立的观念根深蒂固,许多人认为发展经济就是言利,而"利"和"义"必然是对立的。所以越是要发展经济,就越是要用道德来加以牵制、约束,甚至认为要发展经济,就必须以牺牲道德为代价。自古以来,我国就有崇尚道德而贬抑经济、重义轻利的传统影响。道德脱离经济、道德建设与经济建设相互对立的情况被不恰当地强化,这种影响使道德与经济的联系削弱,甚至阻碍和排斥了经济、科学、技术的发展。中国在过去的很长一个时期里,被普遍认为是一个经济水平虽低,但道德高尚的典型。改革开放以来,中国的经济和道德状况都发生了很大变化,经济飞速发展,但社会道德水平并没有出现相应的提高,在某些方面或某种程度上,甚至可能还不如从前。由此,他们得出结论,经济的发展是以道德的牺牲为代价的。

另一种观点主张,经济与道德不存在二元对立。如姜涌认为,经济与道德不存在二元对立,经济与道德具有本质上的一致性。至于市场经济的负面作用,的确同社会主义市场经济道德有相矛盾的地方,但这一矛盾是善与恶的矛盾,而非善与善的矛盾,因而不具有二律背反的性质。而且,经济与道德的二律背反在哲学上也是不成立的。二律背反是康德最先使用的哲学术语,是指具有同等理由而能成立的相互冲突的矛盾命题。也就是说,二律背反只能用于对同一范畴既肯定又否定的情况。由此,经济与道德之间无论是否存在矛盾,都不适宜使用二律背反的用语。

还有学者反对在经济与道德的关系上进行所谓二律背反或二元对立的判断和争论。有人认为,改革开放以来,我国一度出现道德与经济二元论或二律背反的观点和思想,这主要是因为人们对思想道德的理解,往往是以忽视人的权利、利益为前提的,这与市场经济尊重人的权利、利益形成鲜明的对照。有人因为经济形态多元,而道德自古就是一元,因而主张道德与经济的二律背反。这种观点是用抽象的标准看道德,它否认了人类社会全面发展的相关性,把道德看成是站在人类社会之外、之上来要求于人的东西。20多年来,我国学术界关于伦理道德问题的很多争论和困惑,都源于人们难以摆脱的二元对立的思维模式,讨论中所使用的思路、方法和语言,特别是传统伦理学的思路、方法和语言,仍被儒家的传统伦理与当代西方个人本位的道德思维所笼罩,而真正对马克思主义道德原理的了解和遵循却并不到位、贯彻并不充分。

(三)关于市场经济与伦理道德的关系

20世纪90年代以来,我国在向社会主义市场经济转型的过程中,人们在思想观念上经历着由传统计划经济体制下相对禁锢和单一的状态,转向开放和多元的状态。传统的伦理观念、道德思维备受冲击,处于一种飞跃性的变动时期,出现了诸多困惑。关于市场经济与伦理道德的关系,伦理学界前后经过了三次比较大的争论。

一是"滑坡论"与"爬坡论"之争。这一争论的焦点是:自从转向以经济建设为中心、实行改革开放以来,特别是向市场经济转变以来,我国社会道德状况发生的巨大变化究竟是一种道德水准下降的滑坡现象,或者只是社会转型期的一种暂时的表面现象,其背后蕴藏着深层的道德进步。

"滑坡论"认为,市场经济实行以来,许多传统的道德观念受到了极大冲击,人们久已习惯的道德信念、善恶标准乃至话语方式都受到了挑战,有的被冲击甚至颠倒了。人们的道德行为表现出空前复杂的局面,不少人的道德意识也处在极度混乱迷惘的状态。许启贤等学者认为,与市场经济的发展相伴随,我国社会出现了比较严重的道德"滑坡"现象,不仅表现在不少人道德理想淡化、道德意识冷漠,甚至不少党政干部也出现了此类问题。剥削阶级的个人主义、拜金主义、享乐主义的道德观念侵入了不少人的灵魂,社会公德、职业道德、爱情婚姻家庭道德等失范现象日益严重。

"爬坡论"则认为,社会主义市场经济体制的实行,道德走出了政治中心主义的阴影,现代开放的道德体系的建构获得了千载难逢的历史契机。同时,在这一过程中不可避免地伴随着道德上的巨大阵痛,不可避免地会发生道德冲突、道德失范,甚至某些道德倒退。但从长远看来,这是新的、现代道德文明振兴的开始。孙伟平等人认为,市场经济条件下的伦理道德,从本质和趋势上看,需要"爬坡",也正在"爬坡"。理由有二:一是人们的道德主体意识逐步觉醒;二是一系列社会道德规范正发生引人注目的变化。

还有一种观点不赞成"滑坡"与"爬坡"之争。如李兰芬等人认为,转型时期的道德现状呈现出错综复杂、缠杂不清的样态,绝非"滑坡"、"爬坡"之类的简单结论所能尽意。转型时期的道德具有"两面特征":相对于过去单一政治化的道德意识和在计划经济体制下养成的过分依赖性心态,人们的道德理念和行为特征发生着由"假"向"真"、由"虚"向"实"、由封闭向开放、由单一向多元、由"依赖顺从型"向"独立自主型"的积极转变,社会道德正酝酿着向新的境界和高度攀登。人们之所以出现"滑坡"与"爬坡"之争,均出于对道德转型的双重特征未有深刻理解而执其一端的缘故。事实上,转型时期道德变化的每一次表现的意义、后果,都不是单一的、必然的,而是双重的、多面的,具有强烈的过渡性特征。

二是"外灌说"与"内引说"之争。市场经济与伦理道德作为两个相互独立的概念,如何实现其联系和整合?对这一问题的争论形成了"外灌说"与"内引说"两种不同的道德主张。

"内引说"认为,市场经济中的一切道德只能由市场经济本身产生出来。他们得出这一结论的前提是:市场经济形成的道德是积极的、有效的。东方朔等人就倾向于"内引"的方式,即直接从市场经济的内涵和运作中导引出道德价值。他指出,大部分人已经放弃了单纯的"滑坡论"或"爬坡论",市场经济的实行对于道德的影响,既有积极的一面,也有消极的一面,这一点已成为人们的广泛共识。问题在于即使持这种双重作用观点的人,似乎也未从市场经济本身的特点出发来揭示何以积极和消极的内在机理,而多流于对现象的描述。尤其是面对市场经济对道德所产生的消极面时,并没有从市场经济的根底处寻找原因进而寻求化解的途径和方法。他认为,市场经济的目的是一种伦理目的,人们总是从自己的生产和交换关系中汲取道德观念,所以,"内引"的方式深深地根植于唯物史观的基本原理之中。袁贵仁等人也持此相似观点,认为市场经济与伦理道德之间既有外在关联,也有内在契合。从市场经济的运行规则、运作逻辑中提炼伦理规范、道德原则,为市场经济运行建构相应的伦理秩序,是市场经济条件下伦理道德建设的一个重要方面。他进一步指出,这些伦理规范主要包括:自主、互利、竞争、平等、公平、守信、守法等。这些伦理规范只有内化为人们的精神品格和行为准则,才能有效地引导和调节市场经济中人与人之间的关系,规范人们的行为,保证市场经济健康持续地发展。

"外灌论"认为,市场经济自身无论如何也产生不出进步的、高尚的道德因素,因此,必须将某种预设的道德标准、"既成的"伦理学理论应用于市场经济领域。与"内引说"认为的市场经济形成的道德是积极的、有效的观点相反,"外灌论"的前提性认识是:市场经济形成的道德是消极的、负效的。所以必须采取具体的道德措施,将市场经济之外的一种高尚的、理想的道德予以引入,来抑制、扭转消极的、负效的市场经济道德。实际上,他们所主张的这种高尚的道德仅仅是人们纯粹的、理想的精神追求,缺乏客观的依据和根源,并不与市场经济直接相关。因而,这种观点是不符合马克思主义认识论的。当然,"外灌论"对市场经济道德具有两种可能性走向的认识是正确的,即它既可以内生出平庸、庸俗甚至个人主义道德,也可以内生出美德、崇高乃至集体主义道德。如王庆五认为,市场经济在内生出新的积极的道德力量的同时,也内生出道德的负面性;在创造新道德摧毁旧道德的同时,也摧毁了人类社会的一些美好道德,内生出腐朽没落的道德现象。对于这些,我们是需要注意的。

三是"划界论"与"一致论"之争。在对于道德存在于市场经济之中,还是存在于市场经济之外、与市场经济是两个截然不同的领域这一问题上,存在着"划界论"与"一致论"的争论。

"划界论"是何中华在《试谈市场经济与道德的关系问题》一文中首先提出的。他认为,道德的本质特征是自律的、超功利的,而市场经济是他律的、功利性的。市场经济与道德是两回事,市场经济行为是非道德行为,不能作道德评价。伦理道德在市场中的介入,要么使道德沦为一种伪善或者完全失效,要么使市场经济因道德对它的限制而走向萎缩甚至取消。他得出结论:市场经济与道德在本性上是互斥的,因而在操作层面上应当给予"划界"。

"划界论"遭到"一致论"的广泛批评。批评者指出,利益关系的调整正是伦理道德的功能。鲁鹏认为,利益始终是道德关系的焦点,道德的主要任务是调节个人利益与集体利益及社会利益的关系。在市场经济条件下,必须容纳"功利性道德"。敬业、守信、公平、互利、遵守市场规则等都是市场经济功利性道德的内涵,它们虽然不那么"高级",却是社会主义市场经济运行中急需的道德规范。汪丁丁则从市场交换与守信伦理的关系来说明市场经济的伦理属性。他认为,市场经济是一个通过交换关系把个体经济联结在一起的经济组织方式,市场秩序的道德基础,就是分工的人们对相互产权的尊重,它使人们之间建立起最基本的信任关系。缺乏这种信任,合作的秩序就会遭受破坏,尊重别人产权、守诺守信是经济人最起码的伦理准则。

总之,我国理论界关于市场经济与伦理道德之间关系的探讨,经历了从道德"滑坡论"和"爬坡论",到"外灌论"和"内引论"再到"划界论"和"一致论"争论的过程,是一个从直觉性、评价性认识到分析性、实质性认识的不断深化的过程,对于推动社会主义市场经济伦理道德体系的建设起到了非常重要的作用。

（四）关于发展市场经济与坚持集体主义原则的关系

随着经济体制从传统的计划经济向社会主义市场经济的转变,人们的价值观念发生了一系列深刻的变化。在物质利益的驱动下,传统的集体主义观念受到严重冲击,国家观念、全局观念逐渐淡薄,个人主义、拜金主义、享乐主义等有泛滥趋势,甚至有人著书立说为个人主义正名,把个人主义推崇为市场经济的根本价值观。市场经济需要怎样的价值观? 市场经济要不要弘扬集体主义的价值观? 几乎所有的学者认为,市场经济在调动对个人利益追求积极性的同时,也削弱了集体主义的价值观念。关于市场经济条件下集体主义意识趋于淡薄的原因,学界大致有以下三类观点:第一种意见认为,人们集体主义意识淡薄的原因在于发展市场经济与集体主义原则相悖;第二种意见认为,原来意义上的集体主义的内容不够完善,特别是忽视了正当个人利益对市场经济的推动作用;第三种意见认为,集体主义意识的淡薄既有政治上的原因,如党风不正、以权谋私、损公肥私等,也有经济上的原因,如市场经济的消极因素诱发的极端利己主义。在这一理论背景下,出现了市场经济还需不需要集体主义的理论论争。

罗国杰认为,集体主义是与社会主义本质、社会主义制度相联系的主导道德原则。它的主要内涵就是个人服从集体、局部服从整体、地方服从中央、眼前利益服从长远利益。在市场经济条件下,仍要坚持集体主义的伦理原则,不存在重建、重构的问题。必须坚决反对个人主义的道德观,个人主义的思想只能使人们离开社会的利益去追求个人的利益,追求个人享乐和向往资本主义私有制的社会制度。[1]

夏伟东认为,社会主义集体主义作为社会主义道德的基本原则,在大多数人心目中并不成为一个问题,人们也是一直按照这一原则去进行广泛的道德实践的,取得的理论与实践的成就也是有目共睹的。但在社会转型时期,有人对集体主义道德原则提出了疑问,怀疑其作为社会主义道德基本原则的地位,主张以其他基本原则取代集体主义,如"忠诚于共产主义事业"、"人道主义"、"公正原则"、"人人为我,我为人人"等。他指出,这些看法虽然都自有其道理,这些内容也确实是社会主义道德中不可忽视的重要组成部分,但是,它们至多只能成为社会主义道德的"原则",而不能成为"基本原则"。"基本原则"应当能为说明其他原则提供根据,显然,只有集体主义才具有这种功能。因为,道德的基本问题是道德与利益的关系问题,其最主要的功能就是

---

[1] 罗国杰:《坚持集体主义 还是"提倡个人主义"?》,《求是》1996 年第 14 期。

运用良心和社会舆论等特殊手段,来调节个人(利益)与社会(利益)的关系。因此,集体主义的基本原则地位,是无可替代的。[1]

三、以德治国和公民道德建设问题

2000年6月,江泽民《在中央思想政治工作会议上的讲话》中指出:"法律与道德作为上层建筑的组成部分,都是维护社会秩序、规范人们思想和行为的重要手段,它们互相联系、互相补充。法治以其权威性和强制手段规范社会成员的行为。德治以其说服力和劝导力提高社会成员的思想认识和道德觉悟。道德规范和法律规范应该互相结合,统一发挥作用。"2001年1月,在全国宣传部长会议上,他明确提出了"把依法治国与以德治国紧密结合起来"的治国方略。"在我国社会主义现代化建设的进程中,依法治国和以德治国都有自己的重要作用。我们一定要坚定不移地实施依法治国的基本方略,同时要充分发挥以德治国的重要作用。"[2]从此,以德治国问题成了理论界,尤其是伦理学界的研究热点和重点。理论界的相关研究主要聚焦在以下两大领域:

(一)以德治国的内涵及其特征

理解与把握以德治国的内涵是理论界关注的重点。通过对江泽民"以德治国"思想历次论述的文献梳理和解读,认为江泽民最初提出"以德治国"概念,其直接现实针对性和契机是出于对宣传思想领域工作方法的深刻反思,进而提升到对改进执政党领导方式、领导方法的思考。在思考"以德治国"问题的时候,江泽民始终将其置于"依法治国"基本方略的基石上。他指出,要使"依法治国"与"以德治国"紧密结合、相辅相成,为提高全民思想道德素质、建设一个"好"的"法治国家"而在各个领域发挥各自不可或缺的重要作用。[3]罗国杰、夏伟东指出,在建设中国特色社会主义、建立社会主义市场经济体制的新形势、新任务和新要求下,既必须认真继承和大力弘扬中国共产党在长期历史过程中总结创造出来的优秀思想道德传统规范,也必须依据变化了的客观条件,建立健全与发展社会主义市场经济相适应的思想道德规范体系,为"以德治国"中的"德",增添符合我国经济和社会迅速健康发展需要的、新的、富有活力的内容。[4]龙静云认为,以德治国是儒家伦理型政治的一

---

[1] 夏伟东:《从毛泽东是否使用过集体主义概念谈起——兼论五四以来中国革命道德传统中的集体主义概念》,《道德与文明》2000年第6期。
[2] 《江泽民论有中国特色社会主义(专题摘编)》,中央文献出版社2002年版,第337页。
[3] 李琦:《江泽民"以德治国"思想的文献解读》,《党的文献》2009年第1期。
[4] 罗国杰、夏伟东:《论"以德治国"的历史、理论与实践》,《高校理论战线》2001年第6期。

项重要传统,它虽然不乏科学合理之处,但又不可避免地存在缺陷,毛泽东的治国实践就是对其最有力的验证。21世纪的以德治国是在依法治国的历史进程中提出和加以实施,并与依法治国并行不悖的;实施以德治国应主要从加强干部队伍的道德建设、加强公民道德建设、加强制度建设三个方面着手。[1]

在这一研究领域,以德治国的历史、理论与实践问题,中国古代的德治思想与西方德治思想的比较借鉴,以德治国的内涵,德治与法治的关系等,德治与人治的关系,德治与社会主义民主政治建设,德治与社会主义市场经济秩序规范,德治与社会主义先进文化,德治与吏治,等等,成为理论界研究的不同侧重点。

(二)以德治国与公民道德建设的关系问题

2002年,中国伦理学会第十一次全国伦理学理论研讨会以"以德治国与公民道德建设"为重点展开探讨。认为,实施以德治国的关键是将外在的道德要求转化为公民个体的道德需要,从而形成良好的社会道德风尚。"公民道德建设是实施以德治国的最广泛的社会道德基础,是实现以德治国方略的基本保障。"[2]在对两者关系的认识上,目的与手段论,并行重点论,双目的论等,是形成的主要理论认识。

四、中国梦与信念伦理问题

中国梦,作为中国共产党召开第十八次全国代表大会以来,习近平总书记提出的重要指导思想和重要执政理念,正式提出于2012年11月29日。习总书记把"中国梦"定义为"实现中华民族伟大复兴,就是中华民族近代以来最伟大梦想",并且表示这个梦"一定能实现"。这一问题在伦理学界以信念伦理的架构为维度形成了理论研究热点,并在可预测的将来,这一理论仍然将是伦理学界研究与探索的重点。

"中国梦与信念伦理研究"是一项关乎"中华民族伟大复兴"如何落地生根、开花结果的精神动力或国民心灵秩序的重大时代课题。把"中国梦"研究版图从经济、政治、军事引向信念伦理的纵深拓展,以在深层次上回答"树立什么样的理想信念"、"怎样实现理想信念"这些关乎党和国家命运前途、反映当代中国发展、增强人民幸福、促进国人思维创新的时代问题,将是亟待"需

---

[1] 龙静云:《以德治国的历史与现实的思考》,《华中师范大学学报》(人文社会科学版)2002年第2期。
[2] 朱海林:《以德治国与加强公民道德建设》,《高校理论战线》2002年第11期。

要给出一个理论阐述"(习近平 2013)的学术工程。中国社会正处在加速转型的社会主义现代化关键期,急需建立并强化完备系统的足以支撑这一伟大进程并引领我们最终实现中华民族伟大复兴之梦的理想信念体系。这种"理想信念体系"作为社会意识形态的核心内容,是国人对中国特色社会主义制度、道路和理论的传统、精神、道路的高度认同、执着追求、持久坚守和共同践行。这其中,信念伦理构成了整个社会理想信念体系中最基本、最朴实,也是最核心的部分,它是对中华民族伟大复兴中国梦最直接、最具体而又科学合理的表达。中国梦是文明梦、强国富民梦,只有当"中国梦"被内化为全体国民的"信念伦理",而不再仅仅是民主政治、市场经济的单项繁荣或单向发展时,才能将分散浮动的中国人的"心聚在一起",才能有跨越"中等收入陷阱"、"避免崛起冲突"、"避免库兹涅兹周期陷阱"之"中国梦"、"三个坎儿"(陈雨露,2014)的精神力量和智慧美德。信念伦理构成"中国梦"的价值内核;中国梦从理想变成现实的过程,也是社会主义信念伦理变为主导全社会思想和行为的价值体系之过程。以社会主义核心价值观为引领,建构"实现中华民族伟大复兴"之"中国梦"的信念伦理体系,以提升实现"中国梦"的理论自信和文化自信,是本课题研究的重大实践意义和崇高远大的学术目标之所在。国内相关研究的学术史梳理或综述如下:

"中国梦"具有多重维度的内涵、多重学科的属性,因而具有多种理解和探究的视角。目前国内关于"中国梦"的研究,主要聚焦于中国梦的内涵、特点、历史文化基础、实现路径,以及中国梦与美国梦的比较研究等,综合已有的研究,可分为以下几个主要方面:

(一)"中国梦"的政治学解析

在中国语境之中,理解我们所梦想/信念的对象(或东西)是什么,是个体还是命题(郑伟平,2014),这首先是个政治问题。习近平主席提出"中国梦"的总体理念,是基于中国特色社会主义制度、道路和理论自觉提出的社会主义核心价值建构的伟大方略。"中国梦"直接解释为"实现中华民族的伟大复兴",从本意上解释习近平主席的"中国梦",突出了它的政治本质(石仲泉,2013);中国梦是反映在每个中国人生活中的理想、目标与现实(冷溶,2013),中国梦是社会主义核心价值观的直观表述,中共十八大报告从国家、社会、公民三个层面,对社会主义核心价值观进行了最新概括,"三个倡导"实际是对"中国梦"精神层面的高度总结。中国梦体现了"中国特色社会主义本质",为中国特色社会主义注入新能量(秋石,2013),中国梦是对中国道路的全新设计(李君,2013),中国梦是三个自信的生动体现(李捷等,2013),其中,道路自信是中国梦的实现途径,理论自信是实现中国梦的行动指南,制度自信是实现中国梦的根本保障。

(二)"中国梦"的心理学哲学解析

对梦想的解析可以从梦开始。《说文解字》曰:"梦,寐而有觉者也。"现代心理学意义上的梦"是欲望的满足",是潜意识经验的反映(弗洛伊德,1900)。梦具有认知功能,按照荣格的理解,梦通过集体无意识具备一种象征功能,它能帮助人们维持心理平衡(霍尔,1987)。当这种"生理性、非理性、自动性、意象性"(张方,2010)的梦想反映"主体的意图、创造世界的意识"(李述一,1988)时,就具有了"指向对象的活动或能力"(倪梁康,2006)的意向性功能。从这种心理学跨越哲学的分析理路可以看出,中国梦乃超越真实的存在(历经30余年的高速发展,2010年中国GDP总量跻身世界第二),迈向意向的存在(实现中华民族伟大复兴)的一种集体的自觉意识。

(三)"中国梦"的历史学解析

中国梦是承继与追逐民族自强的百年之梦(李捷,2013),是"两个百年"的"两重任务"(冷溶,2013),也是对中国千年家国梦想的创新(易中天,2013),是"在继承中华民族曾经创造的辉煌的基础上不断创新和取得新的更大的成就"的伟大志向(程冠军等,2013),"中华文明五千年"、"中国近代百年"、"新中国成立60多年"、"改革开放30多年"四个时间概念构成中国梦深厚的历史理解视点(万俊人,2013)。中国梦是对中华优秀文化的继承与对近现代中华民族发展历程的深刻总结,更是对改革开放伟大实践的高度凝练,中国梦的实现必须弘扬中国精神,具体表现为民族精神、时代精神、爱国主义精神等(徐惟成、李拯、孙来斌等,2013)。

(四)"中国梦"的马克思主义解析

中国梦在于坚持了马克思主义科学世界观和方法论,根本擢升了国人的思维方式和层次,为"坚定理想信念提供战略定力"(侯惠勤,2014),其精髓是马克思主义实践观(陶德麟,2013);中国梦的实现必须依靠中国共产党的领导(叶再春等,2013);中国梦的实现必须坚持中国特色社会主义的精神实质与科学价值,坚持马克思主义(章传家等,2013);中国梦的实现必须凝聚中国力量、民族团结力量并依靠人民群众的共同奋斗(唐州雁,2013);中国梦与实干兴邦密切联系,坚持求真务实、勇于攻坚克难、勇于开拓创新,做到知与行二者之间的统一是实现中国梦的根本途径(辛鸣,2013)。

(五)"中国梦"的文化解析

中国梦是"中国文化精神、哲学基础和理想精神的集中展现",是"国梦"与"家梦"的结合,"国"和"家"是一个命运的共同体(张维为,2013);"中国梦"是变革时期想象和建构新的国人身份认同(张颐武,2009)。中国梦是政治文明、社会文明、精神文明与生态文明的综合性理想表达(周天勇,2013)。

(六)"中国梦"的生活哲学解析

中国梦具有政治、历史和生活三重维度,国家富强、民族复兴和人民幸福是其题中应有之义,中国梦是现代文明批判与当代生活理想的建构(漆思,2013),由于近现代中国历史的风云际会,家国"道德革命"(杨威,2012)与市场经济激荡着中国现代伦理的价值取舍,中国梦的各种畅想与建构有赖于重视和增强道德的作用,"志于道,据于德",则中国梦必将实现(陈瑛,2013)。

(七)"中国梦"的信念伦理基础理论研究

对中华传统优秀文化的继承,既是对我们"最深厚的文化软实力"(习近平,2013)的坚守,也是对中国梦信念资源的深入继承与发掘。中国传统文化中对信念的表述主要体现为一种意志性、责任性,即"天行健,君子以自强不息"(《周易·乾卦》)。"周虽旧邦,其命维新。"(《诗经》)当下国内对信念研究比较广泛,有从信念在现实生活中如何确立的角度进行研究,有从道德哲学角度进行研究,有的延续了西方的研究范式。比如,万俊人(2013)将道德分为信念伦理、规范伦理和美德伦理三个基本层次或价值向度。在这三个向度中,信念伦理具有社会意识形态的构成性特征,规范伦理属于社会隐性制度或"软制度"和社会基本秩序的范畴,而美德伦理则集中体现为文明个人的道德卓越和美德成就。道德的三个层面指明三个不同而又相辅相成的价值向度,即理想信念—伦理精神、行为规范—伦理秩序、个人美德—人格完善。胡伟希(2012)从超验世界、潜验世界与经验世界三个角度来建构信念生活,任剑涛(2010)从对儒教的精神激活中建构信念世界,韩震(2010)注重理性世界的建构研究;贺来(2012)从价值反思角度寻求价值信念的真实主体,陈泽环(2008)从道德生活中提出了共同信念、美德共识论、重叠共识论;黄剑波(2013)主要延续了西方的研究范式,从语境相对主义研究信念。

(八)中国梦与美国梦的比较研究

胡鞍钢(2013)认为,美国梦强调的是个人自我的实现,而中国梦不仅要实现自己的理想,而且还要心怀天下,崇尚个人价值与集体价值的统一;朱继东(2013)认为,应该借鉴美国梦中的积极因素来推动实现"中国梦",从反思"美国梦"中认识中国。"美国梦"尽管可以用"每个人都有着追求个人幸福权利的这一信念"(奥巴马,2012)来高度概括,但它是一个内含着"民主、平等、自由"的理想国家(广义、前提式),个人通过自我奋斗而获得成功的梦想(狭义、具体化)。"美国梦"蕴含的国家—个体成为理解中国的二级模式显然大不同于以"以精英代表的责任担当"承建国家顶层文化的"中国梦"。赵汀阳(2006)、乐黛云(2007)等试图通过比较美国梦、欧洲梦和中国梦,提出人们思维方式与生存方式存在时空差异性问题,20世纪的中国一度沿着国家力量(State Power)增强的线索前行,它导致了一种狭隘功利性的"富强"路径,中国梦的提出是对这一偏颇的矫正。是否"只有国家才是解决文化问题的最根本的现实力量"(王利,2002),依然是"中国梦"能否梦想成真的关键问题。

(九)"中国梦"的"实践"争论

当中国梦与"中国特色社会主义理论体系"及其所指证的"中国特色社会主义制度"之间的关系成为中国梦战略内涵的关键节点(张定鑫,2013),自由主义者发问:我的梦想谁做主?国家何以引领、塑造我的梦?这种自由主义式的发问背后隐藏着中国梦"出场"意义的重大理论问题。一个较为普遍的观念是,现代社会已然进入一个伦理观念从信念伦理到责任伦理的变革时代(蒋先福等,2005),社会结构的变迁与传统文化的失范导致"信念行为本身,成为道德判断的对象"(王庆原,2012),我们坚守的信念是否能在这个价值多元的"诸神之战"中负有支持我们合理行为的道德证据,我们对自有道德证据的相信和践行是否是我们的道德责任的所归?从方法论角度来讲,这一问题可以表述为,在我们考虑是否相信某种陈述的时候,总是想要找出关于这种陈述的事实依据(何静,2013),"中国梦"的出场需要现实的证据支撑和完善:基于"何种"信念的理由可以使梦想成真,可以为梦想而求索?

中国梦的提出,是"新常态"时期中国人信念伦理的建构与发展问题,通过丰富中国梦的文化内涵和价值思维,通过扩大中国传统文化的源流、价值评估、时代判断等文化问题的思考,将会健全中国梦"现代性"的内涵和中国梦为谁的价值辨析。无论是学术理论还是实践应用都具有十分重要的价值。

第一,它关乎中国社会意识形态的重建。从远处看,重建社会意识形态是近代百年来的一个核心国家任务。以近代百年的中国现代化探索历程观之:如何建构中国现代社会的价值理想目标和价值观念体系?其解答涉及古(传统)今(现代)中(意识形态主题)西(域外意识形态参照体系),其中,如何看待传统文化?如何看待西方文化?是两个最基本的问题。近处看,它是"后文革"时代,即近30多年来未能很好解决的根本问题:"经济中心"和经济向前发展并取得举世瞩目之成就后,如何寻求社会整体的科学发展?如何面对市场经济条件下日趋强劲的世俗主义、功利主义和物质主义的冲击?对此,中共十六大提出增强文化软实力,中共十七大提出科学发展观,中共十八大提出民族伟大复兴的中国梦。中国梦是对这些问题的直接而形象的回应,其本质是建构与提升社会和国民的文化精神与理想道德。

第二,它关乎当代中国社会信念体系的重建。改革开放30余年的"后文革"时代,一切以经济建设为中心,经济单线飞速发展,信仰缺失、信念退消,从而导致了社会的极度物质主义、功利主义以及奢侈、享乐、过度世俗化。必须有一个全社会多数人认可和信服的理想信念,来制衡思想的多元化、利益的多样化,这样社会才有真正的稳定和秩序。收拾人心,强健筋骨,需要重建社会信念体系。社会信念体系是一个国家层面的价值目标、社会层面的价值取向、个人层面的价值准则的整体。中国社会信念体系的根本问题,一个是社会主义核心价值观的确立,一个是社会主义核心价值观的践行。中共十八届三中全会提出的"倡导富强、民主、文明、和谐;倡导自由、平等、公正、法治;倡导爱国、敬业、诚信、友善"的"三倡导"就是将培育与践行社会主义核心价值观落实为国民信念伦理的建构过程。"中国梦"的研究需要有学术领域的预先设计和适度反思,需要"马克思主义学术话语及其学术标准的建设"。通过考察和建构信念伦理知识体系,把"中国梦"研究版图从经济、政治、军事引向信念伦理的纵深拓展,以在深层次上回答"树立什么样的理想信念"、"怎样实现理想信念"这些关乎党和国家命运与前途、反映当代中国发展、增强国人生活幸福、促进国人思维方式创新的时代问题,夯实中华民族伟大复兴的理论力量。

第三,它关乎"三个自信"能否最终确立并赢得普遍认可。"实现中国梦必须走中国道路。这就是中国特色的社会主义道路。"坚定走社会主义道路,首先要做到理论自信、道路自信、制度自信。确认并普遍认可这"三个自信",最终有赖于我们建立文化自信。"三个自信"必须基于独特的信念结构、信仰体系,中国梦正是为"三个自信"确立内向的主体精神之根基和外向的社会信仰之向度!中国梦的践行就是信念伦理问题,信念伦理是根本解决文化自信的问题,就是从文化层面上坚定对中国特色社会主义制度、道路和理论的信念。

第四,中国梦提出的基本宗旨是探索国家文化软实力之战略意义和实践定位;探究现代中国社会主义信念体系如何落地生根、开花结果的践行问题,既是社会主义核心价值观内化于心、外化于行的实践过程,也是社会整合与制序建构的认同过程。

第五,中国梦理论与实践的研究具有极强的学科建设价值。长久以来,伦理学研究侧重于关注如何建立道德规范或个体美德,缺乏系统而基础性的道德形而上的探求。对信念伦理和中国梦的探求,能够弥补相当一段时期以来中国伦理学的理论不足。创新中国梦的研究方法、推动中国梦的学科互动和超越学科建制的藩篱,重建道德形而上的基本理论,有利于推动多学科融合,促进形成新的交叉研究领域。以中国梦实践的进程做历史坐标和参照,以社会主义核心价值观做纲领和引领,试图实现文史哲、理想与现实、本土与国际的全面对话,超越学科建制的藩篱,诉诸更具可行性和吸引力的中国梦的愿景和蓝图。

纵观百年来马克思主义伦理道德思想发展的历史,可以看出,坚持和发展马克思主义的伦理道德思想,必须始终坚持马克思主义的指导和主导地位;必须把马克思主义伦理思想与中国革命和建设的道德实践相结合;必须科学吸纳和借鉴东西方伦理文化资源,坚决同各种错误思想和观点做斗争;必须始终坚持以集体主义为基本原则,以培养共产主义、社会主义接班人为目标;必须始终解放思想、实事求是、与时俱进。

百年来,马克思主义伦理道德思想发展的实践也表明,毛泽东伦理思想、邓小平伦理思想、江泽民伦理思想就是中国化马克思主义伦理思想的典型代表,坚持马克思主义伦理思想就必须发展马克思主义伦理思想,就必须用马克思主义伦理学的基本立场、观点和方法来分析与解决生活和实践过程中存在的各种道德困惑与道德问题,为繁荣中国特色社会主义文化、实现社会的和谐进步和人的全面发展做出新的贡献。

论题篇

第五章　马克思主义道德本质问题

　　中国传统的道德本质观是以道德本体论为主流的。以儒家的伦理思想为代表,儒家将道德或道德化的"天"视为宇宙的本体和人生所追求的目标。儒家认为,道德是不依赖于人的需要和利益的、超越于人的存在,并且对人来说具有甚于人的生命的重要性,孔子的"天生德于予"[1]、"人能弘道,非道弘人"[2]以及孟子的"生,我亦所欲也;义,亦我所欲也;二者不可得兼,舍生而取义者也"[3]。便是明证。而由于在中国伦理传统中,自然法则只是为道德原则提供的逻辑前提,因此,到宋明理学后,道德学说的核心"理"、"天理"亦即道德的"天理"更上升为宇宙的真正本体,道德之"理"是超越欲望、需要的永恒存在,人只是体现这一道德之理,而不允许主体有选择道德律令的自由,道德本体具有超验、普遍、绝对的本质。在此基础上,道德也就成为压制人性、私欲的一种规范形式,最后走向了"存天理,灭人欲"的境地。中国传统伦理无疑将道德本体论观点发挥到了极致。

　　基于这样的伦理背景,马克思主义道德本质观在20世纪初传入中国,开启了其中国化的进程。与原有的中国传统伦理文化的碰撞以及自身被逐步继承和发展,加之外在客观世界的不断变化,马克思主义道德本质观在中国的研究进程,大致经历了这几个阶段:以唯物史观为基础,通过与传统唯心主义道德本体论的争论,确立唯物主义的道德观时期;突出强调道德的特殊社会意识性和规范性,强化道德在社会生活中的调节作用和约束作用的道德本体论时期;从"人与道德"的真实关系入手,寻找道德的主体性,突出了人的积极性和主动性的道德主体论时期;反思道德工具论和本体论的片面性,强调道德的主观性和客观性的科学统一时期;认识到在"主—客"模式下道德主客体统一论的不足并展开进一步的反思时期。

---

[1]《论语·述而》。
[2]《论语·卫灵公》。
[3]《孟子·告子上》。

一、马克思主义道德本质观在中国的历史演化

(一) 唯物主义道德本质观确立时期

如前所述,中国传统的道德本质观是一种强调道德先验性、绝对性的唯心主义本体论,这种唯心道德本质论到五四之前一直统治着整个中国社会,虽然当时的社会正面临着巨大的变迁、封建社会正逐渐走向瓦解,但封建的新儒学等学派转换了伪装面貌的封建保守势力依然力图在伦理思想上保持着唯心主义的统治地位,在整个社会大力宣扬唯心主义的封建道德本体论。而与此同时,一些先进的知识分子则迅速接受了马克思主义思想,对封建旧道德展开了批判,在与封建唯心主义道德观的论争中,围绕着经济和道德的关系问题,逐步在中国社会宣传并确立了强调道德受制于经济的唯物主义道德本质观,这个时期应该从五四马克思主义道德观传入到新中国成立前后。

五四时期,对于道德本质的研究,主要是围绕着经济和道德的关系问题展开的。这一时期,具有代表性的三派:早期的马克思主义者与主张复兴儒教的封建复古主义者以及强调"自由"的资产阶级道德本质观的自由主义西化派针对此问题展开了激烈的争论。封建复古主义在道德本质问题上坚持的是道德决定论。在经济与道德的关系的讨论中,封建势力明显是从唯心主义角度在道德的产生和功能方面突出强调了道德对于外部客观世界的绝对的主导地位。这种观点在哲学上实际是一种唯心主义的道德决定论。与此同时,出现了一股全面否定中国文化道德,强调文化道德西方化的自由主义"西化派",其中实用主义在中国的代表人物宣扬文化道德效用论。

各种唯心主义道德观与强调外部客观世界,尤其是经济对道德的决定作用的马克思主义道德本质观是截然对立的。20世纪初,针对当时各种社会思潮的激荡争锋,五四时期新文化的代表人物李大钊从马克思主义唯物主义的角度,阐释了马克思主义主张经济决定道德的本质观,极大地宣传了马克思主义伦理道德观,给各种唯心势力以有力的反击。而毛泽东在《论十大关系》中,结合中国的实际国情,进一步研究和发展了经典作家关于经济和道德关系的思想,指出要从中国的基本国情出发,认识经济发展的客观规律;提倡既要发展经济,又要坚持和发扬艰苦奋斗的作风,要厉行节约,反对贪污浪费和官僚主义;要把实现共同富裕作为经济发展的目标。

经济和道德的关系问题,是五四到新中国建立期间我国伦理学界关于道德本质研究的核心。基于马克思主义的基本立场,早期先进的知识分子从唯物主义的立场对道德对于经济的受动性的本质特征的阐释,从根本上否定了主张道德先验性、绝对性的唯心主义道德本质观,自此开始确立了马克思主

义唯物主义的道德本质观。

（二）本体论道德本质观主导时期

新中国成立之后的一段时间里，我国伦理学并未形成较为完整的体系，而"文革"的开始，更一度将伦理学判定为伪科学，直到"文革"结束，我国才逐步恢复了对于伦理学的研究。这一时期，我国许多哲学工作者把自己的研究方向具体到伦理学方面，受到哲学的影响，具体的伦理学研究被历史唯物主义所代替，这也体现在对道德本质问题的研究上。这段时间内，强调道德的规范性、约束性的道德本体论本质观占据了主流。

这一时期的道德本质观，被认为是社会本质论的代表观点，它在历史唯物主义的指导下，认为道德的本质是被社会经济关系决定的一种社会意识。并且经过数年的讨论，这种道德本质观得到了进一步丰富和发展，认为道德本质的揭示应该有一个由浅入深的过程，道德有一般本质，即道德作为社会意识形态的根本属性；道德还有它的特殊本质，即道德区别于其他社会意识的性质，即道德是特殊的规范调节方式，主要表现在它的非制度性、非强制性以及作用方式的内化性，即道德必须内化为良心才能真正发挥社会作用。同时指出，作为社会意识的道德不是被动地反映世界，而是从人的需要出发，从特定的价值出发来对世界进行价值评价，把握、改造着世界，这也是具有约束性、规范性的道德把握世界的特殊性的表现。

可以看到，这一时期的道德本质观已经完全摆脱了各种封建的唯心主义思想的影响，在上一个阶段，大力论证了经济对道德的决定性问题之后，在唯物史观的基础上对马克思主义道德本质观展开了更深层次的把握。经过丰富以后的观点，在相当大的程度上阐发了道德的规范性的本质属性。同时，在当时的社会现状下，提出本体论的道德本质观也具有重要的实践意义。它强调道德是一种社会意识，是上层建筑的一部分，突出了道德的政治性，把道德追求和政治热情在实践中结合在一起，这在新中国建立初期的社会主义建设中起到了很大的积极作用。但是在强调道德的本体价值的同时，却没有揭示出道德主体内在的价值特殊性和精神理想的特殊性，当然更没有很好地阐明道德的特殊本质的两个方面的相互关系，社会本质论论述的道德的本质不是一个有机整体，仍只是在一定程度上把握了马克思主义道德本质观的精髓。

（三）主体论道德观主导时期

20世纪80年代中期以后，我国社会无论从政治、经济、文化等各方面都开始步入正轨，尤其是改革开放政策的实行，带动了国家经济的大幅发展。经济的这种巨变也反映到思想文化的革新上。在改革开放后一味埋头经济的人们开始关注自身，主体意识的觉醒使得前一阶段仅仅强调道德对于人的规范性的道德本质观面临着质疑。由此,一批年青的伦理学学者在这种新形势下提出了关于道德本质的新见解。这一时期,由肖雪慧在1986年初《光明日报》上刊发的《人的主体性是一切道德活动的原动力》[1]一文,引发夏伟东在是年《哲学研究》上的争论性论文《略论道德主体——兼与肖雪慧同志商榷》[2],标志着道德本质问题成了这一时期的一个重要议题[3]。随后李建华的《道德主体的情感规定》、窦炎国的《关于道德主体和道德主体性问题》等亦是这一时期新道德本质观的代表。他们不再一味强调人对于道德的受动性,主张道德的主体是人,从道德的产生和功能等方面论证了人是道德的目的和价值所在。在这些道德主体论者看来,道德起源于主体的需要,而不是社会经济关系或客观的社会物质生活条件,是人的需要孕育了道德,并且推动道德的不断进步和发展。而从道德的功能看来,道德是人类社会进步过程中发展起来的一种把握世界的方式,人对世界的把握是人对世界的各种本质、力量和特征的实在的占有,是人的本质的丰富和发展。道德不是规范的总和,道德体现着人的追求。道德对于人不仅仅是约束,更重要的是激励。道德不是社会对付个人的工具,而是在个人和社会之间形成一种适当的关系,它使社会求得和谐和进步,保证个人获得肯定和发展自己的条件。由此,他们得出了道德的主体性相应表现为两个方面,一方面,人是道德的接受者,但人会把接受过程变为主动探索认识自己、社会、人与人之间、个人与社会之间应有关系的过程,人不是消极地被道德规范左右,而是主动地选择道德规范,理解和内化道德规范;另一方面,人是道德的创造者和体现者。在社会生活中,人们接受道德规范的约束,但也要勇敢地突破陈腐的传统和规范,为新道德的确定开辟道路,用新的道德理想引导人的精神建设。

由此看来,这一时期道德本体论者区别于以往从"经济与道德"的关系入手确立道德的客观的社会基础,而是开始注意到"人"以及人的价值,从"人与道德"的真实关系入手,寻找道德的主体性,这给中国伦理学研究开拓了一片新天地,启示着伦理学学者们去创造更有利于个人实现的社会环境,为社会成员提供更多元的价值选择的可能性,为人的丰富和发展给予了更多的论证,同时也从本质上使人们认识到道德不仅是社会现象而且也是个人现象,道德不仅约束人更丰富发展人。从实践方面说,确认道德是人自我肯定、自我实现和自我发展的特殊形式,就确立了个人对自我需要、自我欲望满足的

---

[1] 肖雪慧:《人的主体性是一切道德活动的原动力》,《光明日报》1986年2月3日。
[2] 夏伟东:《略论道德主体——兼与肖雪慧同志商榷》,《哲学研究》1986年第8期。
[3] 谢洪恩:《道德的功能和本质——兼评肖雪慧、夏伟东等同志的争论》,《哲学研究》1989年第3期。

道德合理性,肯定人的自我需要的道德合理性是市场经济社会发展的必要前提。由此可见,主体论伦理学的产生有其理论的必然性也有其历史的必然性。它是伦理学适应商品经济发展的必然产物。

相对于道德本体论者,道德主体论者断然否定道德的规范性,实质上是将马克思主义道德本质观的主体论发展到另一个极端,仍不是对马克思主义道德本质观的科学完整的把握;而且道德主体论者把道德对世界的把握理解为人对世界的本质、力量、特征的完全占有,这是一种典型的人类中心主义。而且从实践意义看来,这种理论具体运用中也会产生一些问题,在道德生活中过分强调个人的价值,强调道德对自我的肯定,则会降低道德对个人的约束作用,确实有滑向利己主义的危险,对社会关系的和谐稳定产生消极的影响。

(四)道德本质统一论主导及对其展开反思时期

在20世纪八九十年代,道德主体论者大力倡导以人为中心的本质观的同时,主张道德规范性的本体论者也不甘示弱,道德本体论和道德主体论展开了一系列的争论。夏伟东的《略论道德的本质——兼与肖雪慧同志商榷》[1]、肖雪慧的《"道德本质在于约束性"驳论——答夏伟东同志》[2]、谢洪恩的《道德的功能和本质——兼评肖雪慧、夏伟东等同志的争论》[3]、罗若山的《浅谈道德的规范性和主体性》[4]等的文章便是这一时期争论的成果。单纯强调道德的主体性会使人性被压抑,人的积极性得不到发挥,而纯粹强调道德主体的价值则将使人性面临过度的自由化的危险,走向个人主义和利己主义的极端,两种理论都带来了一系列的社会问题。因此,在经历了激烈的争论之后,伴随而来的便是理性的反思,自20世纪90年代之后,主张道德主客体统一的道德本质统一论便成为关于道德本质认识的主流观点。

在对道德本体论和道德主体论进行深刻反思的基础上,学者们提出了应当从道德主客体的相互关系中探寻道德的本质。罗国杰在《十年来伦理学的回顾与展望(续)》一文[5]中就对道德的规范性或约束性与道德的主体性的关系进行了表述。在他看来,强调道德规范性的道德本体论与以人的中心的道德主体论只是在不同的前提下对道德本质的不同的理解。

---

[1] 夏伟东:《略论道德主体——兼与肖雪慧同志商榷》,《哲学研究》1986年第8期。
[2] 肖雪慧:《"道德本质在于约束性"驳论——答夏伟东同志》,《哲学研究》1987年第3期。
[3] 谢洪恩:《道德的功能和本质——兼评肖雪慧、夏伟东等同志的争论》,《哲学研究》1989年第3期。
[4] 罗若山:《浅谈道德的规范性和主体性》,《哲学研究》1987年第3期。
[5] 罗国杰:《十年来伦理学的回顾与展望(续)》,《道德与文明》1991年第2期。

罗国杰首先分别对道德的规范性和约束性以及道德的主体性进行了解释。他认为,以历史唯物主义为基点,从社会关系、经济关系和利益关系的角度出发,道德的本质就在于它的规范性和约束性,而理解这种规范性和约束性的前提就是承认道德价值的根据在社会的物质关系中。主张道德的规范本质只是强调道德的最基本的社会功能:调节人与人之间、人与社会之间的相互利益关系。道德的规范性和约束性是一定的社会物质关系对生活在一定社会中的人们的一种客观必然性制约,是社会整体利益,即人们的共同利益对个人利益、个人欲望的一种客观要求。道德的社会调解是通过自我约束、自我控制的方式表现的,人们的这种自我约束与自我控制能力的获得,并不是人的本能,而是个人对社会约束与社会控制的认同。因此,它绝不是什么对个人欲望的"消极防范"、对人的束缚,更不是封建禁欲主义。

而在阐释道德的主体性之前,罗国杰首先阐明了何为道德的主体。在他看来,道德的主体并不是个人,道德的主体性也绝不是个人的道德主体性,从马克思主义的观点出发,他认为道德的主体性更重要的是指集体、整体以至全社会的道德主体性。在此认识基础上,罗国杰认为所谓道德的主体性,就是道德主体所具有的在道德上完善自身的表现,即道德主体在信仰服膺某一道德的前提下,高度自觉地按照这一道德的要求去行动,高度自觉地接受这一道德的约束,从而成为一个具有真正德行的人,成为一个具有高尚道德的集体和社会。这里的主体的能动性、主动性,不是去破坏这一道德及其规范,而恰恰是去服从这一道德、建设这一道德。

因此,从这个意义上看来,罗国杰认为,道德的主体性与道德的规范性、约束性在同一个道德系统中,非但不是对立的,而且是相辅相成的,是从不同的方面表达了相同的道德意义。就是说道德的规范性与约束性,是从道德主体之外表明了道德的性质,就表明了道德对人或人格化的主体的德性要求;而道德的主体性,则是从道德主体之内表明了人或人格化的主体对道德的内化和认同,将道德的外在的德性要求、外在的规范与约束,转化为内在的德性要求,转化成为内在的规范与约束,归根到底,是将道德义务转化为道德良心,将他律转化为自律。并且,罗国杰在承认道德主体性和规范性统一的同时,也没有回避二者之间矛盾的存在。在他看来,发生在不同的甚至尖锐的道德体系之间的这种道德主体性和道德规范性之间的矛盾的存在是必然的。

总而言之,罗国杰得出结论,在道德的本质问题上,只有坚持历史唯物主义的基本观点,从社会物质关系中而不是从抽象的人性或人的需要中去寻找道德的根据,我们才能理解道德他律及其对人的客观外在约束,并进而理解道德自律及其对人的内在约束,从而才能理解为什么要从规范性、约束性的角度去理解道德的本质,去理解道德的主体性,去理解道德的必然和自由。罗国杰的道德本质观从马克思历史唯物主义的基本立场出发,超越了本体论和道德工具论,真正实现了道德主体性和规范性的统一,对以往本体论和道德工具论的思想纷争,做出了最佳的结论。以罗国杰为代表的统一论道德本质观,无疑是马克思主义科学道德本质观实现中国化的一个重要的里程碑。

而近几年来,很多学者对这种道德主体性和道德规范性统一的道德本质论从道德哲学模式的角度提出了质疑。虽然质疑是针对狭义的道德主体观提出的,但是其对以往道德本质研究模式的探究,却揭示了甚至当时道德本质统一论研究也存在的重大问题。任平在《道德哲学:模式变革及其趋向——兼论狭义道德主体性模式的缺陷》[1]一文中对以往道德本质研究中存在的这个关于道德哲学模式的重大问题进行了阐述。在他看来,"道德主体性模式"本身囿于狭义的"主—客"哲学框架,沉湎于工业主义文化的窠臼,这是重大的缺陷,这种道德哲学模式只会将"主体性"变成唯一性、单一性和同质性。而道德本质同一论,虽然将道德的主体性和规范性这两大本质统一起来,但也仍局限在主体——人和外在客观存在二者之间的交互关系中探寻道德本质,而道德交往活动是多方面的,绝不仅是单一的主体与客体的交互过程,而是以道德实践对象为中介的道德主体之间的交往活动,它必然包括"主—客"、"主—主"的双重化关系。由此,他主张,应当超越狭义"主—客"道德模式的限制,建立能够全面地把握"主—客"、"主—主"双重关系网络的、多元主体性的广义的道德主体性哲学模式。

由此可见,通过从道德哲学模式角度对以往道德本质研究模式的反思,引导人们将对道德本质研究的视角更加扩展,并为接下来的道德本质研究指明了发展重心,实际上也标志着我国道德本质研究将进入一个不同以往的全新的道德主体论主导时期。

二、马克思主义道德本质观中国化研究基本内容

通过以上总结,可以看到,由于不同阶段下社会客观存在的差异以及由此影响下的对道德本质特征的不同侧面的强调,在中国,对于马克思主义道德本质观的继承、发展和研究经历了唯物主义道德本质观确立时期、本体论道德本质观主导时期、主体论道德观主导时期、道德本质统一论主导及对其展开反思时期。这几个时期的不同的道德本质观代表了马克思主义道德本

---

[1] 任平:《道德哲学:模式变革及其趋向——兼论狭义道德主体性模式的缺陷》,《江海学刊》1989年第6期。

质观中国化的不同的阶段进程和本土化的程度。通过对这几个阶段的道德本质观研究的反思,可以从研究内容和研究方法两方面来反思马克思主义道德本质中国化的研究。

(一)从研究内容上的综述来看,整个马克思主义道德本质观中国化研究的历史进程就是人在道德本质内容中的主体地位和价值不断地被凸显的过程

总体看来,无论是道德本体论,还是道德主体论,甚至是道德主体性和规范性统一的统一论,依照价值论的观点看来,都是围绕着对道德以及道德之外的以人为主的客观世界的价值次序的定位的不同,对两方面价值优先考量的差异,便导致了截然不同的两派道德本质观的形成。道德主体论强调的是道德之外的客观经验世界尤其是道德主体——人的至上性和以从属地位存在的道德的手段性,既然道德存在的目的就是作为手段和工具,那么道德工具性的实质就在于其相对于以人为主的客观世界的某种价值性,即对于某种社会目标的促进作用。而且道德自身是一种观念形态的东西,其价值性的实现必须依靠道德主体"人"的活动。因此,就这个意义而言,道德价值从属于活动主体的实践价值,而道德的意义则内在地存在于主体的实践活动过程中,这表明,道德是作为一种次生价值而存在的。而相对地,道德本体论认为,道德本身是独立、自足的实体,有绝对的、超然至高无上的主体价值,道德自身的价值优于客观经验存在的价值,人以及人的活动的价值实现取决于对道德价值的肯定。而道德本质统一论则是力图在道德及其主体——人之间价值选择上寻求一种平衡。我国学者对马克思主义道德本质观的研究从道德本体论到道德主体论,再到强调主客体统一的道德本质统一论,整个研究历程中,从坚持道德的价值之上到强调道德主体——人的优先价值,而后寻求两者的价值平衡,无疑可以看出,人在道德本质的阐释中的地位和价值不断获得了提升,这与近年来人本主义的兴起密切相关。我国现在正在力倡社会主义和谐社会的建立与中国梦的追求,这其中的一个重要的特征便是以人为本,从人的角度对作为社会意识的道德进行阐释,不得不说是客观现实的决定,更从一定层面上证明了马克思主义对道德的实践精神性的本质特征的界定。

(二)从研究方法上看,历史唯物主义和辩证唯物主义是道德本质研究的基本方法

从马克思主义道德本质观中国化研究的历史进程看来,作为马克思主义研究道德的基本方法的历史唯物主义和唯物辩证法同样是我国学者不能舍弃的研究道德本质的基础方法。

在马克思主义哲学的历史唯物主义的著作中,道德总是与社会经济、政

治密切相关，它为一定的阶级、集团的根本利益做伦理辩护。如果离开了一定的社会经济、政治制度和一定阶级、集体的根本利益谈道德，便会流于空谈。也就是说，我们在认识和研究道德意识形态，必须"始终站在现实历史的基础上，不是从观念出发来解释实践，而是从物质实践出发来解释观念的形成"[1]。因此，历史唯物主义便成了马克思研究道德本质问题的基本出发点，马克思的道德本质观核心便是强调道德受动于经济的经济决定论。而具体到我国道德本质研究上，历史唯物主义自新中国建立以来也一直是学者们研究道德问题的根本方法。正是在唯物史观的指导下，才在思想论争中战胜了唯心主义的道德本质观，最终在国内确立了强调经济决定论的唯物主义道德本质观。综观至今，我国马克思主义中国化的研究，唯物史观的方法是贯穿始终的。即使是在彻底否定了经济对道德的决定性，突出强调道德的主体——人的地位和价值的道德主体论主导时期，唯物史观的研究方法也没有被彻底抛弃。道德主体论者强调，他们所主张的"人"并不是脱离现实的抽象的人，而是现实的具体的人。除了唯物史观之外，马克思主义的另一个重要的研究问题的方法便是唯物辩证法。从五四时期马克思主义传入直到现在，我国社会发展的现状与马克思所处的时代相比，社会的各个领域都发生了广泛而深刻的变化，因此，要想在继承和发展马克思主义道德本质观的基础上不断实现其中国化，坚持整体、全面、发展的观点处理问题的唯物辩证法思想，这对于我们对道德本质的研究是必不可少的。总而言之，唯物史观和唯物辩证法作为马克思主义的基本方法，在促进马克思主义道德本质观中国化进程中起到了巨大的作用，是我们今后道德本质理论研究中所应遵守的基本方法论。

道德是物质关系的产物，作为特殊的社会意识形式，道德从实践精神的角度把握世界，道德的规范性和主体性密不可分。[2]道德作为一种特殊的社会意识形态，第一，社会经济结构的性质直接决定各种道德体系的性质。第二，在阶级社会中，处于同一经济结构中的不同经济地位的人，其道德观念有所不同，在经济生活中处于统治地位的阶级的道德观念在道德生活中也处于统治地位。在阶级社会中，不同阶级的人虽然处于同一经济结构之中，但是由于人们的经济地位不同，实际的经济利益不同，其道德观念、道德情感也有所不同。比如，在封建社会中，地主阶级要求维护贫富贵贱的差别，而广大受剥削受压迫的农民阶级则要求"均贫富、等贵贱"。所以，在阶级社会中，虽然不同的阶级处于同

---

[1]《马克思恩格斯选集》第1卷，人民出版社1995年版，第92页。
[2] 杨宗元:《关于道德本质问题的探讨》，《高校理论战线》2009年第5期。

一经济关系之中,但由于阶级利益的不同,各阶级之间除了一些相同的道德观念之外,还形成了不同的,甚至完全对立的道德观念。而在几种不同的道德观念之中,哪个阶级在经济生活中占据统治地位,哪个阶级的道德观念在道德生活中也就占据统治地位。这是因为,支配着物质生产资料的阶级,同时也支配着精神生产的资料。没有精神生产资料的人的思想,一般的是受统治阶级支配的。"占统治地位的思想不过是占统治地位的物质关系在观念上的表现,不过是表现为思想的占统治地位的物质关系。"[1]第三,经济关系的变化迟早要引起道德的变化。道德作为上层建筑的一部分,是适应经济基础的要求而产生的,它的使命是为其赖以产生和存在的经济基础服务。当旧的经济关系被新的经济关系取代之后,新的经济关系则要求人们的道德观念发生变化,要求用新的道德观念代替旧的道德观念,以有利于新的经济关系的巩固与发展。同时,新的经济关系也必然要反映到人们的思想中,这就为新的道德观念的产生提供了一个物质关系的基础。旧的经济关系被新的经济关系取代之后,旧的道德观念就失去了赖以存在的基础。同时,旧的道德观念由于不能适应新的经济关系的要求,所以总是要受到新的道德观念的批判。在这种情况下,旧道德就日趋衰亡。在人类历史上每一次新的经济关系对旧的、过时的经济关系的代替,也会引起新的道德对过时的道德的代替。即使在同一个社会里,经济生活中某些重大的变化,也会引起道德观念的相应变化。

---

[1]《马克思恩格斯全集》第3卷,人民出版社1960年版,第52页。

第六章　道德的阶级性、继承性问题

马克思主义认为,道德的阶级性与继承性体现着社会意识的辩证法。一方面,道德在阶级社会具有鲜明的阶级性与时代性;另一方面,作为一种社会意识,道德的原则和规范又具有明显的普遍性与永恒性,时代的道德总是承续着旧日的烙印。伴随着马克思主义伦理思想传入我国,道德的阶级性、继承性问题就随之进入思想家的意识领域。在百年历史的马克思主义伦理思想中国化及其发展历程中,道德的阶级性、继承性问题成了一个重要的争议性话题。自梁启超于1920年出版了《欧洲心影录》一书以来,理论界对于这个问题的关注主要经历了三次比较集中的讨论,分别在马克思主义伦理思想引入阶段、五六十年代以及80年代初。至此,关于这个问题的讨论基本上告一段落。之后零星可见的一些学术成果基本上是对80年代讨论结果的进一步肯定和发扬。

一、马克思主义伦理思想传入时期对道德阶级性、继承性的论争

马克思主义经典作家曾经明确提出道德的阶级性问题。恩格斯在《反杜林论》中论近代西方社会的道德时就曾说:"善恶观念从一个民族到另一个民族、从一个时代到另一个时代变更得这样厉害,以致它们常常是互相直接矛盾的。……今天向我们宣扬的是什么样的道德呢?首先是由过去的宗教时代传下来的基督教的封建主义道德……和这些道德并列的,有现代资产阶级的道德,和资产阶级道德并列的,又有无产阶级的未来的道德,所以仅仅在欧洲最先进国家中,过去、现在和将来就提供了三大类同时并存的各自起着作用的道德论。"[1]马克思主义经典作家认为,在阶级社会中,道德是阶级的道德,不同的阶级从自己的阶级地位中汲取自己的道德观念,不同阶级的道德反映不同阶级的阶级利益。然而,这一问题在"一声炮响,给我们送来了马克思列宁主义"[2]后激荡着中国社会各阶层对道德的认知与道德实践,从而成了一个争议性理论与意识形态话题。

---

[1]《马克思恩格斯选集》第3卷,人民出版社1972年版,第132—133页。
[2]《毛泽东选集》第4卷,人民出版社1966年版,第1360页。

(一) 关于道德有无阶级性的争论

马克思主义道德学说在中国的传播,遭到了国内各学派思想的挑战与反对。作为一种外来思想学说,它首先遭到了以新儒学为代表的食古派人士的激烈反对。现代新儒家为了维系儒家思想,极力强调其价值系统本身的独立性、永恒性,强调道德法则的先验性、普遍性。其中,现代新儒学代表人物牟宗三指出,自主自律的道德良知(善良意志)就是"人人所皆固有的'性'"[1]。与新儒家站在"人之所以为人"的"人性"的立场上相同,各种反马克思主义者极力反对道德意识的阶级性和时代性,如梁启超即指责马克思主义的唯物史观是"根柢极浅薄"[2]之学说。

与此同时,1923年,在科学与人生观关系的论战进行得如火如荼之时,问题与主义论战在马克思主义者李大钊与西化派领军人物胡适之间也展开了,随之衍生的关于道德有无阶级性的争论也由此展开。以胡适为代表的西化派学者认为,道德是人类共同的,不具有阶级性。以《独立评论》为主要舆论阵地的西化派,如陈序经、吕学海、梁实秋、严既澄、张佛泉、张奚(熙)若、熊梦飞、胡适等人,尤以陈序经的观点为代表:"现在世界的趋势,既不容许我们复返古代的文化,也不容许我们应用折衷调和的办法;那么,今后中国文化的出路,唯有努力去跑彻底西化的途径。"[3]

而马克思主义者的观点是明确地提出了道德具有鲜明的阶级性。恩格斯指出:"我们断定,一切以往的道德论归根到底都是当时的社会经济状况的产物。而社会直到现在是在阶级对立中运动的,所以道德始终是阶级的道德;它或者为统治阶级的统治和利益辩护,或者当被压迫阶级变得足够强大时,代表被压迫者对这个统治的反抗和他们未来的利益。""只有在不仅消灭了阶级对立,而且在实际生活中也忘却了这种对立的社会发展阶段上,超越阶级对立和超越对这种对立的回忆的、真正人的道德才成为可能。"[4]针对胡适的社会渐进改良论观点,李大钊从马克思主义唯物史观角度明确地指出:社会问题根本上是经济制度问题;而为了解决经济制度问题,必须进行阶级革命。[5]

---

[1] 牟宗三:《心体与性体》第1册,台北中正书局1972年版,第116页。
[2] 转引自李毅:《现代新儒家理论的根本缺陷论析——兼论中国现代化道路的实践方向》,《江海学刊》1995年第4期。
[3] 陈序经:《中国文化之出路》,见罗荣渠主编:《从"西化"到现代化》,北京大学出版社1990年版,第363页。
[4] 《马克思恩格斯全集》第3卷,人民出版社1960年版,第435页。
[5] 《李大钊选集》,人民出版社1959年版,第228—234页。

(二) 关于道德继承性问题的争论

马克思、恩格斯等马克思主义经典作家提出的道德具有阶级性的理论，是伦理学史上的一次重大变革。他们将人们对道德现象的认识从意识领域拓展到社会生活实践层面。但是，道德的阶级性并不排除道德的继承性。对道德继承性问题，列宁在谈论无产阶级文化时曾经予以明确强调："应当明确地认识到，只有确切地了解人类全部发展过程所创造的文化，只有对这种文化加以改造，才能建设无产阶级的文化，没有这样的认识，我们就不能完成这项任务。……无产阶级文化应当是人类在资本主义社会、地主社会和官僚社会压迫下创造出来的全部知识合乎规律的发展。"[1]

自章炳麟通过总结戊戌变法失败的教训，得出"知道德衰亡，诚亡国灭种之根基也"[2]的结论，进而强调"无道德者不能革命"（《革命之道德》），以宣传革命道德为图存救亡之要务后，对中国传统道德的革命诉求就成了20世纪初伦理学界的一种最强音。这一现象最终以五四提出道德革命达到巅峰。

经过新文化运动的打击，儒学本已成为历史的陈迹。然而到了20世纪20年代的中期，由于各种原因的促使，儒学又有了复兴的迹象。1920年，梁启超在《欧洲心影录》一书中指出，要对西方文化进行重估，强调与维护儒学价值，从而揭开了道德阶级性、继承性问题的讨论序幕。1922年，梁漱溟发表了《东西文化及其哲学》一书，公开倡导新孔学，提出世界未来文化就是中国文化的伟大复兴，引起伦理文化领域一次新的大论战。这场论战围绕中国伦理道德继承性问题展开论战，从而引发了如何处理传统与现代、东方与西方伦理道德传统之间的关系的大讨论。形成了三种基本观点：继承中国传统儒家伦理道德思想、全盘西化思想及对传统伦理道德批判地继承的思想。

以梁启超为代表的"中国文化本位论"认为，要继承中国传统儒家伦理道德。现代新儒家对待传统儒家伦理道德的态度表明了他们在道德继承性问题上的观点。牟宗三指出："礼乐、伦常之为日常生活的轨道，既是'圣人立教'，又是'伦民成俗'，或'为生民立命'，或又能表示'道撰法守'，故这日常生活的轨道……是很郑重而严肃的。所以近人把伦常生活看成是社会学的观念，或是生物学的观念，这是错误的。因为此中有永恒的真理、永恒的意义。"[3]马一浮、梁漱溟、张君劢、熊十力等人对儒学的新解释，切合了当时政治上的需要，

---

[1] 《列宁选集》第4卷，人民出版社1972年版，第348页。
[2] 《章太炎文选》，上海远东出版社1996年版，第186页。
[3] 牟宗三：《作为宗教的儒教》，见周炽成：《现代新儒家对五四道德革命的批评与回应》，《华南师范大学学报》（社会科学版）1990年第4期。

即当时的中国处于军阀混战的时期,为了争得正统的地位和合法性,也为了与正在形成重要势力的中国马克思主义相抗衡的一个手段。

在这一时期,"中国文化本位论"的道德思想不仅有理论的宣传更有积极的实践。持这种观点的在政治上是以蒋介石为代表的"封建买办法西斯伦理道德"(毛泽东语)的"新生活运动"。1927年大革命失败后,蒋介石建立了大地主大资产阶级的政权。出于以儒学控制人心,重建秩序,以维护其一党独裁的政治统治的政治考虑,蒋介石十分重视伦理道德的社会作用,提出了"道德为立国之本"的口号,大力强调"伦理建设"。蒋介石在1929年制定的《中华民国教育宗旨及其实施方针》中,明确提出以中国传统道德中的所谓四维(礼义廉耻)、八德(忠孝仁爱信义和平)、五达道(即五伦:君臣、父子、夫妇、兄弟、朋友)、三达德(又称武德,即智、仁、勇)等作为中华民国道德教育的基本内容。他在1932年5月《革命哲学的重要》一文中提出,一个民族、国家要立于不败之地,就要有"民族精神"、"民族道德"、"立国精神"、"国家的灵魂",要"复兴固有的道德"。他不仅反对无产阶级的马克思主义的伦理思想,也反对资产阶级的伦理思想,他一再强调无论是共产主义还是自由主义,它们都是外来的思想,不仅"违反了中国固有的文化精神",而且"不切于中国的国计民生"。他强调"伦理建设"既不"守旧",也不"言从",而以"中国此时此地的需要"为依据,因此,他极力推行所谓"新生活运动",要求人们要用"规规矩矩"、"合乎国家纪律"的"新义"来理解礼义廉耻等传统道德规范。他还把陆王心学(见陆王学派)等封建伦理思想同西方柏格森的生命哲学拼凑在一起,建立了"唯生论"和"力行哲学",提出了所谓"尽性致诚"、"杀身成仁,舍生取义"的道德理论,以对抗马克思主义伦理思想。并且在1934年2月,蒋介石为了把他鼓吹的"力行哲学"贯彻到实际生活中去,发起了所谓"新生活运动"。这一运动虽然标榜"新"生活,内容却是"旧"的儒家伦理思想。这是因为"新生活运动"在思想层面上糅合了中国传统礼教等级思想、国家主义、欧洲法西斯主义、日本军国主义,以致基督教价值观元素。[1]

第二种观点是以自由主义西化派为代表的学者则主张中国道德的前途在于西化的思想,实用主义在中国的代表人物胡适是其典型。在1929年的《中国今日的文化冲突》一文和1935年3月在《独立评论》第142号的《编辑后记》中先后两次提出"全盘西化"的概念。这一时期积极宣传"全盘西化"的则是留美归国博士陈序经在与"本位文化派"的论战中提出的一种观点,"中国

---

[1] Thomson, James C., Jr., While China Faced West - American Reformers in Nationalist China, 1928—1937. Cambridge, Massachusetts, Harvard University Press, 1969, p.152.

正是趋于完全进到工业时代的英美的路上,是无可疑的"[1],为此,包括道德在内的一切文化全盘西化就成了必然。进入20世纪三四十年代,张东荪、温公颐等人翻译了大量的西方伦理学著作,编著了自己的《道德哲学》《道德学》读本。他们试图通过在理论上积极引介西方伦理思想进而影响中国人的道德观念转型。

　　针对前两种观点和蒋介石的"封建买办法西斯伦理道德"思想,马克思主义者展开了针锋相对的斗争,明确指出了道德与政治社会生活有着不可分离的联系,道德观念总是时代的观念反映。五四时期,李大钊说:"道德者便利于一切社会生存之风俗习惯也。古今之社会不同,古今之道德自异。"[2]毛泽东在湖南创办《湘江评论》批判封建主义及其道德,在毛泽东看来,执着于旧道德的倡导者"很少踏着人生社会的实际说话"[3]。不久,毛泽东创建了新民学会和"文化书社",积极学习与传播马克思主义及其伦理思想。陈独秀在"社会主义的论战"和"无政府主义"的论战中发表了几篇重要的文章,捍卫马克思主义的伦理思想,在《社会主义批评》《女子问题与社会主义》等文章中明确论述马克思主义的社会主义是科学的,社会主义要帮助妇女和劳动者,反对资本家。李达在《社会学大纲》《社会学之基础知识》等著作中阐述了马克思主义伦理思想的基本原理。针对以蒋介石为代表的封建买办法西斯伦理道德,周恩来、范文澜、齐燕铭、艾思奇、胡绳等一大批马克思主义者对其进行了激烈的批判。周恩来在《论中国的法西斯主义——新专制主义》中,指出"在伦理建设方面,蒋介石强调四维八德的抽象道德。若一按之实际,则在他身上乃至他领导的统治群中,真是亡礼弃义,寡廉鲜耻!""抗战不勇,内战当先,还谈什么忠孝!捆上疆场,官逼民反,还谈什么仁爱!抗战业已六年,还和日寇勾搭,对德既已宣战,还有信使往还,这那能说到信义!挑拨日本攻苏,飞机轰炸民变,这那能说到和平!"[4]而范文澜在《袁世凯再版》中更直接指出了蒋介石等的伦理道德观的专制主义法西斯本质。齐燕铭在《驳蒋介石的文化观》中也同样揭示了蒋介石集团文化观的实质,是"在半封建半殖民地的基础上,以中国封建文化改装了的法西斯主义,是中国化了的法西斯主义的文化"。同时,他还指出,蒋介石讲"四维"、"八德"等中华民族固有的德性,只是过去封建社会作为统治工具的所谓"德性",蒋介石不加批判地离开当前

---

[1] 陈序经:《评〈中国本位的文化建设宣言〉》,冯恩荣编:《全盘西化言论续集》,岭南大学1935年版,第102页。
[2] 《李大钊选集》,人民出版社1959年版,第80页。
[3] 《毛泽东早期文稿》,湖南出版社1990年版,第363页。
[4] 《周恩来选集》(上卷),人民出版社1980年版,第146—147页。

的革命斗争的实际而谈"民族固有的德性",实质上就是企图以德行的美名来玩弄颠倒是非、指鹿为马的戏法。而艾思奇则从哲学入手对蒋介石这种道德观的哲学进行批判,艾思奇于 1934 年 1 月发表了《二十二年来之中国哲学思潮》一文,指出"法西斯主义哲学恢复固有道德,提倡尊孔读经,决非偶然,而是和中国的社会状况、文化发展的特点分不开的"[1]。他于同年 10 月在《中庸观念的分析》一文中,对国民党大员陈立夫的"唯生论"(陈立夫《唯生论》1934 年 7 月)之中庸思想基础以及"诚"的思想等进行了批驳,指出,"中庸"的道理"不仅仅是中国人独自专利的大发见,全世界各国各民族,对于这一点也多少总有一点知道,有所表白"[2]。从根基上打击了蒋介石集团的封建的法西斯主义道德观。鲁迅也在 1935 年 4 月撰写的《在现代中国的孔夫子》一文中,从历史分析的角度,揭露了尊孔的阶级实质,指出反动复古运动必然失败。毛泽东于 1940 年发表的《新民主主义论》中科学地指出对包括道德在内的文化遗产应批判地继承。

二、20 世纪 60 年代对道德阶级性、继承性问题的论争

关于道德的阶级性与继承性问题,是 20 世纪 60 年代争论比较热烈的一个话题,因为这远非是一个理论问题,而是在当时的特定环境下成为一个敏感的政治问题。讨论首先是由吴晗以笔名吴南星(即吴晗和邓拓、廖沫沙三人合作的笔名)写的《说道德》和《再说道德》(吴晗的这两篇文章发表于《前线》杂志 1962 年 12 期和第 16 期"三家村札记"栏内,另见《学习集》,北京出版社 1963 年版)两文引起的。之后仅在学术界内部,陆续发表了许启贤的《关于道德的阶级性与继承性的一些问题》(《光明日报》1963 年 8 月 15 日),吴晗《三说道德——敬答许启贤同志》(《光明日报》1963 年 8 月 19 日),李之畦《〈三说道德〉一文提出了什么问题》(《光明日报》1963 年 9 月 21 日),冯其庸《彻底批判封建道德》,李之畦《关于道德的继承性和阶级性》(《新建设》1963 年 11 月号),江峰《也谈道德的继承问题》(《光明日报》1963 年 10 月 6 日、7 日),高仲田《关于道德的批判继承问题》(《光明日报》1963 年 10 月 7 日),步近智、唐宇元《对目前道德问题讨论的几点商榷》(《光明日报》1963 年 11 月 16 日),艾真《关于道德问题的几点质疑》(《哲学研究》1963 年第 5 期),石梁人《试论道德的阶级性和继承性》,阎长贵《必须坚决摒弃封建道德》(《哲学研究》1963 年第 6 期),石羊《关于道德的阶级性和继承性问题的讨论》(《教学与

---

[1] 艾思奇:《二十二年来之中国哲学思潮》,《艾思奇文集》第 1 卷,人民出版社 1981 年版,第 66 页。
[2] 《艾思奇全书》第 1 卷,人民出版社 2006 年版,第 146 页。

研究》1963年6期)等。涉及的主要问题有:(1)怎样理解阶级的道德？在封建社会和资本主义社会里,统治阶级道德所起的作用是什么,被统治阶级有没有自己的道德？(2)不同阶级的道德之间的关系怎样？(3)统治阶级的道德是否具有两面性,是否可以继承？(4)道德问题是否是政治问题的映射？

由邓拓执笔,彭真定稿,署名"向阳生"的《从〈海瑞罢官〉谈到"道德继承论"——就几个理论问题与吴晗同志商榷》,在《前线》《北京日报》1964年12月12日同步发表,通过对吴晗的道德继承论提出不同意见,以重头文章力图把政治批判拉回到学术讨论的范围之内,但面对戚本禹在《人民日报》1966年5月16日发表《评〈前线〉〈北京日报〉的资产阶级立场》,"否定道德继承"问题是所谓"纯学术"问题,显然道德问题的政治性本质已经暴露无遗。独特的时代使得该问题的争论越发具有政治色彩,即使学界仍然试图保持纯学术范围内的争论,但已树欲静而风不止了。

对于统治阶级的道德是否可以继承的问题。20世纪60年代在我国学术界曾经就道德继承问题展开过一次大讨论,有哲学、历史、文艺界的许多学者参加,引起了广泛的注意。这次讨论,是由著名历史学家吴晗1962年5月、8月在《前线》杂志发表《说道德》《再说道德》两篇短文开始的。当时,围绕着道德的阶级性和继承性的关系、继承什么和为什么可以继承、怎样继承等问题,在各种报刊上发表了许多文章,提出了不同的看法。[1]学者们主要有三种意见:"可继承论"、"不可继承论"和"部分继承论"。前两种意见主要是通过分析道德是否具有两面性入手来证明统治阶级的道德是否可以继承。承认统治阶级的道德具有两面性的也就承认了道德的后一种意见主要是从历史的、动态的角度来论述统治阶级的道德可以部分继承。

一种意见认为,统治阶级的道德具有两面性。统治阶级的道德既有维护剥削阶级利益的、压迫人民的道德一面;也有它适应时代潮流,多少反映人民的道德的一面。吴晗认为:"历史上的封建统治阶级,作为一个阶级来说,剥削的本性是共同的,根本的。"但是,就阶级内部来说,"也有少数的比较接近、了解、同情人民的"。"他们之中也有些好人,其中有些好人还办了一些大大的好事。""这些好人是有他们自己的阶级道德的,但是决不可能完全不被广大人民的道德所影响,'在一定情况,一定范围内',作出符合于人民利益的事情。"在此基础上,吴晗同志列出了三个统治阶级道德可以继承的理由:(1)"道德不是永恒的,不变的,万古一致的";(2)"就统治阶级的道德论来说,其中有些人表现为忠、为义、为节、为勇敢、为勤劳、为朴素等等,尽管他们

---

[1] 姜法曾:《道德没有继承性吗?》,《学术月刊》1980年第3期。

都是封建阶级的一员,有其剥削、压迫人民的一面,但就他们所表现的某一方面的道德面貌来说,看来还是不可抹杀的";(3)"被统治阶级的某些美德,不但曾经表现在统治阶级某些个别人物的活动中,而且,概括地说,在理论上也迫使统治阶级不能不接受,作为自己阶级的美德"。[1]

另一种意见和上述相反。李之畦认为,统治阶级的道德不可能有两面性。认为吴晗同志用来证明统治阶级的道德具有两面性的大前提本身就是错误的——"对立阶级的道德之间相互影响、相互吸收"这本身就是错误的,再加上吴晗用来证明他的"两面性"论点所举的例子只是反映了当时统治阶级的个别分子的道德状况,"而没有证明统治阶级的道德体系有两面性"。李之畦认为:"革命的阶级只能继承以上两种对立阶级中的属于被统治阶级的带有民主性、革命性的优秀的人民道德,而不能继承和人民道德对立的统治阶级的腐朽道德。"[2]

而对于吴晗所说的"忠孝节义、礼义廉耻、民主自由"这些过去为统治阶级服务的道德是否可以继承的问题,许启贤说:"封建道德的'忠'和'孝'是不能继承的。"[3]艾真认为,民主和自由都是具体的、有阶级性的,因此,无产阶级的民主、自由,决不是继承了资产阶级的民主、自由。[4]阎长贵认为:"我们不能因为农民受封建地主阶级愚弄而曾经保护或执行某些封建道德论点,而模糊了阶级对立,模糊了封建道德的阶级性。"[5]步近智、唐宇元认为:"把历史上统治阶级出于革命上升时期的道德本身说成都具有'两面性',我们是存疑的。""即使历史上统治阶级在它革命或上升时期具有一定进步意义的道德思想,今天也不能一概说它可以批判继承。"[6]石梁人认为,统治阶级的某些人物在历史上有一定的作用,"他们道德行为尽管在历史上有其一定作用","但是,他们的道德毕竟不是劳动人民的道德,同当时的劳动人民的道德不能相比,同今天的无产阶级的道德就更根本不能同日而语"。[7]

冯其庸更是根据大量的材料,进一步论证了封建道德是没有人民性的。他认为,"忠孝"这种道德观念是为统治阶级的利益服务的,所以,应该"彻底批判封建道德"。[8]

---

[1] 吴晗:《三说道德——敬答许启贤同志》,《光明日报》1963年8月19日。
[2] 李之畦:《〈三说道德〉一文提出了什么问题》,《光明日报》1963年9月21日。
[3] 许启贤:《关于道德的阶级性与继承性的一些问题》,《光明日报》1963年8月15日。
[4] 艾真:《关于道德问题的几点质疑——与吴晗同志商榷》,《哲学研究》1963年第5期。
[5] 阎长贵:《必须坚决抛弃封建道德》,《哲学研究》1963年第6期。
[6] 步近智、唐宇元:《对目前道德问题讨论的几点商榷》,《光明日报》1963年11月16日。
[7] 石梁人:《试论道德的阶级性和继承性》,《哲学研究》1963年第6期。
[8] 冯其庸:《评张庚同志对封建道德的错误观点》,《戏剧报》1960年第Z2期。

在道德继承性问题上,还有第三种意见。姜法曾(笔名江峰)认为:"历史上统治阶级道德的基本原则、主要的道德规范,其根本观点,是不能够继承的,应当全盘否定。但是,除此而外,在某一特定的历史条件下,统治阶级中某些思想家、历史人物所留下的个别思想材料中,有些东西我们可以借鉴,可以批判地吸取。"[1]他分析了三种情况:(1)统治阶级处于上升时期,在反对旧统治阶级的这一点上他们和人民群众还是有一定的共同利益的,这时候,个别道德原则——"如吴晗同志《再说道德》一文所举的孟子的'富贵不能淫,贫贱不能移,威武不能屈'的品质就是如此。"——是可以批判继承的。(2)在历史上的民族斗争与阶级斗争过程中,统治阶级客观上会做出有利于人民的反抗斗争,表现出爱国主义的英勇气节,这些思想有人民性的一面,我们可以批判地继承。(3)封建地主阶级内部的一些有远见的政治家,提出的一些有见解的道德思想也是可以批判继承的。

三、20世纪80年代对道德阶级性、继承性问题的论争

20世纪80年代,关于道德的批判继承问题也是马克思主义伦理学讨论的热点之一。这场讨论是20世纪五六十年代道德的阶级性、继承性问题讨论的延续,并且是讨论得最彻底的一次。学术界许多同志纷纷发表文章,论述自己的观点。主要的文章有:宋惠昌的《关于道德的继承性的几个问题》(《北京师院学报》社科版,1980年第3期),翁金墩的《略论道德的阶级性和继承性》(《复旦学报》社科版,1980年第1期),《道德的阶级性和继承性》(《光明日报》1980年1月26日),黄万盛的《关于道德的批判继承问题》(《光明日报》1980年5月22日),林宝全的《共同人性只能通过阶级性表现出来吗?》(《广西师院学报》哲社版,1980年第4期),《目前学术界对道德继承性问题的一些看法》(《国内哲学动态》1980年第6期),裴文敏的《道德是有继承性的》(《杭州大学学报》哲社版,1980年第3期),唐道能的《浅谈道德的继承性》(《湖南日报》1980年7月17日),唐道能的《论道德的继承性》(《湖南师院学报》哲社版,1980年第4期),杨一民的《剥削阶级的道德能不能继承》(《晋阳学刊》1980年第3期),张瑞璠的《对古代道德教育能否批判继承》(《教育研究》1981年第1期),《关于道德的继承问题讨论情况》(《人民日报》1980年11月3日),黄济的《关于道德继承性问题》(《北京师范大学学报》社科版,1982年第2期),唐凯麟的《关于剥削阶级道德能否批判继承的几个理论问题》(《湖南师院学报》哲社版,1982年第2期),安云凤的《对封建孝道如何批判继承》(《北

---

[1] 江峰:《也谈道德的继承问题》,《光明日报》1963年10月6、7日。

京师院学报》社科版,1986 年第 1 期),张岱年的《论道德的阶级性与继承性》(上海《社会科学》1986 年第 2 期),张惠秋的《道德继承性分析》(《北京社会科学》1991 年第 2 期)等。

(一)传统伦理道德是否应该继承

一种观点认为,应该抛弃传统伦理道德。1978 年以后,一段时间内,由于自由化思潮的泛滥,民族虚无主义思想甚嚣尘上,全盘西化论再度复活,对传统文化和传统道德更采取一概否定的态度。以狂人、《河殇》撰稿者等为代表的全盘西化派,在对中国传统文化的整体批判的同时,对西方文明存有深深的向往和崇拜之情。全盘西化论宣扬,现代化就是"西方化",而西方化就必须全面、彻底和配套地把西方的科学技术、政治制度、意识形态以至伦理道德全面地移植到中国来,就是用西方的道德观、价值观来反对社会主义的道德观和价值观;宣扬中华民族的传统道德是阻碍改革开放、束缚个性发展、制约商品经济发展的桎梏。民族虚无主义者则把批判的靶子直接指向儒家的伦理道德,对儒家伦理道德思想采取形而上学的态度,以偏概全,企图通过对儒家思想的全面否定达到否定整个中国传统文化的目的。

另一种观点从传统道德中所包含的民主性、民族性、科学性、合理性因素方面,从道德的社会性、社会认同、社会性外观方面,从道德的全人类因素方面,从新旧社会的某些共同历史条件和共同背景方面给予了猛烈回击。他们肯定了道德历史遗产是可以批判继承的,提出阶级性不是继承性不可逾越的鸿沟;肯定了民族传统道德在现代社会生活中仍有价值,它是我们现代化进程中不可或缺的思想资源和精神动力,在对待现代社会生活中重物质、轻精神,重工具理性、轻价值理性以及社会失序、道德失范和心理失衡等问题上将发挥积极作用。对待中华民族传统伦理道德,既不能受"左"的思想的影响,也不能受右的思想的干扰,而只能采取辩证分析的态度。对此,邓小平也曾明确指出"要划清文化遗产中民主性精华同封建性糟粕的界限"。

从伦理学界的情况看,持全盘西化和民族虚无主义观点的人只是极个别的,大多数伦理学人都站在批判继承的立场上,肯定中华民族的传统道德文化。例如,张岱年在《论道德的阶级性与继承性》(《社会科学》1986 年第 2 期)一文中,从道德的普遍性与特殊性角度说明,马克思主义强调的"道德的阶级性并不排除道德的继承性"。但是由于受国内全盘西化和民族虚无主义大症候的影响,一些似是而非的观点在伦理学领域还有一定的表现和影响。有人说,坚持集体主义道德就是垂青于封建整体主义,就是为封建整体主义辩护;还有人说,中国封建社会的道德传统是压制个人、反对个人的;说我们的集体主义是同封建传统一样压制个人和反对个人的。对诸如此类的观点,马克思主义者都坚决反对。总之,这一时期的论争实际上是对20世纪五六十年代道德继承性问题讨论的延续,而且这次也是批判得最彻底的一次。如何看待封建社会的孝道?封建孝道能否批判继承?中华民族养亲敬老的优良道德传统与封建孝道是什么关系?这是讨论道德遗产的批判继承时常常涉及的理论问题。

(二)传统伦理道德哪些是可以继承的,哪些是应该批判的

翁进墩在《复旦学报》1980年第1期上发表了《略论道德的阶级性和继承性》一文。他认为,在阶级社会里,道德有鲜明的阶级性,但道德又有继承性;道德的阶级性和继承性是对立的统一。

文章指出,首先,无产阶级应当珍视历史上劳动人民的优秀道德;其次,无产阶级也要珍视整个历史进程中不断形成和发展的公共生活的简单的基本规律;再次,无产阶级对历史上剥削阶级的积极的道德因素和成果,要根据无产阶级的实际需要加以根本的改造,为无产阶级的革命事业服务。根据这个原则,无产阶级对以下四个方面的道德因素可以批判继承。(1)上升时期的奴隶主阶级、封建地主阶级和资产阶级,是生产力发展的代表者。它们的某些道德观点在某种程度上也反映了劳动人民的一些利益,它们的道德体系带有某种科学性的因素。(2)统治阶级内部少数进步政治家和思想家,比较同情劳动人民的疾苦,特别是有些"清官",具有某些积极意义的道德观点。(3)当民族矛盾上升为主要矛盾时,统治阶级中某些政治家和思想家的不顾个人安危以民族利益为重的爱国主义精神。(4)对统治阶级旧的道德规范和道德范畴加以革命的改造,注入新的内容,使之成为无产阶级道德的科学组成部分。

黄万盛、王润生在《光明日报》上发表的《关于道德批判继承问题》一文中说:马克思主义从来不否认"共同道德"的存在。因此在马克思主义看来,"共同道德"的根源是"深藏在经济的事实中"的。"共同的历史背景"和"同样的或差不多同样的经济发展阶段",是共同道德的根据。保护社会生活环境的相对稳定,就是合乎不同阶级的一般需要的。而维护社会秩序的一些道德规范,就成为各个阶级在舆论上保护和在行动上遵守的共同规范。

他们认为,在阶级社会中,各种不同阶级的经济结构中的共同因素最主要的有两条:

(1)剥削经济统治的社会,都是以为私有制为基础的。社会主义社会是以公有制为基础的社会。但是,社会主义社会并不否认个人拥有一定的生活资料的合理性,无故掠夺或侵犯属于个人所有的生活资料不仅是不合法的,也同样是不道德的。因此,在经济社会中形成的保护财产关系的某些道德准则就客观地延续到社会主义社会中。

（2）不同社会中，程度不同地存在着商品经济。等价交换、买卖公平这些以商品经济为基础的道德规范，也为社会主义社会所接受，成为社会主义社会的道德规范，不等价的交换、营私舞弊，是社会主义道德所不允许的。

他们认为，道德继承的标准是科学性、人民性与阶级性的辩证统一。

李凡夫在《哲学研究》1980年第6期上发表的《论共产主义道德的几个问题》一文中说：道德的历史继承性如果指的仅仅是道德概念的继承，那么这种继承比较普遍，比较广泛。但是它的意义就很有限。应该说，道德的历史继承性只要指的是本质内容的继承。如果这样，那就很难说新旧道德之间存在着继承关系。他举例说：剥削阶级道德中的"忠"，是共产主义道德所不取的。他又说：孔子学说的思想内容是代表封建剥削阶级利益的，为我们所不取；但他关于这个问题的看法（是指："质胜文则野，文胜质则史。文质彬彬，然后君子"），他在德才相互关系上反对片面性的观点，我们可以批判接受。

王锐生、蒋国田在《学术月刊》1980年第5期上发表的《从道德的社会性看道德的批判继承性问题》一文中认为，道德的阶级性并不排斥道德的继承性。道德的阶级性使不同阶级和不同社会形态里占统治地位的道德相互区别开来，而道德的非阶级性（人民性、民族性、全社会公道性等）则表现出道德的历史联系性。

姜法曾在《学术月刊》1980年第3期上发表的《道德没有继承性吗？》一文中提出，道德的阶级性并不否定道德的继承性，只是否定对旧道德遗产的无批判地兼收并蓄。他认为，回顾20世纪60年代初期道德问题的讨论，应当吸收三条教训：第一，任何理论问题、学术问题的解决，都必须贯彻"百家争鸣"的方针，开展自由讨论，而不要采取行政命令的办法匆匆做结论；第二，必须严格区分学术问题与政治问题的界限；第三，讨论道德继承问题，不仅是为了无产阶级的伦理学说和道德论，而是为了更好地肃清封建地主阶级、资产阶级道德的毒素。

宋惠昌在《北京师院学报》1980年第3期上发表的《关于道德的继承性的几个问题》一文中，引用了中国的和外国的事例，说明剥削阶级的道德是可以批判继承的。

四、20世纪90年代对道德阶级性、继承性问题的论争

20世纪90年代以来，对于道德阶级性、继承性问题的研究已经无所谓讨论了，而且，就学术界现有的资料来看也只能零星地看到几篇文章。主要有：龙兴海的《道德演变的基本走向三题》（《湖南教育学院学报》1996年第14期），唐凯麟的《坚持批判继承与超越创新的统一：学习邓小平理论，正确对待

传统伦理道德文化》(《湖南日报》1996年11月7日),龙兴海的《从传统道德到现代道德:道德转型论》(《湖南师范大学社会科学学报》1996年第4期),王元化的《简论道德继承》(《学术月刊》1996年第9期)等。

(一) 关于道德阶级性的论述

道德具有鲜明的阶级性,主要表现在以下几个方面:(1) 不同的阶级有不同的道德。奴隶主有奴隶主的道德,封建主有封建主的道德,资产阶级有资产阶级的道德,同样,奴隶、农民、无产阶级也有各自的道德。阶级不同,道德也不同。有多少阶级就有多少种道德。甚至一个阶级的不同阶层、不同集团还有各自的道德。(2) 阶级的对立决定着道德观念的对立。在阶级社会里,存在着利害冲突的剥削阶级和被剥削阶级、统治阶级和被统治阶级根本对立的道德观念。(3) 阶级的社会地位决定着道德的社会地位。在一个社会中占统治地位的道德,就是社会占统治地位的阶级的道德,其他不占统治地位的阶级,其道德自然也不占统治地位。(4) 阶级的变化引起道德观念的变化。当一个阶级处于革命的上升时期,其道德观念也是进步的;反之,当这个阶级发展到腐朽没落阶段,其道德观念也随着变得腐朽没落。

(二) 关于道德继承性的论述

道德的继承性是道德发展过程中新旧道德之间的客观必然联系。在不同的时代的道德观念之间,有着历史的发展联系,这种历史的连续性,就表现为道德的继承性。道德的继承性是道德进步的重要原因,人类在道德建设中总是不断地提炼和汲取以往社会中优秀的道德遗产,并在新的历史条件下加以改造和创新,离开了道德的继承性就根本不可能有真正的道德进步。

1. 道德作为一种社会现象,属于社会意识形态,是社会的上层建筑部分

道德是社会存在的反映,是一定社会的经济关系及其相应的诸社会关系的反映。人类社会的历史发展是有规律的过程。一种社会经济形态被另一种社会经济形态所代替不是简单的否定。继承是不同社会形态交替的客观历史规律。没有继承,历史就会中断,也就没有历史,没有发展。马克思、恩格斯曾指出:"历史的每一阶段都遇到有一定的物质结果、一定数量的生产力总和,人和自然以及人与人之间在历史上形成的关系,都遇到有前一代传给后一代大量生产力、资金和环境,尽管一方面这些生产力、资金和环境,为新的一代所改变,但另一方面,它们也预先规定新的一代的生活条件,使它得到一定的发展和具有特殊性质。"[1] 正由于不同的社会经济形态和发展存在着连续性,因此,作为反映一定社会经济与政治关系的道德也必然存在着继

---

[1]《马克思恩格斯全集》第3卷,人民出版社1960年版,第43页。

承性。

2. 虽然道德的进步受社会经济状况的作用,但是,道德作为一种社会意识,也有自身发展的相对独立性

每一个时代的思想家,在认识和解决当前社会存在问题时,都要利用前人创造的成果和遗留下来的思想材料,加以改造和发展,但是,前人所创造的遗产哪些被舍弃,哪些被继承下来,却还是由社会存在的显示情况和思想家的阶级地位所决定,然而,无论思想家是继承前人的传统还是企图割断传统,实际上,他都不能不借助于前人的思想材料,不能脱离人类社会发展的历史进程。这是一切社会意识形态存在继承性的重要根据。道德作为一种社会意识形态,也是如此。这就是说,任何新阶级都不是无中生有地制造出道德来,而是对过去时代的道德观点、规范等的加工改造,保留那些符合新经济关系及其阶级利益的东西,扬弃那些与经济关系、阶级利益不相符合的东西。能够被历史一代代继承下来的道德必然有其存在的合理性,道德的继承过程是道德在历史的磨砺之下不断去其糟粕、取其精华的否定之否定的过程,在这一过程中,人类道德得到了不断的进步。

对于道德的阶级性和继承性研究的价值问题,中国社会科学院常务副院长王伟光曾经指出,伦理学界关于道德的阶级性和继承性的讨论说到底无非是这样两个问题:一是在阶级社会中,相互对立的或不同的阶级有没有共同的道德;二是剥削阶级的道德能否继承。归根到底,什么是社会主义道德建设的正确方向。回答这个问题,单凭道德现象例证的罗列,或者只就某个侧面进行逻辑的推演,是不能得出正确的结论。只有运用历史唯物主义的基本立场、观点、方法对道德现象进行系统的分析才能得出正确的结论。他的结论是,无产阶级应当依据基本的历史事实确定对历史上剥削阶级道德的具体态度。一概否认或一概肯定都是错误的。在批判否定的同时,又要对其多少反映社会发展要求、与劳动人民利益一致、对无产阶级社会实践有积极意义的成分加以批判的改造,目的是促进社会主义道德的发展。也只有持这种态度,才能正确解决对剥削阶级道德的历史遗产的批判继承问题。[1]

纵观20世纪中国伦理学界对道德的阶级性、继承性问题的探讨,以及现实社会的深刻发展变化,可以看出,道德不是永恒不变的,任何阶级的道德,都是随着时代和社会的变迁而变动的。人类追求自由和谐的生存状态在不断激励着人类道德价值观念时移世易的发展演进。但是,优秀传统文化凝聚着中华民族自强不息的精神追求和历久弥新的精神财富,是发展社会主义先

---

[1] 王伟光:《关于道德的阶级性与继承性》,《高校理论战线》2009年第8期。

进文化的深厚基础,是建设中华民族共有精神家园的重要支撑。就像习近平总书记于 2014 年 2 月 24 日在中共中央政治局第十三次集体学习时的讲话中指出的:"抛弃传统、丢掉根本,就等于割断了自己的精神命脉。博大精深的中华优秀传统文化是我们在世界文化激荡中站稳脚跟的根基。中华文化源远流长,积淀着中华民族最深层的精神追求,代表着中华民族独特的精神标识,为中华民族生生不息、发展壮大提供了丰厚滋养。中华传统美德是中华文化精髓,蕴含着丰富的思想道德资源。不忘本来才能开辟未来,善于继承才能更好创新。对历史文化特别是先人传承下来的价值理念和道德规范,要坚持古为今用、推陈出新,有鉴别地加以对待,有扬弃地予以继承,努力用中华民族创造的一切精神财富来以文化人、以文育人。"[1]

---

[1] 《习近平谈核心价值观:民族的根与魂》,《人民日报》海外版 2014 年 7 月 31 日。

第七章　婚姻、家庭、妇女贞操、爱情伦理问题

自从马克思主义传入中国以来,中国传统家庭伦理文化受到了猛烈的抨击和挑战。围绕着婚姻、家庭、妇女贞操、爱情伦理道德问题,一些理论家、思想家展开了一系列的讨论。但是各个阶段争论的焦点不同,具体表现为马克思主义传播阶段,对马克思主义伦理思想的介绍和对传统家庭伦理的批判与清算;新中国建立初期到20世纪70年代末,开始确立社会主义婚姻道德规范,但是步履艰难;80年代随着改革开放的展开,对婚姻自由、男女平等思想日渐崇尚,并就离婚的道德条件等问题展开了讨论;进入21世纪,新趋势与新挑战并存,坚持何种家庭伦理本位、如何建构当代的婚姻家庭伦理规范成为讨论的焦点。

一、对传统家庭伦理的批判与清算

有关婚姻、家庭、妇女贞操、爱情伦理道德,始终是思想家、理论家论述的重要话题。陈独秀、吴虞、李大钊等马克思主义者都曾专门论述这一问题。毛泽东撰写了一系列文章,揭示恋爱婚姻问题对经济基础的依赖关系,提出在剥削阶级统治下,恋爱只算附庸,是为资本主义所支配的。五四运动前后,婚姻、家庭、爱情、贞操等伦理道德问题成为马克思主义者批判的重要组成部分。其中,引起较多注意的莫过于对传统家庭伦理观的反叛。"传统家庭伦理观"是指以孔子学说为代表的封建家庭伦理观念,否定人的独立自主的人格和平等自由的权利,因而,对于国家而言,它维护帝王专制的统治和军阀的独裁;对于个人而言,它抹杀人权,损坏个人独立、自尊的人格,束缚个人思想自由地发展,这种传统的家庭伦理观念已成为"独夫民贼作百世之傀儡"[1]。一批激进的知识分子已看到那些阴谋复辟的人或者以民主为名而行专制之实的人,都热衷于宣扬这种观念,企图从思想上麻痹人民,所以他们认为,以孔学为代表的封建伦理观念是阻碍人民觉醒的最大敌人,救国的首要任务是

---

[1] 陈独秀:《孔子评议》,《新青年》第1卷6号。

打破人们头脑中的封建束缚,扫除人们头脑中的愚昧观念,将斗争的矛头指向那几千年来认为是神圣不可侵犯的伦理道德和传统观念。在这场对传统家庭伦理观反叛的斗争中,以"先生辈"和"学生辈"的斗争为典型。

(一)"先生辈"的反传统思想

1915年《新青年》创刊后,很快成为先生辈的喉舌,北京大学中许多具有反传统思想的先生们都成为撰稿人,如陈独秀、吴虞、李大钊等人,也有同样具有反传统思想的知名学者,如鲁迅。

陈独秀所写的反传统家庭伦理观的文章最多,言语也颇为尖锐。1916年1月15日,《新青年》第一卷第五号发表陈独秀《一九一六年》一文,揭露"儒者三纲之说……君为臣纲,则民于君为附属品,而无独立人格矣;父为子纲,则子于父为附属品,而无独立人格矣;夫为妻纲,则妻于夫为附属品,而无独立人格矣。率天下之男女,为臣,为子,为妻,而不见有一独立自主之人者,三纲之说为之也"。忠、孝、节,"皆非推己及人之主人道德,而为以己属人之奴隶道德也"[1]。他称封建道德为"奴隶道德",认为儒家伦理和民主政治势不两立,共和立宪制和纲常等级制欲在其一,必废其一。因此,为争取独立的人格,就必须废除奴隶道德。支持封建时代社会组织之道德,决不适用于民权时代,那些爱宗亲过于爱国者决不是现代国民。他着重批判了家族主义和专制政治,复辟与拜孔之间的因果关系,他用具有洞察力的目光看到脱离伦理革命的政治革命是虎头蛇尾的,他提出探本的主张,认为伦理问题的解决是根本。"伦理的觉悟为吾人最后觉悟之最后觉悟"[2],旧的伦理应完全抛弃,实现人格上的自主自尊,追求个性解放,用个人本位取代家庭本位,树立新的价值观念。

陈独秀对统治中国封建社会的儒教持强烈的批判精神。他认为,粉碎根深蒂固的旧的家庭伦理道德,就要打破儒家的伦理道德。他说:"儒者作伪干禄,实为吾华民道德堕落之根泉。宗法社会之奴隶道德,病在分别尊卑,课卑者以片面之义务,于是君虐臣,父虐子,姑虐媳,主虐奴,长虐幼。社会上种种之不道德,种种罪恶,施之者以为当然之权利,受诸者皆服从于奴隶道德下而莫之能违,弱者多衔怨以残世,强者则激而倒行逆施矣。"他在1917年3月1日答常乃真的信中,论及儒教与家庭关系时提出:"吾国大家庭合居制度,根据于儒教之伦理见解,倘欲建设新式的小家庭,则杀去其于为小慈,于去其杀为小孝,兄去其弟为不友,弟去其兄为不恭。此种伦理见解倘不破坏,新式的

---

[1] 陈独秀:《答吴又陵》,《新青年》第2卷第5号。
[2] 陈独秀:《吾人最后之觉悟》,《独秀文存》第1卷,安徽人民出版社1987年版,第41页。

小家庭势难生存于社会酷评之下,此建议之必先以破坏也。"陈独秀批判家庭"以感情为本位,以虚文为本位",提倡家庭"以法制为本位,以实利为本位",对"西洋民族以法治为本位,以实利为本位"深以为然。陈独秀认为,几千年来的宗法社会始终"以家族为本位,而个人无权利,一家之人,听命家长"[1],"宗法社会尊重家长,重阶级,故教孝;宗法社会之政治,郊庙典礼,国之大经,国家组织,一如家族,尊元首,重阶级,故教忠。忠孝者,宗法社会封建时代之道德,半开化东洋民族一贯之精神也"[2]。这一宗法制度对个人的成长发展具有四大危害:"一曰损坏个人独立自尊之人格;一曰窒碍个人意志之自由;一曰剥夺个人法律上平等之权利;一曰养成依赖性,戕贼个人之生产力。"而西方民族是"个人主义民族也","思想言论之自由,谋个性之发展也。法律之前,人人平等也。个人之自由权利,载诸宪章国法而不得剥夺之,所谓人权是也"。[3]陈独秀在批判旧的家庭礼教的同时,提倡个人本位,并主张以法制为本位,以实利为本位,冲破封建儒教的束缚,追求一种崭新自由的婚姻家庭生活,对中国家庭伦理的现代化起到了推动作用。

在对孩子的教育上,他主张彻底革除封建家庭教育的弊端,倡导尊重个人独立自主之人格,勿为他人之附属品的观念,培养孩子独立生存的精神和能力。在个人婚姻问题上,更是敢于冲破封建旧婚姻的禁锢。他批判中国人的婚姻"自始至终,没有一件事合乎情理"。"不由二人心服情愿,要由旁人替他作主,强逼成婚,这不是大大的不合情理吗?"他认为,婚姻"总要男女相悦,自己做主",才合乎情理。

五四新文化时期,马克思主义者认为,只有社会主义中国才能解决中国的妇女问题。这其中,最早是李大钊在1918年发表的《庶民的胜利》,介绍十月革命开创的社会主义公有制度和新型的两性关系:"他们主张一切男女都应该工作,工作的男女都应该组入一个联合。"[4]李大钊在《理想的家庭》的讲演稿中认为:"理想家庭最要之条件,就是 Democracy 平民之精神。"[5]李汉俊认为,男女不平等的原因在于女子经济不独立,而"女子在经济上失了独立,是因为私有经济制度的发生和存在"。解决之途是"使一切女子都能得到经济独立,与一切男子占到平等地位,使一切男女都能得到互相交际机会。

---

[1] 陈独秀:《独秀文存》,安徽人民出版社1987年版,第28—29页。
[2] 陈独秀:《独秀文存》,安徽人民出版社1987年版,第28—29页。
[3] 陈独秀:《独秀文存》,安徽人民出版社1987年版,第29页。
[4] 李大钊:《庶民的胜利》,《新青年》第5卷第5号。
[5] 李大钊:《理想的家庭》,1921年12月29日《北京益世报·女子周刊》第53号。

但女子要得经济独立,非先打破私有制度不可"。[1]

吴虞,这个"打倒孔家店的老英雄",从儒家伦理学说和封建专制的关系上,强烈地谴责和攻击传统家庭伦理观。1917年2月,他写了《家族制为专制主义之根据论》一文,揭示了在扼杀个性、压制感情方面,家庭和国家是如何相配合的。他认为,在"感恩"的负担和"礼节"的束缚下个性消磨殆尽,"忠孝"为专制主义所利用,家庭制和专制制相结合扭曲了众人的心灵和思想,"把中国弄成了一个制造顺民的大工厂",使国民成为"无数死者的奴隶,因此无法奋起"。因此,他的言论对旧礼教的冲击起了相当大的作用。

与同期人相比,李大钊对儒学的批判更深入,更细致。他对传统家庭伦理观进行了深刻的分析,指出孔子的儒学是传统家庭伦理观的基础,是数千年之残骸枯骨,是历代帝王专制之护符,其存在的主要原因在于它适应了中国小农经济的形式;而到了近代,农业经济发生了动摇,应该号召进行"打破大家族制度的运动"、"打破孔子主义的运动"。[2] 在《物质变动和道德变动》一文中,他指出女子贞操问题并非与人类社会的出现相伴而生,而是由于妇女在经济结构中的地位低于男子而引发的,因此,唯有社会的分配达到公平时才可能实现真正的男女平等,贞操问题才会随之发生内容上的变化。

鲁迅,中国文坛的巨匠,用尖锐的笔锋猛烈地声讨传统家庭伦理的危害。在《狂人日记》中,他控诉了"吃人的礼教",提出了"将来容不得吃人的人活在世上"的社会思想,呼吁个人突破礼教的桎梏,实现个人的解放。在《我们现在怎样做父亲》中,他按进化论的观点谴责中国传统的家庭制是"反自然"的,它要求青年为长者牺牲自己,是中国日益走向衰亡的表现。他呼吁他那一代已觉悟了的父亲从自己的家庭做起,为孩子而牺牲自己,冲破顺从的习惯,直到自我的解放。"自己背着因袭的重担,肩住了黑暗的闸门,放他们到宽阔光明的地方去;此后幸福的度日,合理的做人。"[3] 在《我之节烈观》中,他谴责了封建统治阶级宣扬的"忠、教、节"等奴隶道德和复古主义分子"表彰节烈"的谬论,认为所谓的"节烈",是既不利于自身,又不利于国家和社会的行为,因而呼吁重视女子的人格,解除对女子的重重束缚,"要人类都受正当的幸福"。

傅斯年,在《新潮》创刊号上,著文将家庭称为"万恶之源",认为它摧残人的个性,扼杀人的愿望和聪明才智。他认为,基于旧婚姻形式之上的家庭,只

---

[1] 李汉俊:《女子怎样才能得到经济独立》《男女社交应该怎样解决》,1921年8月17日、9月14日《民国日报·妇女评论》。
[2] 《李大钊文集》下卷,人民出版社1984年版,第179、182页。
[3] 鲁迅:《我们现在怎样做父亲》,载《坟》,人民文学出版社1973年版,第103页。

是为了繁衍子孙,是个人寻求自我完善和发展的累赘,表达了暮年一代对于旧式婚姻的束缚感到不满和痛苦。这种旧的家庭依靠传统封建的伦理观所维系,造成许多英才较早淹没于其中。"中国人对家庭负累的重大,更可以使得他所有的事业完全乌有,并且一层一层的向不道德的中心去。……咳!这是中国家庭的效用:一逼着供给,弄得神昏气殆;逼着迁就别人,弄得自己不是自己。"[1]

顾颉刚,在《新潮》以笔名诚吾发表了《对于旧家庭的感想》,对家庭制度进行了更全面的抨击。他认为,旧家庭制度得以延续在于传统家庭伦理观中的三个主义:名分主义、习俗主义和命运主义。这三个主义长期压迫在国民头上,造成了他们对权威的服从心理,产生了一种平静感和安全感。他还指出,在传统观念下压迫和束缚自己,是畏惧公开激烈斗争的结果,年长一代各方面的约束和青年一辈对长辈、权威的畏惧怯懦,是传统家庭伦理观得以长期存在的原因。他用一种新的角度来考察传统家庭伦理观的存在原因,探寻心理的因素,并且提出这样的问题留与世人:"看着这等的家庭,看着由这等家庭而合成的社会,真令人愤恼致死。不知道将来有好的日子没有?"[2]

总之,五四前后先生辈们对家庭伦理观的批判在深度上超越了以前的维新派,并将重点由政治转向文化,着重分析了中国专制主义的独特之处。中国的专制主义是根植于社会最基本的组成单位——家庭,其维护统治的精神武器是儒教,这二者相结合,造成了国民性的缺陷。从改造国民性入手,洗涤掉奴性的痕迹,是五四先生辈意识到的迫切任务,从而加速了中国文化由传统向近代的转型。

先生辈的革命诉求不可谓不迫切而强烈,"他们叛逆这黑暗的时代与传统,'此后幸福的度日,合理地做人',其实也正是蒋智由在《醒狮歌》中所谓的换来'前程兮万里'和'后福兮穰穰'"[3]。但是,先生辈发起的新文化运动是在辛亥革命失败后,政治轴心丧失的前提和背景下形成的,不以任何政治权力为依托,因而大多数具有迷惘困惑的情绪。在反传统的过程中,他们受到多方面的阻挠和抨击。

(二)学生辈的"道德革命"

在学生辈号召除去旧道德、实现自我解放的"道德革命"中,妇女、爱情婚姻伦理问题也成为批判的靶子之一。他们认为,旧道德是个性发展、恋爱婚

---

[1] 傅斯年:《万恶之原》,《新潮》第1卷第1号。
[2] 顾颉刚:《对于旧家庭的感想》,《新潮》第2卷第5号。
[3] 赵牧:《主体的变迁与群众的命运》,《天涯》2011年第6期。

姻自由的绊脚石,要达到自我解放的目标就必须屏除旧道德的约束,主要代表人物有俞平伯、罗家伦等人。俞平伯将旧道德称为奴性道德、偏畸道德、伪道德等。他认为,传统道德诸如三纲五常充满奴性,和现代生活每每矛盾,强调"既要澄清思想界,先要冲破一切的网罗,更先要实行道德爱护的革命",建立起"适宜于现在的真道德",并提出了如"尊重个性之独立","发展博施的情爱","绝虚伪"等符合资产阶级个性主义原则的道德规范。[1]《新潮》杂志对于传统的抨击,尤以女子没有独立人格及旧家庭制度为其关注核心,傅斯年在首号《新潮》杂志上即抛出以《万恶之原》为题,以为中国的传统家庭破坏个性的发展,他意识到女性是受家庭伦理道德奴役最深重的角色,"妇女解放"就是要打破"历史上社会上各种的束缚",改变女子的附属地位使之成为独立的个人。[2]《新潮》的编辑罗家伦在呼吁人格独立解放时,选择了具有一定代表性的女性人格。吴康的《论吾国今日道德之根本问题》甚至主张废弃旧家庭制度传统孝道观念。[3]顾诚吾在《新潮》上发表了《对于旧家庭的感想》系列长文(该系列长文,分三次登载,第1卷第2号、第2卷第4号、第2卷第5号),更是严厉地指出旧家庭的弊病在于名分主义、习俗主义及运命主义,造成的遗毒是没有是非、没有爱情,所以就不认为有人格的存在,其目的是实利与虚荣,其手段是老例和世故。

可以看出,学生辈和先生辈都用笔作为声讨的武器,揭露传统家庭伦理观对人的摧残。但侧重点又有所不同,前者注重考察个性的解放、自由、人格的平等,考察传统家庭伦理观得以顽强存在的内心因素;后者则注重考察观念同社会的关系,从经济角度分析传统家庭伦理观存在的原因。

五四新文化时期,马克思主义婚姻、家庭、妇女贞操、爱情伦理道德观的广泛传播,为中国共产党制定相关政策方针提供了科学的理论依据,为中国马克思主义婚姻、家庭、妇女贞操、爱情伦理道德理论的最终确立奠定了基础。

(三)派别之间的论争

随着马克思主义传入中国,马克思主义者与新儒家及自由主义西化派之间在婚姻、家庭、妇女道德等方面展开了激烈的论战。代表人物:梁漱溟、冯友兰……1921年,梁漱溟发表的《东西文化及其哲学》中写道:"孔子的伦理,实寓有所谓挈矩之道在内,父慈、子孝、兄友、弟恭,是使两方面调和而相济;并不是专压迫一方面的——若偏敬一方就与他从形而上学来的根本道德不

---

[1] 转引自徐木兴:《五四新文化运动时期北京大学社团类型与功能的历史考察》,《北京党史》2009年第3期。

[2] 傅斯年:《万恶之原》,《新潮》第1卷第1号。

[3] 吴康:《论吾国今日道德之根本问题》,《新潮》第1卷第2号。

合,却是结果必不能如孔子之意,全成了一方面的压迫。"[1]"西洋人是先有我的观念,才要求本性权利,才得到个性伸展的。但从此各个人间的彼此界限要划得很清,开口就是权利义务、法律关系,谁同谁都是要算账,甚至于父子夫妇之间也都如此,这样生活实在不合理,实在太苦。中国人态度恰好与此相反:西洋人是用理智的,中国人是要有直觉的——情感的;西洋人是有我的,中国人是不要我的。在母亲之于儿子,则其情若有儿子而无自己;在儿子之于母亲,则其清若有母亲而无自己;兄之与弟,弟之与兄,朋友之相与,都是为人可以不计自己的,屈己以从人的,他不分什么人我界限,不讲什么权利义务,所谓孝、悌、礼、让之训,处处尚情而无我。"[2]

冯友兰也对纲常名教的批判发表了保留意见。他在1939年出版的《新理学》中说:"在中国数十年前所行之社会制度中,就男人说,作忠臣是一最大底道德行为;就女人说,作节妇是一最大底道德行为。但在民国初年,许多人以为作忠臣为一姓作奴隶,作节妇是为一人牺牲,皆是不道德底,至少亦是非道德底。用这种看法,遂以为以前之忠臣节妇之忠节,亦是不道德底或非道德底。这一班人对于忠节之看法,是否不错,我们现不论,不过他们用一种社会之理所规定之规律为标准,以批评另一社会的分子之行为;这种看法,是不对底。一种社会分子之行为,只可以其社会之理所规定之规律为标准而批评。"[3]

现代新儒家代表人物贺麟在《宋儒的新评论》(贺麟:《文化与人生》上海商务印书馆1947年版)中肯定了宋儒的贞操观包含着深刻的伦理原则,即节操重于生命,并赋予这一原则以现实意义,认为保持自己的节操对于塑造完美人格起着重要作用。

自由主义西化派代表人物胡适在《论贞操问题》一文中指出,贞操是男女双方的事,绝不可偏于女子一方,贞操是一种交互道德,双方都有守贞操的责任。在婚姻方面,他认为爱情是婚姻的核心,没有爱情的婚姻是不道德的婚姻。

马克思主义者主要代表人物有李达、陈启修、恽代英、蔡和森等。陈启修的《马克思的唯物史观和贞操问题》、恽代英的《马克思主义者与恋爱问题》、李达的《马克思主义者与恋爱问题》等文章,都系统地介绍了马克思主义关于

---

[1] 梁漱溟:《梁漱溟全集》第1卷,载中国文化书院学术委员会编《东西文化及其哲学》,山东人民出版社1989年版,第478页。
[2] 梁漱溟:《梁漱溟全集》第1卷,载中国文化书院学术委员会编《东西文化及其哲学》,山东人民出版社1989年版,第479页。
[3] 冯友兰:《冯友兰学术精华录》,北京师范学院出版社1988年版,第109页。

爱情、婚姻、家庭道德的观点。

李达在《女子解放论》中,用唯物史观分析了女子受压抑的经济根源和女子解放的根本条件。"女子的地位,常随经济的变化为转移"[1],"精神上的自由所以被束缚的,因为物质上的自由先被束缚的缘故。如果要将女子解放,须先使她恢复物质上的自由"[2]。他认为,女子果能从事劳动,具有"经济独立的能力",那么,"男女间一切不平等的道德与条件,也可以无形消灭了"[3]。1921年,李达和陈独秀创办了上海平民女校,李达兼任校长。在此期间,他发表了《告诋毁社交的新乡愿》《女权运动史》,翻译了《社会主义的妇女观》《列宁的妇女解放论》等著作,用唯物史观研究妇女解放运动的历史,说明妇女解放的条件和意义。

蔡和森在1924年出版的《社会进化史》一书中以摩尔根的《古代社会》和恩格斯的《家庭私有制和国家的起源》为蓝本,分析了人类社会由野蛮进入文明的历史过程,考察了家庭、私有制和国家的起源与发展,通过对人类社会各种政治经济关系的剖析,得出了近代资本主义社会必然崩溃、世界无产阶级革命必然成功的结论。这本书还分析了原始时代群婚和私有制下一夫一妻制的婚姻关系,说明了婚姻道德主要是以劳动和经济关系为转移的。

二、新趋势与新挑战

社会主义婚姻道德是一个历史范畴,作为意识形态要素,它必然随着我国改革开放的伟大实践做出相应变革。在大力发展社会主义市场经济的今天,我国婚姻道德状况如何?变化又怎样?这无疑是当今的焦点问题。1996年10月7日至10日在北京举行的中共十四届六中全会,通过了《中共中央关于加强社会主义精神文明建设若干重要问题的决议》。《决议》中明确指出,家庭美德建设是思想道德建设的基本任务之一,要"开展社会公德、职业道德、家庭美德教育,在全社会形成团结互助、平等友爱、共同前进的人际关系"。在目前的婚姻家庭生活中,出现了一系列新的现象,它们反映了当代婚姻家庭生活的发展趋势,引发了诸多矛盾与冲突,并在伦理领域提出了一些挑战性的问题。伴随着社会的转型,当代中国社会婚姻家庭结构呈现出核心化、多样化的发展趋势:一方面继续朝着核心化或小型化的方向发展;另一方面开始突破和超越一夫一妻制家庭的传统形式,出现了同居家庭、单亲家庭、

---

[1] 李达:《李达文集》第1卷,人民出版社1988年版,第20页。
[2] 李达:《李达文集》第1卷,人民出版社1988年版,第23页。
[3] 李达:《李达文集》第1卷,人民出版社1988年版,第23页。

同性恋家庭和独身者家庭。这些家庭形式的存在,对现有法律和伦理规范提出了重大挑战。家庭核心化在驱使人们沿着独立化方向不断发展的同时,在一定程度上打击和破坏了传统大家庭的重情讲礼、重资历轻能力、尊老爱幼等伦理规范,而单亲家庭的大量涌现和同性恋现象的若隐若现更是向人们提出了如何教育和关心孩子,如何看待一夫一妻制,如何看待两性关系等一系列重大的伦理问题。引发了婚姻家庭伦理的国家本位和个人本位、义务前提和权利前提之间的激烈交锋,从而在理论上提出了变革传统婚姻家庭伦理的时代课题。

(一) 趋势之一:情感因素愈益增强

注重婚姻家庭生活的质量,追求情感的获致和享受,已逐渐成为当代中国社会婚姻家庭生活的一个主旋律。现代新型的夫妇式婚姻模式,注重和追求的是婚姻关系中的爱情、陪伴和支持,由重义务到重爱情是现代婚姻观的改变,衡量婚姻质量的标准主要在本代,在夫妻之间。无论是在缔结、维持和结束婚姻状态时,感情的含量在上升,感情与义务、情爱与责任的统一,正逐渐成为人们的理性选择和对婚姻的道德评价标准。但是,由于中国的经济、文化和社会发展在各地表现得很不平衡,且极富封建主义的传统,因此要使爱情普遍进入家庭还不是一件简单的事。在现实生活中,仍有许多人在为感情和义务这一对矛盾而苦恼。

然而,生产资料公有制的建立和人与人之间平等关系的确立,尤其是改革开放带来的社会大发展,为婚姻中情感因素愈益突出创造了社会条件。改革开放在创造出巨大的物质财富,为婚姻提供坚实物质基础的同时,也造就出民主、平等的社会氛围和文化素养较高的一代新公民。这样,"物质型"婚姻的弊端日渐突出,物质条件及其派生因素在婚姻中的地位趋于下降,而深刻认识婚姻的真谛,注重婚姻中的情感因素,渐成潮流。越来越多的人把是否相互爱慕,能否建立美好情感,作为婚姻考虑的首要条件。

(二) 趋势之二:性观念趋于开放

改革开放以来,随着对爱的重视程度的提高,对性的关心程度也在不断提高,人们越来越多地认为,性既不是一件可怕的事情,也不是有罪的事,而是一件值得崇敬的事。其显著特征是:性神秘感、性罪恶感被打破,科学、文明、健康的性观念正处于形成时期。人们已不再把性问题看作绝对禁区,而认为性是非常自然的东西。尤其是愈益重视婚姻质量的人群,对性的价值越来越多投以更多的关注。性观念的开放还表现在对传统错误性观念的摒弃。随着社会经济的发展,性行为的快乐、健康发展的功能上升到了主要地位。

但是,在当前中国社会生活中,围绕着性的问题仍然存在着不少误区。

一方面,受封建残余思想的影响,性丑恶、性神秘的观念仍然有着广阔的市场;另一方面,有的人受西方性解放等观念的影响,片面追求性享受、性放荡,对婚姻家庭生活造成了巨大的伤害。另外,在儿童的性教育、青少年"性空白期"处置、夫妻性生活协调等问题上还存在着简单粗暴、重视不够、方法不当等缺陷。因此,适合我国国情的符合历史发展潮流的性观念还有待进一步建立和完善。在性观念趋于开放的同时,婚姻家庭关系的稳定性在下降,非婚性关系问题(婚前同居、婚外通奸等)也呈上升之势。

随着性话题不再讳莫如深,加之两性关系中情感因素的增强,性有成为感情附属品的倾向。非婚男女为了"感情"牺牲性、奉献性于对方的现象已不少见。这一方面是西方"性自由"、"性解放"思潮的影响,也是对"性交往缺憾"的逆反。这种现象已引起社会和有关部门的注意。人们不禁担心:西方"性灾难"会在中国发生吗?对此,我们应采取积极有效的对策,普及性知识,加强性道德及法制教育,使两性关系纳入正常社会秩序的轨道。近年来,在市场经济大潮的冲击下,一部分人在婚姻道德观念上走入了误区,出现了一些畸形的病态。由于受拜金主义的影响,在社会上有一些人把金钱作为婚姻的唯一标准;在现实生活中,有些人对婚姻问题持轻率态度,把婚姻当儿戏,草率结婚,又草率离婚;未婚同居、非婚生育增多;婚外恋增多;重婚现象时有发生;在离婚中不道德的行为增多;青少年性成熟期提前等。

(三)趋势之三:男女平等渐成时尚

首先表现为婚姻双方人格平等,其次表现为婚姻双方享有平等的权利并承担平等的义务。男女平等、相互信任成为一种内在的要求和发展趋势。市场经济的发展、法治社会的完善,为相互信任、男女平等提供了一定的经济基础和法律基础。据调查"理解信任"已成为影响夫妻关系和睦的最主要因素。女性在婚姻家庭生活中的地位提升,更多的女性进入了传统上由男性承担或主宰的工作领域,而越来越多的男性也开始扮演过去由妇女承担的角色。当然,传统的男尊女卑或重男轻女的观念、男主外女主内的习惯、男性主导的社会氛围并没有从根本上得到消除。在男女平等问题上还存在着忽视男女生理、心理等方面的差异而片面追求机械的、绝对的平等的趋向。确立正确的男女平等观仍然是一项艰巨的任务。

总之,现代婚姻道德的主流是自由、民主、平等、健康向上的,虽有不尽如人意之处,但只要下大力气狠抓建设工作,形成民主、平等、公开的道德氛围,使婚姻双方的道德素养不断提高,社会主义婚姻道德就大有希望。夏伟东教授认为,当前大陆婚姻家庭道德状况总体情况是积极、健康、进步的,但在婚恋道德、性道德和家庭道德等方面也存在着一些问题。他把婚姻自由、家庭和睦的基础归因于法律的保障,认为新中国建立后三部婚姻法在道德上的硕果是形成了结婚自由、离婚自由、家庭成员之间的关系平等、男女平等、尊重儿童的良好状况。2001年的婚姻法修正案适应婚姻家庭的发展,在夫妻财产制、家庭暴力和夫妻间的忠实义务等方面做了适当的调整,婚姻法修改中反映出的社会变革给婚姻家庭领域带来的变化与价值观念的冲突,也预示着婚姻家庭在向更加文明、和谐与现代化发展的同时,也必将出现新的问题与矛盾。

婚姻家庭关系的稳定性在持续下降,不可避免地引发了三个伦理问题:第一,决定或影响婚姻破裂、家庭离异的伦理因素是什么?一般而论,它是与道德败坏密不可分的。那么,道德败坏又作何处置?第二,对因为道德败坏而引起的家庭离异的当事者如何认识和处置?是诉诸法律还是伦理道德?第三,对家庭离异的纯粹受害者,即孩子而言,应该如何更好地进行伦理保护?没有任何一个社会会鼓励和号召离婚,当离婚现象危害到国家利益和社会稳定时,国家政权和主流意识形态甚至要进行干预。现代社会的两难选择就在于:既要满足人们对情感的要求,鼓励婚姻要以爱情为基础,情感破裂的婚姻可以用离婚的方式去解决;又要随时准备应付因此而带来的家庭解体和社会动荡的挑战。

改革开放以后,随着个体独立自主意识的不断增强和社会开放程度的提高,在婚姻家庭的属性问题上,人们开始逐渐抛弃传统的单一的政治和社会属性定位论,越来越倾向于认为婚姻家庭生活是一种私人生活领域,是一个不受政治权力干预的私人空间:婚姻家庭生活必须要由当事人自己做主;在婚姻家庭生活中,个人必须能够享有一系列权利,而不仅仅是一个义务的承担者;婚姻家庭生活本质上是一种私人生活,不应该受到政治因素和其他人为因素的干预和影响。婚姻家庭生活的私域化定位,本质上是对传统的政治化定位的一种颠覆,必然会对国家政治权力、意识形态和社会习俗在婚姻家庭生活中的功能提出异议。它促使人们必须回答:在新的历史时期,上述几个方面的因素是否要介入婚姻家庭生活,如何介入,在多大程度上介入等重大问题。不仅如此,私域化定位又确实会极度张扬个人的内在矛盾与冲突,滋长只讲个人感官感受不顾婚姻家庭责任的极端个人主义倾向。在这种情况下,婚姻家庭伦理究竟应该以个人为本位还是以社会、国家为本位呢?

在当前伦理学界,围绕着婚姻家庭伦理究竟是以个人为本位还是以国家、社会为本位,是以权利为基本出发点还是以义务为基本出发点,是以保护个人的婚姻权利为目的还是为婚姻管理提供依据等问题,存在着两种截然对立的观点。

1. 第一种是国家、社会本位论

这一观点认为,婚姻家庭在本质上从来不是个体化和私人的事情,它所反映的是人与人之间的一种社会关系。从婚姻的目的和性质来看,婚姻是男女两性结合为夫妻的社会形式,具有强烈的人身伦理性质的社会关系,从家庭的功能来看,它具有与满足性的需要同样重要的社会功能,例如生育功能和经济生产的功能。在这一意义上,无疑应该坚持婚姻家庭伦理的社会本位和义务前提。马克思在《论离婚法草案》中多次阐述婚姻立法必须是一项合乎伦理的制度,任何违背伦理的婚姻立法都是任性。婚姻本质上是一种特殊的社会关系,从来就不是"私生活"或"私人关系",而是一种本身就带有强烈规范性的社会关系。婚姻是家庭的基础,那些对离婚持轻率态度的人,"仅仅想到两个人,而忘记了家庭……如果婚姻不是家庭的基础,那么它就会像友谊一样,也不是立法的对象了"。他们"没有注意到婚姻的意志及这种关系的伦理实体"。马克思进而指出:"一切伦理性的东西,就其概念来说,原则上都是不可解除的。如果以这些关系的真实性作为前提,那就容易使人相信了。真正的国家、真正的婚姻、真正的友谊都是牢不可破的,但任何国家、任何婚姻、任何友谊都不完全符合自己的概念。甚至家庭中的真实友爱和世界史上的实际的国家也都是可以毁灭的,同样,国家中的实际的婚姻也是可以离异的。任何实际存在的伦理关系都不符合自己的本质,或者至少可以说,并不必须符合自己的本质。"[1]

2. 第二种是个人本位论

这一观点认为,在当代中国的婚姻家庭生活领域,个人日渐把关注的重心从凌驾于个体生命之上的目标转移到置身于婚姻家庭关系中的自我身上,伦理本位也必须由社会向个人转移。那种坚持婚姻家庭伦理的国家和社会本位,把婚姻巩固率与社会稳定联系在一起,仅关注社会稳定而不把人的命运作为终极关怀的倾向,实际上是本末倒置地把生命短暂的个人当作社会稳定的单纯工具。人的生命短暂而不可重复,每个人都有权根据自己对幸福的理解安排自己的生活,也有权在短暂的生命过程中纠正自己的错误,在法律上结婚的目的应有离婚的自由相补充。[2]

---

[1]《马克思恩格斯全集》第1卷,人民出版社1995年版,第182—185页。
[2] 参见肖雪慧:《婚姻、家庭的道德与法律建设应与现代文明发展方向同步》,《道德与文明》1998年第1期。

3. 第三种观点,婚姻家庭关系这一特殊关系既包含着强烈的个人色彩,属于私生活中最隐秘的部分,又具有社会性的特点

婚姻制度"是以经济条件为基础的"[1]。婚姻关系不仅关涉性和情爱,而且关涉利益及其分配。婚姻家庭的特殊性,决定了它是个人和社会、生物性和社会性的统一,把二者机械地割裂开来,不可能全面把握婚姻家庭的本质及其功能。另一方面,仅仅在理论上看到婚姻家庭的个人和社会、生物性和社会性的两重性是远远不够的,而必须结合历史和现实的发展经验,结合东西方现代化的进程,具体探讨目前社会发展中婚姻家庭之两重性的基础问题。

抛弃和超越封建的国家本位、政治主导、义务至上的伦理理念,是从传统社会走向现代社会的一个重要标志。以国家为本位的婚姻家庭伦理,虽然在一定程度上实现了家庭的稳定和国家的秩序,但这是以压抑个性、扼杀个人能动性和社会缺乏持续稳定的发展为代价的。婚姻家庭生活发展的新趋势,规定了当代伦理本位的选择,即确立以个人为基础、以权利为前提的个人和社会相统一的本位。父慈子孝、兄友弟恭、家和睦邻,男尊女卑、三从四德、志同道合等伦理规范或者被根本性地摧毁,或者遭遇了前所未有的挑战。建构当代的具体的婚姻家庭伦理规范就成为一项迫切的任务。有学者指出,在婚姻自由、男女平等、家庭稳定的矛盾冲突中确立自由平等的伦理观,在人本化与功利化的矛盾冲突中确立理想性与世俗性相统一的伦理观,在感情与义务的矛盾统一中确立情理协调的伦理观的观点。

---

[1]《马克思恩格斯选集》,人民出版社 1972 年版,第 60 页。

第八章　为人民服务

　　中国共产党人以史为鉴,批判地继承了我国传统文化中的民本思想,以马克思主义的唯物史观为理论依据,确立了为人民服务的理论,并使之发展成为我国的政治道德规范和伦理道德规范。

一、为人民服务思想的确立与发展

　　在中国历史上,爱民重民、民为邦本的思想最早见于西周时期。基于夏桀、殷纣执行暴政残虐百姓导致灭国之灾的教训,政治家周公姬旦意识到靠专制暴政不足以维持统治。要想国泰民安,统治者必须尊重民心,要"以德配天"、"敬德保民",认为"民以所欲,天必从之"[1]。由此可见,周人开创了中国古代历史上重民爱民的思想先河。先秦时期,孔子从"仁者爱人"出发,提出了"博施于民而能济众"的主张,孔子还说:"道千乘之国,敬事而信,节用而爱人,使民以时。"[2]孔子仁者爱人的思想包含了爱民、利民、富民、惠民、安民、教民、博施于民的思想,统治者只有实行德治,取信于民,才可达到四海升平的政治目的。孟子也提出了"民贵君轻"、"与民同乐"、"得乎丘民而为天子"的仁政学说。孟子认为:"民为贵,社稷次之,君为轻。"[3]民为治国平天下的根本,民心向背关系国家和君主的安危。孟子对桀、纣的亡国作了精辟而深刻的总结:"桀、纣之失天下也,失其民也;失其民者,失其心也。"[4]孟子还认为:"乐民之乐者,民亦乐其乐;忧民之忧者,民亦忧其忧。乐以天下,忧以天下。"[5]与民同乐,得民心者得天下,失民心者失天下。汉唐时期,思想家贾谊认为秦王朝二世灭亡的重要原因是实施了暴政,残贼其民,以民为肉。他告诫统治者要重民,不能以人民为仇为敌,"与民为敌者,民必慎之";"与民为仇者,有迟有速,而民必胜之"。[6]唐太宗李世民目睹隋王朝一夜之间被农

---

[1]《左传·襄公二十年》。
[2]《论语·学而》。
[3]《孟子·尽心下》。
[4]《孟子·离娄上》。
[5]《孟子·梁惠王下》。
[6]《新书·大政上》。

民起义风暴所葬送的严酷现实,深感民众的巨大力量。他告诫太子:"舟所以比人君,水所以比黎庶,水能载舟,亦能覆舟。"[1]他主张重民、爱民,实施利民措施,这些都使唐初出现了政治稳定、经济发展、文化繁荣的局面。明清时朝,王夫之把"天"规定为"民心之大面",并指出:"可以行之千年不易,人也,即天也,'天视自我民视'者也……拂于理则违于天,必革之而后安。"[2]"君以民为基……无民而君不立。"[3]黄宗羲则认为:"古者以天下为主,君为客。凡君之所毕世而经营者,为天下也。"[4]

以上论述表明,爱民重民、民为邦本是中国传统道德文化的重要组成部分。其可贵之处在于它从国家之本、君主之本、官吏之本的角度,阐述了民众在国家和社会中的重要地位。中国共产党吸取了它积极的成分,确立了为人民服务的理论。但为人民服务思想与传统文化中的民本思想有着根本的区别,区别主要在于主客体关系的位置上。民本思想中,统治者是主体,是支配者,是父母官,人民是客体,是被支配者,是子民。为人民服务思想则不同,党章中明确指出:人民群众是国家的主人,人民群众享有统治这个国家的权利,是国家的支配者。一切共产党人,不论职位高低,都是人民的勤务员,是代表人民掌权的公仆。[5]

人民群众是历史的创造者,这是马克思主义唯物史观的基本原理。马克思和恩格斯早在《神圣家族》一文中就指出:"历史活动是群众的事业。"[6]马克思主义唯物史观认为,在人类漫长的历史过程中,人民群众创造了光辉灿烂的物质文明和精神文明,是阶级社会阶级斗争的主力军。没有人民群众含辛茹苦的创造,人类历史就不会放射出斑斓多彩的光辉。历史活动的主体是人民群众,人民群众是历史的创造者和社会的主人。马克思最喜欢的一句格言就是"为人类服务"。1935年,马克思中学毕业时写了一篇题为《青年在选择职业时的考虑》的论文表达了为人类服务的崇高思想。"如果我们选择了最能为人类福利而劳动的职业,那么,重担就不能把我们压倒,因为这是为大家而献身;那时我们所感到的就不是可怜的、有限的、自私的乐趣,我们的幸福将属于千百万人,我们的事业将默默地、但是永恒发挥作用地存在下去,面

---

[1] 《贞观政要》卷四。
[2] 《读通鉴论》卷十九。
[3] 《周易外传》卷二。
[4] 《明夷待访录·原君》。
[5] 陆伟华:《论为人民服务思想的形成和发展》,《广西社会主义学院学报》2002年第1期。
[6] 《马克思恩格斯全集》第2卷,人民出版社1957年版,第104页。

对我们的骨灰,高尚的人们将洒下热泪。"[1]1848年,马克思和恩格斯在《共产党宣言》中明确写道:"过去的一切运动都是少数人的或者为少数人谋利益的运动。无产阶级的运动是绝大多数人的,为绝大多数人谋利益的独立的运动。"并强调:"共产党人没有任何同整个无产阶级的利益不同的利益。"[2] 1871年,马克思在总结巴黎公社的经验时指出:巴黎公社的代表和公社委员是真正负责的社会"公仆",他们是"为组织在公社里的人民服务"[3]。马克思、恩格斯强调干部应该只是人民的公仆,应为人民服务。

列宁进一步强调:布尔什维克党人时刻把人民的利益放在首位。列宁认为,人民是指千千万万劳动群众。在《党的组织和党的文学》一文中,列宁指出无产阶级文学"它不是为饱食终日的贵妇人服务,不是为百无聊赖、胖得发愁的几万上等人服务,而是为千千万万劳动人民,为这些国家的精华,国家的力量,国家的未来服务"[4]。列宁还批驳了"人人为自己,上帝为大家"的人生观,倡导"我为人人,人人为我"的人生观。斯大林也从群众史观出发,提出了一切为了群众的观点,认为解放群众是解放个人的条件。

为人民服务作为共产主义道德的主要内容之一,在我国的传播和发展也经历了一个过程。中国共产党提出为人民服务道德原则,首先是直接对阵封建主义和自由主义西化派的。封建复古主义认为,道德是维护封建统治的工具,其基本原则是为统治阶级服务。自由主义西化派认为,道德是达到人生幸福的手段,道德是为个人利益服务的。而中国共产党认为,道德的基本原则应该是为人民服务。在五四运动时期,最早的共产主义者李大钊就提出了"劳工神圣"的伦理思想,在这种新伦理思想中,李大钊依据经济决定一切的唯物史观指出:"人生求乐的方法,最好莫过于尊重劳动"[5],劳动为"一切物质的富源",而且就是精神的"一切苦恼,也可以拿劳动去排除他,解脱他",因此,必须要"把从前阶级竞争的世界冲刷得干干净净,洗出一个崭新光明的互助的世界来"[6]。在这里,他所提倡要达到的"光明互助的世界"就是一个造福于无产阶级劳动人民的社会主义社会。

正是沿着这个思路,毛泽东在用马克思主义指导中国革命的实践过程中逐渐形成了"为人民服务"的思想。青年学生时期的毛泽东就欲"立一理想"

---

[1]《马克思恩格斯全集》第40卷,人民出版社1982年版,第3—7页。
[2]《马克思恩格斯选集》第1卷,人民出版社1972年版,第285页。
[3]《马克思恩格斯全集》第2卷,人民出版社1959年版,第276页。
[4]《列宁选集》第1卷,人民出版社1995年版,第463页。
[5] 李大钊:《现代青年活动的方向》,《晨报》1917年3月14—16日。
[6] 守常:《阶级竞争与互助》,《每周评论》1919年7月第29号。

作为其追求人生修养的最高道德境界,使自己的"一言一行皆合此理想"。因此,"以天下为己任"的毛泽东在当时便立志"以大本大源为号召",从"根本上变换全国之思想",以此来"动天下"。也正因为此,在他参加革命之后,一方面受到马克思主义唯物史观的影响,另一方面看到了人民群众创造历史的伟大力量,从而日益把自己的命运融入人民的革命事业之中,并且还认识到这一革命目的与革命手段的一致性。他在《中国社会各阶级的分析》一文中深刻地指出:"谁是我们的敌人?谁是我们的朋友?这个问题是革命的首要问题。"根据中国社会的革命形势,"一切勾结帝国主义的军阀、官僚、买办阶级、大地主阶级以及附属于他们的一部分反动知识界,是我们的敌人。工业无产阶级是我们革命的领导力量。一切半无产阶级、小资产阶级,是我们最接近的朋友"[1]。在第二次国内革命战争期间,1934年1月,毛泽东又在《关心群众生活,注意工作方法》中,提出了"过河"必须解决"桥"和"船"的问题,"要得到群众的拥护吗?要群众拿出他们的全力放到战线上去吗?那末,就得和群众在一起,就得去发动群众的积极性,就得关心群众的痛痒,就得真心实意地为群众谋利益,解决群众的生产和生活的问题,盐的问题,米的问题,房子的问题,衣的问题,生小孩子的问题,解决群众的一切问题。我们是这样做了么,广大群众就必定拥护我们,把革命当作他们的生命,把革命当作他们无上光荣的旗帜"[2];在抗日战争时期,他又把群众路线的领导方法和工作作风,看作我们党的根本路线和基本的领导方法。而且从这一时期开始,党内出现了自由主义和宗派主义的错误思潮,出于反驳这些错误思想的需要,1937年9月,毛泽东写了《反对自由主义》一文,批判了个人利益至上、具有自私自利性的自由主义和错误地处理个人和党、社会的,个人利益和全党利益的关系的宗派主义思想,这就为提倡为人民服务的精神指出了现实需要。并为1942年整风运动大规模的、系统的批判这些非无产阶级的思想打下了基础。而后在1937年10月19日,在陕北公学鲁迅逝世周年大会上,毛泽东作了《论鲁迅》的讲话,高度赞扬了鲁迅"俯首甘为孺子牛"的精神,强调要学习鲁迅精神,做无产阶级和人民大众的牛。1937年在给徐特立的祝寿活动中,毛泽东也赞扬了徐特立把革命、工作、他人放在个人之上,个人的一切服从革命、工作、他人的为人民服务的精神。毛泽东在1944年纪念张思德同志的追悼会上,发表了题为《为人民服务》的演说。他指出:"人固有一死,或重于泰山,或轻于鸿毛。为人民利益而死,就比泰山还重,替法西斯卖力,替剥削人民和压迫人民

---

[1] 《毛泽东选集》第1卷,人民出版社1991年版,第9页。
[2] 《毛泽东选集》第1卷,人民出版社1991年版,第138—139页。

的人去死,就比鸿毛还轻。"[1]而后在1944年9月写的《坚持为人民服务》一文中,又继续指出:"我们的军队,是真正人民的军队,我们的每一个指战员,以至于每一个炊事员、饲养员,都是为人民服务的。我们的部队要和人民打成一片,我们的干部要和战士们打成一片。与人民利益适合的东西,我们要坚持下去,与人民利益矛盾的东西,我们要努力改掉,这样我们就能无敌于天下。"[2]"我们的共产党和共产党所领导的八路军、新四军,是革命的队伍。我们这个队伍完全是为着解放人民的,是彻底地为着人民的利益工作的。"[3]"这个军队之所以有力量,是因为所有参加这个军队的人,都具有自觉的纪律;他们不是为着少数人的或狭隘集团的私利,而是为着广大人民群众的利益,为着全民族的利益,而结合,而战斗的。紧紧地和中国人民站在一起,全心全意地为中国人民服务,就是这个军队的唯一的宗旨。"[4]1945年4月,在《论联合政府》的报告中他又指出:"全心全意为人民服务,一刻也不脱离群众;一切从人民的利益出发,而不是从个人或小集团的利益出发;向人民负责和向党的领导机关负责的一致性;这些就是我们的出发点。"[5]确定了党和军队的宗旨"完全是为着解放人民的,是彻底地为人民的利益工作的"。"我们的责任,是向人民负责。每句话,每个行动,每项政策,都要符合人民的利益,如果有了错误,定要改正,这就叫向人民负责。"[6]毛泽东进而提醒全党同志:"可能有这样一些共产党人,他们是不曾被拿枪的敌人征服过的,他们在这些敌人面前不愧英雄的称号;但是经不起人们用糖衣裹着的炮弹的攻击,他们在糖弹面前要打败仗。我们必须预防这种情况。……务必使同志们继续地保持谦虚、谨慎、不骄、不躁的作风,务必使同志们继续地保持艰苦奋斗的作风。"[7]

毛泽东曾经多次指出:"只有无产阶级和共产党,才最没有狭隘性和自私自利性。"[8]"共产党是为民族、为人民谋利益的政党,它本身决无私利可图。"[9]他还说:"共产党员是一种特别的人,他们完全不谋私利,而只为民族

---

[1] 《毛泽东选集》第3卷,人民出版社1991年版,第1004页。
[2] 毛泽东:《坚持为人民服务》,《解放日报》1944年9月23日。
[3] 《毛泽东选集》第3卷,人民出版社1991年版,第1003页。
[4] 《毛泽东选集》第3卷,人民出版社1991年版,第1039页。
[5] 《毛泽东选集》第3卷,人民出版社1991年版,第1095—1096页。
[6] 《毛泽东选集》第4卷,人民出版社1991年版,第1128页。
[7] 《毛泽东选集》第4卷,人民出版社1991年版,第1440页。
[8] 《毛泽东选集》第1卷,人民出版社1991年版,第183页。
[9] 《毛泽东选集》第3卷,人民出版社1991年版,第809页。

与人民求福利。"[1]《中国共产党章程》明确指出:"党除了工人阶级和最广大人民群众的利益,没有自己特殊的利益。"

除毛泽东以外,很多共产党人包括刘少奇等也对为人民服务的思想进行了论述。刘少奇在1937年12月9日、10日在晋西北干部会议上作了《关于群众运动及其他问题》的报告,强调广泛深入地发动、组织并教育基本群众,提高群众的觉悟,是巩固根据地的中心一环。"基本群众的极广大发动,是我们必须经过的一关,不能跳过这一关。过好这一关,一切工作才能更有基础,否则,是什么也不容易搞好的。"因此,在党员中、干部中、部队中,一定要加强群众观念,并且在领导群众运动中,应注意这样几个问题:正确处理党、政府、军队与群众团体的关系。在1939年7月的《论共产党员的修养》中,他指出一个全心全意为人民服务的人必须具有"大公无私"和"先天下之忧而忧,后天下之乐而乐"的崇高品德和情操,"在党内、在人民中,他吃苦在前,享受在后"。"他能够在患难时挺身而出,在困难时尽自己最大的责任",为了人民的利益,他可以献出自己的一切。在此基础上,他进一步指出,"人民的利益,即是党的利益。除了人民的利益之外,党再无自己的特殊利益。最广大人民群众的最大利益,即是真理的最高标准,即是我们党员一切行动的最高标准"。因此,必须把向人民负责和向党负责统一起来。为了树立全心全意为人民服务的思想,刘少奇严厉地批评了官僚主义的作风,而且指出"将来革命愈扩展,工作愈繁重","愈有可能生长","因此,我们应经常和这些倾向作斗争",以"保持和巩固我们与广大人民群众的联系"。[2]在中共七大上,刘少奇作的关于修改党章的报告,从党的群众路线的角度对全心全意为人民服务思想作了系统的阐述。他认为:"一切为了人民群众的观点,一切向人民群众负责的观点,相信群众自己解放自己的观点,向人民群众学习的观点,这一切,就是我们的群众观点,就是人民群众的先进部队对人民群众的观点。"[3]与此同时,朱德在中共七大作的军事报告,则从人民军队的建军原则角度对全心全意为人民服务思想作了阐发。他指出,人民军队具有民族的、人民的、民主的这三大特点,也就是人民军队的建军三原则。"而归根到底,一个总的原则,即是从人民出发,为人民服务。"[4]

全心全意为人民服务是中国共产党的宗旨,也是中国共产党的本质特征。周恩来,作为中共卓越的领导人,不仅在理论上对为人民服务作过许多深刻的

---

[1]《毛泽东文集》第3卷,人民出版社1996年版,第47页。
[2]《刘少奇选集》上卷,人民出版社1985年版,第347页。
[3]《刘少奇选集》上卷,人民出版社1985年版,第354页。
[4]《朱德选集》,人民出版社1983年版,第158页。

论述,而且在实践上以身作则,率先垂范,堪称中共为人民服务的楷模。作为一个马克思主义者,周恩来始终坚持唯物主义的群众史观。他从物质资料的生产方式决定社会的面貌和发展,人民群众是历史的创造者的原理出发,提出群众是我党力量源泉,是胜利之本。他认为,对于领导干部来说,有没有群众观点,能不能为人民服务,不仅仅是个工作方式、方法问题,首先是一个根本立场、世界观和历史观问题。1943年,周恩来在一次报告中明确地把"相信群众力量"看作领导者的立场,要求领导干部站在人民的立场上,坚定地相信群众和依靠群众。新中国成立后,周恩来反复教育我们的党员干部"不能忘本"。他说:"力量的源泉是人民,归根到底,一切胜利的取得是依靠人民的力量。"[1]"我们过去的胜利都是在人民的支援下取得的,不能忘本。"[2]今天我们"下了山不应该忘了山,进了城不应该忘了乡。如果忘了,就是忘本"[3]。我们中国共产党人"为人民服务","一切依靠人民,才有今天的威信"[4]。周恩来坚持群众史观,但他从不否认杰出个人的历史作用。但在杰出个人与群众的关系上,他坚持彻底的唯物主义的一元史观,强调领袖人物的产生离不开群众,领袖人物发挥作用也离不开人民群众。他指出:"我们每一个人,不管过去做了多少工作,现在担任什么职务,没有党和人民,就既不会有过去的成绩,也不会有今天的职务。"[5]彻底的唯物主义的群众史观,不仅为周恩来为人民服务的思想奠定了坚实的理论基础,而且使他能将几十年如一日地把人民的利益放在第一位,勤勤恳恳地为人民办实事,全心全意地为人民谋福利。

为人民服务,就要把人民的利益放在高于一切的地位,关心人民的疾苦,全心全意地为人民谋求福利,这是周恩来为人民服务思想的基本内核。利益问题是人类社会的一个基本问题。人们努力奋斗的一切,都和一定的利益相关。周恩来认为,为人民服务首先体现在如何对待群众利益这个基本问题上;要为人民服务,就要把人民的利益放在高于一切的地位,为争取、维护人民群众的利益而努力奋斗。大革命时期,周恩来就强调:"共产党是为工农谋利益的前驱,必须站在工农群众方面为解放他们的痛苦奋斗到底。"[6]在抗日战争时期,周恩来反复强调全民族利益高于一切的思想,指出:"只有在民

---

[1] 《周恩来选集》下卷,人民出版社1984年版,第274页。
[2] 《周恩来选集》下卷,人民出版社1984年版,第279页。
[3] 《周恩来选集》下卷,人民出版社1984年版,第73页。
[4] 《周恩来选集》上卷,人民出版社1980年版,第265页。
[5] 《周恩来选集》下卷,人民出版社1984年版,第125页。
[6] 《周恩来青少年时代诗文书信集》下卷,四川人民出版社1979年版,160页。

族解放以后,中国无产阶级才能解放"[1];强调青年们"一定要关心民族的存亡","把天下兴亡担在肩上,要把民族利益看得高于一切"。[2]在统战工作中,周恩来最善于坚持"照顾大多数,为着大多数人民的利益"的原则,争取最广大的人民群众团结在无产阶级周围夺取革命的胜利。新中国成立以后,周恩来又从革命和建设的目的上,阐述了把人民利益放在高于一切地位的思想。他在第一届全国人民代表大会上所做的《政府工作报告》中就明确指出,我们所做的一切都是为了人民,"我国伟大的人民革命的根本目的"和"社会主义经济建设的唯一目的",都是为着解放我国的生产力,发展我国的国民经济,"以便提高人民的物质生活文化生活水平,并且巩固我们国家的独立和安全"。

为人民服务,就要扎扎实实地为人民群众办实事,要为人民服务,就要热爱人民群众,对人民群众怀有深厚的无产阶级感情,并且把这种深厚的感情体现在扎扎实实为群众办实事,帮助群众排忧解难的行动之中。这是周恩来为人民服务思想的一个重要观点。为人民服务绝不是一个抽象的原则,一句空洞的话,而是对人民群众的一种深厚的感情。只有深爱人民群众的人,才能做到全心全意为人民服务。而对人民的这种深厚感情,必须付之于实践,通过为群众办实事,帮群众排忧解难体现出来。因此,在为人民服务这个问题上,周恩来特别强调关心群众疾苦,为群众排忧解难办实事。20世纪50年代后期,在修建北京密云水库过程中,周恩来十分关心库内淹没区五万多人的迁移情况,从1958年9月到1960年8月,周恩来先后到密云水库视察过六次,每次都亲自过问淹没区人民的生活安置情况。周恩来第二次到密云水库视察时,看到水库沙盘表上都没有移民的标记,就跟密云县委负责同志说:"你们的模型和平面图中缺少了一样很重要的东西,那就是'人'。他们的住房在哪里?你们是见物不见人呀!"[3]在周恩来的多次催促下,经过密云县广大干部的共同努力,到1960年年底,五万多移民的住房问题全部得到解决。周恩来还特别注意亲自体验群众的生活。当他听说北京市民乘车拥挤厉害,就同身边的工作人员一起乘公共汽车和无轨电车了解情况,掌握第一手资料,然后召开有关部门领导同志会议,制定缓解市内交通拥挤的具体措施。

为人民服务,就要一辈子为人民做好事。作为一个共产党人,为人民服务绝不是人生哪一个阶段的事,而是一辈子的事。因此,周恩来提出,共产党

---

[1] 中共中央文献研究室编:《周恩来年谱》,中央文献出版社1989年版,第454页。
[2] 中共中央文献研究室编:《周恩来年谱》,中央文献出版社1989年版,第430页。
[3] 刘学琦:《周恩来风范词典》,中国工人出版社1991年版,第83页。

人为人民服务,不仅全心全意,还要一辈子为人民做好事,鞠躬尽瘁,死而后已。周恩来毕生践行了他的这一思想。他的一生,是"俯首甘为孺子牛",为人民谋福利的一生。[1]

毛泽东等共产党人阐述的为人民服务的精神是建立在马克思主义唯物史观关于人民群众是人类历史的创造者的科学理论基础上的,是中国化的马克思主义伦理学的核心内容,是马克思主义伦理学中国化的优秀成果之一。

邓小平在改革开放和社会主义现代化建设的新时期,丰富和发展了全心全意为人民服务的思想。全心全意为人民服务是中国共产党的根本宗旨,是社会主义道德核心价值观。在党的八大《关于修改党的章程的报告》中,邓小平曾明确指出:"党的全部任务就是全心全意地为人民群众服务;党对于人民群众的领导作用,就是正确地给人民群众指出斗争的方向,帮助人民群众自己动手,争取和创造自己的幸福生活。"[2]他认为,党之所以能够领导人民群众,就是因为"它反映人民群众的利益和意志,并且努力帮助人民群众组织起来,为自己的利益和意志而斗争"[3]。邓小平说:"中国共产党员的含意或任务,如果用概括的语言来说,只有两句话:全心全意为人民服务,一切以人民利益作为每一个党员的最高准绳。他的目的是要实现社会主义、共产主义。"[4]显然,党的根本宗旨、全部生命力,就在于全心全意为人民服务。邓小平在长期的革命和建设实践中,形成了全心全意为人民服务的革命精神和道德风尚。进入社会主义阶段,为人民服务的思想更为广大人民群众普遍接受,成为社会主义道德的核心内容和集中体现。

那么,在社会主义现代化建设过程中,如何做到全心全意为人民服务?对此邓小平说:"社会主义现代化建设的极其艰巨复杂的任务摆在我们的面前。许多旧问题需要继续解决,新问题更是层出不穷。党只有紧紧地依靠群众,密切地联系群众,随时听取群众的呼声,了解群众的情绪,代表群众的利益,才能形成强大的力量,顺利地完成自己的各项任务。"[5]在经济改革和对外开放过程中,他一再要求党员尤其是党的高级负责干部更要身体力行,全心全意地为人民服务,否则"还怎么能教育青年,还怎么能领导国家和人民建设社会主义"![6]为此,他一再强调:"全党同志发扬大公无私、服从大局、艰

---

[1] 吴巨平:《周恩来为人民服务的思想与实践》,《毛泽东思想研究》1998增刊。
[2] 《邓小平文选》第1卷,人民出版社1994年版,第217页。
[3] 《邓小平文选》第1卷,人民出版社1994年版,第218页。
[4] 《邓小平文选》第1卷,人民出版社1994年版,第257页。
[5] 《邓小平文选》第2卷,人民出版社1994年版,第342页。
[6] 《邓小平文选》第2卷,人民出版社1994年版,第367页。

苦奋斗、廉洁奉公的精神,坚持共产主义思想和共产主义道德。"[1]要全心全意为人民服务,深入群众倾听他们的呼声;要敢说真话,反对说假话,不务虚名,多做实事,要公私分明,不拿原则换人情;要任人唯贤,反对任人唯亲。只有这样,我们的事业才能获得成功的基本保证。反之,如果改革开放和现代化建设违背了这一根本原则,就不可能得到人民的支持,就会成为无源之水,无本之木,也就失去了成功的基本保证。在检验为人民服务的标准上,邓小平同志提出了"尊重群众,热爱人民,总是时刻关注最广大人民的利益和愿望,把'人民拥护不拥护'、'人民赞成不赞成'、'人民高兴不高兴'、'人民答应不答应'作为制定各项方针政策的出发点和归宿点"[2]。人民利益的标准是压倒一切的标准,它是判断和衡量是与非、善与恶、美与丑、功与过,得与失的根本依据和标准。以江泽民为核心的第三代领导人把为人民服务的思想从党员的政治道德规范扩展到全民的伦理道德规范,在党的十三届五中全会上,江泽民重申:"我们党始终以全心全意为人民服务作为自己的根本宗旨。"在中共中央庆祝中国共产党成立70周年大会上,江泽民再次强调:"在严峻考验面前,我们一定要紧紧联系党的政治路线和任务,全面加强党的建设,始终保持党的工人阶级先锋队的性质和全心全意为人民服务的宗旨,坚定社会主义信念和共产主义理想。"党的十四届六中全会通过的《关于加强社会主义精神文明建设若干重要问题的决议》规定:"社会主义道德建设要以为人民服务为核心","为人民服务是社会主义道德的集中体现。在发展社会主义市场经济条件下,更要在全体人民中提倡为人民服务和集体主义的精神,提倡尊重人、关心人,热爱集体,热心公益,扶贫帮困,为人民为社会多做好事,反对和抵制拜金主义、享乐主义和个人主义"。在《公民道德建设实施纲要》第12条规定:"为人民服务作为公民道德建设的核心,是社会主义道德区别和优越于其他社会形态道德的显著标志,它不仅是对共产党员和领导干部的要求,也是对广大群众的要求。每个公民不论社会分工如何、能力大小,都能够在本职岗位,通过不同形式做到为人民服务。在新的形势下,必须继续大张旗鼓地倡导为人民服务的道德观,把为人民服务的思想贯穿于各种具体道德规范之中。要引导人们正确处理个人与社会、竞争与协作、先富与共富、经济效益与社会效益等关系,提倡尊重人、理解人、关心人,发扬社会主义人道主义精神,为人民为社会多做好事,反对拜金主义、享乐主义和极端个人主义,形成体现社会主义制度优越性、促进社会主义市场经济健康有序发展的良好道德

---

[1]《邓小平文选》第2卷,人民出版社1994年版,第367页。
[2]《毛泽东、邓小平、江泽民论党的建设》,人民出版社1998年版,第609页。

风尚。"党的十五大、十六大,又将全心全意为人民服务作为深入持久地开展社会主义道德教育的核心提了出来,这是社会主义道德建设的新思路。

人民群众是社会变革的决定力量,是推动社会历史发展的动力,是历史的真正主人,任何政党和个人只有顺应历史发展的客观规律,相信人民、依靠人民,反映人民群众的根本要求,代表人民群众的根本利益,全心全意为人民服务,才能得到人民群众的拥护和支持,党的事业才能无往而不胜。

二、为人民服务的科学内涵和实现方式

在我党对马克思主义的为人民服务思想继承、传播和发展的过程中,学术界也对与为人民服务的相关问题进行了深入的研究和探讨。这些问题概括为以下几方面。

(一)科学内涵:政治宗旨与道德核心的辩证统一

"为人民服务"的思想具有丰富的内涵,并随着历史的变迁和时代的发展而不断增添新的内容,但始终包含两方面的含义:政治觉悟和道德境界。"为人民服务"是我们党的优良传统和政治优势。"为人民服务"在政治上的含义,是作为中国共产党及其领导下的人民政府和军队的根本宗旨,是对中国共产党人和政府官员的政治要求。第一,它是无产阶级政党区别于任何其他阶级政党的最显著的标志。马克思主义认为,任何政党都以一定的阶级为基础,在政治上代表着这个阶级的利益,并为这个阶级的利益服务。而共产党人"没有任何同整个无产阶级的利益不同的利益"[1]。在党的纲领中,明确提出"为人民服务"作为党的宗旨,作为共产党人一切言行的根本的价值目标、价值准则,这就使得共产党与其他一切阶级的政党区别开来。第二,它是中国共产党一切工作的出发点和归宿。党的事业,是人民群众的事业;党的队伍,由人民群众中的优秀分子所组成;党的活动,以实现人民群众的根本利益为目的。人民群众的根本利益就是社会的整体利益。因此,"一切从人民的利益出发","一切向人民负责",是全心全意为人民服务思想的精髓所在。第三,它是衡量每个共产党员一切言行的最高标准。为人民服务是无产阶级政党先进性的集中表现。毛泽东同志对人们行为的道德评价,对生死观的论述,都是以全心全意为人民服务作为准绳的。他说:一个人只要有全心全意为人民服务的精神,"就是一个高尚的人,一个纯粹的人,一个有道德的人,一个脱离了低级趣味的人,一个有益于人民的人"[2]。毛泽东在《为人民服务》

---

[1]《马克思恩格斯选集》第1卷,人民出版社1995年版,第285页。
[2]《毛泽东选集》第2卷,人民出版社1991年版,第660页。

中要求共产党员必须把自己看作是"人民的勤务员"和"人民的公仆"。在当代中国,为人民服务首先是中国共产党人的一种思想境界和道德追求。同时,中国共产党的执政地位又决定了她必然要把这一思想和道德努力推向社会,成为整个社会中占统治地位的思想和道德。"为人民服务"除了政治含义之外,还有其道德意蕴,是我们党一贯倡导的社会主义共产主义人生观、价值观和道德观的核心。毛泽东同志曾指出:"为什么人的问题,是一个根本的问题,原则的问题。"[1]邓小平同志也说:"世界观的重要表现是为谁服务。"[2]"为人民服务"作为我国社会主义道德建设核心的提法,始见于党的十四届六中全会决议。党的十四届六中全会《关于加强社会主义精神文明建设若干重要问题的决议》明确提出"为人民服务是社会主义道德的集中体现",强调社会主义道德建设要以为人民服务为核心。党的十六大报告指出:要"以为人民服务为核心、以集体主义为原则、以诚实守信为重点,加强社会公德、职业道德和家庭美德教育,特别要加强青少年的思想道德建设,引导人们在遵守基本行为准则的基础上,追求更高的思想道德目标"[3]。因此,积极倡导为人民服务的道德观,把为人民服务的思想贯穿于公民道德建设的基本领域和基本道德规范之中,是社会主义道德建设的客观要求。

以上分析充分表明,为人民服务的具体内容、功能和形式是随着历史的进步而不断发展的,它由过去只是无产阶级先进分子必须遵循的政治原则,发展为全社会成员应当共同遵循的道德规范;由过去主要用于调节政治生活领域中各种关系的行为准则,发展为调节社会生活所有领域各种关系的行为准则。可以确信,伴随着时代的发展变化,伴随着全面建设小康社会的进程,伴随着人民物质生活和精神生活的不断提高,为人民服务的具体内容和形式都会发生深刻变化。

(二)实现方式:先进性要求与广泛性要求的有机结合

为人民服务是社会主义基本制度的本质的必然的要求。社会主义社会的基本性质和发展阶段,决定了"为人民服务"的思想具有了先进性和广泛性相统一的现实基础,是使中国共产党人的先进意识变为人民群众普遍意识的客观根据。"为人民服务"思想实现方式中的先进性要求与广泛性要求相结合,体现了马克思主义关于普遍性与特殊性相统一的原理。作为社会主义道德建设的核心,"为人民服务"贯穿在社会主义道德建设的各个方面,包含着

---

[1]《毛泽东选集》第3卷,人民出版社1991年版,第857页。
[2]《邓小平文选》第2卷,人民出版社1994年版,第49页。
[3] 江泽民:《全面建设小康社会,开创中国特色社会主义事业新局面》,人民出版社2002年版,第40页。

由低到高、由浅到深各种不同层次的要求，是社会主义道德的最低要求和最高要求的结合，体现了先进性与广泛性的高度统一。所谓先进性要求，就是为人民服务思想的导向性、特殊性要求，是针对人民群众中的先进层次所提出的要求；所谓广泛性要求，就是为人民服务思想的一般性、普遍性要求，是针对大多数人的思想道德实际所提出的、应当达到而且能够达到的要求。总起来看，先进性要求与广泛性要求的关系是辩证统一的。广泛性要求是先进性要求的基础和前提，是实现先进性要求的起点和依托，它给先进性要求以基础、以条件；先进性要求是广泛性要求发展的方向和趋势，它赋予广泛性要求以榜样、以导向。广泛性要求只有同先进性要求相结合，才能具有明确的方向；先进性要求只有同广泛性要求结合起来，才能具有坚实的基础。

为人民服务思想的内涵和实现方式与社会发展的阶段是紧密相关的。在新的历史条件下，为人民服务具有多层次的要求和多样化的实现方式。对于共产党员和领导干部来说，要求全心全意为人民服务，一切从无产阶级整体利益出发，个人利益服从集体利益，局部利益服从整体利益，眼前利益服从长远利益，大公无私，先公后私，"毫不利己，专门利人"。对于广大普通群众来说，把为人民服务作为社会主义道德建设的核心，从不同层次、不同方面对人们提出具体要求，提倡在为人民服务的同时获取合理的个人利益，可以引导广大人民群众从"我"做起，从平凡的岗位做起，从自己身边的事情做起，由低到高、循序渐进地达到为人民服务的最高境界。[1]

三、为人民服务与集体主义的关系

学者的研究普遍认为，为人民服务和集体主义首先是相互依存和相互规定的。为人民服务与集体主义相互界说。[2]为人民服务和集体主义都有着丰富的内涵，概要地说，为人民服务就是一切向人民负责，一切从人民利益出发的思想观点和行为准则；集体主义就是一种为公的思想，是坚持集体利益高于个人利益、兼顾集体利益和个人利益的价值观念与行为准则。为人民服务和集体主义同是社会主义道德最高层次的准则，所以，只能是二者之间相互界说。

就其基本内容来说，为人民服务就是把集体利益放在首位，为属于大多数人的人民群众谋利益。集体主义就是向人民负责，一切从人民的利益出

---

[1] 熊建生：《"为人民服务"思想的科学内涵和实现方式》，《中南民族大学学报（人文社会科学版）》2003年第3期。

[2] 杨浩文：《为人民服务与集体主义的联系》，《道德与文明》1997年第5期。

发。从最一般的意义上讲,人民就是最高最大的集体,人民的利益就是集体的利益,为人民服务就是集体主义。二者如果离开了对方,不论是为人民服务还是集体主义,都不能存在和得以说明。为人民服务决定了现实的社会主义的集体主义。剥削阶级的思想家曾提出过"公利"、"为公"一类的主张,这些主张虽然有过积极的意义,却不是社会主义的集体主义。在一般情况下,剥削阶级所说的集体,实质上是他们那个阶级;对人民群众来说,这是虚构的集体。他们所说的集体利益,在实质上只能是他们那个阶级的利益,是把他们自己的阶级利益冒充为民族的全民的利益。在现实生活中也存在着虚幻的集体及其利益,那就是用小团体冒充集体,把小团体的利益说成是集体利益。用人民利益就可以分辨出是虚假的集体主义还是现实的社会主义的集体主义。社会主义集体主义的实质是为人民谋利益,为少数人谋利益的是虚构的集体主义,而为绝大多数人谋利益才是现实的社会主义的集体主义。集体主义是从人民利益中引申出来的。道德是从利益中引申出来的,正是为着维护或调整某种利益才形成了某种道德。作为社会主义道德基本原则的集体主义,同样也是从一定的利益中引申出来的。只是这种利益不是某些少数人的利益,而是最大多数人,即人民的利益。在调整个人与社会的利益关系上,就一般情况而论,不是用集体主义来调整,就是用利己主义来调整。用利己主义来调整,就损害了人民群众的利益,这对人民群众来说是一种有害的不正当的调整。只有用集体主义来调整,才能维护人民群众的利益,才符合社会发展的方向。人民群众的利益,就维系在集体主义上,没有了集体主义,亦就没有了人民群众的利益。正是把人民的利益放在首位,集中体现和维护人民群众的根本利益,才形成了这种集体主义思想。

集体主义是为人民服务的思想基础。人民利益高于个人利益是集体主义处理个人与人民群众关系上的基本主张。集体主义认为,人民较之个人更为根本。是社会的主体——人民群众的根本利益代表了社会发展的利益,如果失去了人民群众的利益,就不会有社会的发展和进步。因此,人民的利益高于个人的利益,个人应该服从人民。也正因为个人服从了人民,个人利益从属于人民的利益,人民利益发展了,才有利于个人的发展,个人的利益才能得到保障。集体主义价值观认为,仅仅为了个人是渺小的无价值的,只有为人民的幸福而工作,才是最高尚和富有价值的。正是集体主义终结了长期以来在个人与人民关系上的对立局面,把人民的利益放在了至高无上的地位,才形成了为人民服务的行为准则。集体主义强调了人民利益的至上性,也就决定了为人民服务的必然性。如果没有集体主义的主张,没有维护绝大多数人利益的思想,也就不会有为人民服务的道德准则。

其次是相互联结和包含的。为人民服务是集体主义的本质属性。为人民服务与集体主义不是简单的表层的联系,而是深层的有机的联结。集体主义的实质是为人民服务,为人民服务是集体主义固有的决定其性质和面貌的根本属性。集体主义不是为着少数人谋利益的,而是为全体劳动者乃至为全人类谋利益的。集体主义以维护和保障人民群众的根本利益作为自己的根本目标,并把人民利益作为评价善恶的根本标准。凡是符合人民群众利益的行为或事物就是善的,凡是违背人民群众利益的行为或事物就是恶的。人民群众的根本利益是集体主义的出发点和归宿。如果没有了为人民服务,不仅集体主义的理论大厦顷刻就会倒塌,而且也失去了任何实践的意义。为人民服务是集体主义原则最高的表现和行为准则。在集体主义的基本内容中,把为人民服务摆在了至高无上的地位。集体主义强调把人民利益放在首位,就意味着为人民服务是集体主义原则最集中的体现,没有比为人民服务更重要的了。集体主义不仅强调集体利益,而且又保护个人利益,强调集体利益也是为了更好地保护个人利益,主张把集体利益和个人利益结合起来。在为人民服务之中,人人是服务者,又是服务对象,是我为人人,人人为我。正是为人民服务,实现了集体利益和个人利益的结合,体现了集体主义的深刻含义和根本要求。这些都说明了为人民服务在集体主义原则中的最高地位。

为人民服务是集体主义的核心。以集体主义为基本原则的社会主义道德,在道德的发展史上第一次鲜明地把人民群众作为道德主体。社会主义道德是人民群众的道德,社会主义的集体主义是为人民服务的集体主义。为人民服务不仅是集体主义原则中的最重要的内容和最根本的要求,而且还制约着集体主义原则中的其他一切内容和要求。为人民服务贯穿于集体主义的全部理论和实践之中,在集体主义原则中占据主导地位,因而成为集体主义的核心和灵魂。集体主义之中的任何内容和要求,都必须用为人民服务来说明和规范。不论是集体利益首位,兼顾集体利益和个人利益,还是正确处理集体利益与个人利益之间的矛盾,如果离开了为人民服务,都不会得以说明和实现。集体主义与为人民服务在本质上是一致的。在道德行为的要求上,道德评价的标准上,道德教育的目的上,道德修养的目标上,集体主义与为人民服务无不协调一致。只有用集体主义原则去处理各种利益关系才符合为人民服务的要求,只有为人民服务才算把握了集体主义的真谛。

最后是相互凭借和支持的。依靠人民群众的力量来建设伟大的集体事业。今天我国最大的集体事业,是全国各族人民的共同理想,是建设社会主义现代化的强国,这也是人民群众共同利益之所在。伟大的事业、共同的理想是靠集体的力量来实现的。只有依靠人民群众的积极性,通过人民群众的共同奋斗,才能把我们的祖国建设成为富强、民主、文明的社会主义国家。尊重和依靠人民群众,特别是尊重和发扬人民群众在社会主义现代化建设中的首创精神,真正把人民群众摆在历史主人的地位,是实现社会主义现代化的根本保障。忽视了为人民服务,就不会有人民群众的积极性,社会主义现代化的国家就不会建成。用集体主义解决人民群众中的利益矛盾。人民群众有着共同的利益,但又显现出不同的利益要求,存在着利益上的层次性和多样性。这是因为人民是一个矛盾的统一体,是由不同阶层和团体、不同地域和职业的人们构成的,形成了不同的具体的利益要求。在这些具体的多样的利益之中,有合理的正当的,亦有不合理不正当的。这就要用集体主义原则来衡量和评说人民内部利益关系上的是是非非与善善恶恶,从而使正当的利益得到保护,使不正当的利益受到扼制。只有用集体主义来处理人民群众中的眼前利益与长远利益、局部利益与整体利益之间的矛盾,才能真正维护人民群众的利益。利己主义是作为集体主义的对立面而存在的,要坚持集体主义就必须反对利己主义。利己主义的要害是忘记了人民,疏远了人民,背离了人民的利益,甚至损害了人民的利益。利己主义颠倒了个人利益与人民利益的关系,把个人利益凌驾于人民利益之上。因此,要坚持集体主义,抵制和克服利己主义,就必须强化为人民服务的教育,树立起为人民服务的思想,能够急人民之所急,想人民之所想,做人民之所需。只要能够为人民谋利益,利己主义也就没有了立足之地。为人民服务实在是坚持集体主义涤荡利己主义的最有力武器。为人民服务和集体主义靠相互依托来实施。要使人们做到为人民服务,就必须进行集体主义的教育和修养,坚持集体主义的价值导向,把"公"字放在首位,克己奉公,一心为公,公而忘私,大公无私。把维护集体利益作为自己的行为准则,就会做到为人民服务。要使人们贯彻和实行集体主义,就必须进行为人民服务的教育,把人民摆在至高无上的地位,热爱人民,关心人民,尊重人民,服务人民,使自己的言行符合人民的利益。能够为人民服务了,就会自觉贯彻集体主义原则。为人民服务与集体主义相辅相成,相得益彰。只有把为人民服务和集体主义有机地结合起来,才能取得社会主义道德建设的巨大胜利。[1]

四、为人民服务与市场经济

绝大部分学者研究认为毛泽东"为人民服务"的光辉思想,在社会主义市场经济条件下,仍有其伟大的现实意义,它仍然是社会主义市场经济的根本

---

[1] 杨浩文:《为人民服务与集体主义的联系》,《道德与文明》1997年第5期。

宗旨和行动纲领;是市场经济的战略坐标及指导市场经济的基本线索。

厉以宁指出,我们的市场经济是在社会主义制度下进行的,它与资本主义市场经济的不同之处在于生产目的不同。社会主义市场经济的最终目的是为了满足人民的物质文化需要。为人民服务的宗旨就体现在这个生产目的里面。所以强调为人民服务是社会主义市场经济所必需的。重提为人民服务,就是要在发展市场经济过程中不要忘记社会主义的生产目的;不要忘记经济效益与社会效益的结合;不要忘记先富帮后富;要让以道德原则指导下的社会第三次分配在社会起作用。[1]袁宝华指出,资本主义发展市场经济以道德沦丧为代价,社会主义不能走这条路。在发展市场经济过程中,我们社会出现了一些人们担忧的社会丑恶现象,对此一方面要靠发展经济来解决,另一方面要通过弘扬为人民服务思想提供精神动力和思想保障,使我们在市场经济的惊涛骇浪中达到胜利的彼岸。[2]上进同志认为,为人民服务不仅是中国共产党人的唯一宗旨和光荣传统,而且是社会主义现代文明的中心主题,是社会主义现代市场经济、现代民主政治、现代思想意识和现代科学文化相互交响的主旋律。邓小平提出"三个有利于"作为判断各方面工作是非得失的标准,其实质就是把为人民服务、让人民满意作为衡量一切工作的根本尺度。由此把"为人民服务"提到了当今的时代高度。邓小平南方谈话是毛泽东"为人民服务"的现代续篇。[3]管益忻提出了继承、弘扬和创新为人民服务思想对于市场经济的四个意义:(1)为人民服务将为当前正在进行着的以结构调整为根本特征的宏观调控提供思想导向。(2)从总体上说,它将为日益深化的改革、日益拓宽的开放提供精神动力和思想保证。(3)它将为精神文明建设注入新的内容,激发新的活力。"为人民服务"思想不但要一般地继承、发扬,而且要在改革、开放和市场经济不断发育过程中,给以实时创新。(4)它将为社会主义市场经济的建立和发展,提供相应的思想文化条件。[4]

学者们提出,市场经济条件下为人民服务的内涵要补充,外延要拓展。王玉民、宋维平认为,人民的主体性是为人民服务思想的核心问题。在流行的看法中,"人民"只被当作"复合"概念来理解,个体不可剥夺的利益、意志、权力和自由常常被扼杀。这首先是违背马克思主义的。在今天,为人民服务同市场经济要真正科学地接轨,就必须使个体与群体更好地结合起来,真正理解和把握马克思的指示:"每个人的自由与发展是一切人自由与发展的条

---

[1] 厉以宁:《发展市场经济与为人民服务》,《思想政治工作研究》1993年第10期。
[2] 袁宝华:《企业家的修养》,《中国工商》1995年第11期。
[3] 上进:《为人民服务是社会主义的现代主旋律》,《党校科研信息》1993年第18期。
[4] 管益忻:《塑造现代价值观——推进市场经济发育的中心环节》,《企业文化》1994年第1期。

件。"现在为人民服务的基本内涵和社会环境已发生了根本的变化;为人民服务的动力机制也发生了显著的变化;并且在个体与群体相互关系上,也需要对集体主义的内涵做出科学的解释。因此,为人民服务思想必须以新的现实为基础加以创新,以加速提升作为服务对象的"人民"的生活质量和品位为根本点;重新科学地确立个人利益在国家利益、集体利益下的正当地位。为人民服务思想与新现实的接轨点则在于为人民服务价值观念体系及其操作机制的重构。这具体表现在以下五个方面:(1)首先要把它提到两个文明建设的根本战略高度来认识,使之成为能够获得广泛认同的基本价值取向,并以此为核心去构塑经济的、社会的、文化的、政治的,以至整个价值观念体系。(2)要全面、系统地抓好为人民服务道德规范系统的塑造、培养和建设。(3)要有效地解决为人民服务行为规范的具体操作机制问题。(4)认真建立并切实贯彻为人民服务的精神、道德评价标准、评价体系。(5)从根本上大幅度、全方位地提高人的素质,从而为弘扬为人民服务精神打下坚实的基础。[1]

管益忻、郭廷建两位同志就为人民服务与市场经济共同提出了两者接轨的六个要点:(1)以马克思主义人民主体的人本价值观作为沟通为人民服务与社会主义市场经济体制之间的桥梁;(2)强化"上帝意识",确立市场经济条件下为人民服务的价值标准;(3)建设中国特色的"品质文化",并以此为基础确立具体的品质检验标准;(4)重构雷锋精神,为市场经济下的为人民服务建立新的科学的人格化摹本;(5)走出金钱误区,肯定无偿服务的道德价值,承认有偿服务的实践意义;(6)以人本素质开发为主旋律,全面而有效地提升市场经济条件下的为人民服务的水平。[2]黄楠森主张,在市场经济条件下,"真善美"还要加一个"利"字。孔子讲义排斥利,是错误的。马克思主义既讲义又讲利。利是义的基础。"真善美利"四个字的统一,就可以包括人类社会的全部内涵。市场经济讲的是利,为人民服务讲的是义,两者的有机结合,才能保证社会主义市场经济的健康发展。[3]

学者们还提出了一些市场经济条件下为人民服务的具体化措施以及如何加快改革,建立新体制,升华为人民服务精神等建议和问题。[4]

同时,学者们还研究了实事求是与为人民服务的关系,认为实事求是是

---

[1] 王玉民、宋维平:《关于"为人民服务"的思考》,《思想政治工作研究》1994年第1期。
[2] 管益忻、郭廷建:《培育"品质文化"——企业文化建设的落脚点》,《企业文化》1994年第2期。
[3] 黄楠森:《中国社会转轨与社会主义精神文明建设》,《理论学习与探索》1997年第4期。
[4] 郭廷建:《弘扬为人民服务精神,发展社会主义市场经济——"为人民服务与市场经济"研讨会综述》,《中共贵州省委党校学报》1994年第4期。

科学的思想方法,为人民服务是社会主义社会的最高价值原则,两者在人民的根本利益上达到一致。在实际工作中,一方面,为人民服务以实事求是为指导:保护人民利益,转变工作作风,进行科学决策,提高办事效率,开辟新的道路等都必须要实事求是;另一方面,实事求是以为人民服务为归宿:只有为人民服务,实事求是才具有真正的动力,才具有极大的勇气,才具有坚强的党性。[1]

---

[1] 李旭荟、吴雄鹰:《实事求是与为人民服务的几个关系》,《上饶师专学报》1998年第5期。

第九章　革命的功利主义

　　功利主义思想,是一种具有渊源历史的思想观念,公元前 5 世纪的亚里斯提卜、前 4 世纪的伊壁鸠鲁、中国古代的墨子及其追随者的伦理学中都存在着如何促使最大快乐的思维,他们是古人中的功利主义先驱。但作为一种系统的伦理学说,则是英国著名的道德学家和法学家耶利米·边沁(1748—1832)首创的,他于 1781 年最先使用"功利主义"一词。他认为,道德就是追求快乐,而快乐的根源则在于利益的满足,利益、功利是人们行为的唯一目的和标准,是人类幸福的基础。边沁把社会看作个人的总和,也把社会利益看作个人利益的总和,由此得出结论:道德生活的目的就是追求"最大多数人的最大幸福",并且他还编制了一个"快乐和痛苦的等级表",按照类和种对快乐进行分类。而著名的伦理学家约翰·斯图亚特·密尔(1806—1873),则将边沁的功利主义推向了一个更高、更深的阶段,并且对功利主义的伦理学说进行了充分的论证。对于什么是功利主义,密尔在其伦理学名著《功用主义》一书中就有明确的论述:功利主义就是"承认功用为道德基础的信条,换言之,最大幸福主义,主张行为的是与它增进幸福的倾向为比例;行为的非与它产生不幸福的倾向为比例。幸福是指快乐与免除痛苦;不幸福是痛苦和丧失掉快乐"[1]。正是因此,"最大幸福主义"就成了密尔功利主义的最大特点。与边沁相比,他"不仅承认快乐有量的大小之分,还认为有质的高下之分"。19 世纪末期,功利主义的代表人物西季威克(1835—1900)认为,功利主义是对"常识"道德的系统反省,它能解决由于常识学说的模糊和前后矛盾而产生的困难与令人困惑之处,并且创立直觉主义伦理学,从而使边沁开创的古典功利主义走向了终结。当代功利主义又有新的发展,主要表现为两大流派:行为功利主义和准则功利主义。

　　在中国,功利主义思想也是源远流长(但完整意义的功利主义则是西方的专利)。早在战国时期,墨子就提出过"志功合一"的功利思想;以后法家又提出过权力功利主义;北宋李觏的"利欲可言"、"循公而不私";王安石的"理

---

[1]〔英〕约翰·穆勒:《功用主义》,唐钺译,商务印书馆 1957 年版,第 7 页。

财乃所谓义也";南宋陈亮的"功到成处,便是有德"[1],"利之所在,何往而不可为哉"[2];陆九渊的"利欲与道义,其势不两立"[3]。叶适的"以利与人,而不自居其功,故道义光明"[4];到清朝颜元的"正其谊以谋其利,明其道而计其功"[5];戴震的"道德之盛,使人之欲无不遂"[6]等等,则代表了近代以前中国功利主义思想的主流。近代则以龚自珍、康有为为功利主义思想的卓越代表。特别是康有为,他在《大同书》中提出了类似于边沁的快乐式的伦理原则:"普天之下,有生之徒,皆以求乐免苦而已","大同之道,以求人生之喜乐为主,故于人情之崇喜而去悲哀"。[7]这与边沁对"功利"的解释是一致的,所谓"功利是指任何客体的这么一种性质:由此,它倾向于给利益有关者带来实惠、好处、快乐、利益或幸福(所有这些在此含义相同),或者倾向于防止利益有关者遭受损害、痛苦、祸患或不幸(这些也含义相同);如果利益有关者是一般的共同体,那就是共同体的幸福,如果是一个具体的个人,那就是这个人的幸福"[8]。另外,中国台湾学者盛庆来的《功利主义新论》中所讲的"统合的效用主义",对功利主义自然是在更完备的意义上作了发展,但是它的渊源仍然得归于西方古典功利主义。

一、毛泽东的"革命的功利主义"思想

"马克思主义伦理学在动机和效果问题上强调行为的效果,主张无产阶级的和人民大众的功利,因此,在这一意义上,可以说马克思主义伦理学也是一种功利主义。"[9]马克思、恩格斯在批判资本主义经济关系的同时,也批判了资本主义的功利主义价值论(在标志马克思主义形成的《德意志意识形态》一书中,马克思、恩格斯曾比较系统地批判分析了功利主义)。如同批判资本主义经济关系时并没有否定它的积极成果一样,马克思、恩格斯批判资本主义功利主义时也没有全部否定功利主义。他们致力于把功利主义转变为替无产阶级利益及社会主义理想进行理论论证和道德价值辩护的一种思想武器。他们把功利主义从替资本主义剥削关系辩护转变为对资本主义剥削关

---

[1]《致陈同甫书》。
[2]《陈亮集·四弊》。
[3]《象山集》卷十四《与包敏道》。
[4]《记学记言》卷二十三。
[5]《四书正误》。
[6]《孟子字义疏证》下。
[7] 康有为:《大同书》,上海古籍出版社1956年版,第6页。
[8] [英]边沁:《道德与立法原理导论》,时殷弘译,商务印书馆2000年版,第212页。
[9] 罗国杰:《马克思主义伦理学》,人民出版社1982年版,第511页。

系的谴责,把功利主义关于最大幸福和社会正义的抽象论证和空洞说教转变为实现社会革命和追求人类解放的现实运动,把功利主义将资产阶级利益与无产阶级愿望相折中调和的倾向转变为对无产阶级利益的追求与主张。不论是对以往统治阶级所掩盖的功利主义,还是对资产阶级的公开的功利主义,马克思都进行了深入的分析和批判。在这个过程中,他提出了无产阶级功利主义思想。其基本观点如下:

(一)实现人的物质利益是人类社会存在和发展的首要条件

物质利益是人类活动的真正目的和本质,是激励和支配人们活动的能动因素与真实动机,人们为了物质利益而进行合作,为了物质利益而进行争斗。人类社会的基本关系是经济关系,人类社会发展的决定性力量是物质生产力。唯物史观重视物质利益及其在历史发展中的作用,正如恩格斯所说:"正像达尔文发现有机界的发展规律一样,马克思发现了人类历史的发展规律,即历来为繁芜丛杂的意识形态所掩盖着的一个简单事实:人们首先必须吃、喝、住、穿,然后才能从事政治、科学、艺术、宗教等等。"[1]这段话既说明物质资料生产是人类社会存在和发展的基础,也说明了实现人的物质利益是人类社会存在和发展的条件。

(二)资产阶级功利主义是资本主义社会中经济关系和人与人关系的反映

功利主义原是资产阶级的一种伦理学说,这种学说在道德中追求资产阶级的个人利益,强调个人的幸福,认为个人利益是人类行为的基础:凡是能够满足个人利益的,就是道德的;反之,就是不道德的。马克思在自己的理论活动中对资产阶级功利主义作过全面的考察和深刻的分析,既肯定了功利主义在当时历史条件下的进步意义,又揭露了其资产阶级个人主义的实质。他指出:"功利论至少有一个优点,即表明了社会的一切现有关系和经济基础之间的联系。"[2]"功利关系具有十分明确的意义,即我是通过我使别人受到损失的办法来为我自己取得利益。"[3]可见,资产阶级功利主义是资产阶级社会中人与人的关系的一种最本质的概括,它在道德上公开反对那种把个人幸福寄托在来世和天堂的封建的教会的禁欲主义,宣布一切都是为了个人利益,都是为了资产阶级的功利。

(三)无产阶级功利主义就是为绝大多数人谋利益

马克思在批判资产阶级功利主义时,并没有全部否定功利主义,而是致

---

[1]《马克思恩格斯选集》第3卷,人民出版社1995年版,第776页。
[2]《马克思恩格斯全集》第3卷,人民出版社1960年版,第484页。
[3]《马克思恩格斯全集》第3卷,人民出版社1960年版,第479页。

力于把功利主义从替资产阶级剥削关系辩护转变为对资产阶级剥削关系的谴责,把功利主义关于最大幸福和社会正义的抽象论证与空洞说教转变为实现社会革命和追求人类解放的现实运动,把功利主义将资产阶级利益和无产阶级愿望相折中调和的倾向转变为对无产阶级利益的追求与主张。在《神圣家族》中,马克思就明确了作为科学社会主义理论来源的空想社会主义与功利主义的直接承袭关系。他认为:"成熟的共产主义也是直接起源于法国唯物主义的。这种唯物主义正是以爱尔维修所赋予的形式回到了它的祖国英国。边沁根据爱尔维修的道德学说建立了他那正确理解的利益的体系,而欧文则从边沁的体系出发去论证英国的共产主义。"[1]恩格斯说:"当代最大的两个功利主义哲学家边沁和葛德文的著作,特别是后者的著作,也几乎只是无产阶级的财富。即使激进资产阶级中有边沁的信徒,那也只有无产阶级和社会主义者才能超过边沁,迈步前进。"[2]显然,在马克思、恩格斯看来,无产阶级和社会主义者直接继承了功利主义的财富,并克服了其狭隘性、虚伪性;无产阶级不讳言自己的利益,共产主义运动就是绝大多数人为绝大多数人谋利益的运动。

(四)社会主义必须实行按劳分配原则

社会主义社会劳动人民之间的物质利益关系的基本性质体现在社会主义社会劳动人民之间没有根本的利害冲突,因而必须把劳动者所提供的劳动作为消费品分配的尺度。马克思指出:"消费资料的任何一种分配,都不过是生产条件本身分配的结果。"[3]任何一种分配形式或方法,都不取决于人们的主观愿望,而是由客观经济条件决定的。在社会主义制度下,由于生产资料公有制的建立,由于社会主义生产力的性质及其发展水平,由于人自身条件即社会主义劳动者的特点,决定了个人消费品必须按劳分配,多劳多得,少劳少得;有劳动能力而不参加社会主义联合劳动的,不得参与个人消费品的社会分配。社会分配给劳动者的消费品或代表一定数量消费品的货币,便是对劳动者的劳动报酬。

毛泽东继承并发展了马克思恩格斯的无产阶级功利主义思想。他在领导中国新民主主义革命、社会主义革命和社会主义建设的过程中,结合中国实际,对无产阶级功利主义思想作了新的阐发,构成了毛泽东伦理思想的重要组成部分。

---

[1] 《马克思恩格斯全集》第2卷,人民出版社1957年版,第167页。
[2] 《马克思恩格斯全集》第2卷,人民出版社1957年版,第528—529页。
[3] 《马克思恩格斯选集》第3卷,人民出版社1995年版,第306页。

青年时期的毛泽东在革命实践活动中认识到中国的落后是因为"积弊太深、思想太旧","宜有大气量人,从哲学、伦理学入手,改造哲学改造伦理学,根本变换全国之思想","以大本大源为号召,天下之心其有不动者乎? 天下之心皆动,天下之事有不能为者乎? 天下之事可为,国家有不富强幸福者乎?"[1]这样一种道德救国论的终极目标是国家的富强幸福,是现实和具体的。这一时期毛泽东的全部爱国主义思想和爱国主义活动,均是为了追求国家的"富强幸福"这一功利目标。青年毛泽东这种追求国家富强幸福的爱国主义思想,无疑可以看成是"无产阶级的革命的功利主义"的最初萌芽。五四运动以后,毛泽东开始接受马克思列宁主义,逐步学习运用马克思主义来分析问题。他的爱国主义也就从道德救国逐步转变到依靠民众救国的现实道路上。之所以要依靠民众救国,是"因为一国的民众,总比一国的贵族资本家及其强权者更多"。而民众的利益与强权者的利益是相反的,"我们种田人的利益,只有我们种田人自己去求,别人不种田的,他和我们利益不同,决不会帮助我们去求"[2]。毛泽东还在《〈湘江评论〉创刊宣言》中大声疾呼:"世界什么问题最大? 吃饭问题最大。"在《吃饭问题》一文中又说:"我看人要吃饭,也无法止住","无法止住,所以成了二十世纪劈头的第一个大问题"。[3]显然,毛泽东在这时已经十分清楚地看到,中国革命的根子就是在于大多数民众吃不饱或没饭吃。而要解决这个问题当然不能指望少数吃饱了的强权者,而只有靠利益一致的广大民众的联合奋斗。依靠利益一致的民众的联合奋斗来解决全中国的吃饭问题,来实现救国救民的大事业,这正是毛泽东形成"无产阶级革命的功利主义"的一个重要思想阶梯。

当毛泽东在马克思主义的熏陶下实现世界观的根本转变之后,他便把为实现社会主义共产主义,为谋求全人类的解放而奋斗,看作最大的幸福和最高尚的道德,并付诸实际行动。这时,在毛泽东看来,只有社会主义共产主义才能保证国家的富强和"人类全体的幸福",而为实现社会主义共产主义所进行的奋斗,其道德价值也就在于此。他在1920年11月25日的一封信中指出:"世界主义,愿自己好,也愿别人好,质言之,即愿大家好的主义。殖民政策,只愿自己好,不愿别人好,质言之,即损人利己的政策。"[4]在另一封信中又说:"世界主义,就是四海同胞主义,就是愿意自己好也愿意别人好的主义,

---

[1] 毛泽东:《毛泽东早期文稿》,湖南出版社1990年版,第83—85页。
[2] 毛泽东:《民众的大联合》,1919年7月21日《湘江评论》第2号。
[3] 毛泽东:《每周评论》第25号,1919年8月。
[4] 《新民学会资料》,人民出版社1980年版,第111页。

也就是所谓的社会主义。"[1]与此同时,毛泽东更深刻地意识到,由于工人、农民与专制统治阶级在政治经济上存在着根本的利害冲突,因而在道德上也存在着根本的分歧。他揭露说:"官僚政客武人,有私欲无功利,有专横无诚意,有卖国、无爱国,有害人、无利人,有阶级无平等,八九年来之脊脊大敌,都是此辈干来的营私勾当。腐败绝顶的北京政府,娼妓生涯的安福党徒,盘踞国中,甘心为恶。"[2]在这里,毛泽东把功利与私欲相对立,看成两种截然相反的道德意识和道德品质,毛泽东显然是把功利理解为公利,理解为人民大众的国家的利益,理解为"人类全体的幸福"。确认利益的对立是道德对立的基础,并力图从工人农民的阶级利益出发来理解社会道德关系,这无疑应当被看成是走向"无产阶级的革命的功利主义"的又一个重要思想阶梯。

当毛泽东成为成熟的马克思主义者以后,他就完全立足于无产阶级的人民大众的根本利益来理解和阐述一切有关的伦理道德问题了。他反对空洞虚假的道德说教,坚决主张伦理道德必须服从于和服务于"人类全体的幸福",道德的善就表现在为人民谋利益。他主张,一切为群众的工作都要从群众的需要出发,而不是从任务良好的个人愿望出发。只有从人民的利益出发,从无产阶级的阶级利益出发,才能真正理解和把握马克思主义的道德观。如果死抱住某种现成的教条,或从某种主观的观念出发,而忘却了人民的利益,忘却了无产阶级的阶级利益,那就根本无马克思主义的道德观可言。

毛泽东认为,共产党人的一切言论行为,必须合乎最广大人民群众的最大利益,以最广大人民群众所拥护为最高标准。因此,全心全意为人民服务应当是最高的道德准则和道德要求。张思德、白求恩实践了这一原则,所以毛泽东赞誉他们是高尚的人,纯粹的人,有道德的人,有益于人民的人。在这里,毛泽东十分鲜明地把道德的善恶同是否有益于人民直接相联系,最清楚不过地表明了他的道德功利主义态度。另一方面,毛泽东强调,只有进行大规模的经济建设和文化建设,才能扫除旧中国留下来的贫困和愚昧,逐步改善人民的物质生活和提高人民的文化生活。毛泽东坚持把人民利益作为判定经济建设和文化建设的道德标准。在论到文化教育总方针时,毛泽东强调根本目的"在于使广大中国民众都成为享受文明幸福的人"。在论到科学技术时,毛泽东指出:"自然科学是很好的东西,它能解决衣食住行等生活问题,所以每个人都要赞成它,每一个人都要研究自然科学",否则"就不算一个最

---

[1]《新民学会资料》,人民出版社1980年版,第146页。
[2]《新民学会资料》,人民出版社1980年版,第136页。

好的革命者"。[1]这些无不清楚地表明,毛泽东始终把人民利益视为一切工作所追求的道德价值目标。

总之,毛泽东的全部伦理思想既从人民利益出发,又以人民利益为归宿,始终关注祖国的富强,关怀人类的幸福。据此,我们不难发现无产阶级的革命的功利主义在毛泽东伦理思想中的核心地位。[2]

随着新民主主义革命的深入进行,毛泽东在延安继承了马克思、恩格斯的人民功利主义思想,从中国革命的目的,从党和人民军队的根本宗旨出发,针对一些小资产阶级知识分子在文艺为谁服务的问题上存在的一些错误的观点,提出了文艺的普及或提倡归根到底都是为了人民大众,结合这一问题论述了无产阶级的革命的功利主义道德原则,从而大大丰富和发展了马克思主义伦理学的无产阶级功利主义。毛泽东关于"无产阶级的革命的功利主义"这一命题,是1942年5月《在延安文艺座谈会上的讲话》中正式提出来并集中反映这一思想的。

与此同时,毛泽东在论述无产阶级革命的功利主义过程中,提出了动机和效果统一论,把动机和效果统一到最广大人民的最大的利益上。毛泽东明确指出他既反对片面的动机论,认为这一般是唯心主义;也反对片面的效果论,认为这一般是机械的唯物论。他指出:"我们是辩证唯物主义的动机和效果的统一论者。"并且在他看来,动机和效果的统一,必须有为大众的动机和有被大众欢迎的效果相统一。他说:"为大众的动机和被大众欢迎的效果,是分不开的,必须使二者统一起来。为个人的和狭隘集团的动机是不好的,有为大众的动机但无被大众欢迎、对大众有益的效果,也是不好的。"[3]毛泽东论述的这种在最广大民众的最大利益基础上的动机和效果统一论,为建立中国化的马克思主义伦理学提供了丰富的内容,是马克思主义伦理思想与中国革命实践相结合所产出的优秀成果之一。在毛泽东思想里,正如窦炎国所指出的,"功利即公利"构成了毛泽东革命功利主义思想的道德价值目标,"踏着人生社会的实际说жа"则构成了其方法论原则,而这一思想指向现实的含义,则是集体功利主义。[4]

二、市场经济条件下的功利主义问题

改革开放以来,人们的功利冲动受到一定程度的激发,在产生积极效应的同时,也产生了一些消极效应。一些人借故为"个人利益"正名,只讲"功

---

[1] 毛泽东:《在边区自然科学研究会成立大会上的讲话》,《党的文献》1989年第4期。
[2] 何仁富:《毛泽东的功利主义伦理观与社会主义道德建设》,《宜宾学院学报》2002年第2期。
[3] 《毛泽东选集》第3卷,人民出版社1991年,第868页。
[4] 窦炎国:《论毛泽东的功利主义伦理观》,《毛泽东思想研究》1994年第4期。

利",不讲义务,只讲自我,不讲社会,出现了一些"个人利益至上",损人利己、损公肥私、金钱崇拜的现象,严重地败坏了社会道德风尚。于是,一些人把罪责推到功利主义身上,要求给功利主义降温,抑制人们的功利冲动。关于"功利主义"的讨论成为伦理学界的热点之一。在我国,当前从传统计划经济体制向社会主义市场经济体制转轨时期,在社会主义道德建设中,应否倡导功利主义道德原则?应如何理解和贯彻功利主义?应否倡导功利主义道德原则?如何看待功利主义价值观对中国传统道德的冲击呢?对此,我国伦理学界众说纷纭。主要代表人物有张晓林、赖朝荣、兰秀良、黄伟合、章海山、魏英敏、王海明、魏道履、王润生等。代表作主要有:烛火的《谈革命功利主义》(《前线》1962年第13期);张晓林的《功利与道德》、赖朝荣《社会主义时期的功利道德》(《学习杂志》1986年第5期);兰秀良的《社会主义初级阶段与社会主义道德》(《光明日报》1987年8月3日);黄伟合的《以时代精神振兴伦理学——评〈共产主义道德通论〉》(《中国社会科学》1987年第3期);章海山的《资产阶级利己主义学说剖析》(《光明日报》1981年9月5日);魏英敏的《略论"合理利己主义"的不合理》(《东岳论丛》1982年第2期);王海明的《利己与利他》(《青年论坛》1985年第5期);黄伟合的《规则功利主义与社会公平原则——当代中国道德价值操作标准论纲》(《文史哲》1989年第1期);牟斌的《准则功利主义和行动功利主义之争》(《光明日报》1989年7月3日);张伦、张杰的《功利主义对传统道德的挑战》(《华人世界》1989年第3期);李莉娜的《试论集体主义对功利主义的超越》(《东岳论丛》1992年第4期);孟桂英、刘石山的《社会主义的功利主义简论》(《黄淮学刊》1993年第3期);杨魁森、李连科的《功利主义的双重作用及其有序化》(《人文杂志》1993年第2期);刘金的《革命功利主义和革命英雄主义——毛泽东文艺思想的价值取向》(《文艺理论与批评》1994年第1期);俞吾金的《功利主义道德对中国市场经济发展具有积极的范导作用》(《探索与争鸣》1994年第11期);魏英敏的《市场经济与集体主义功利主义》(《长白论丛》1996年第2期);唐秉仁的《论革命功利主义在毛泽东人生价值观中的地位》(《毛泽东思想论坛》1997年第4期);李瑜青的《论集体主义道德原则与功利主义》(《上海大学学报》1997年第6期);杨通进的《功利、正义与集体主义》(《现代哲学》1997年第3期);孙燕青的《社会主义功利主义:社会主义市场经济的基本伦理精神》(《现代哲学》1998年第2期),等等。

通过这场讨论,在理论界形成了诸多观点。例如,有的认为,市场经济必然导致功利主义,功利主义价值观主张追求物质利益、注重实际功效,在中国改革开放的今天,有不可低估的现实意义。有的认为,市场经济的发展必然引发人们的功利冲动、功利主义道德原则和市场经济运行规律存在着必然的联系。改革开放以来的功利主义讨论主要涉及的是功利主义道德对中国市场经济发展是否具有积极作用的问题,但也有观点认为,"要警惕经济功利主义的泛滥"[1]。有的则认为,功利主义及其理论体系存在一系列缺陷,而且在现实生活中会产生负效应,如果任其发展,必然会腐蚀社会风气,引发道德水准滑坡。目前,不仅不能提倡功利主义,而且要使社会上已经出现的功利主义降温,应该多讲些道义和理想,抑制人们的功利冲动。我国当前正处在由传统的计划经济向社会主义市场经济的转型时期,无论在经济领域,还是在政治、思想文化领域,都经历着一场革命性的变革。从"以阶级斗争为纲"向"以经济建设为中心"转变,从批"唯生产力论"向"贫穷不是社会主义"、"社会主义就是发展生产力"转变;在企业改革中,企业不再是以完成上级下达的生产任务为目的,而转变为以盈利的多少作为评判企业优势的标准。提倡社会主义功利主义,符合我国当前市场经济的基本价值取向。提倡社会主义功利主义,有利于人们更好地理解和把握我国长期以来所倡导的集体主义道德原则。

在中国传统文化中的功利主义思想方面也形成了新的认识。1988年11月15日至17日在华东师大召开的"功利主义反思"学术讨论会上,冯契、朱贻庭、马尽举、赵海琦、朱义禄等对中国功利主义进行了深入分析,并且就功利与道德、功利与价值的关系问题,有无必要提出社会主义功利主义问题等展开了讨论。会上马尽举指出,中国古代功利主义以整体功利为出发点,是以家族为本位的家族功利主义,其论证方式囿于经验论,又是一种早熟的功利主义。赵海琦分析了中国古代功利主义夭折的问题,认为主要原因在于封建政治经济与宗法血缘的互补结构和功利主义的无主体性。[2]

针对改革开放和社会主义市场经济的发展,引起的社会经济关系的变化和各种利益关系的调整,邓小平继承和发展了马克思主义、毛泽东思想的无产阶级功利主义观。他立足于马克思主义的基本原理和中国经济建设的实际,以其独特的思维方式,创造性地将无产阶级功利主义运用于社会主义建设的实践,丰富和具体化了马克思主义的无产阶级功利主义思想。其基本观点如下:

(一)既充分肯定物质利益的决定作用,又坚决反对片面夸大物质奖励、忽视思想教育的不良倾向

邓小平指出:"物质是基础,人民的物质生活好起来,文化水平提高了,精

---

[1]《要警惕经济功利主义的泛滥》,《光明日报》1994年4月18日。
[2] 赫清杰:《90年代功利主义研究述评》,《社会科学辑刊》2000年第4期。

神面貌会有大变化。"[1]他还指出:"为国家创造财富多,个人的收入就应该多一些,集体福利就应该搞得好一些。不讲多劳多得,不重视物质利益,对少数先进分子可以,对广大群众不行,一段时间可以,长期不行。"[2]邓小平站在唯物史观的高度,分析了思想道德和物质利益之间的关系,指出:"革命是在物质利益的基础上产生的,如果只讲牺牲精神,不讲物质利益,那就是唯心论。"[3]针对市场经济的趋利性和"一切向钱看"的错误思潮,邓小平及时告诫全党和全国人民:"我们提倡按劳分配,承认物质利益,是要为全体人民的物质利益奋斗。每个人都应该有他一定的物质利益,但是这决不是提倡各人抛开国家、集体和别人,专门为自己的物质利益奋斗,决不是提倡各人都向'钱'看。要是那样,社会主义和资本主义还有什么区别?"[4]因此,他多次强调物质文明建设和精神文明建设"两手都要硬",要实现两个文明建设的有机结合。

(二)大力发展生产力,并在此基础上逐步改善人民生活

邓小平一改过去单纯从生产关系出发界定社会主义的传统,坚持从生产力和生产关系的统一上确立社会发展阶段和社会主义本质。他说:"马克思主义最注重发展生产力……社会主义阶段的最根本任务就是发展生产力,社会主义的优越性归根到底要体现在它的生产力比资本主义发展得更快一些,更高一些,并且在发展生产力的基础上不断改善人民的物质文化生活。"[5]邓小平还把发展生产力作为统一国家、集体、个人三者利益的基本条件,使集体主义原则在实际工作中具有可操作性。以前我们讲集体主义时,往往强调集体多,考虑个人少,强调生产关系多,注意生产力少,使个人的合理利益得不到保证和实现,既不利于个人,也损害了集体。基于此,邓小平指出:"社会主义是共产主义第一阶段,这是一个很长的历史阶段,必须实行按劳分配,必须把国家、集体和个人利益结合起来,才能调动积极性,才能发展社会主义的生产。共产主义的高级阶段,生产力高度发达,实行各尽所能,按需分配,将更多地承认个人利益、满足个人需求。"[6]总之,生产力是社会发展的最终决定力量。邓小平把发展生产力当作社会主义的根本任务,当作统一国家、集体、个人利益的基本条件,当作无产阶级和劳动人民最主要最根本的利益,并

---

[1]《邓小平文选》第3卷,人民出版社1993年版,第89页。
[2]《邓小平文选》第2卷,人民出版社1994年版,第146页。
[3]《邓小平文选》第2卷,人民出版社1994年版,第146页。
[4]《邓小平文选》第2卷,人民出版社1994年版,第337页。
[5]《邓小平文选》第3卷,人民出版社1993年版,第63页。
[6]《邓小平文选》第2卷,人民出版社1994年版,第351—352页。

将其放到社会主义本质的首要地位,这正是邓小平无产阶级功利主义观的显著特点。

(三)先富带动后富,最终走向共同富裕

邓小平根据我国国情和经济发展的客观规律,提出了允许一部分人、一部分地区先富起来,最终实现共同富裕的政策主张。邓小平说:"在经济政策上,我认为要允许一部分地区、一部分企业、一部分工人农民,由于辛勤努力成绩大而收入先多一些,生活先好起来。一部分人生活先好起来,就必然产生极大的示范力量,影响左邻右舍,带动其他地区、其他单位的人们向他们学习。这样,就会使整个国民经济不断地波浪式地向前发展,使全国各族人民都能比较快地富裕起来。"[1]邓小平说明了允许一部分人、一部分地区先富起来与实现共同富裕的关系:"我们的政策是让一部分人、一部分地区先富起来,以带动和帮助落后的地区,先进地区帮助落后地区是一个义务。我们坚持走社会主义道路,根本目标是实现共同富裕,然而平均发展是不可能的。"[2]邓小平的这些思想,不仅说明了允许一部分人、一部分地区先富起来的政策主张,而且揭示了走向共同富裕的客观规律性,为我国指明了实现共同富裕的必由之路。邓小平依据集体主义原则、马克思主义全局观和我国的国情,提出的关于先富、后富最终共同富裕的思想是对无产阶级功利主义的创造性发展。

(四)制定三步走的战略步骤,实现人民生活水平的逐步提高

为了使我国经济建设既能避免"大跃进"时代的空想模式,又能实现持续快速发展,邓小平根据我国社会主义初级阶段经济社会发展的战略目标,制定了三步走的战略步骤,具体描绘了中华民族实现国强民富的奋斗目标。他用两个"翻两番"表示了我国综合国力的总量指标,用"温饱"、"小康"、"比较富裕"等概念表达了人民生活水平的逐步提高。邓小平说:"我国经济发展分三步走,本世纪走两步,达到温饱和小康,下个世纪用三十年到五十年时间再走一步,达到中等发达国家的水平。"[3]三步走发展战略目标是邓小平总结了我国社会主义建设的经验教训,特别是比较了中国在世界上所处的位置后提出来的,表明了中华民族要尽早跻身于世界发达国家行列的勇气和魄力。到21世纪中叶,一个强大的民族,一个强大的社会主义现代化国家将屹立于世界。这就是邓小平所追求的社会主义最大的功利价值,是他的无产阶级功

---

[1]《邓小平文选》第2卷,人民出版社1994年版,第152页。
[2]《邓小平文选》第3卷,人民出版社1993年版,第155页。
[3]《邓小平文选》第3卷,人民出版社1993年版,第251页。

利主义在社会主义时代的凸显。

（五）将"三个有利于"作为判断是非的标准，注重动机和实效的统一

邓小平在改革开放新的历史条件下，提出以"是否有利于发展社会主义社会的生产力，是否有利于增强社会主义国家的综合国力，是否有利于提高人民的生活水平"[1]作为衡量我们全部工作的根本标准。"三个有利于"标准中，生产力的发展是基础，综合国力的强弱是生产力发展水平的结果，人民生活水平的提高是生产力发展的目的和归属，三者互相联系，构成一个有机的整体。"三个有利于"标准的价值主体是人民，无论是发展生产力，提高综合国力，还是满足人民生活需要，都是为了实现人民的实际价值。"三个有利于"标准实际上就是人民利益标准，是无产阶级功利主义的兼顾动机的实效论的具体化。"三个有利于"标准内含着对动机的重视，渗透其中的是为人民服务、为人民谋利益的精神动机。"三个有利于"标准更突出实效，生产力、综合国力、生活水平都是可以看得见、摸得着的实际存在，而不是一种观念上的想象。邓小平说："不管你搞什么，一定要有利于发展生产力。发展生产力要讲究经济效果。"[2]他还指出，在发展生产力的时候，"追求表面文章，不讲实际效果、实际效率、实际速度、实际质量、实际成本的形式主义必须制止。说空话、说大话、说假话的恶习必须杜绝"[3]。总之，"三个有利于"标准把人民利益放在最高位置上，既重视动机，更注意实效，是社会主义功利原则在价值尺度上的体现，是马克思主义所提倡的无产阶级功利主义思想在新时期的重要发展。[4]

在对无产阶级功利主义思想的研究中，学者们还进一步区分了社会主义功利主义和资产阶级功利主义，认为社会主义功利主义克服了资产阶级功利主义的片面性，正确处理了义利关系。社会主义功利主义对资产阶级功利主义的克服主要体现在两个方面：首先，资产阶级功利主义将集体利益看作是个人利益的简单相加。"……人格化了的这种社会利益只是一种抽象……"[5]它实际上强调并维护的仍是个人利益。社会主义功利主义则既强调集体中个人利益的个人性质，把集体利益看成是个人利益总和的载体，又强调集体利益自身的独立价值，认为汇总起来而构成为集体利益的个人利益，是经过筛选的个人正当利益的总集，它强调的，是个人利益的正当性与集体利益至上

---

[1]《邓小平文选》第3卷，人民出版社1993年版，第372页。
[2]《邓小平文选》第2卷，人民出版社1994年版，第312页。
[3]《邓小平文选》第2卷，人民出版社1994年版，第100页。
[4] 刘保国：《无产阶级功利主义：从马克思到邓小平》，《孝感学院学报》2003年第2期。
[5]《马克思恩格斯全集》第3卷，人民出版社1960年版，第2页。

性的统一。其次,也正因为如此,当个人利益与集体利益相矛盾时,资产阶级功利主义一般不讲求个人牺牲精神,即使强调这种精神,也将之视为是社会的一种必不可免的恶;社会主义功利主义则认为只有当个人利益与社会集体利益发生悲剧性的冲突个人利益的牺牲成为迫不得已的必要时,才强调个人利益的牺牲,同时它主张一旦条件成熟必须对做出牺牲的个人予以补偿,而非将这种牺牲永恒化,并认为这种牺牲是一种崇高的人类道德精神。

在对革命功利主义思想的研究中,学者们还进一步区分了革命功利主义和集体功利主义,认为革命功利主义和集体功利主义在本质上是一回事但因为分别适应不同的历史条件,因此又有一定的不同意义。革命功利主义和集体功利主义的共同点在于:首先,二者都坚持道德以利益为基础的基本原则,强调道德所体现的只有特定的利益关系,坚持以利益来言说和讨论道德;其次,二者都坚持无产阶级的道德善就在于为人民群众谋利益,强调无产阶级的利益所在就是人民群众的普遍利益,除此之外没有其他私利,因此,无产阶级的道德善就体现在他全心全意为人民服务的宗旨和行为中;再次,二者都坚持以目前利益与将来利益、局部利益与整体利益的统一为重要的道德规范。

但是,革命功利主义和集体功利主义也存在一些区别。首先,革命功利主义的主旨在于引导人民群众踊跃参加推翻旧制度的革命斗争,集体功利主义的主旨在于号召人民群众积极投身社会主义建设;前者是为了破坏一个旧世界,后者是为了建设一个新世界。因此,尽管都是无产阶级的功利主义,但宗旨的不同也就必然会导致她们在现实中的表现和实现形式是不同的,在社会主义建设时期,不能用革命功利主义的伦理观代替或取消集体功利主义。其次,革命功利主义突出强调在阶级社会中阶级利益的对立决定道德观上的阶级对立,集体功利主义则突出强调在社会主义条件下集体利益与个人利益的一致性决定道德观上个体与集体的相融性;前者更加强调的利益矛盾是对立性,后者则更加强调利益矛盾的同一性。因此,在社会主义建设时期,无产阶级的道德善,在满足社会、集体的利益前提下,并不排斥个人利益的满足和实现。再次,革命功利主义重点在对旧道德的否定和批判,集体功利主义重点在新道德的建设和创新。一定时代的道德当然是建立在特定的经济基础之上,但是,道德本身也离不开对传统道德的批判和继承。如果说,在革命时期,为了革命的目的,革命功利主义必须更多地强调新道德和旧道德的本质区别,并重点批判旧道德的话,那么,在社会主义建设时期,集体功利主义则必然会更加强调新道德对旧道德中合理成分的继承及创新中的超越与发展。在社会主义条件下,伦理道德领域中的矛盾和冲突已经主要不是由敌对阶级之间的利益对立所引起的,而主要是由劳动者个人与集体、与国家之间的利益矛盾所引发的。鉴于这种社会关系特征,毛泽东反复强调了集体利益与个人利益的一致性,竭力主张把集体利益与个人利益结合起来。他指出:"我们必须兼顾国家利益、集体利益和个人利益"[1],经常注意调节其中的矛盾。"国家和工厂,国家和工人,工厂和工人,国家和合作社,国家和农民,合作社和农民,都必须兼顾,不能只顾一头。"[2]他还强调:"我们历来提倡艰苦奋斗,反对把个人物质利益看得高于一切,同时我们也历来提倡关心群众生活,反对不关心群众痛痒的官僚主义。"[3]由此不难看出,无产阶级的革命的功利主义是相对于阶级社会中一切剥削阶级的功利主义而言的,而社会主义的集体主义的功利主义则是相对于社会主义条件下的个人功利主义而言的。

在新时期,作为衡量我们党的各项工作的基本准绳的"三个代表"重要思想,贯穿于其中的核心是代表最广大人民的根本利益。"三个代表"相辅相成、互为条件,只有做到代表中国先进社会生产力的发展要求,代表中国先进文化的前进方向,才能代表最广大人民的根本利益;只有立足于最广大人民的根本利益,才能成为先进社会生产力的发展要求、先进文化的前进方向的忠实代表。共产党作为无产阶级的政党,本身就肩负着实现人民根本利益的历史使命,必须代表最广大人民的根本利益。要代表最广大人民的根本利益,就必须集中力量发展生产力,创造更多的物质财富和精神财富,只有不断推进生产力的发展,我们发展社会主义文化,实现全国人民的利益,才具有强大的物质基础;只有不断地发展社会主义文化,才能为发展生产力提供强大的精神动力和保证,不断地满足人民群众日益增长的精神文化生活的需要;只有不断提高人民群众物质文化生活水平,不断实现和发展人民的利益,人民群众才会以更加饱满的热情投入到改革开放和社会主义现代化建设的伟大事业中来。所有这一切都表明,"三个代表"的重要思想在根本上集中体现了毛泽东集体功利主义的伦理思想,不仅如此,还赋予了新时期集体功利主义以更加丰富和具体的内容。由此,"三个代表"不仅是衡量我们党的各项工作的基本准绳,而且也是衡量新时期无产阶级道德善的基本道德标准。由此,毛泽东的集体功利主义伦理思想在新时期以"三个代表"的新内涵,成为我们迈向新时代的基本思想支柱和社会主义道德建设的基本依据。

---

[1]《毛泽东文集》第7卷,人民出版社1999年版,第221页。
[2]《毛泽东选集》第5卷,人民出版社1977年版,第275页。
[3]《毛泽东选集》第5卷,人民出版社1977年版,第272页。

第十章 人道主义

　　人道主义最初是资产阶级的意识形态,起源于欧洲文艺复兴时期,是一种以人为中心、重视人的价值、高扬人道理想的社会思潮。启蒙运动的思想家们用人道主义来反对封建统治和论证民主主义,他们反对神权,反对上帝主宰一切,主张以人为中心,歌颂人的价值。在他们看来,只有民主主义才是符合人性、人道主义的,而封建专制是违反人性、人道主义的。所以,当时的人道主义是反对封建主义的思想武器,是民主主义的理论基础。但是,作为一定历史条件下社会关系和社会生活的反映,人道主义并不是资产阶级的专利。随着中国现代化运动的兴起,人道主义思潮开始出现在中国的历史舞台上,并对中国现代化产生了巨大而深远的影响。总的来看,人道主义思潮在中国经历了由肯定、否定到否定之否定的曲折历程。从五四时期对人道主义的宣扬,到"文革"期间被当作革命思想的对立面受到批判和责难,再到 20 世纪 70 年代末 80 年代初的复苏和 90 年代以来对社会主义人道主义的张扬,人性、人道主义的价值被重新发现并在学术界形成了广泛共识。人道主义思潮在 20 世纪中国社会发展的历史轨迹,折射了中国革命和建设的曲折历程。

一、五四时期的人道主义思潮

　　人道主义思潮的萌芽在我国可以追溯到明清时期。15—18 世纪当西方掀起波澜壮阔的人道主义思潮,为西方的现代化开辟道路的时候,中国也出现了带有人道主义色彩的异端思想,开始为中国的现代化摇旗呐喊,并引起了封建正统思想的阵阵骚动,对我国当时和后来的现代化运动产生了一定程度的影响。然而,中国早期的人道主义思潮深受封建传统观念的束缚,遭受封建保守势力残酷镇压而又得不到社会进步力量广泛支持,因此难以完成中国现代化的启蒙任务。十月革命一声炮响,给中国送来了马克思列宁主义,诱发了中国的"五四"启蒙运动,揭开了真正思想史意义上的人道主义思潮的序幕。以陈独秀、李大钊、鲁迅等人为主要代表的激进民主主义者,高扬"民主"和"科学"双重旗帜,向以孔学为核心的封建学术思想、纲常名教、宗教迷信以及专制统治,向长期以来人性的受压抑和遭摧残,发起了猛烈的冲击和强烈反抗,以"救治中国政治上、道德上、学术上、思想上一切的黑暗"[1]。形成了以彻底反传统为主要特征的 20 世纪中国社会人道主义思潮的第一个高潮期。

五四时期的人道主义思潮侧重于对个性解放、民主自由平等、科学理性的倡导,力求击碎麻木愚昧的国民性,从而树立起现代的"人"的观念。陈独秀向载道文学大胆开战,热情推荐充满人道主义精神的"平民文学",标榜"自主自由之人格"[2]。鲁迅批判"吃人的礼教",强调"我们目下的当务之急,是:一要生存,二要温饱,三要发展"[3]。胡适认为,个人应有自由意志,而"社会最大的罪恶莫过于摧折个人的天性,不使他自由发展","社会是个人组成的,多救出一个人,便是多备下一个再造新社会的分子"[4]。周作人提倡"人的文学",认为"从个人做起,要讲人道,爱人类,便须先使自己有人的资格,占得人的位置",作家的创作应以人作为思维中心,以人的生活为是,以非人的生活为非[5]。中国最早的马克思主义者李大钊认为,第一次世界大战的胜利是"人道主义的胜利,是平和思想的胜利,是公理的胜利,是自由的胜利,是民主主义的胜利,是社会主义的胜利"[6],他鲜明地提出"以人道主义改造人类精神"[7]。五四时期人道主义思潮的功绩,正是在于经过它的倡扬,人性、人道主义的价值取向在一个缺乏民主传统的国度里开始获得承认,从而成为维护人的生命存在和个性要求的不可小觑的精神力量,是中国文明史上一次空前的思想大解放。

五四运动以后,随着马克思主义的介绍和传播、中国社会的阶级矛盾和民族矛盾的日趋尖锐和激化,中国的思想文化领域也发生了根本的变化。这股在五四新文化运动中崛起的人道主义思潮,在理论上并没有得到充分的阐述,在社会生活中也没有得以巩固,由被冷落到受批判,在主流文论中开始失势。在当时的特定情况下,即民族的救亡任务压倒了一切,为了同国民党的恐怖统治做斗争,革命文艺家必须突出无产阶级文艺的个性,以此来为无产阶级的文艺争得生存和发展的地盘,阶级论与人性论因此而发生龃龉,人道主义与马克思主义的合作不再可能。生活于这样的社会氛围中,自然就会形

---

[1] 陈独秀:《本志罪案之答辩书》,《新青年》1919 年 1 月 15 日第 6 卷第 1 号。
[2] 陈独秀:《敬告青年》,《青年杂志》1915 年 9 月 15 日第 1 卷第 1 号。
[3] 鲁迅:《狂人日记》,《新青年》1918 年 5 月 15 日第 4 卷第 5 号。
[4] 胡适:《易卜生主义》,《新青年》1918 年 6 月 15 日第 4 卷第 6 号。
[5] 周作人:《人的文学》,《新青年》1918 年 12 月 15 日第 5 卷第 6 号。
[6] 李大钊:《布尔什维主义的胜利》,《新青年》1918 年 1 月 15 日第 5 卷第 5 号。
[7] 《李大钊文集》下卷,人民出版社 1984 年版,第 68 页。

成一种思维惯性:似乎革命与人道主义是不可能和平共处的,要革命就不能讲人道,人道主义是革命的负累。其实,阶级斗争和人道主义并不是势不两立的。从某种意义上说,无产阶级要进行革命,正是为了消灭社会的丑恶现象,争取和促进人们追求的美好的人道主义理想的实现。

毛泽东以历史唯物观为指导,在对资产阶级人道主义的本质进行批判的基础上,明确地提出了革命的人道主义思想。早在井冈山时期,毛泽东就提出对俘虏不搜腰包,尊重其人格的宽大政策。1941年,毛泽东在为延安中国医科大学的题词中公开提出了"救死扶伤,实行革命的人道主义"的伦理原则。新中国成立后,这种革命人道主义得到了进一步发展。1958年,毛泽东为国防部部长彭德怀起草的《告台澎金马军民同胞建议举行谈判和平解决》的文告中指出:"十三万金门军民,供应缺乏,饥寒交迫,难为久计。为了人道主义,我已命令福建前线,从十月六日起,暂以七天为期,停止炮击,你们可以充分地自由地输送供应品。"由此可见,毛泽东的革命人道主义内在地包涵着三个方面的实质内容:第一,尊重人是革命人道主义的基本内涵。毛泽东有一句名言:"世界一切事物中,人是第一个可宝贵的。"[1]这句话说明人是世界上一切价值中最伟大的价值。因此,我们要尊重人的价值和他人的人格,特别要尊重那些为社会辛勤劳动和做出重大贡献的劳动者的价值。第二,关心人是革命人道主义的具体内容。毛泽东一贯主张"解决群众的穿衣问题,吃饭问题,住房问题,柴米油盐问题,疾病卫生问题,婚姻问题。总之,一切群众的实际生活问题,都是我们应当注意的问题"[2]。同时,还要以信赖的态度对待同志,尤其是对待犯错误的同志。只要他们勇于承认错误,愿意改正,我们就要欢迎他们,把他们的毛病治好,使他们变成好同志。第三,对敌恨是革命人道主义的必要前提。毛泽东的革命人道主义明确宣称:"我们不能爱敌人,不能爱社会的丑恶现象,我们的目的是消灭这些东西。"[3]也就是说,革命人道主义反对超阶级的所谓"博爱"的说教,对于那些拿枪的敌人和罪大恶极的反动分子,绝不能心慈手软,必须坚决、无情地加以消灭。在解放战争后期,面对垂死挣扎的反动派,有些人说应当发点慈悲。对此,毛泽东用《伊索寓言》中农夫和蛇的故事来教育大家,消除了那些糊涂观念。他站在人民的立场上,明确指出:"坚决、彻底、干净、全部地歼灭中国境内一切敢于抵抗的国民党反动派。"[4]但是,对敌恨的道德要求,则是根据不同条件,因人而

---

[1]《毛泽东选集》第4卷,人民出版社1991年版,第1512页。
[2]《毛泽东选集》第1卷,人民出版社1991年版136—137页。
[3]《毛泽东选集》第3卷,人民出版社1991年版,第871页。
[4]《毛泽东选集》第4卷,人民出版社1991年版,第1451页。

异,采取不同的政策。这就是说,对于缴械投降的敌军俘虏和一切有条件教育改造的分子,要尽可能地采用尊重人格,感化教育,劳动改造等方法,促使他们重新做人。毛泽东的这些革命人道主义思想既是一种对敌斗争的策略,又是一种真诚的人道主义精神,它有利于分化敌人,化消极因素为积极因素。毛泽东的革命人道主义思想最终体现在以他为首的中国共产党领导全国人民推翻殖民主义统治,推翻封建地主宗法统治和官僚资产阶级统治,使得工农大众翻身解放,建立平等的经济和政治制度,创造人人平等的社会环境。工农大众和劳动知识分子在平等的社会环境中获得自豪、尊严、幸福。

二、改革开放初期的人道主义思想

进入新时期,中国学术界对于人的问题重新表现出广泛而浓厚的兴趣。"文革"结束后,在百家争鸣、百花齐放的气氛中,人们开始对过去"左"倾思潮下全盘否定人道主义的观点进行拨乱反正,对"文化大革命"中的种种非人道行径进行彻底清算,企图从人性、人道主义等方向找到答案。有关学者通过发掘马克思主义前期的思想成果重申五四启蒙精神,对马克思、恩格斯、列宁、斯大林、毛泽东的若干经典论著,尤其是对社会主义在中国的实践,对人性、人道主义问题,社会主义的异化问题,马克思主义和人道主义的关系等展开了深入的讨论,并于20世纪80年代初逐渐达到高潮。这一时期,有关学者纷纷发表文章阐述自己的观点,并且就人道主义问题还专门召开了学术讨论会,出版了论文集。这场论争最初讨论的最主要的积极成果,是把人道主义区分为作为历史观的人道主义和作为伦理原则的人道主义;主张对人道主义历史观加以否定,而对人道主义伦理原则应加以吸收,用马克思主义观点加以改造形成了社会主义人道主义思想。1983年3月7日,中国文联主席周扬在中央党校作了《关于马克思主义的几个理论问题的探讨》的报告。这篇报告因谈到了"异化"和"人道主义",受到了胡乔木、邓力群等同志的批评。此后,"人道主义"问题成了当时"反精神污染"的一项主要内容。作为"反精神污染"的重要成果,1984年胡乔木发表了《关于人道主义和异化问题》的长篇文章。《关于人道主义和异化问题》一文是该时期关于人道主义理论的总结性文章中最主要的代表作,文章充分肯定了马克思主义人道主义是社会主义道德规范体系的一个根本原则,将对马克思主义的认识向前推进了一步。在这篇文章中,胡乔木指出:"我们反对人道主义的抽象宣传,反对人道主义的唯心史观,但是,我们并不笼统地反对任何意义上的人道主义。我们要求对人道主义进行马克思主义的分析,批评资产阶级的人道主义,宣传和实行社会主义的人道主义。"〔1〕他把人道主义在历史观和世界观的意义上宣布为资产阶级意识形态,在理论上缺乏说服力,在实践中对弘扬社会主义人道主义也不利。但该文系在中共中央党校主办的《理论月刊》1984年第2期上发表的、1月27日《人民日报》转载的胡乔木同志写的《关于人道主义和异化问题》,明确的政治立场和政治态度引起了全国范围内的学习和关注。可以说,"这是20世纪80年代在我国思想界展开的一场重大的理论性和现实政治性的争论"〔2〕。黄楠森同志认为,这场讨论虽然使人道主义伦理原则在马克思主义理论体系中找到了自己的位置,但并没有很好地贯彻到实践活动中去。另外,人道主义是不是最高的道德价值原则和价值目标,能不能作为共产主义、社会主义道德的基本原则,能不能用人道主义取代集体主义,人道主义是伦理原则还是历史观? 在这些问题上仍未达成共识。〔3〕

新中国建立以来,中国社会主义建设之所以出现一些曲折,尤其是"文化大革命"严重违背了马克思主义的宗旨,哲学、伦理学等学科没有完全反映社会主义建设的需要,忽略了人的问题。拨乱反正、正本清源,最重要最根本的一条就是恢复人在马克思主义哲学中的地位,确立人在社会主义建设中的地位。实际上,人是马克思主义的出发点、归宿点、核心和目的。在毛泽东逝世之后,在中国也出现了抽象人道主义的思潮。1983年春天,有人提出:"苏联从五十年代至今,三十年来,人道主义、人性的研究和宣传不断发展,目前正方兴未艾。这固然是为了应付西方人道主义者萨特等人的挑战,但也是由于苏联制度本身的需要。"〔4〕事实证明,中国出现类似的思潮并不可怕,因为我们党的领导人是坚持马克思主义的。这是中国与苏联的一个重大的区别。在关键时刻,邓小平表明了对待人道主义问题的基本态度。1983年10月,他在党的十二届二中全会上的讲话指出:"有一些同志热衷于谈论人的价值、人道主义和所谓异化,他们的兴趣不在批评资本主义而在批评社会主义。……资产阶级常常标榜他们如何讲人道主义,攻击社会主义是反人道主义。我没有想到,我们党内有些同志也抽象地宣传起人道主义、人的价值等等来了。他们不了解,不但在资本主义社会,就是在社会主义社会,也不能抽象地讲人的价值和人道主义……我们的人民生活水平和文化水平还不高,这也不能靠谈论人的价值和人道主义来解决,主要地只能靠积极建设物质文明和精神文明来

---

〔1〕 胡乔木:《关于人道主义和异化问题》,《理论月刊》1984年第2期。
〔2〕 卢之超:《80年代那场关于人道主义和异化问题的争论》,《当代中国史研究》1999年第4期。
〔3〕 黄楠森:《关于人道主义和异化问题的讨论》,《北京大学学报(哲学社会科学版)》2010年第1期。
〔4〕 王若水:《人道主义在中国的命运》,香港明镜出版社1997年版,第62页。

解决。"[1]这足以看出邓小平对宣扬抽象人道主义问题的坚定态度。

马克思主义把人类社会历史看作是人性异化和人性复归的历史,历史唯物主义就是关于人性形成、丧失和复归的规律和条件的科学。任何轻视人、不尊重人和不关心人的做法都是必须加以克服的。在人性和阶级性的关系这一重要问题上,争论的焦点在于人性能否等于阶级性,实质在于如何看待中国现实社会中人和人之间的关系以及人的地位。认为人性就是阶级性的人,把现实社会中人和人之间的关系主要看作阶级关系,由于每个人都处在一定的不以人的意志为转移的经济关系之中,都隶属于一定的阶级,人是作为阶级的一个成员参与一定阶级的,人和人之间没有共同人性可言,因而人的地位取决于该阶级的地位,认为人性不同于阶级性的人,把现实社会中人和人的关系看作非阶级关系,人是作为人参与社会生活的,因而人在社会中都应该得到尊重,那种片面强调阶级性而践踏人性的做法是非人道主义的。在人性、人的社会性和阶级性的关系问题上,争论的焦点在于如何看待人性的社会性。认为人性就是阶级性的人强调,不能在生产关系、阶级关系之外去寻找人性,人性的本质在于人的社会性,社会性是人性的唯一特性,而人的社会性在阶级社会中只是表现为阶级性。认为人性不同于阶级性的人指出,人的社会性是人性之一,而不是人性的全部,人的社会性在一定意义上表现为阶级性,但不完全等同于阶级性,因为人的社会性是多方面的,在人的社会性中还有一个次要方面,即非阶级性的一面。在阶级性和共同人性的关系问题上,争论的焦点在于阶级社会中是否存在共同人性,争论的实质在于在阶级社会中是否可以把人道主义作为一条基本原则确立下来。认为人性就是阶级性的人,根本否认有共同人性,因而否认在阶级社会中不同阶级的人之间存在什么人道主义,对人与人之间的关系,只能采取阶级分析。认为人性不同于阶级性的人指出,不同阶级的人之间存在着共同人性,因而在一定意义上可以用人道主义原则来处理人与人之间的关系,只承认阶级分析方法有一定的片面性。

随着20世纪80年代"文化热"的出现,人的价值观念、道德品质、能力水平、精神状态、社会心理、思维方式、全面发展及人道主义等问题再次成为讨论的热点。核心是文化变革与人的现代化问题。由于对中国传统文化和西方文化缺乏深入细致和辩证的分析,盲目批判中国传统文化,盲目宣扬西方文化;对社会主义现代化建设中人的设计缺乏理论基础,过于注重就事论事,缺乏严密性和全面性,讨论中出现了以"儒学复兴"论为代表的传统文化保守

---

[1] 《邓小平文选》第3卷,人民出版社1993年版,第40—41页。

主义和以"全盘西化"论为代表的民族文化虚无主义等错误倾向。这一争论，以中共中央关于精神文明建设的决议作为总结。1989年，在中国政府制止政治风波的大背景下，美国和其他一些国家的资产阶级学者攻击中国不讲人权，因而中国就人权问题做了专门研究，并发表了《中国的人权状况》白皮书，讲明了中国政府对人权的基本观点和资产阶级人权观的区别。在主体性问题上，反思了"文革"对人的主体性的损害、践踏和传统社会主义体制对人的主体性的束缚、压制，提出了在社会主义条件下充分发挥人的主体性的基本原则。然而在对上述问题研究、探讨的过程中，也存在对人及其主体性较多作抽象逻辑、片面夸大研究的问题，思想干扰依然存在，认识上的疑虑并没有真正消除。特别是专家学者和意识形态部门的领导干部对人及其主体性问题的理解有较大差异，难以达成共识。新时期的人道主义思潮是在拨乱反正、思想解放的推动下出现的。人的尊严、人的价值、人的权利、人性、人情、人道主义，在遭到长期的压制之后，被重新发现和挖掘。人道主义思潮通过对几十年来社会主义中国的历史和现实的反思与清理，对"文化大革命"的深重灾难及其根源的揭露和批判，从根本上否定了新的迷信和"两个凡是"的方针，有力地鞭笞了"左"倾思潮，推动了思想解放运动进一步向纵深发展，促进影响了中国20世纪80年代社会生活的巨大变化，为创立社会主义人道主义的科学理论奠定了基础。中共十二届六中全会通过了《中共中央关于社会主义精神文明建设指导方针的决议》明确指出："要大力发扬社会主义人道主义精神。"[1]

三、20世纪90年代以来的人道主义思想

从1992年至今，开始对人的问题和人道主义进行综合研究，呈现出两大基本走向。有些专家学者纷纷从不同角度致力于对人本身的存在和发展作深入系统的理论探讨，并为建立一门相对独立的马克思主义"人学"学科做准备，导致人学学科在中国的诞生。[2]有些专家学者致力于"社会主义市场经济与人"、"社会主义现代化与人"的现实性专题研究，把社会主义现代化建设同人的问题现实地联系起来。近年来的人道主义研究，多停留在哲学层面上，缺少从经济学、社会学、心理学、行为科学、生理学、文化学、价值学等多学科的角度进行深入研究。由于思想认识不统一，主体素质不适应，分析研究无力度，在人道主义、人的能力、个人及个性等问题上所取得的研究成果未系

---

[1]《十一届三中全会以来有关重要文献摘编》，人民出版社1987年版，第348—363页。
[2] 黄楠森:《马克思主义与人道主义》,《光明日报》2003年8月19日。

统总结吸收,决定了这种研究反映不出"人"这一对象的特征,得出的结论也是片面的。

马克思主义发挥了资产阶级人道主义的伦理原则,但扬弃了资产阶级人道主义的历史观。在马克思主义理论体系中保留的作为伦理原则的人道主义有许多体现。马克思主义关于人的自由全面发展的理论,确立了未来社会的价值目标。在《关于费尔巴哈的提纲》中,马克思清除了费尔巴哈旧的人道主义的影响,确立了人的本质观。他认为:"人的本质不是单个人所固有的抽象物,在其现实性上,它是一切社会关系的总和。"〔1〕关于人的本质的这个界定,奠定了人的全面发展理论的基础。马克思主义认为,人的全面自由的发展,主要就是现实的人只有超脱内在和外在的一切束缚和限制,才能在素质与个性方面得到充分发展。马克思指出:"个人的全面性不是想象的或设想的全面性,而是他的现实关系和观念关系的全面性。"〔2〕马克思主义认为,未来的新社会是"一个更高级的、以每个人的全面而自由的发展为基本原则的社会形式"〔3〕。马克思主义把人的自由全面发展作为共产主义社会人的基本状态。

马克思主义关于人的解放的理论,在马克思主义的理论体系中占有重要的地位。马克思主义关于社会发展最终目标是实现共产主义的论述包含人类解放的全部主张,体现了最高的伦理人道主义的内涵。在《共产党宣言》中,马克思和恩格斯指出:"代替那存在着阶级和阶级对立的资产阶级旧社会的,将是这样一个联合体,在那里,每个人的自由发展是一切人的自由发展的条件。"〔4〕恩格斯在《反杜林论》中也指出:"当社会成为全部生产资料的主人,可以按照社会计划来利用这些生产资料的时候,社会就消灭了人直到现在受他们自己的生产资料奴役的状况。自然,要不是每一个人都得到解放,社会本身也不能得到解放。"〔5〕马克思主义认为,人类的解放与无产阶级的解放是一致的。只有过渡到没有阶级和剥削的共产主义社会才能实现人的彻底解放。人的彻底解放就是共产主义的伦理本质。

马克思主义还曾以人的自由关系为尺度,划分社会形态。这足以看出伦理原则的人道主义在马克思主义思想体系中的地位。马克思在《1857—1858年经济学手稿》中提出了三大社会形态划分的理论。他说:"人的依赖关系

---

〔1〕《马克思恩格斯选集》第1卷,人民出版社1995年版,第56页。
〔2〕《马克思恩格斯全集》第46卷(下),人民出版社1980年版,第36页。
〔3〕《马克思恩格斯全集》第23卷,人民出版社1972年版,第649页。
〔4〕《马克思恩格斯选集》,人民出版社1995年版,第294页。
〔5〕《马克思恩格斯选集》第3卷,人民出版社1972年版,第332—333页。

(起初完全是自然发生的),是最初的社会形态……以物的依赖性为基础的人的独立性,是第二大形态,在这种形态下,才形成普遍的社会物质变换,全面的关系,多方面的需求以及全面的能力的体系。建立在个人全面发展和他们共同的社会生产能力成为他们的社会财富这一基础上的自由个性,是第三个阶段。"[1]这种共产主义的自由个性的出现,才真正实现了人类彻底的伦理人道主义的追求。可见,马克思主义把人的自由程度作为衡量社会发展进步的尺度。马克思主义的人学思想是丰富的,这里只是从几个角度分析在马克思主义的理论体系之中,作为伦理原则的人道主义内容,不但没有消失,没有冲淡,而是得到了真实的提升和重视。这些内容正是真正的马克思主义者应该不断弘扬发展的具有现实意义的理论。

人道主义思潮的复兴,是思想解放运动的深化和进一步发展。其实质意蕴是在中国现代化进入新的历史时期的大背景下,如何对待西方现代文化和中国传统文化,创立与改革开放和社会主义现代化建设相适应的中国现代意识。它具有明显的特征:与其他运动相比,自发性与广泛性;与以往争论对照,历史感与西化倾向;从学术角度观察,情绪化与政治化;从指导思想考虑,对马克思主义的新理解与再认识。由于各种因素的交互作用,使人道主义思潮中有待深入的学术探讨困难重重,难以为继,其经验教训是发人深省的。有人说"80年代是皱着眉头进入历史的"[2]。这既是说人们在重新思考历史与人生,也是说80年代以来历史进入了一个争论的年代。在新旧交替的历史十字路口,一方面"左"倾思潮不甘心退出历史舞台,另一方面思想解放运动也不可能一蹴而竟全功。各种思潮的来回拉锯使80年代皱起了眉头。不知不觉间,人道主义问题竟成了新旧力量消长的风向标。改革开放以来20年间有关人道主义思潮的论争,乃20世纪"左"倾思潮与社会理性之间最后的碰撞。[3]尽管讨论中提出的许多根本问题至今没有得到完满解决,但是它毕竟在推动中国人的思想观念和行为实践发生巨大变革方面,产生了重要的作用。尤其是作为这场思潮的最大成果——社会主义人道主义的创立,成为我们完成反封建的现代思想启蒙、塑造中国现代意识和进行社会主义现代化建设的重要思想武器。

正是在对社会主义人道主义发展中,"以人为本"的科学发展观诞生了。"以人为本"的思想最初出现在中央文献中,是2003年10月14日党的十六

---

[1] 《马克思恩格斯全集》第46卷(上),人民出版社1979年版,第104页。
[2] 尹昌龙:《1985:延伸与转折》,山东教育出版社1998年版,第35页。
[3] 裴毅然:《二十世纪中国文学人性史论》,上海书店2000年版,第334页。

届三中全会审议通过的《中共中央关于完善社会主义市场经济体制若干问题的决定》。在这个《决定》中,明确提出了"坚持以人为本,树立全面、协调、可持续的发展观,促进经济社会和人的全面发展"。提出坚持以人为本,同我们党全心全意为人民服务的根本宗旨和代表中国最广大人民的根本利益的要求,是一脉相承的。胡锦涛指出:"坚持以人为本,就是要以实现人的全面发展为目标,从人民群众的根本利益出发谋发展、促发展,不断满足人民群众日益增长的物质文化需要,切实保障人民群众的经济、政治和文化权益,让发展的成果惠及全体人民。"[1]非常明确,中国共产党人接受和提出的"以人为本",不是作为历史观的人道主义的口号,而是作为一个伦理原则提出的。它不是替代共产主义的口号,而是一个贯彻马克思主义内涵、体现共产主义要求的一个标准。"以人为本"的提出,并对之进行科学定位,反映了我们党对马克思主义体系中人道主义伦理成分的深刻理解,也表明我们党对马克思主义扬弃了的作为历史观的人道主义的高度警觉和坚决拒斥。在树立和落实科学发展观、构建社会主义和谐社会的战略目标下,提出"以人为本"并在工作中注重落实,确实具有重要的现实意义。坚持以人为本,不是抽象、空洞的口号,必须落实到发展的每一项措施中,贯彻到改革的每一个行动中。

---

[1] 胡锦涛:《在中央人口资源环境工作座谈会上的讲话》,《十六大以来重要文献选编》上,中央文献出版社2005年版,第849—861页。

第十一章　爱国主义

　　爱国主义是一种社会意识,是人们长期培养起来的对自己祖国的一种深厚的感情和信念,它反映了个人同祖国关系的一种特殊情感形态。爱国主义产生于一个国家的历史发展之中,产生在一定的政治、经济和文化的基础之上,通过自然环境的孕育,文化科学的熏陶,风俗习惯的影响,并随着历史的发展而发展出来的展现着一定时代特色的一种坚定而又稳固的情感。在中华民族漫漫历史长河之中,爱国主义始终鼓舞着人们为民族的生存、发展前赴后继,不屈不挠,奋发向上,是中华民族的宝贵精神财富。爱国主义的历史性使得它在面临经济全球化、政治多元化这一世界发展潮流背景下,爱国主义作为一种社会意识,具有特殊而又强大的凝聚力,它引导人们对祖国的深厚感情,以及对祖国的物质文明与精神文明与对祖国人民的热爱之情。

　　爱国主义是一种道德情操。列宁曾经说:"爱国主义就是千百年来巩固起来的对自己的祖国的一种最深厚的感情。"[1]这就是说,爱国主义是热爱祖国、忠于祖国的思想、行为和情感,也就是对祖国深厚的感情和把这种感情化为无私的报国之举。深厚的爱国主义情感,必然会对人们的思想和行动产生强烈的影响,从而将这种情感转化为一种道德情操。而我国学者研究认为,爱国主义作为一综合性范畴,体现在政治、伦理与文化诸社会系统的构件中,植根于民族文化的沃壤。中华民族是一个富有爱国主义光荣传统的民族,在我国历史上,爱国主义历来是动员和鼓舞人民团结奋斗的一面旗帜,是各族人民共同的精神支柱,在维护祖国统一和民族团结、抵御外来侵略和推动社会进步中,发挥了重大作用。"思想一旦掌握了群众,就变成力量。"[2]爱国主义的社会舆论、风俗习惯能够增强人们爱国主义的内心信念,培养人们的爱国观念和爱国主义的道德责任意识。

　　爱国主义是一个历史的范畴,在不同的历史时期,对于不同的阶级有不同的内容。毛泽东说过:"爱国主义的具体内容,看在什么样的历史条件之下

---

[1]《列宁选集》第3卷,人民出版社1995年版,第608页。
[2]《列宁选集》第3卷,人民出版社1995年版,第335页。

来决定。"[1]在我国两千多年的封建社会里,爱国主义主要是反抗地主和贵族的黑暗统治,反对民族压迫,反对国家分裂,维护祖国统一。而1840年的鸦片战争以后,帝国主义列强侵略、掠夺落后的封建主义的中国,致使中国一步一步地变成了半殖民地半封建的社会,中国社会除了原有的地主阶级和农民阶级这一对主要矛盾外又增加了外国资产阶级、帝国主义与中华民族这一主要矛盾,伴随着中国革命运动出现的前所未有的新内容、新局面,爱国主义也被注入了新内容,这个新内容可以集中概括为两个字"救亡",正如近代著名学者、维新运动的领导人梁启超所说:"以爱国相砥砺,以救亡为己任。"[2]以林则徐、龚自珍、魏源为代表的地主阶级的爱国人士作为中国近代第一批"睁眼看世界"的先进中国人,首先意识到了鸦片战争以后爱国主义主题的这个变化,不仅在理论上提出了"师夷长技以制夷",而且在实践上进行了"虎门销烟"、"洋务运动"等一系列爱国主义活动。概括起来,从1851年至1911年的60年中,爆发了农民阶级领导的声势浩大的反封建的太平天国革命运动,资产阶级维新派发起的改良封建统治、以"保国、保种、保教"为目的的戊戌变法运动,农民阶级领导的反帝反封建的义和团运动以及以孙中山为代表的资产阶级革命派领导的"爱国应是爱中华,而不是爱大清"、"驱除鞑虏,恢复中华"的反帝反封建的辛亥革命,最终推翻了封建王朝清政府的统治,建立了中华民国……"救亡"斗争浪潮席卷整个神州大地,爱国主义思想进一步得到升华、发扬光大。

不可否认,在近代历史的舞台上,为了挽救中华民族,地主阶级、农民阶级、资产阶级都结集在"救亡图存"的爱国主义旗帜下,从真正解救中华的角度说,他们都没有成功,但他们的爱国主义实践却彪炳千秋。

开始于1919年的五四运动开启了中国现代史的序幕,也标志着爱国主义新时代的到来。1919年,为了阻止第一次世界大战后列强重新瓜分中国的企图,抗议巴黎和会的决定,爆发了反帝反封建的政治运动——五四爱国运动。在这场反映在政治、经济、思想文化等各个领域的声势浩大的全民运动中,得到最集中表现的就是爱国主义,五四运动把中国人民的高昂斗志激发出来并凝聚在一起,形成强大的政治力量,直接体现了中国人民高度的爱国主义精神。五四运动的直接参加者邓颖超说过:"五四运动是自发的运动,没有党的领导,没有马列主义,但是大家却有一个爱国的共同理想。"在这一时期,一大批先进的中国人走上革命的道路,最初的动因就是出于爱国爱民、救国救民,

---

[1] 《毛泽东选集》第2卷,人民出版社1991年版,第520页。
[2] 中国史学会主编:《戊戌变法》资料丛刊第1册,上海人民出版社1957年版,第303页。

在革命志士们的言论中占有相当大的分量的就是爱国主义思想,因此,五四运动首先是一场爱国运动,其直接的结果就是唤起全国各界人们的爱国意识,促使人们考虑中国的出路问题,即 20 世纪中国的发展应该选择什么样的道路。中国先进的知识分子包括封建保守势力、资产阶级都在五四以后针对这个问题,从各自的阶级立场出发,对这个问题做出了各自的回答,提出了一系列改造社会、救亡国家的主张,封建保守势力主张复兴国教儒教,利用中国传统的儒家思想振兴国家;而资产阶级西化派则主张"全盘西化",学习西方先进的思想文化和技术,走西方的发展之路。两派针锋相对、争论不休,尽管两派思想家的反帝救国的热情、主张和行动在近代起了不可磨灭的积极作用,但是由于对帝国主义的本质认识不清,因此,两派思想家的爱国主义意识不仅不能变为现实,有时反而会造成误国甚至卖国的后果。而以陈独秀、李大钊、毛泽东为代表的一些激进的民主主义者在经历了五四之前的一系列革命运动之后,伴随着 1917 年俄国十月社会主义革命的胜利,由民主战士蜕变成为真正的马克思主义者,开始在国内大力宣传马克思主义,由此开始了马克思主义中国化的进程,爱国主义在这时也发生了根本的变化,由个体、自发、盲目的爱国主义转变成为由先进的马克思主义思想指导的、马克思主义者群体的、有共同的共产主义目标指引下的理性的爱国主义。陈独秀、李大钊、毛泽东、周恩来等最先接受马克思主义思想的革命者,成为中华民族第一代最高类型的爱国主义者,他们在五四运动中显示出来的对国家和民族的极强的责任感以及以"救亡图存"为己任的爱国主义精神,对以后的中国的革命和建设也产生了深远的影响。

综观 1919 年五四运动至今的爱国主义的发展,根据不同时期中国现实的不同发展,可以把中国爱国主义民族精神的发展分为三个阶段:第一阶段即从 1919 年五四运动的爆发—20 世纪 30 年代初,这段时期主要是各种爱国主义思潮涌动和碰撞时期;第二个阶段为 20 世纪 30 年代后期抗日战争的爆发—1949 年新中国的成立,这段时期主要是爱国主义实践期;第三个阶段为 1949 年新中国成立—至今,爱国主义与社会主义相结合,进入建设时期的爱国主义的新时期。

一、1919 年至 20 世纪 30 年代初的爱国主义和爱国运动

以 1919 年五四运动为标志,近代爱国主义进入一个新的阶段。这就是在无产阶级先进思想指导下的爱国主义和爱国运动的出现与发展。五四运动是近代中国历史上一次彻底的不妥协的反对帝国主义、反对封建主义的伟大革命运动,是一次以"内除国贼,外争国权"为口号,挽救国家危亡,争取民主

自由的民众革命斗争。五四运动标志着中国人民的新觉醒,中国无产阶级独立地登上政治舞台,并担负起中国革命的领导者的历史责任。"这时,也只是在这时,中国人从思想到生活,才出现了一个崭新的时期。"[1]中国共产党的成立使中国革命的面貌焕然一新。中国革命进入了新民主主义的历史时期。近代爱国主义也表现出一种新的姿态和形式,这时爱国主义的思想理论基础已由进步的民族主义发展为以无产阶级思想为主导,包括各种进步思想和爱国主张的思想联盟。1919年五四爱国运动的爆发至20世纪30年代初的抗日战争,虽然"救亡图存"依然为爱国主义的主题,但是,总体说来,"救亡图存"爱国主义精神在这一段时期内主要表现为民主和科学精神的宣扬和三派人士即封建保守复古派、资产阶级西化派和马克思主义者基于不同的阶级立场提出的决定中国未来不同走向的爱国主义思想间的碰撞。在这些同出于爱国之心的不同的思想文化的论争中,最重要的是马克思主义者以马克思主义思想为指导对以上两派偏离了正确方向的爱国主义思想的批驳、纠正,并且在批驳错误思想的过程中,马克思主义者所主张的正确的马克思主义的爱国主义思想得到彰显。

五四运动并不仅仅是指1919年的五四学潮,不可否认,1915年到1927年的新文化运动,作为五四运动的前奏和重要的组成部分,奏响了五四时代"民主与科学"的时代强音,以陈独秀、胡适、李大钊等为代表的激进的民主主义者大力推崇"德先生"和"赛先生",通过新文化运动在古老的中国土地上首先举起了"民主与科学"的旗帜,在他们看来,要改变封建专制主义和人们愚昧落后的状况,就要主张人权,人权就是民主,把人权作为衡量民主的尺度,成为爱国主义的一个有力的武器。正像《新青年》创刊号中《敬告青年》一文提出的,"国人而欲脱离蒙昧时代,则急起直追,当以科学与人权并重"。五四时期宣传科学也主要在于提倡科学精神,反对愚昧落后和迷信盲从,从而使科学和民主一样成为反对封建主义的有力武器。在这一时期,宣扬民主和科学的典型代表为陈独秀。他以《新青年》杂志为阵地,高举"科学"与"民主"的旗帜,彻底地不妥协地向禁锢中国社会前进的旧思想、旧文化、旧风俗、旧观念及其旧制度发动了强烈的进攻,"科学"与"民主"可谓时代的产物,代表着当时的进步思想,陈独秀高举这两面大旗,理应看作顺应时势、强国强民、推动社会前进的一种正义的进步的爱国行动。他在推崇"科学"与"民主"并举的同时,更加突出了在中国近代发展最薄弱的"科学",他认为"科学之兴,其

---

[1]《毛泽东选集》第4卷,人民出版社1991年版,第1470页。

功不在人权之下,若舟车之两轮焉"[1]。主张"以科学代宗教",呼吁向一切"骗人的偶像"做斗争,他说:"吾人信仰,当以真实的合理的为标准……此等虚伪的偶像倘不破坏,宇宙间实在的真理和吾人心坎儿里彻底的信仰,永远不能合一!"[2]

陈独秀以民主和科学为武器对封建主义、封建军阀和帝国主义展开了进攻。他首先对封建专制制度的精神支柱——孔学的"三纲五常"进行了有力的抨击。他说:"孔子生在封建时代,所提倡之道德,封建时代道德也;所垂示之礼教,即生活状态,封建时代之礼教,封建时代之生活状态也;所主张之政治,封建时代之政治也。封建时代之道德、礼教、生活、政治,所以营目注,其范围不越少数君主贵族之权利与名誉,于多数国民之幸福无与焉。"[3]他认为,象征封建道德、礼教、生活、政治、文化的儒家学说,是套在人们身上的精神枷锁,是造成国家衰退的主要原因,必须彻底砸烂。为提倡"科学"与"民主",他毅然表文,不怕"政府的压迫,社会的攻击笑骂,就是断头流血,都不推辞"[4]。陈独秀的坚强斗争决心和无畏的精神,对于唤起民众,鼓舞先进青年起来反对封建专制制度,无疑起了进步的推动作用。

陈独秀不仅向封建主义发动了猛烈进攻,而且对帝国主义、封建军阀统治也进行了坚决的斗争。早在1904年,他创办的《安徽俗话报》就对帝国主义侵略中国和清政府屈辱卖国的罪行,作了淋漓尽致的揭露。他说:帝国主义"把我们几千年祖宗相依的好中国,当作切瓜一般,你一块,我一块,大家分分,这名目就叫'瓜分中国'"[5],把清政府与帝国主义的关系,比作"奴才"与"干爹"的关系。他又说:"中国官最怕俄国,活象老鼠见了猫一般,眼看着他占了奉天,那敢道半个不字。"[6]并大声疾呼:"大家赶紧振作起来,有钱的出钱,无钱的出力"[7],号召民众齐心协力,团结一致反对帝国主义和清政府的腐朽统治。他还说:"人人都知道保卫国家的,其国必强;人人都不知道保卫国家的,其国必亡。"[8]陈独秀的这些话,不仅揭露了帝国主义侵略中国和清政府屈辱卖国的罪行,而且对于激发人们的爱国热情,培养人们的爱国主义觉悟,起到了很好的作用。

---

[1]《陈独秀文章选编》上册,三联书店1984年版,第78页。
[2]《陈独秀文章选编》上册,三联书店1984年版,第227—278页。
[3]《陈独秀文章选编》上册,三联书店1984年版,第155页。
[4]《陈独秀文章选编》上册,三联书店1984年版,第318页。
[5]《陈独秀文章选编》上册,三联书店1984年版,第19页。
[6]《陈独秀文章选编》上册,三联书店1984年版,第19页。
[7]《陈独秀文章选编》上册,三联书店1984年版,第20页。
[8]《陈独秀文章选编》上册,三联书店1984年版,第40页。

民主是专制的对立物,科学是蒙昧的对立物。以陈独秀为代表的五四新文化运动高举民主与科学这两面大旗,以此为武器向封建主义的意识形态以及帝国主义发动了全面的进攻,救国救民,使"民国"不但有其名而且有其实,其出发点和落脚点都是爱国主义,可以说五四运动中提出的民主与科学是从爱国救亡的立场出发的,同时又促进了爱国救亡运动的开展。虽然这时表现出来的爱国主义思想以"救亡"为目标,但由于没有一种科学思想的指导,明显表现出一种非集体主义的特点,爱国主义思想的影响仅仅局限在一定的知识分子群体中,没有产生全国性的号召和引导,激不起广大普通民众的共鸣,而爱国主义在马克思主义思想被引入后发生了根本性的改变。

1917年十月社会主义革命的一声炮响,为中国送来了马克思列宁主义。在马克思主义思想的影响下,陈独秀、李大钊、毛泽东等完成了由激进的爱国民主人士到真正的马克思主义者的飞跃,李大钊同志于1918—1919年先后发表了《法俄革命之比较观》《庶民的胜利》《布尔什维克主义的胜利》《我的马克思主义观》等一系列文章,而陈独秀也于1921年下半年到1922年秋,他先后发表了《谈政治》《社会主义批评》《关于社会主义的讨论》以及《马克思学说》等文章,对马克思主义的基本思想作了较全面的阐述和宣传,成为当时中国传播马克思主义的杰出代表。李大钊等开始利用马克思主义作为爱国主义的武器,对当时社会上各种错误的思潮进行了彻底的反驳,较之于以往更加彻底地批判了封建主义和帝国主义,这个时候的爱国主义成为由科学思想指导的、更贴合中国实际的、更具有广泛的群众基础的崇高的爱国主义。

五四运动的灵魂是爱国主义,从爱国出发要求民主与科学,以科学的精神、用民主的手段去拯救祖国的危亡就要求大量引进西方各种先进思想,以进行比较、选择。在这个过程中,当时社会上出现了三个相互冲突的思想派别,即以梁漱溟等为代表的拒绝西方的一切、主张复兴传统儒教、从而拯救国家的新儒学派;以胡适等为代表、与新儒学派针锋相对的、主张完全西化的资产阶级西化派;以陈独秀、李大钊、毛泽东等为代表的最初的民主主义者,他们在用科学的态度去审视西方各种新思潮时,发现西方资产阶级的民主具有很大的虚伪性,转而相信马克思主义,成为最早接受马克思主义思想的共产主义者。三派的主张虽然都是在共同的"救亡"主题下展开的,但是三派的主张却可以将中国引向完全不同的未来。因此,三派在包括世界观、人生观等各个方面展开了激烈的论战。在论战中,马克思主义者以马克思主义思想为武器对封建复古势力以及资产阶级自由派进行了有力的批驳。例如,针对封建复古势力以及资产阶级自由派为了"救亡"所主张的所谓复兴国教和倡导中国全盘的西化思想,李大钊就从马克思主义关于经济和道德的关系的论述上进行了反驳,在他看来,"人类社会一切精神的构造都是表层构造,只有物质的经济的构造是这些表层构造的基础构造","物质既常有变动,精神的构造也就随着变动。所以思想、主义、哲学、宗教、道德、法制等等不能限制经济变化物质变化,而物质和经济可以决定思想、主义、哲学、宗教、道德、法制等等"。[1]因此,随着中国封建制的经济基础的瓦解,再主张复古封建的思想文化就是非常的不合理的了;而相对的中国的资本主义经济的发展仍处于低级阶段,中国不具备资本主义的经济基础,因此,主张在中国照搬西方的发展模式更是不现实。从这里可以看出,李大钊等马克思主义者的爱国主义思想在马克思主义的指导下,更加贴合中国的现实,也更加理性,因此也更能够得到广大普通民众的认同和响应,是对以往中国的传统的爱国主义思想的不断加深和升华。

五四之后,马克思主义者与非马克思主义者的论战,不仅对马克思主义在中国获得更大范围的传播起到了积极的作用,而且,由于这场论战是在爱国主义的忧患意识中产生的,所以这场反帝反封建的论战,更是这一时期爱国主义精神的最重要的体现。在这场论战中,马克思主义者大获全胜,标志着近代爱国主义的主题"救亡"得到了满意的答案。从这场论战中,人们得出答案:只有马克思主义者才能真正解救中国,只有马克思主义思想才是中国革命的指导思想,只有马克思主义倡导的共产主义社会才是未来中国的正确的选择,中国共产党是中国五千年历史上最伟大、最优秀的爱国主义集团。也就是毛泽东在1920年底所说的这是在"山穷水尽诸路皆走不通情况下的一个变计,并不是有更好的方法弃而不用"[2]。1921年1月2日,在新民学会讨论改造社会方案的会议上,毛泽东在对各种方案进行分析后,明确地宣布:只有"激烈方法的共产主义,即所谓劳农主义,用阶级专政的方法是可以预计效果的,故最宜采用"[3]。

而且在这一时期,马克思主义在中国得到传播的一个很重要的成果即为1921年中国共产党的成立,自此以后中国的"救亡"运动有了先进的组织共产党的领导,反帝反封建的革命运动更加如火如荼地展开,而且,为了"救亡",从而更加彻底地反帝反封建。1922年,中共"二大"提出党的纲领从整个国家和民族的利益出发,做出了"组织民主的联合战线"的决议,决定同以孙中山为首的国民党和其他革新团体建立工人、农民、城市小资产阶级和资产阶级

---

[1]《李大钊文集》下卷,人民出版社1984年版,第139页。
[2]《毛泽东书信选集》,人民出版社1983年版,第8页。
[3]《新民学会资料》,人民出版社1980年版,第129页。

的反帝反封建的民主联合战线,共同与封建军阀和帝国主义战斗,掀起了全国大革命的高潮。自1927年蒋介石、汪精卫先后破坏国共合作,发动"清党"反共,血腥屠杀共产党人和工农革命群众,彻底背叛了革命统一战线,国共两党由合作而至互相对立之后,经历了长达十年之久的内战,给了日本帝国主义入侵中国以可乘之机。尽管这次革命民主统一战线的结成时间短暂,但也显示了中华民族强劲的民族凝聚力以及面对民族危难时共同的民族责任感和爱国主义精神,同时更显示了中国共产党时时以国家和民族的利益为先的高尚品质和崇高的爱国主义精神,这种精神正是中国传统的爱国主义精神的延续和在新时代的发挥,同时李大钊等共产党人为了革命的献身也显示了共产党人宁死捍卫真理的崇高的革命品质,昭示了共产党人是新时代爱国主义精神的绝佳代言人。

二、20世纪30年代至1949年新中国成立期的民族爱国主义与人民民主主义的统一

1931年九一八事变以后,日本帝国主义要灭亡中国的狼子野心毕露无遗,尤其在七七卢沟桥事变后,面对着日本帝国主义展开的全面侵略,中国共产党发出《为日军进攻卢沟桥通电》,发出"平津危急!华北危急!中华民族危急!"的警号。面对社会现状的急剧的恶化,中国的社会矛盾也发生了根本的转变,鸦片战争以来与帝国主义和封建主义的双重的矛盾虽然在这时依然存在,但是面临亡国灭种的威胁,中日之间的民族矛盾突显出来,"救亡"的爱国主义在这一时期表现出完全不同于以往的特点,即民族爱国主义与人民民主主义的统一,抗日救亡成为爱国主义乐章的主旋律。抗日救亡的爱国主义是一种新形态的爱国主义。一方面,它继承了中华民族的爱国主义传统,是中华民族优秀品格集大成的表现;另一方面,它又区别于历史上的爱国主义。由于时代条件的不同和中国社会的发展进步,爱国主义在其形式和内容等方面都已属于无产阶级的思想体系。无产阶级思想指导及广泛的民族性与人民性是抗日战争时期爱国主义的基本属性特征。抗日战争时期,爱国主义的这个特征主要表现在毛泽东同志领导的中国共产党的抗日救亡的思想,如人民战争的理论和组织抗日民族统一战线等实践上。

抗日战争时期,面对着日本帝国主义的疯狂侵略以及中国人民表现出的抗日救亡的强烈的爱国主义精神和民族凝聚力,毛泽东以马列主义统一战线理论为依据,认真吸取历史上"左"、右倾错误的教训,总结统一战线实践中的经验,高举爱国主义的大旗,提出了一整套统一战线理论、方针和政策。毛泽东在抗日战争一开始就提出:"我们主张在中国建立民族的和民主的统一战

线。"[1]

　　首先,以毛泽东为代表的中国共产党适时提出了发动人民战争的理论。人民战争的理论,是抗日战争胜利的思想武器。以毛泽东为首的共产党人总结了过去——特别是十年内战的经验,把已经形成的人民战争思想运用于民族解放战争,制定了全面的、全民族的抗日的战略和方针,充分动员和依靠人民群众,形成势不可挡的抗日洪流。农民阶级、工人阶级、各个民主党派和爱国人士,以及广大台湾同胞、港澳同胞和海外华人,为民族和国家的独立解放事业做出了不可磨灭的贡献,甚至一部分大地主大资产阶级也加入到抗日的阵营之中。江泽民同志说过:"中国人有很强的自尊心,从来不屈服于外来的压力。这是中华民族的优秀品质之一。抗日战争以前,中国的四万万同胞被人视为一盘散沙,人称'东亚病夫'。抗日战争使全体中国人民团结起来了。"[2]中国共产党领导广大人民群众积极开展战后游击战争,建立敌后抗日根据地,始终坚持"兵民是胜利之本"的原则。毛泽东同志说过:"战争的伟力之最深厚的根源,存在于民众之中。"群众始终是抗日民族统一战线不可缺少的中坚力量,群众性救亡运动和直接的武装斗争是全民爱国主义精神的最集中的体现,它沉重地打击了日本帝国主义,并为最终抗战的胜利打下了坚实的基础。

　　在发动广大群众积极抗日的同时,毛泽东同志领导的中国共产党以民族存亡为重,还积极寻求同以蒋介石为首的国民党的合作,以期建立真正意义上的发动全民力量抗战的民族统一战线。蒋介石领导的国民党集团在抗战开始后一直坚持"攘外必先安内"的反动政策,在日寇疯狂进攻面前,既有妥协的一面,又有愿意抵抗的一面,面对中共一直为两党的合作所做的种种努力以及来自抗日的全民的压力,本着"兄弟阋于墙,外御其侮"的古训,蒋介石暂时放弃了"攘外必先安内"的错误政策,走上了联共抗日道路。1937年7月,蒋介石明确指出:"如果战端一开,就是地无分南北,年无分老幼,无论何人,皆有守土抗战之责任,该应抱定牺牲一切之决心。"并于1937年9月22日,正式发表了承认中共合法地位的谈话,宣布了两党合作的成立,由此国共两党实现了历史上的第二次联盟。巴黎《救国时报》曾就此发表题为《论国共再次合作》的社论,指出:"国共两党再次合作的实现,除了全国人民之要求与督促的力量以外,不能不归功于两党自身的伟大襟怀","国共两党这种为国家民族利益,而牺牲过去成见,放弃十年来的旧仇宿怨,精诚团结一致御侮的

―――――――――

[1]《毛泽东选集》第2卷,人民出版社1991年版,第368页。
[2]《江泽民会见台湾"统联"访问团时的谈话》,《瞭望》(海外版)1990年第11期。

精神的伟大表现,是最值得我们颂扬的"。毛泽东也指出:两党的统一战线的成立,"这在中国革命史上开辟了一个新纪元。这将给予中国革命以广大的深刻的影响,将对于打倒日本帝国主义发生决定的作用"[1]。蒋介石做出国共合作的决定是顺应时势和民心,以民族大义为主坚持民族气节的正确决断,而中国共产党站在民族立场上,指出"国共两党亲密合作,抵抗日寇的新进攻",则体现出崇高的民族气节和爱国主义精神。中共一直表现出来的这种鲜明的民族立场,得到全国工农大众、知识分子的热烈拥护,国民党的爱国将领和士兵也积极响应。以国共两党合作为标志,全国各阶级、各民族参加的抗日民族统一战线正式成立,为抗日战争的胜利奠定了基础。

以毛泽东为代表的中国共产党人创立的关于抗日统一战线的理论,正确指导了抗日民族统一战线的实践,在《〈共产党人〉发刊词》中,毛泽东把统一战线列为中国共产党在中国革命中战胜敌人的三大法宝之一。抗日民族统一战线理论是抗战时期爱国主义思想的最集中的反映。

国共合作成立后,分工协作,共同担负起领导和发动全国军民与日本帝国主义进行浴血奋战、争取民族解放与独立的伟大使命,国民党中的爱国官兵在抗战中发挥了不可抹杀的积极作用。在国民党与日军进行正面斗争的同时,中国共产党也在积极地开辟敌后战场,积极组织地方民众建立敌后抗日根据地,到抗战胜利前夕,抗日根据地已经遍布祖国大地的东南西北,随着抗战相持阶段的到来,国民党政府消极抗战,片面抗战,正规军节节败退,并且不断在统一战线内部制造摩擦分裂、实行独裁专制,乃致酿成反共反人民的"皖南事变",屠杀抗日有功的新四军,囚禁著名将领、新四军军长叶挺。在这种情况下,抗战的任务主要落在了中共的身上,中共领导根据地的民众,无论条件多么艰苦、恶劣,独立自主、自力更生,在崇高的爱国主义精神的支持下,继续不懈地进行战斗,诞生了很多如杨靖宇等爱国的抗日英雄。共产党人建立的革命根据地最终成为抗战胜利的关键因素。英国记者贝特兰在《华北前线》一篇报道中写道:"中华民族的真正力量到底在哪里?……它确实在这里,在乡村里、市镇里,在这里的农民群众中,他们……正在自觉地日益加强的目标下联合成一个有机的整体了。"中国共产党指出:"由于国共团结与日益发展着的人民抗日战争,反对日本帝国主义的火焰,只会越烧越高。"号召"全国人民团结起来,反对日本帝国主义的进攻,我们是有一切胜利把握的"。[2]

---

[1] 《毛泽东选集》第 2 卷,人民出版社 1991 年版,第 364 页。
[2] 社论:《请看今日之域中竟是谁家之天下》,《解放日报》1941 年 5 月 18 日。

在共产党领导的根据地建设中,先进的共产党人认识到爱国主义教育的重要性,在根据地广大干部、群众中开展了普遍、长期的爱国主义教育。早在抗战初期,中国进步文化界就认识到"在抗战高于一切,一切服从抗战的目前,文化应尽它唤醒民众,推动民众自觉地积极地参加到抗战中去的职责","要达到这个目的,就必须普遍地提高人民的民族意识,民族觉悟,民族认识,民族气节"。[1]毛泽东同志指出:"挽救危机的唯一道路,就是实行孙中山先生的遗嘱,即'唤起民众'四个字。"[2]而"唤起民众"就是要唤起全国人民的爱国责任感和使命感,进行爱国主义教育,树立爱国的责任感和使命感。中国共产党对抗战阶段教育方针、政策的规定,其实质也是把培养爱国主义情感和精神、提高爱国主义觉悟和爱国能力的爱国主义教育渗透到学习内容之中,教育的方针、任务以及方法都必须有益于培养爱国主义的人才,并且在爱国主义的教育中,把干部教育置于全部教育工作的第一位,为我们的党能够始终保持先进性、更好地领导革命打下了坚实的基础。

在抗日根据地所提倡并实施的爱国主义教育,是与中华民族反抗日本帝国主义侵略者斗争的性质相一致的,并且是由代表中华民族根本利益的先进的中国共产党来领导、推行的,因此这种为抗日战争服务的抗日根据地的"爱国主义教育"是进步的。这种爱国主义教育是反对帝国主义压迫、主张中华民族的尊严和独立的,主张"中国应该大量吸收外国的进步文化,作为自己文化食粮的原料"[3],而不是狭隘的、简单的排斥外国的爱国主义教育,而是与国际主义相连的。

正是共产党最先举起了抗日的爱国主义旗帜,提出了抗日民族统一战线的主张,制定了相应的战略、策略,结成了广泛的抗日民族统一战线,抗日战争才最终取得了胜利。抗日战争的胜利无疑是近代中国民主革命——新民主主义革命的历史性转折,在根本上为后来新中国的诞生做了必要的准备,使得中国的命运在战胜日本军国主义后的短暂时间中得到了根本解决,在旧中国的废墟上建立了人民共和国。从鸦片战争开始的、历经"艰难顿挫"的近代中国民主革命,至此画下了一个光辉的句号,同时,也为社会主义革命和建设的新时期开拓了道路。抗日战争的胜利,归根结底是全民爱国主义高扬的结果,抗日战争的爱国主义也是民族爱国主义与世界和平进步事业的统一。在长期战争中,中国人民将民族利益与人类进步事业一致起来,将爱国主义

---

[1]《周扬文集》第1卷,人民文学出版社1984年版,第244页。
[2]《毛泽东选集》第2卷,人民出版社1991年版,第366页。
[3] 胡风:《论现实主义的路》,《胡风评论集·下册》,人民文学出版社1984年版,第322页。

与推进世界的正义、和平、发展进步一致起来,以巨大的民族牺牲赢得了荣誉,提高了中国的国际地位,也为世界反法西斯战争做出了伟大贡献。

经过抗日战争,中华民族的爱国主义精神推向一个崭新的阶段。毛泽东指出:"中华民族不但以刻苦耐劳著称于世,同时又是酷爱自由、富于革命传统的民族。"抗日战争胜利后,国民党为了维护其反动统治,不惜进一步出卖祖国利益,投靠美帝国主义。在美国的操纵和支持下,国民党发动全面内战。为了建立独立、民主、自由、富强的新中国,在人民民主爱国主义的感召下,全国各族人民和各派民主力量迅速集结,组成反对美蒋反动派的民主爱国统一战线。经过三年人民解放战争,推翻了帝国主义、封建主义、官僚资本主义在中国的统治,取得了新民主主义革命的伟大胜利。在这场中国历史上翻天覆地的人民解放战争中,一切爱国主义者都直接或间接地用自己的言论和行动支持人民解放战争。从抗日战争时期的民族爱国主义到解放战争时期的民主爱国主义,从抗日民族统一战线到反对美蒋反动派的民主爱国统一战线,是这种新的爱国主义本质的反映。

三、新中国成立以来爱国主义与社会主义的统一

1949年彻底反帝反封建的抗日战争和解放战争的胜利,结束了中国自鸦片战争以来半殖民地半封建的社会格局,在中国共产党的领导下建立了全新的社会主义国家——中华人民共和国。新中国的成立使得以往以"救亡图存"为主题的爱国主义发生了根本的变化,爱国主义与新生的社会主义紧紧地结合在一起,热爱伟大的社会主义祖国,成为中国各族人民最虔诚的信念和最崇高的感情,而共同建设和维护属于人民自己的社会主义国家则成为全国人民面临的新的任务,在中国共产党的英明决策和领导下,中国人民以前所未有的热情投入到新中国的建设中去,并且取得了令世人瞩目的成就。但是,新中国这种快速的发展步伐被1957反右斗争扩大化以及由此造成的1966—1976年的十年"文化大革命"所延缓,十年浩劫给祖国建设造成巨大的损失。"文革"结束尤其在1978年12月党的十一届三中全会以来,根据马克思主义普遍真理同中国具体实际相结合的原则,以邓小平为代表的中国共产党人,通过深刻总结我国社会主义正反两方面的历史经验,并在借鉴其他国家社会主义兴衰成败历史经验的基础上,调整了整个国家的发展重心,放弃了以阶级斗争为纲的方针,终于做出了把工作重心转移到社会主义现代化建设上来的战略决策,确立了"一个中心,两个基本点"的基本路线,开启了中国改革开放和社会主义现代化建设的历史新时期,社会主义建设和改革开放的伟大实践,使我国社会主义事业取得了举世瞩目的巨大成就。在1983年6

月,邓小平在此基础上更明确地指出了:"我们搞的现代化,是中国式的现代化。我们建设的社会主义,是有中国特色的社会主义。"[1]中共十六大继而丰富了这个思想,进一步指出社会主义的任务就是要继往开来,与时俱进,全面建设小康社会,加快推进社会主义现代化,为开创中国特色社会主义事业新局面而奋斗。这些思想言简意赅地指出了我国现代化的道路是要建设有中国特色的社会主义。建设有中国特色的社会主义成为新时期爱国主义的主题。此后邓小平还进一步指出:"中国人民有自己的民族自尊心和自豪感,以热爱祖国、贡献全部力量建设社会主义祖国为最大光荣,以损害社会主义祖国利益、尊严和荣誉为最大耻辱。"[2]这是对我国现阶段爱国主义特征最精辟的概括。广大人民群众在党的英明决策的指导下,在新时代爱国主义的支持下,从浩劫的创伤中迅速恢复过来,更加努力地投入到国家的经济建设中去。这种强大的凝聚力、巨大的精神支柱,是我国爱国主义所特具的魅力,从此爱国主义与社会主义结合得更加紧密,也更加和谐一致。在现阶段,爱国主义的主要内容是加紧社会主义现代化建设,争取实现包括台湾在内的祖国统一,反对霸权主义,维护世界和平,这些爱国主义的思想内容主要集中在邓小平、江泽民等党的全新一代的领导集体的思想决策之中。

首先,现代爱国主义的最主要特征即与社会主义的结合,这也是其区别于古代和近代爱国主义的主要标志。对于新时期爱国主义与社会主义结合的思想集中表现在邓小平的爱国主义思想中。

(一)对爱国主义的内涵的新解释

在邓小平看来,爱国就是爱社会主义祖国,爱国与爱我们的社会主义祖国是统一的。邓小平曾经指出:"有人说不爱社会主义不等于不爱国。难道祖国是抽象的吗?不爱共产党领导的社会主义的新中国,爱什么呢?港澳、台湾、海外的爱国同胞,不能要求他们都拥护社会主义,但是至少也不能反对社会主义的新中国,否则怎么叫爱祖国呢?"[3]一个真正希望国家独立和富强的爱国主义者,不能不把爱国主义与社会主义统一起来,不能不热爱确保国家富强的社会主义制度。否则,其爱国主义情感的真实性就不能不令人怀疑。爱国主义中的"国",在当代指的就是社会主义中国。

(二)爱国主义与社会主义的关系

爱国主义与社会主义的关系是现代关于爱国主义讨论的一个热点问题,

---

[1]《邓小平文选》第3卷,人民出版社1993年版,第29页。
[2]《邓小平文选》第3卷,人民出版社1993年版,第3页。
[3]《邓小平文选》第2卷,人民出版社1994年版,第392页。

邓小平对此进行了详细的论述。在他看来,现代爱国主义与社会主义是统一的。他在总结近代中国建国道路的选择时,指出"只有社会主义才能救中国,这是中国人民从五四运动到现在六十年来的切身体验中得出的不可动摇的历史结论"[1]。他认为,自近代鸦片战争以来,中国人民发扬爱国主义精神,经过100多年救国斗争血与火的洗礼,以无数革命先烈的英勇牺牲为代价,最终选择了走社会主义道路,这是历史发展的必然。由爱国主义到社会主义,这条道路是历史的抉择.正如邓小平所说:"这个历史告诉我们,中国走资本主义道路不行,中国除了走社会主义道路没有别的道路可走。"[2]可见,中国近现代的爱国主义只有与社会主义结合起来,才能有自己的出路,才会有强大的生命力。

历史发展到现代,社会主义的主要任务正如邓小平所言为解放和发展生产力,消灭剥削,消除两极分化,最终达到共同富裕,进而建设有中国特色的社会主义,这是当前社会主义的价值目标,而现代爱国主义要实现的价值目标与社会主义的价值目标在根本上是一致的,因为每一个爱国的国民都希望通过自己的努力实现国家繁荣、人民富裕,这与社会主义国家对国民的要求是一致的,可以说是与现时代社会主义对爱国主义的要求是一致的。社会主义保证了爱国主义的正确的发展方向,只有坚持社会主义道路,爱国主义才具有强大的生命力,爱国主义的价值目标才能得到充分实现;爱国主义为社会主义提供重要的思想基础,只有发挥各民族的爱国主义热情,社会主义的价值目标才有牢固的思想基础和群众基础。这样民众的爱国热情与社会主义的理想就实现了真正的结合,就有了实际的意义。

不仅邓小平,党的其他领导人如江泽民等也对爱国主义与社会主义的关系进行过表述。江泽民同志在学习《邓小平文选》第三卷报告会上的讲话中指出:"建设有中国特色社会主义理论是社会主义同爱国主义相统一的科学理论。"江泽民同志还指出:"爱国主义、社会主义是凝聚中华民族,推动中国发展的伟大精神动力。"[3]他在《努力开创社会主义精神文明建设的新局面》中指出:"爱国主义与社会主义是统一的,在改革开放和现代化建设中,各条战线涌现出许多为国争光,创造了光辉业绩的英雄模范人物,使中华民族的爱国主义传统焕发出新的光彩。"[4]从这个意义上讲,我们必须明确突出新的历史条件下社会主义现代化建设的重要性,把爱国主义同社会主义现代化

---

[1]《邓小平文选》第2卷,人民出版社1994年版,第166页。
[2]《邓小平文选》第3卷,人民出版社1993年版,第206页。
[3]《毛泽东、邓小平、江泽民论党的建设》,人民出版社1998年版,第608页。
[4]《江泽民文选》第1卷,人民出版社2006年版,第581页。

建设紧密联系在一起。

(三) 爱国主义与国际主义的关系

爱国主义与国际主义的关系也是邓小平同志爱国主义思想中的很重要的一部分内容,它是爱国主义与社会主义统一关系的进一步发挥和重要的补充。在邓小平看来,爱国主义与国际主义是一致的,爱国主义并不排斥开放,开放能够更好地实现爱国主义的目标。为了建设有中国特色的社会主义目标的达成,我们既要坚持独立自主的国策,又要对外开放。

独立自主思想是坚持爱国主义的一个重要的表现。邓小平同志指出:"中国的事情要按照中国的情况来办,要依靠中国人自己的力量来办。独立自主,自力更生,无论过去、现在和将来,都是我们的立足点。"[1]在他看来,独立自主就是中国能够在世界的多极格局中占有一极的地位,成为维护世界和平与稳定的一支坚定的力量的主要原因。何谓独立自主?在我国表现为我们党领导人民始终把国家的主权和安全放在第一位,把维护民族的尊严和国格放在首位;始终坚持从自己的实际出发,坚持以经济建设为中心,坚持四项基本原则,相信和依靠自己国家的力量,自己主宰和改变自己的命运,独立自主、自力更生。正是由于始终坚持独立自主的方针,我国社会主义现代化建设取得了举世瞩目的成就,赢得了崇高的国际地位,极大地提高了全国人民的民族自尊心和自信心,民族自尊心和自信心的提高促使我们更加坚定地坚持独立自主,以更大的热情投入到社会主义现代化建设中去。正如邓小平同志所说:"必须发扬爱国主义精神,提高民族自尊心和民族自信心。否则我们就不可能建设社会主义,就会被种种资本主义势力所侵蚀腐化。"[2]江泽民同志在毛泽东同志100周年诞辰纪念大会上的讲话中也再一次重申:"坚持独立自主地发展中国,是建设有中国特色社会主义的立足点。"

自党的十一届三中全会以来,我们在坚持独立自主的基础上,也始终坚持改革开放的国策,对外开放也是当前坚持爱国主义的重要体现。在当前世界风云变幻的复杂情况下,我国要注意克服狭隘的民族主义思想,既反对崇洋媚外,又反对夜郎自大、故步自封、闭关自守。坚持对外开放,认真学习世界各民族的先进经验,学习他们的长处。在自力更生、努力奋斗的基础上,积极引进国外先进的科学技术和管理经验,扩大与世界各个民族之间政治、经济、文化的广泛交流,学其所长,补己之短,加快祖国的发展。邓小平同志指出:"任何一个国家要发展,孤立起来、闭关自守是不可能的,不加强国际交

---

[1]《邓小平文选》第3卷,人民出版社1993年版,第3页。
[2]《邓小平文选》第2卷,人民出版社1994年版,第369页。

往,不引进发达国家的先进经验、先进科学技术和资金,是不可能的。"[1]"社会主义要赢得与资本主义相比较的优势,就必须大胆吸收和借鉴人类社会创造的一切文明成果,来丰富和充实自己,在不断开放、交流、竞争和挑战中获得生存和发展的勃勃生机。"[2]

同时,从另一个角度来看,爱国主义看起来是一个国家的事情,实际上和当代世界和平与发展有着密切的关系。当今的世界是一个开放的世界,国家与国家之间的联系、民族与民族之间的联系比任何时候都显得格外密切。从某种程度上看,爱国主义已经走出国界,爱国主义精神已经被世界公认为崇高的精神。我国当代爱国主义的主题建设有中国特色的社会主义不仅对我国有重要的意义,而且其与无产阶级国际主义也密切联系在一起。无产阶级国际主义要求,世界无产阶级和劳动者不分国家与民族的界限,在反对一切剥削制度与实现社会主义和共产主义的斗争中团结起来,互相支持,互相帮助,反对帝国主义、霸权主义,维护世界和平。当前,国际上国与国之间竞争激烈,尤其是经济实力的竞争,我国作为当前世界上最大的社会主义国家,我国经济实力的增强有利于整个无产阶级专政的社会主义力量的壮大,有利于国际共产主义事业的发展。而且我国综合实力的增强也有利于均衡世界力量的对比,制衡资本主义国家力量的过分扩张,"中国搞社会主义,是谁也动摇不了的。我们搞的是有中国特色的社会主义,是不断发展社会生产力的社会主义,是主张和平的社会主义"[3]。在一定程度上维护了世界的和平和稳定。建设有中国特色的社会主义,这既是崇高的爱国主义的光荣义务和神圣的职责,也是崇高的国际主义的光荣义务和神圣的职责。中国是拥有世界五分之一以上人口的最大的发展中国家,中国的社会主义现代化建设是整个人类进步事业的重要组成部分。中国这面社会主义旗帜不倒,世界上就有五分之一的人在坚持社会主义。中华民族在社会主义基础上发展起来,世界上就有一个对资本主义具有优越性的社会主义强国,"这不但是给占世界总人口四分之三的第三世界走出了一条路,更重要的是向人类表明,社会主义是必由之路,社会主义优于资本主义"[4]。从而激发全世界人民向往、追求和奔向社会主义,为人类做出巨大贡献,实现社会主义、爱国主义与国际主义的统一。邓小平曾经断言:"从政治角度说,我可以明确地肯定地讲一个观点,中国现在是维护世界和平和稳定的力量,不是破坏力量。中国发展得越强大,

---

[1]《邓小平文选》第3卷,人民出版社1993年版,第117页。
[2]《邓小平文选》第3卷,人民出版社1993年版,第373页。
[3]《邓小平文选》第3卷,人民出版社1993年版,第328页。
[4]《邓小平文选》第3卷,人民出版社1993年版,第225页。

世界和平越靠得住。"[1]

其次,邓小平坚持和继承了马列主义、毛泽东思想中关于统一战线的基本原理,根据国内阶级关系的变化和党的工作重心的转移,创立了新时期统一战线理论体系,把统一战线理论发展到一个新的阶段。新时期的统一战线的结成是坚持和发扬现代爱国主义精神的结果。

在建设社会主义的过程中,邓小平认识到了建立新时期统一战线的必要性,在他看来:"我们党提出的各项重大任务,没有一项不是依靠广大人民的艰苦努力来完成的。"[2]因此,建立最广泛人民的统一战线是我国建设和发展所必需的;同时邓小平也看到了建立新时期统一战线的可能性,他在全国政协五届二次会议的开幕词中指出:"在这三十年中,我国的社会阶级状况发生了根本变化。我国工人阶级的地位已经大大加强,我国农民已经是有二十多年历史的集体农民。""我国广大的知识分子,包括从旧社会过来的老知识分子的绝大多数,已经成为工人阶级的一部分,正在努力自觉地为社会主义事业服务。""我国各兄弟民族经过民主改革和社会主义改造,早已陆续走上社会主义道路,结成了社会主义的团结友爱、互助合作的新型民族关系。各民族的不同宗教的爱国人士有了很大的进步。"原来的资本家阶级中"有劳动能力的绝大多数人已经改造成为社会主义社会中的自食其力的劳动者"。我国的各民主党派"都已经成为各自所联系的一部分社会主义劳动者和一部分拥护社会主义的爱国者的政治联盟,都是在中国共产党领导下为社会主义服务的政治力量"。"台湾同胞、港澳同胞和国外侨胞心向祖国,爱国主义觉悟不断提高,他们在实现统一祖国大业、支援祖国现代化建设和加强国际反霸斗争方面,日益发挥着重要的积极作用。""上述各方面的变化表明,我国的统一战线已经成为工人阶级领导的、工农联盟为基础的社会主义劳动者和拥护社会主义的爱国者的广泛联盟。"[3]

新时期的爱国统一战线把是否爱国作为最大的政治分野,把爱国作为最广泛的团结基础。它除了要求统战的主体部分大陆人民既要爱国又要爱社会主义以外,对资本主义制度下的台、港、澳同胞和国外侨胞,只要他们爱国,只要他们拥护祖国统一,即使是不赞成社会主义的人,也被视为统战和团结的对象。为了尽快建立以上所论述的新时期的统一战线,邓小平等领导的党中央提出和制定了一系列思想、政策和措施,其中最具有代表意义的为处理

---

[1]《邓小平文选》第3卷,人民出版社1993年版,第104页。
[2]《邓小平文选》第3卷,人民出版社1993年版,第3页。
[3]《邓小平文选》第2卷,人民出版社1994年版,第185—187页。

民族关系的各民族大团结思想、解决港澳台问题的"一国两制"构想以及处理党派间关系的"多党合作"思想。

1. 各民族共同繁荣思想

我国是一个多民族的国家,能否妥善处理民族关系、团结各民族共同建设社会主义、实现各民族的共同繁荣,是决定社会主义事业兴衰成败的重要因素,也是历史上各民族的传统的爱国主义精神能否在现代得以延续和进一步发挥的决定条件。20世纪70年代末,邓小平同志在主持、领导全国人民进行四个现代化建设中,对于少数民族地区的发展和中华民族的大团结就给予了极大的关注。1979年9月,他曾提出:"民族工作确有很多问题要提起注意。当前是如何加强民族团结,反对大汉族主义和地方民族主义,重点是反对大汉族主义。有些少数民族中也有大民族主义。"[1]邓小平的这个思想对于维护民族间的团结是很有现实意义的,因为中国民族关系史不同于世界各国民族关系史的一个显著特点,就是中国各个民族是经过长期融合而成的,你中有我,我中有你,都对祖国的历史做出了重大的贡献,因此我们在处理国内民族关系上,要自觉地克服历史遗留下来的偏见,既反对历史上的大汉族主义,又反对狭隘的地方民族主义;而且由于历史的原因,少数民族地区的经济、政治、文化发展比较落后,在邓小平看来,要维护民族大团结,还必须大力加强民族地区发展。他在1980年曾说:"在西藏,要使生产发展起来,人民富裕起来,真正去做,也并不难。只有这件事办好了,才能巩固民族团结。当然,还要努力发展文化,培养民族干部,使民族干部知识化。为此,中央民族学院和各地民族学院都要加强。"[2]继而在1987年他又指出:"不仅西藏,其他少数民族地区也一样。我们的政策是着眼于把这些地区发展起来。"[3]1988年11月2日,他在祝贺广西壮族自治区成立三十周年时所写的题词是:"加速现代化建设,促进各民族共同繁荣。"[4]民族平等、民族团结和各民族的共同繁荣,一直是党和政府处理民族关系所坚守的重要的原则。在此原则的指导下,我国各兄弟民族现如今已形成了社会主义的团结友爱、互助合作的新型民族关系。在振兴中华民族的伟大事业中,"各民族的社会主义一致性将更加发展,各民族的大团结将更加巩固"[5]。只有各民族共同团结在社

---

[1] 《邓小平论统一战线》,中央文献出版社1992年版,第161页。
[2] 《邓小平关于建设有中国特色社会主义的论述专题摘编》,中央文献出版社1992年版,第275页。
[3] 《邓小平文选》第3卷,人民出版社1993年版,第247页。
[4] 《邓小平文选》第3卷,人民出版社1993年版,第407页。
[5] 《邓小平文选》第2卷,人民出版社1994年版,第186页。

会主义的旗帜之下,爱国主义的民族精神才能够真正发挥作用,我们的社会主义才会更加巩固,建设有中国特色的社会主义的目标才能够早日达成。

2. 实现祖国统一的"一国两制"思想

统一战线面临的最大的问题就是祖国的统一问题。实现祖国统一是每一个爱国者的夙愿,自以毛泽东为领导的第一代党的领导集体开始,为了祖国的早日统一就做着不懈的努力,在20世纪50年代中期,鉴于当时国内外形势,我党就提出争取用和平方式解放台湾的设想,表现出维护国家统一的真诚愿望。到70年代末80年代初,邓小平高瞻远瞩,以强烈的爱国之心,根据对国际格局与和平形势的新判断以及对时代主题的新认识,合情合理地提出以和平方式统一祖国的"一国两制"思想。1983年6月,邓小平对"一国两制"构想进行了详细阐明,他说:"问题的核心是祖国统一。和平统一已成为国共两党的共同语言。但不是我吃掉你,也不是你吃掉我。我们希望国共两党共同完成民族统一,大家都对中华民族作出贡献。我们不赞成台湾'完全自治'的提法。自治不能没有限度,既有限度就不能'完全'。'完全自治'就是'两个中国',而不是一个中国。制度可以不同,但在国际上代表中国的,只能是中华人民共和国。我们承认台湾地方政府在对内政策上可以搞自己的一套","条件是不能损害统一的国家的利益。祖国统一后,台湾特别行政区可以有自己的独立性,可以实行同大陆不同的制度"。"和平统一不是大陆把台湾吃掉,当然也不能是台湾把大陆吃掉"。[1]中国的主体必须是社会主义的,同时允许香港、澳门、台湾搞资本主义。而且,还必须看到,"中国的形象如何还是要看大陆,中国的发展趋势和前途也在大陆"[2]。"一国两制"理论由邓小平和江泽民为核心的第二代和第三代领导集体运用于解决香港和澳门问题,并先后于1997年7月1日和1999年12月20日,使香港、澳门回到祖国的怀抱。"一国两制"的构想,是建设有中国特色的社会主义理论的一个重要组成部分,也是当代历史条件下中华民族高举的一面大统一、大团结、大繁荣的爱国主义旗帜,它在解决香港和澳门问题的实践中不断得到发展和完善。香港和澳门的回归,表明"一国两制"构想的巨大成功,"一国两制"的构想变为现实,对解决台湾问题也产生了示范作用,为解决台湾问题创造了更为有利的条件,标志着中国人民在完成祖国统一大业的道路上迈出了重要的一步。

在邓小平提出的"一国两制"思想的基础上,以江泽民为核心的党的第三代领导集体又进行了进一步的补充和发展。江泽民指出:"中华民族历尽沧

---

[1]《邓小平文选》第3卷,人民出版社1993年版,第30—31页。
[2]《邓小平文选》第3卷,人民出版社1993年版,第358页。

桑、饱经磨难,现在是完成祖国统一大业,实现全面振兴的时候了。"[1]1995年1月30日,江泽民发表了"为促进祖国统一大业的完成而继续奋斗"的讲话,深入阐述了邓小平关于"和平统一,一国两制"思想的精髓,客观分析了解决台湾问题所面临的形势,提出了推进现阶段两岸关系发展与和平统一进程的八项主张。在中共十五大报告中,江泽民再次重申和强调要坚持党和政府解决台湾问题的这一基本方针和纲领。在1997年香港回归和1999年澳门回归讲话以及2000年许多重要场合的谈话中,江泽民以及党和国家其他领导人又反复强调了"八项主张"的基本精神。"八项主张"是党和国家第三代领导集体关于和平解决台湾问题的宣言,已经成为当前和今后推进祖国统一大业的纲领性文件。

在新的历史时期,实践邓小平提出的和平统一祖国和"一国两制"的伟大构想以及江泽民对台湾提出的"八项主张",是实现祖国统一大业的必经之路。在中国共产党的领导下,所有的中国人包括台湾同胞在内都应该团结起来,高举爱国主义和民族精神的伟大旗帜,携手合作,早日完成祖国统一的千秋大业。

3. 多党合作的思想

民主党派作为一支重要的力量在我国革命史上发挥了重要的作用,而到新中国建立后,在人民民主专政条件下,民主党派作为民族资产阶级、城市小资产阶级的政治代表在按照新民主主义纲领的原则整顿自身的同时,参加国家政权,与中国共产党发展成为国家政权中的合作者,为新中国的建设做出了自己的贡献。中国共产党十一届三中全会以后,我国进入社会主义现代化建设新的历史时期。随着国内阶级状况的根本变化,各民主党派的社会基础也发生了根本变化。民主党派原来所联系的阶级、阶层的人们,绝大多数已经成为工人阶级知识分子和其他社会主义劳动者,同时已经有一大批新中国建立以后成长起来的知识分子参加了民主党派,各民主党派成为各自所联系的一部分社会主义劳动者和一部分拥护社会主义的爱国者的政治联盟。共产党与民主党派的关系已经成为建立在劳动人民根本利益一致基础上的社会主义同志式的合作关系,在邓小平统一战线理论指引下,中国共产党在统一战线工作中坚持实行"长期共存、互相监督,肝胆相照、荣辱与共"的方针,极大地调动了各民主党派为社会主义服务的积极性和创造性。各民主党派作为参政党也衷心拥护和高度赞同并且积极配合中国共产党的领导工作,坚持爱国主义,履行参政议政和民主监督职能,调动一切积极因素为国家的建

---

[1]《江泽民文选》第1卷,人民出版社2006年版,第420页。

设服务,为建设有中国特色社会主义贡献力量。建设有中国特色社会主义,成为中国共产党与各民主党派的共同利益、共同愿望和共同的奋斗目标。

再有,新时期坚持爱国主义的一个很重要的表现就是党中央对国民爱国主义思想的教育的重视。

自从1978年粉碎"四人帮"之后,在肃清"左"的思想影响下,正确认识和进行爱国主义教育,将"文革"中对爱国主义教育的歪曲扭转过来成为这一时期我们党面临的重要任务。而后,在1980年12月的中央工作会议上,邓小平同志强调了物质文明和精神文明一起抓,在他看来,"精神文明,不但是指教育、科学、文化(这是完全必要的),而且是指共产主义的思想、理想、信念、道德、纪律,革命的立场和原则,人与人的同志式关系,等等"[1]。他将爱国主义作为社会主义精神文明的重要方面,将爱国主义教育作为社会主义精神文明建设的重要内容。1983年4月29日会见印度共产党中央代表团时,邓小平更明确地指出:"国际主义、爱国主义都属于精神文明范畴。"[2]他认为,包括爱国主义在内的思想政治建设是社会主义精神文明建设的核心,是社会主义精神文明建设的本质,是社会主义物质文明建设的一个基本前提和沿着正确方向发展的一个基本保证。他批评了某些丧失人格国格、丧失民族自尊心自信心的现象和行为,强调要在全党和全国人民中间进行深入的爱国主义教育,提高民族自尊心和自信心。这些论述都表明了邓小平同志将爱国主义作为思想建设的起点的战略眼光,表明了一个伟大的爱国主义者的深谋远虑。同时对于如何进行爱国主义教育,邓小平也谈了自己的看法,他在清醒地看到青年人不了解自己国家的发展变化的历史的弱点,指出:"了解自己的历史很重要","要用历史教育青年,教育人民"。[3]他还认为,"教育一定要联系实际","这样……爱国主义教育才会有效果"。进行爱国主义教育必须联系这些历史,特别是近现代的历史,这是邓小平同志一贯倡导的爱国主义教育的基本方法。

而党的十三届四中全会以来,以江泽民同志为核心的党中央第三代领导核心也多次强调要在全国各族人民中进一步加强爱国主义教育。江泽民同志在全国宣传思想工作会议上的讲话中强调指出:必须在人民群众中,特别是青少年中加强以爱国主义、集体主义、社会主义为核心内容的思想道德教育,激励群众,为实现人民群众的根本利益而奋斗。他还从确立社会主

---

[1] 《邓小平文选》第2卷,人民出版社1994年版,第367页。
[2] 《邓小平文选》第2卷,人民出版社1994年版,第28页。
[3] 《邓小平文选》第3卷,人民出版社1993年版,第206页。

旋律的高度强调这项工作的重要性,并且组织学习了《邓小平文选》第三卷,深刻领会邓小平同志关于爱国主义重要论述。在此基础上,1994年8月23日中共中央印发了《爱国主义教育实施纲要》,《纲要》共八大部分四十条,在明确指出了爱国主义教育的基本原则和主要内容后,指出,爱国主义教育的重点是青少年,并进一步强调搞好爱国主义教育基地的建设,创造爱国主义教育的社会氛围,提倡必要礼仪,增强爱国意识,大力宣传爱国先进典型,加强对爱国主义教育的领导。《纲要》是我们党在长期调查研究的基础上形成的关于爱国主义教育问题的概括和总结,是动员全党全社会力量把爱国主义教育任务落到实处的纲领性文件,是把爱国主义作为中华民族精神支柱的宣言书。

爱国主义教育是提高全民族整体素质和加强社会主义精神文明建设的基础工程。党中央号召我们在改革、发展、稳定的新形势下,更高地举起爱国主义的光辉旗帜,大力加强爱国主义教育,弘扬爱国主义精神,是与建设有中国特色的社会主义的任务相吻合的。尤其是以青少年群体为中心进行爱国主义教育,可以培养青少年对自己民族的优良传统、优秀文化、光荣历史、建设成就的自豪感、使命感,逐步加深对中国共产党和社会主义祖国的认识,使他们具有爱国之心、报国之志、效国之举,为建设有中国特色社会主义现代化强国做出贡献。

综上所述,在我国历史上的各个时期,爱国主义具有不同的内容和表现形式,但是概括起来,各个时期的爱国主义也具有一定的共通之处,那就是保护、建设代表整个中华民族利益的国家。当前,爱国主义的精神主要表现在党中央制定的"三个代表"重要思想以及建立和谐社会的思想中,在新时期爱国主义精神的引领下,全国人民必将以更加饱满的热情投入到社会主义现代化建设中去,为和谐社会的早日实现努力奋斗。

第十二章 集体主义

集体主义作为马克思主义基本道德原则在中国的引入、发展历经了近百年风雨历程,为中国人民改变现当代中国备受欺凌、贫穷落后的面貌提供了巨大的精神动力;集体主义在市场经济迅速发展的今天,不断丰富、发展与完善着自身,并将继续成为我们进行社会主义现代化建设的强大精神引擎。

一、集体主义百年研究综述

集体主义道德原则作为舶来品,与中国近现代的历史命运息息相关。中国近现代史是一部中华民族的抗争史,挽救民族危亡是历史赋予每个有良知的中国人的历史使命。肩负这一使命的中国人先后从曾国藩、李鸿章等人领导的洋务运动的器物层面;光绪皇帝、孙中山等人领导的制度层面进行了挽救民族危亡的大胆尝试,但都纷纷以失败告终。这一现象引发了人们的深刻反思,鲁迅先生曾经深切地感到,中国必须来一次彻底的变革,而变革要取得成功,则必须唤醒"昏睡"中的国民,改变他们的精神状态。他写作《阿Q正传》就是要给被统治者以启蒙,让人们正视自己的问题,看清自己身上恶劣的品性,从而摆脱精神上的枷锁,奋起抗争,去"制造中国历史上未曾有过的第三样时代"。可见,只有实现思想上的变革才是最彻底的革命。五四运动拉开了从思想上实现中国人灵魂深处革命的序幕,这种变革在伦理道德领域表现为现代新儒家的人生境界说、自由主义的极端个人主义以及社会主义集体主义道德原则对中国人心灵世界的涤荡。

现代新儒家的价值观体系试图将西方的功利主义与中国传统儒家的道德学说合二为一为策略,来改造中国人的道德观念,从而形成了以冯友兰新理学为代表的人生境界说。这一学说集中体现在冯友兰先生的《新原人》中。在此书中,冯友兰先生指出,人生境界分为功利境界与道德境界。在功利境界中,社会的福利是实现个人福利的工具和手段,人的一切行为都是为了追求自身的福利;在道德境界中,个人与社会消除了对立,人不仅能在社会中生存,而且自我的完善需要在社会中才能实现,生活在道德境界中的人都以"献身"为宗旨。

自由主义的价值观则直接照抄照搬了西方的个人主义,试图以纯粹的西方个人主义的道德原则来改造中国人的道德观。其代表人物胡适在《介绍我自己的思想》《不朽》等书籍和文章中阐发了他的"自然主义人生观",在个人与社会关系方面提出了"健全的个人主义","那种只顾自己不管群众利益的个人主义,是自私自利的'为我主义',是假的个人主义。真的个人主义就是个性主义,其特征有两种:一是独立思想,不肯把别人的耳朵当作自己的耳朵,不肯把别人的眼睛当作自己的眼睛,不肯把别人的脑力当作自己的脑力;二是个人不怕权威,不怕监禁杀身,只认得真理,不认得个人的利害"[1]。主张在"个人主义"的基础上讲"为我"与"为人"的统一。这种道德原则在实践中的应用表现为无政府主义者与社会主义者之间展开的论战。马克思主义者与无政府主义者围绕着是否要建立无产阶级的政党和政府的问题展开的,在伦理道德方面体现为个人与社会伦理关系问题的论战。其中,"以梁启超和张东荪为首的研究系分子,打着社会主义的幌子,鼓吹基尔特社会主义,提倡社会改良,反对社会革命,企图阻碍马克思主义在中国的传播和共产主义运动在中国的兴起"[2]。1920年11月,张东荪发表文章公开宣称:"救中国只有一条路","就是增加富力"、"开发实业",而不是"欧美现行的什么社会主义"。[3]针对当时中国流传的各种无政府主义思潮,1920年,陈独秀在广州法政学校作了《社会主义批判》的演讲,着重批判无政府主义、国家社会主义、工团主义、行会社会主义,强调无产阶级专政的历史必然性。由此引发了无政府主义者区声白的不满,进而他立即写信给陈独秀,表示"异议",于是陈独秀与他进行了往返三次通信,展开了论争。无政府主义者区声白、黄凌霜在个人主义世界观的基础上强调唯意志论和英雄史观,宣扬"社会由个人自发的冲动而进步","要无限制的发挥自我",反对社会主义的计划经济和按劳分配的原则,主张小生产者的分散生产和绝对平均分配;反对任何组织和集中领导,主张绝对自由和极端个人主义。对于此,一批共产党人陈独秀、李大钊、李达、蔡和森、毛泽东等对其进行了反驳。为此,陈独秀先后撰写了《无政府主义之解剖》《谈政治》,李达在其主编的党的刊物《共产党》月刊上,发表了《短信》《社会革命的商榷》《无政府主义之解剖》,李大钊在《少年中国》上发表了《自由与秩序》等文,蔡和森在国外为《新青年》撰写了《马克思学说与中国无产阶级》一文,毛泽东给肖旭东、蔡林彬并在法诸会友的信,及旅法

---

[1] 转引自白振奎:《胡适人格》,河南人民出版社2004年版,第16页。
[2] 宋镜明:《论李达在建党时期思想论争中的重要作用》,《中共党史研究》2011年第4期。
[3] 张东荪:《由内地旅行而得之又一教训》,《时事新报》1920年11月6日。

的周恩来等都旗帜鲜明地批判了无政府主义。陈独秀批判无政府主义"绝对自由"的谬论,他提出无政府主义的绝对自由是不可能的,在没有改革社会制度的前提下,个人的道德、自由都是不可能的。李达针对绝对自由也指出:"资产阶级并不怕人提倡什么绝对自由、绝对平等的社会那种抽象的思想,他们所怕的,还是那种最有力的具体的即时可以实现的社会主义制度。"[1]无政府主义的鼻祖施蒂纳"所创的无政府主义是极端的无政府主义,又是极端的个人主义"[2]。"能够成为无政府主义的,只有个人主义。""主张无政府主义的人,是根据'个人主权的哲学'上面说话的","个人的无政府主义的特质,主张个人绝对的主权和自由,单靠完成个人实行无政府主义,所以个人的无政府主义,主张自我,主张改造内部生活,主张发展心意性格,改造内部生活、精神生活,与社会主义的本质完全不对"。针对无政府主义的"社会是由个人自发的冲动而进步"这一谬误,他明确指出,一切政治的、经济的、社会的组织和各种制度,"决不是一人或数人的意志和感情表现所能颠覆,所能绝灭的",因此,他强调要干革命的事业,"必定要具有一种能够作战的新实力方能办到的"。[3]在与极端个人主义论战的基础上,马克思主义者进一步明确了正确的个人与社会伦理关系,瞿秋白在《现代社会学》中指出,个人之间、个人与社会之间的影响往往不是直接的,个人之间是以劳动联系为基础的错综复杂的互动关系的系统,社会之外,绝无独立的个人,社会之发展导源于人群,人是社会的动物,社会的人与人的社会性都只能在社会中发展。在个人与社会伦理关系问题上,马克思主义者李大钊认为一切革命青年,包括自己都要以为劳苦大众的幸福为己任,为劳苦大众的翻身解放而斗争。在这场旷日持久的论战中,瞿秋白在1931年所作的《普洛大众文艺的现实问题》一文中,最早使用了"无产阶级集体主义"这一概念。

可以说,无论是现代新儒家、自由主义者,还是马克思主义者都已经深刻认识到,伦理道德领域救国运动的本质就是运用什么样的道德原则来指导个人与国家之间的伦理关系。然而,长期的中国革命和实践证明,无论是现代新儒家宣扬的人生境界说、自由主义宣扬的个人主义都不能处理好个人与社会之间的伦理关系,只有集体主义才能科学地解决这一问题。

什么是集体主义,集体主义的科学内涵是什么,一系列马克思主义经典作家、理论家都有过详细阐述。

---

[1]《李达文集》第1卷,人民出版社1981年版,第87、88页。
[2]《李达文集》第1卷,人民出版社1981年版,第84页。
[3]《李达文集》第1卷,人民出版社1981年版,第90页。

毛泽东在《论十大关系》和《读苏联〈政治经济学教科书〉的谈话》中对集体主义都有过论述。在《论十大关系》中,毛泽东强调"必须兼顾国家、集体和个人三个方面",强调"军民兼顾"、"公私兼顾";在《读苏联〈政治经济学教科书〉的谈话》中,毛泽东强调"个人利益服从集体利益,暂时利益服从长远利益,局部利益服从全局利益"。毛泽东在强调个人利益服从集体利益的同时,同样十分重视个人利益的实现,他指出:"提倡以集体利益和个人利益相结合的原则为一切言论行动的标准的社会主义精神,是使分散的小农经济逐步地过渡到大规模合作化经济的思想的和政治的保证。"[1]可见,毛泽东在集体主义道德原则上总是坚持个人利益与集体利益的相互兼顾关系,主张在集体利益的基础上,实现个人利益与集体利益的统筹兼顾,相得益彰。

周恩来从不同角度阐释和论证过集体主义的内容和本质。他把人们对集体主义理论的认识,提升到一个很高的水平。比如,在谈到集体主义的现实基础和本质时,周恩来指出:"集体主义是无产阶级的思想,是从无产阶级的劳动和阶级斗争中产生出来的。因为现代工业使用机器生产,把工人集中在工厂中,只有集体行动,才能进行生产;也只有依靠集体,才能同剥削和压迫他们的资产阶级进行斗争。这就产生了集体主义。"[2]这是对集体主义本质作出的最基本、最重要的概括。周恩来对集体主义的精神实质的论述也是十分精辟的。比如,他在谈到公与私的关系问题时,非常细致地分析了几种思想境界和处理办法,他指出:"公与私的问题,在集体主义原则下究竟怎么处理?可能首先考虑的是既对公有利,又对私有利,所谓公私两利。进而一想,如果不可能这样,就会产生第二阶段的想法:是个人利益服从集体利益呢,还是要求集体利益照顾个人利益?经过考虑,结果应该是先公后私,总是要把公摆在前头,个人摆在后头,个人利益服从集体利益。处理一切事情都应该如此。如果我们以先公后私的原则来安排生活,就应该说是合乎一个社会主义公民的要求了,就够格了。大家都能够做到先公后私,那就很好了。雷锋公而忘私,也并不是没有个人的想法,而是为公多,就把自己的事情忘记了。这是值得表扬,值得称道,值得学习的。因此,毛主席号召'向雷锋同志学习'。这种模范人物、先进人物是少数,我们不要求二十多万大学生人人都是雷锋,能够先公后私,就很好了。"[3]可见,在周恩来看来,集体主义道德原则在处理具体利益关系时应该具有一定的层次性,是最高的道德要求和现实

---

[1]《毛泽东文集》第6卷,人民出版社1999年版,第450页。
[2]《周恩来文化文选》,中央文献出版社1998年版,第454页。
[3]《周恩来文化文选》,中央文献出版社1998年版,第456页。

的道德可能的有机统一。

邓小平在《邓小平文选》中对集体主义精神实质和基本要求进行了论述。"在社会主义制度之下,个人利益要服从集体利益,局部利益要服从整体利益,暂时利益要服从长远利益,或者叫做小局服从大局,小道理服从大道理。我们提倡和实行这些原则,决不是说可以不注意个人利益,不注意局部利益,不注意暂时利益,而是因为在社会主义制度之下,归根结底,个人利益和集体利益是统一的,局部利益和整体利益是统一的,暂时利益和长远利益是统一的,我们必须按照统筹兼顾的原则来调节各种利益的相互关系。如果相反,违反集体利益而追求个人利益,违反整体利益而追求局部利益,违反长远利益而追求暂时利益,那末,结果势必两头都受损失。"[1]可见,在邓小平看来,集体主义道德原则的核心理念在于追求个人利益与集体利益矛盾之间的和谐。

综上所述,历史文献中所记载的对集体主义的使用和对集体主义精神实质的论述证明毛泽东、周恩来、邓小平等马克思主义经典理论家,在认识集体主义的本质和坚持集体主义的立场上都是一致的,即认为集体主义本质上是以协调个人与集体二元利益主体之间利益关系为价值目标的道德原则。为什么集体主义要以利益协调为其核心价值目标呢?

这是由两方面原因造成的,一方面是社会财富与资源的短缺;另一方面是利益主体的二元结构。首先,在革命和新中国建设初期,广大无产阶级面对的是具有强大经济实力的帝国主义、封建主义、官僚资本主义的政治、经济、军事压迫,依靠分散的个人力量,无产阶级难以完成革命和建设任务,为了战胜强大的敌人,实现民族富强的目标,广大无产者必须无条件为集体利益的实现而牺牲个人的一己之利。这为集体主义的广泛传播提出了客观要求。其次,传统中国社会是家国同构的社会结构,国是家的延伸、拓展。所以传统中国社会的利益主体基本上分为国与家的二元结构;1956年社会主义改造基本完成后,我国社会形成了不同于以往社会的新的利益主体。在经济生活方面主要形成了两种集体,即全民所有制集体和集体所有制集体。到1978年我国进行改革开放之前,这两种集体一直没有发生重大变化。就其实质来说,这两种集体确实都是公有制集体。在政治生活方面,各级行政单元,即国家、省、地区、县、乡、村,构成了政治生活的各层集体,而每一层的党政军行政单位,构成了更小的政治生活集体。在文化生活方面,教科文卫体等领域的事业单位,构成了文化生活的集体。正如马克思所说,经济生活规定着政治

---

[1]《邓小平文选》第2卷,人民出版社1994年版,第175—176页。

生活和文化生活。经济生活的两种集体是公有制集体,政治生活和文化生活的集体的性质同样具有"公有"性质。这自然也反映在当时人们的观念之中。当这一时期的人们说集体利益第一的时候,他们所指的集体就是公有制集体或建立在这两种集体基础之上的党政军、教科文卫体等行政或事业集体,他们心目中的集体就是"公家"。因而,从社会主义改造完成到改革开放之前,中国社会的利益主体仍然保持了一种个人与集体的二元结构。这就为集体主义的进一步中国化提供了组织条件。

上述原因决定了传统集体主义以利益调节为核心命题的合理性,但是随着改革开放的深入展开,市场经济的不断发展,维系传统集体主义合理性的要素发生了变化。最突出的是社会财富的变化,中共十一届三中全会以来,我国实行了一系列重大经济政策的改革,如20世纪80年代农村实行的家庭联产承包责任制,20世纪90年代开始的市场经济体制改革等。所有这些政策的实施,都极大地调动了劳动者的生产积极性与创造性,同时也极大地促进了国民财富的增长,人民物质文化生活得到了极大的改善。但是,集体主义道德原则不但没有更加深入人心,反而出现了调节利益的边际效应递减,逐步为一种多元价值观体系所取代的趋势。学术界认为,其根本原因在于市场经济条件下利益主体的多元化。改革开放前,利益主体除了"集体"就只有隶属于"集体"的"个人";而改革开放后,"集体"发生了变化。

首先,集体类型的变化。在经济生活领域,除了原有的两种公有制集体中的全民所有制集体变成了国家所有制集体外,还产生了不少新类型的集体,包括六大类:国家所有制单位和集体所有制单位合资的"国家—集体"企业;国家所有制控股而与其他私有股合资的公私联合体;国家所有制企业或集体所有制企业与外国资本合资的中外合资企业;外资独资私有制企业;个体联合体企业;个体所有制或个体私有制企业。在政治生活领域,虽然各级政治生活单元集体类型(国家、省、地、县、镇、村)没有发生重大变化,但也由于经济发展的需要出现了一些新型的集体,如由于不少地区需要以城市经济的发展带动周围经济的发展,由此在政治上形成了以城市为中心、政治上实行市管县这样一种新的政治生活集体。在文化生活领域,私立或公私合立的学校、科研院所、文化卫生体育团体等新的集体层出不穷,形成了丰富多彩的集体类型。

其次,集体内容的变化。在经济生活方面,即使是国家公有制和集体公有制两种公有制的集体(各个企业、公司等),它们大部分不再是指令性计划的集体,不再是干好干坏一个样的吃"大锅饭"的集体,不再是国家或集体对职工的吃喝穿住生老病死统揽统包的集体。同时,所有类型的经济集体都不再是以阶级斗争为纲的集体,不再是以革命运动为中心的集体,而是独立经营、自负盈亏、自我发展、自我约束的法人集体,是在共同的市场规则下自由平等竞争的集体,是把经济生产作为中心的集体,是企业与职工双向责权利明确的集体。这样的集体,由于把个人收入与生产经营效益的好坏,甚至与所有权直接联系起来(如股份制),因而极大地调动了集体成员的积极性和创造性,有力地推动了集体乃至整个社会经济的发展。在政治生活方面,各级政治生活单元集体(国家、省、地、县、镇、人大等领导集体)的权力运转机制正在变得越来越合理,如各级政治领导的权力逐级相对下放,越来越多的权力回归到基层和人民群众。

再次,集体与个人现实关系的变化。在任何社会的整体运动中,个人总是离不开集体,集体也总是离不开个人,我国今天的情况也是如此。但就我国目前具体的集体与个人的关系来说,一方面,集体能够自主选择职员,另一方面,职员能够自主选择集体,二者建立了双向自由平等选择而时常变化的关系。这可以分别从个人和集体两个角度来看。从个人的角度说,个人不再终身固定不变地依赖某一个集体,而是可以根据是否有利于自己的发展而自由选择其他集体,同时,个体只有在合理的集体中才能最有效地实现自身的发展。从集体的角度说,集体能够根据自身的需要选择个体,但集体不再能够任意支配个人的发展,同时,集体只有在充分发挥个人积极性的基础上才能最大限度地实现自身的发展。

利益主体的多元化造成了集体主义调节利益边际效应的递减,那么应该如何协调多元利益主体之间存在的利益冲突呢?一些学者认为,多元利益主体的利益冲突应该以多元价值观来调节,他们曾经试图以个人主义、享乐主义、功利主义、拜金主义等多元的西方腐朽价值观体系取代集体主义。但是,改革开放二十几年来的实践证明,多元的价值观体系带来的只有贫富分化的加剧,社会矛盾的激增,不能从根本上解决多元利益主体之间存在的利益冲突。那么今天我们应该用什么样的价值观协调多元利益主体的利益冲突呢?学术界将关注的焦点重新放在了集体主义道德原则上。大部分学者认为,只有集体主义才能作为多元利益主体并存时代的主导价值观,因为只有集体主义才能协调好各方利益主体之间存在的利益冲突。但是,这种集体主义应该是一种区别于计划经济时代的发展了的集体主义。学术界对集体主义的丰富与发展主要体现在对其进行的合理性论证研究、模式研究、发展趋势研究等方面,并取得了丰硕的研究成果。

二、集体主义的合理性研究

合理性即合规律性,集体主义合理性研究集中在对集体主义是否合乎科学的研究方法、市场经济规律、社会历史发展规律以及合理性限度等问题的探讨上。

(一)集体主义是否合乎科学的研究方法的理论探讨

方法是指导人们实践的模式或过程。依据指导人们实践的不同方式,人们将方法分为科学方法与哲学方法。科学方法是进行科学研究,描述科学调查,根据证据获得新知识的模式或过程;哲学方法是一潜移默化地影响和指导人类进行实践的模式。可见,与哲学方法相比较而言,科学方法更具实证性,而哲学方法则更具抽象性。集体主义的研究方法所要解决的是用哲学方法还是用科学方法研究集体主义更合理的问题。这一问题的出现针对的是近些年学术界对集体主义的研究方法主要集中在哲学方法的现状出现的。学界认为,这种研究现状造成了集体主义没有或不够重视现实生活中的人民群众对集体主义的认知、体验和态度以及他们的实际道德行为,而是大多局限于对集体主义原则进行理论上的解释和说明,对人民群众发出理论上的号召的集体主义研究状况展开的。因此,理论界应该更加注重科学方法在集体主义合理性研究中的作用,在这种理论的号召下形成了许多研究成果,如赵剑民的《集体主义观念在现实生活中生成——对集体主义研究的一点看法》(《北京电子科技学院学报》1999年第2期),严峰的《浅议集体主义价值导向》(《石油政工研究》1997年第2期)等。

赵剑民指出,伦理学的任务不仅仅是论证集体主义原则的合理性,向人民群众发出理论上的号召,而是要把集体主义原则的探讨与社会主义初级阶段的现状结合起来,真正发挥其应有的作用;不应该从理论上出发去探讨必须坚持集体主义原则,而是要从现实生活出发考察和研究集体主义观念的生成。严峰指出,目前学界对集体主义合理性的论证存在不正当倾向:一是不证,认为集体主义原则是社会主义的必然选择,无需论证;二是它证,认为推行集体主义有合法基础,必须如此;三是旁证,从主观愿望中寻找理由,认为集体主义是人们天经地义的选择。这些论证均属外证而非本证,虽有合理之处,但很难真正揭示集体主义原则的合理性实质。集体主义原则合理性(在社会主义条件下,集体主义原则的合法性与合理性是统一的)的确证,应当采取内证方式,即从个人与社会、个人与集体关系的角度,从市场经济中人的活动方式的角度,从价值导向和价值取向统一的角度,加以全面论证,系统揭示集体主义价值导向的科学依据。[1]

事实上,无论片面地强调以哲学方法或科学方法研究集体主义都是一种错误的倾向,因为,集体主义作为一种道德原则本身具有形上特征,因此,单纯用科学方法研究本身就是不合理的;同时,集体主义作为一种道德原则,它对人的关照又是通过具体的实践方式展开的,因而,对集体主义的研究又不能单纯地采用哲学方法。因此,集体主义研究方法的合理性只能在于科学方法与哲学方法的有机结合。

(二) 集体主义是否合乎市场经济发展规律的理论探讨

集体主义道德原则作为一种上层建筑,它的存在、发展本质上是由其经济、社会的发展所决定的。伴随中国社会由计划经济向市场经济的转轨,集体主义道德原则在市场经济的多元价值观体系中是否具有现实存在的依据问题,成为理论界关注的焦点问题之一。作为理论回应,学界围绕集体主义在市场经济条件下还有没有存在的合理性问题,从集体主义存在的客观基础、理论认知、客观必要性三个层面进行了论证并取得了丰硕的研究成果。认为集体主义存在的客观基础是指政治、经济、法律等领域为集体主义的存在所提供的社会条件,这些条件的具备为集体主义的合理性提供了物质前提。由于集体主义价值观存在的政治、经济等社会条件经历了由计划经济向市场经济转轨引发的深刻变革,从而发生了一系列变化,然而,这是否意味着集体主义合理性也应因此而改变呢?学界从这一视角出发形成了两种观点:一种观点从社会主义经济制度层面论证了集体主义在市场经济条件下仍然是合理的,如吴潜涛认为,在市场经济条件下,集体主义价值观要适应市场经济发展的要求,就必须进行体系结构的调整和内容更新。这种新的集体主义应具有三个特点:强调集体形成的出发点是为了维护集体成员的正当的个人利益;要体现道德要求的先进性与广泛性的统一;要体现践行道德义务与谋求切身利益的统一。[2]另一种观点则从集体主义存在的经济组织基础层面指出,集体主义在市场经济条件下失去了存在的客观基础,因而失去了合理性,应该被个人主义所取代。如魏新高在《集体主义与个人主义的伦理思考》(《高校理论战线》1993年第4期)中即提出了这样一种观点:集体主义是计划经济的产物,在市场经济条件下,集体主义就失去了赖以存在的基础。

前一种观点认为,集体主义的客观基础是以社会主义公有制为主体的基

---

[1] 严峰:《浅议集体主义价值导向》,《石油政工研究》1997年第2期。
[2] 吴潜涛:《价值观多样化势态与坚持社会主义集体主义价值观导向》,《道德与文明》1999年第4期。

本经济制度,而不是计划或市场经济体制。虽然市场经济体制下的公有制经济的实现形式发生了变化,但其在整个国民经济中的主体地位并未发生变化,一方面,国家通过资本运营,国家和集体控股,使公有资产在社会总资产中占有优势;另一方面,国家通过相关的政策和法律,禁止其他非公有制成分对关系国民经济命脉的行业和关键领域的介入,保证了国有经济控制国家经济命脉,而其他经济成分是在公有制为主体的条件下发展的多种所有制经济,是在公有资产和国有经济控制下的有益补充。因而,我国的基本经济制度没有发生根本的改变,这说明,集体主义在市场经济体制下仍然有其存在的合理性。以徐伟为代表的另一种观点则认为,市场经济条件下集体主义没有存在的客观基础。因为集体主义的经济组织基础是计划经济体制和单一公有制下的集体,而市场经济以利益共同体为社会经济组织基础。这种基础不能产生集体主义价值观,而只能产生与个人作为利益主体相适应的个人主义价值观。因而,市场经济条件下集体主义没有存在的合理性。那么在徐伟看来,什么是集体?集体与利益共同体的区别是什么?为什么利益共同体中不能产生集体主义呢?徐伟指出:"集体是由把集体利益作为个人目的的人所组成的。按照这种理解,在现在几乎是没有集体了,而只有利益共同体,即人们由于个人利益的契合而组成的。这种利益共同体与集体有着本质的区别,虽然两者都有共同的利益基础,但利益共同体的成员是以个人利益为目的的,成员之所以组成共同体,乃是他们各自的利益恰好在某一方面一致,在共同体中,个人仍然是利益主体,简言之,利益共同体是利益主体的联合。一旦利益成员各自利益相互不一致,共同体就会因失去共同利益基础而解散,假如共同体不再能满足个人利益,个人就会'跳槽',跳到与其利益相符合的共同体。而集体的成员是把集体利益作为个人目的,在集体中个人不是利益主体,个人利益是从属于集体利益的,个人利益的满足以集体利益的满足为前提。而在利益共同体中,共同利益的满足是以个人利益的满足为前提的。这便是利益共同体与集体的本质区别。由此可见,改革前后,社会的经济组织形式已经发生了变化。之前,是人们组成集体的;而在市场经济中,存在于社会生活中的大部分是利益共同体,而不是集体。因而,无论集体主义多么美好,集体主义论者的思想都不免留于空想。在利益共同体的社会经济组织基础上是不会产生集体主义价值观的,而只能是与个人作为利益主体相适应的个人主义价值观。"[1]

综上所述,两种观点讨论的焦点在于,集体主义的客观基础究竟是社会

---

[1] 徐伟:《集体主义与利益共同体》,《探索与争鸣》1995年第5期。

主义经济制度还是社会主义经济体制。事实上,集体主义的客观基础在于社会主义经济制度,而不在于经济体制。因为,以公有制经济体制为主体的经济制度才是社会主义的根本特征,一切上层建筑都深深植根于这一经济基础;而经济体制只是经济制度的一种表现形式,根本上是由经济制度所决定的。社会主义市场经济体制的建立并没有改变我国以公有制为主体的经济制度,因而,市场经济条件下的集体主义道德原则仍然具有其存在的客观基础。

集体主义的理论认知是指从认识论层面应该如何正确解读、揭示集体主义的题中应有之意。以夏伟东(《关于集体主义道德理论的若干问题》,《中州学刊》1995年第3期;《集体主义:社会主义道德的基本原则》,《教学与研究》1994年第3期;《从毛泽东是否使用过集体主义概念谈起——兼论五四以来中国革命道德传统中的集体主义概念》,《道德与文明》2000年第6期)为代表的学者指出,在理论和现实生活中,一些人之所以对集体主义的实践价值产生疑虑,其根本原因在于人们对集体主义认识上与理解上的偏差。我国的一些宣传报道或教科书中,曾出现了对集体主义缺乏完整把握的简单化倾向,他们避而不谈集体主义原则的"个人与集体和谐发展"的精神实质,而是更多地渲染"个人服从集体"的规定要求。尽管在改革开放后,集体主义道德原则充实了一些时代的内容,但过去对集体主义理论认知中的一些偏失仍不同程度地影响人们对集体主义原则的接受和践行,这些偏失具体表现为:(1)集体主义道德原则的绝对化倾向。(2)集体主义道德原则的模糊性。(3)集体主义道德要求的单向性。(4)集体主义道德原则神圣化。而事实上,集体主义无论是在斯大林的经典论述中,还是在我国宪法草案的阐述中,无不强调个人与集体的辩证统一关系,它要求社会利益、集体利益和个人利益相结合,即集体主义调节利益的总的价值原则是在个人利益与集体利益的统一体中,兼顾各方面的利益,而不是以一方的牺牲为代价;在个人与集体的辩证统一关系中,权利和义务应该是对等的、双向的,即双方相互履行义务和享受权利。因而,从理论认知层面讲,集体主义也是合理的。

首先,集体主义的客观必要性是指集体主义在市场经济中存在价值的有无或大小,揭示的是集体主义有无现实性问题。现实性是合理性的一方面,因为,现实性意味着合理性因素。学术界从集体主义符合市场经济发展的需要与集体主义自身发展的需要两个向度论证了集体主义的客观必要性。作为市场经济发展的客观需要,集体主义价值导向可以发挥克服市场经济负面效应的作用。市场经济的负面效应表现为两方面,一方面,市场在价值规律的作用下对社会资源的配置具有短期性;另一方面,市场经济本身的利益性、独立性、自主性,使得市场主体直接受自身利益的驱动。如果不对市场主体这种"从利"的价值取向给予必要的制约和正确的引导,就会滋生以个人利益、小团体利益为本位的利己主义思想和行为,甚至会出现无视社会整体利益的现象,导致侵害他人或国家利益的行为。要遏制市场经济的这些负面影响,除了规章制度、法律规范的秩序整合外,还必须进行观念整合,使人们树立集体主义价值观。其次,集体主义原则是实现共同富裕的保证。共同富裕最重要的一点是要求个人在谋利时,不能损害国家的利益;同时,国家要根据我国的经济实力,在"效率与公平"原则的指导下,实行再次社会分配,以缩小贫富差别;还要依靠集体的力量,走共同致富的道路。最后,社会价值观的多元化,需要加强集体主义的主导价值导向。在当今的市场经济社会中,由于社会转型、价值观念的更替,再加上改革开放后外来文化的进入,社会价值观呈多元化的态势,人们可以根据自己对生活的理解,选择自己的生活方式和行为方式,但这绝不意味着每个个体在价值选择的实践中可以有多元化的价值原则。从这个意义上说,正因为社会存在着多元的价值观,才更需要社会成员具有正确的一元化的价值认知和选择。目前,在人们价值观混乱和行为出现多种偏差的情况下,迫切需要加强集体主义的主导价值导向;作为自身发展的需要,集体主义从理论和实践上一是明确肯定了社会主义市场经济条件下人们追求个人正当利益的合理性。二是坚持国家、集体、个人三者利益的和谐统一。三是承认个人物质利益是要为全体人民的物质利益而奋斗。四是集体主义价值观明确要求个人利益与国家利益、集体利益发生矛盾时,个人利益要服从国家利益和集体利益。

(三) 集体主义的合理性限度

集体主义合理性限度揭示的是集体主义价值观在何种范围内可以发挥何种层次的利益调节作用。处于支配地位的集体主义在传统计划经济时代基本有效地解决了二元利益主体之间的利益冲突;然而,市场经济的发展打破了中国社会二元利益主体格局,分化出更多的利益主体,这决定了利益关系的多元化趋向,进而决定了集体主义在价值观体系当中由支配转变为主导的地位变化,这种变化必然引发集体主义适用性的改变。这种改变是什么呢?围绕这一问题,学界对集体主义在市场经济条件下的适用性问题展开了深入研究,并取得了阶段性成果,如郑维明指出,市场经济条件下集体主义的适用范围具有一定限度,并非所有利益主体之间的利益关系都要由集体主义来调节。因为,传统计划经济条件下,利益主体的单一化,使集体主义在社会价值观体系处于绝对统治地位,其有效性是普遍的、绝对的;然而,市场经济的建立,打破了以往单一的公有制经济局面,利益主体出现多元化趋向,既有社会利益主体、集体利益主体,也有个人利益主体。各种利益主体都试图在道德上从各自不同的角度争取和维护他们的最大化利益。当个人利益与国家利益、集体利益发生冲突时,个人应该坚持集体主义原则,自觉维护国家、社会利和集体的利益。但在各种非公有制经济利益主体之间或个人利益主体之间,调节利益关系就不能仅仅依靠集体主义原则,而应该容许不同于集体主义又不与之相冲突的其他道德标准存在。因为,各种非公有制经济利益主体之间、个人利益主体之间的利益关系,并不存在哪一方更为根本,哪一方应该服从另一方的问题,而是一个平等共处、公正互利的问题。因此,集体主义的适用范围只涉及各种利益主体与国家、社会、集体利益发生的冲突,而不涉及此外的利益摩擦。[1]

韩家清则认为,集体主义价值观在社会主义市场经济条件下是普遍适用的,但在层次上应该有所差别。[2]因为,道德是有层次性的。道德的层次性是指处于同一历史阶段的社会成员,由不同物质利益和价值目标所表现出来的道德追求的差异性。"公私兼顾、先公后私"是集体主义道德在社会主义初级阶段的普遍表现。但由于初级阶段社会经济结构的复杂性、市场经济条件下利益主体的多元化以及人们思想觉悟、政治信仰、社会角色诸方面的差异性,形成了社会成员不同的价值目标和利益追求。有以共产主义崇高理想为目标取向的先进分子的价值追求;有以实现社会主义现代化共同理想为目标取向的广大群众的价值追求;有在不危害社会整体利益的前提下,以个人正当利益的满足和实现为目标取向的部分社会成员的价值追求;还有以损人利己、损公肥私为目的的极少数人的价值追求。这些不同的价值追求就构成了现阶段社会主义集体主义道德原则的层次性特征,因此,应根据上述不同层次的道德追求提出相应的道德目标和要求。首先,共产党员和先进分子必须具备"大公无私、舍己为公"、全心全意为人民服务的共产主义道德品质。其次,对广大群众的道德要求应是"公私兼顾、先公后私"。这个层次的人虽然不能完全做到毫不利己,但他们能以国家、集体的利益为重,在不损害国家、集体利益的前提下,"以义取利、义利结合",去谋求个人正当、合法的利益。这个层次人数众多,是基本层次,因此,要在充分尊重和肯定其合理性的同时,积极引导其向较高层次的道德目标发展,这是当前集体主义道德教育的重点。再次,对以追求个人正当利益为主要价值目标的部分社会成员,在道德要求上,应提出"公私分明,利己不损公"的基本准则。具有这一价值目标

---

[1] 郑维明:《个人主体的道德价值与集体主义原则》,《学术研究》1995年第2期。
[2] 韩家清:《论集体主义道德的基本特征》,《理论前沿》1997年第23期。

的人,一方面漠视国家和集体的利益,十分看重个人利益,奉行个人主义和利己主义的价值观;另一方面,他们一般又都具有朴素的爱国热情并能遵纪守法,尚能做到"利己而不损人(公)"。应当看到,这部分人虽处在集体主义道德的较低层次,但在现实中为数不少,并有一定影响和代表性。因此,他们应作为社会主义集体主义道德教育的特殊对象,在允许和认可其合法利益与正当途径的同时,积极开展对他们的思想道德教育,使之逐步提高道德追求的层次。至于极少数极端利己主义者,特别是那些为满足个人私欲而违法乱纪、丧失人格国格,贪污腐败、破坏公德的社会分子,已不属于道德教育问题,应予以适当的法纪处置,以清除其对集体主义道德的消极影响。道德的层次性是相对的,上述三个层次的道德追求在现实生活中往往相互渗透、相互影响和相互作用。因此,在道德建设中,应从实际出发,充分考虑层次性特征,既鼓励和倡导先进,又照顾大多数,团结和引导不同觉悟程度的人一道去建设社会主义新型的道德关系,使集体主义道德原则更具有凝聚力和号召性。

综上所述,前者坚持集体主义不可以普遍适用于全社会各种利益主体,因为,利益主体的多元性决定了集体主义利益调节范围的局限性,因而,集体主义不能普遍使用,应该允许多元价值观存在;而后者则认为,集体主义应该能够普遍适用,并不存在利益主体多元性给集体主义带来的利益调节局限性。因为,集体主义道德原则对不同利益主体的要求本身是分层次的,并不是整齐划一的。因而,集体主义并不存在适用范围的问题,而只存在应该对什么样的利益主体提出哪一层面集体主义要求的问题。事实上后者的观点与周恩来关于集体主义的层次性的思想是一致的,符合集体主义的基本精神实质。因而,集体主义道德原则应该是普遍适用的,并不存在所谓的适用范围问题。

三、集体主义模式研究

模式就是解决某类问题的方法论。学术界为完成集体主义道德原则的当代转换,从集体主义不同的时代内容、特点、利益调节的价值导向等角度出发,提出了传统集体主义与新集体主义、服从型集体主义与融合型集体主义等集体主义模式,并形成了大量研究成果。

学术界认为,集体主义本质是社会历史的产物,因此,集体主义也必然伴随社会历史的发展而表现为不同的理论模式。有的学者认为,从集体主义在不同时代应该具有的内涵角度来看,现代市场经济条件下的集体主义应该是一种区别于传统的新集体主义。为什么应该是一种新集体主义呢?其根本原因在于,现代市场经济关系的不断完善和发展推动了新型集体的形成,而这种新型集体的运行使得传统的集体主义道德原则得到了发展和深化,从而形成了一种新的集体主义道德原则。宋惠昌认为,这种新的集体主义道德原则继承了传统集体主义道德原则的基本精神,即它仍然强调个人利益和集体利益的统一;但是,这种新的集体主义道德原则与传统的集体主义道德原则已经有了质的变化,它的基本内容可表述为:把维护个人利益作为出发点,通过遵守集体的共同规则,采取共同的行动,在维护集体利益的过程中来实现每个人的个人利益。很显然,这里所说的新集体主义道德原则是以现代市场经济所形成的新的社会关系为基础的,或者说是以社会主义市场经济关系这一特定社会关系为基础的,并反映这一新社会关系的新的道德原则。[1]有的学者则以集体主义调节利益的价值导向为视角,提出了融合型集体主义模式,认为传统的集体主义实际是以人性恶为理论假设,认为集体利益相对于个人利益总是善的、理性的,而个人利益总是恶的、非理性的。由于善恶不相容,因而,个人与集体天生对立。为了维护集体的利益传统的集体主义从价值导向上来讲,强调集体利益的至上性,否定个人利益的合理性,本质是一种建立在个人对集体绝对服从基础上的服从型集体主义;虽然这种服从型集体主义在一定历史时期发挥过积极作用,但是在现时代无论是在理论上还是在实践上都已失去了其合理性,应该为一种"融合型集体主义"所替代。所谓融合型集体主义是指:个人要维护集体利益,因为只有实现集体利益才能实现个人合理利益;在实现集体利益的同时要满足个人的合理利益要求,集体利益是手段和工具,而根本的目的和结果是为了实现个人的合理利益。[2]

学术界对集体主义模式的研究极大地拓宽了集体主义中国化的进路;同时也说明,集体主义道德原则必将伴随社会历史的发展而呈现出不同的表现形态,而其服务于人的根本宗旨却始终如一。

四、集体主义发展趋势研究

集体主义发展趋势揭示的是集体主义价值观的走向问题,即走向"终结",还是继续存在下去。这一问题源于人们对集体主义在社会主义市场经济建设当中究竟能不能继续发挥作用以及发挥多大作用的思考。围绕上述问题的理论探讨,学术界形成了如下主要研究成果:方征的《论集体主义伦理价值观的历史发展趋势》(《宁波大学学报》1995年第4期);李秋红的《个体与

---

[1] 宋惠昌:《论新集体主义的社会经济关系基础——回答薛克智同志的质疑》,《石油大学学报(社会科学版)》1999年第4期。
[2] 田燕刚:《集体主义原则:从服从型到融合型》,《长沙电力学院学报(社会科学版)》1999年第1期。

集体:民族人格现代化的走向》(《社会科学研究》1995年第2期);翟学伟的《中国人社会行动的结构——个人主义和集体主义的终结》(《南京大学学报》1998年第1期)等。

认为集体主义必将继续存在下去,并将成为人类社会核心道德原则观点的学者,从集体主义与人类社会历史发展关系宏观视野的高度指出,人类社会是集体主义在集体的劳动中创造发展起来的,因而集体主义就成为一种衡量满足个人和社会需要的必不可少的价值准则,基于人与人之间和人与自然的两大伦理关系,处理(或调整)个人与集体、人类与环境之间的关系,使之保持和谐与协调,成为人类社会不同历史时代伦理价值原则的主要内容。随着现代化大生产的发展,集体主义的伦理价值观发展为无产阶级集体主义的伦理价值观。放眼世界,只有当全球各国和人民都能把集体主义的伦理道德原则和价值准则自觉地放在第一位,人类才能真正有效地防止环境污染、维护生态平衡、"保护地球"、"拯救地球",从而拯救人类自身。[1]认为集体主义必将在当代社会迅速终结观点的学者,则从制约行为主体的价值导向多维性的微观结构角度出发指出,学界关于中国人社会行为取向为个人主义抑或集体主义的困惑,源于学者一直受一种二元对立范式的指引而欲图对这两种相反的取向做出取舍。从社会学中有关家庭结构的比较,可以演绎出中国人在社会行动上呈现的复杂结构。这一结构由家长权威、伦理规范、利益分配和血缘关系四个变量之间构成的制衡关系所组成,它使中国人的社会行为不宜用任何一种单一的取向来概括。因此,只有打破原有的二元对立范式,才能深入系统地解释中国人的社会行为,才能真正认识中国社会及其变迁方向。[2]就是说,在这种观点看来,决定中国人行为的价值取向的因素是多元的,而不只是简单地处理二元主体结构利益关系的集体主义道德原则或是个人主义,因此,无论是集体主义还是个人主义都必将走向终结。

综上所述,这两种观点分别从人类社会历史发展的宏观视野与支配中国人行为的具体观念结构的微观视角出发对集体主义的发展前景做出了两种相反的预测。究竟哪一种预测是科学、合理的呢?事实上,无论从宏观视角还是从微观视角讲,集体主义都将成为指导中国人社会实践的主导道德原则。因为,从宏观历史文化背景来看,中国传统文化中的整体主义中就孕育了集体主义的文化基因,中国近百年的屈辱史激活了这种基因,并为集体主

---

[1] 方征:《论集体主义伦理价值观的历史发展趋势》,《宁波大学学报》1995年第4期。
[2] 翟学伟:《中国人社会行动的结构——个人主义和集体主义的终结》,《南京大学学报》1998年第1期。

义中国化进程的顺利展开提供了深厚的文化积淀,因而,集体主义道德原则在中国的发展有着广阔的必然前景;从微观的历史叙事结构讲,集体主义的存在最终是由公有制的社会主义经济制度决定的,而不是由什么"家长权威、伦理规范、利益分配和血缘关系"等文化因素决定的。因此,只要经济制度不变,集体主义也必将继续成为社会主义中国的主导道德原则。

人物篇

第十三章　劳工神圣：李大钊伦理思想

> 道德者利便于一社会生存之习惯风俗也。古今之社会不同,古今之道德自异。而道德之进化发展,亦泰半由于自然淘汰,几分由于人为淘汰。孔子之道,施于今日之社会为不适于生存,任诸自然之淘汰,其势力迟早必归于消灭。吾人为谋新生活之便利,新道德之进展,企于自然进化之程,少加以人为之力,冀其迅速蜕演,虽冒毁圣非法之名,亦所不恤矣。
>
> ——李大钊《自然的伦理观与孔子》

> 道德就是适应社会生活要求之社会的本能……我们今日所需要的道德,不是神的道德,宗教的道德,古典的道德,阶级的道德,私营的道德,占据的道德;乃是人的道德,美化的道德,实用的道德,大同的道德,互助的道德,创造的道德!
>
> ——李大钊《物质变动与道德变动》

李大钊(1889—1927),中国共产主义运动的先驱和最早的马克思主义者,中国共产党的主要创始人之一。字守常。1889年10月29日生于河北省乐亭县大黑坨村。"在襁褓中即失怙恃,既无兄弟,又鲜姊妹,为一垂老之祖父抚养成人。"[1]不幸的早年生活,使李大钊养成了对为富不仁者的反感和对下层人民的深切同情。7岁起在乡塾读书,"曾读四书经史"[2]。1905年入永平府中学,1907年考入天津北洋法政专门学校。1913年年底东渡日本留学,就读于东京早稻田大学。在日期间,他开始接触社会主义思想和马克思主义学说,并曾参加反对袁世凯复辟、卖国的斗争。1916年5月回国后任北京《晨钟报》主编。1917年1月又任《甲寅》日刊编辑,推动新文化运动的发展。在此期间,在《甲寅》《新青年》等刊物上发表了不少宣传民主主义思想和社会进步的文章。1917年年底,入北京大学任图书馆主任,并参与编辑《新青年》,先后任北京大学评议会评议员,经济、历史等系教授。十月社会主义革

---

[1]《李大钊文集》第5卷,人民出版社1999年版,第235页。
[2]《李大钊文集》下册,人民出版社1984年版,第888页。

命后,率先接受和传播马克思主义,先后发表《法俄革命之比较观》《庶民的胜利》等著名论文,和陈独秀等创办《每周评论》,积极领导了五四运动,并和以胡适为代表的改良主义作坚决斗争。1920年春,和陈独秀开始酝酿筹建中国共产党。同年10月,在北京创建共产党小组,11月小组改称中国共产党北京支部,任书记。中共一大后,成立中共北京地方委员会,任书记,负责领导北京和北方地区党的工作。1922年8月,参加中共中央特别会议,为候补中央委员,赞成国共合作。1923年6月,赴广州参加中共三大,被选为中央执行委员,并被任命为中共中央驻北京委员。会后,组建中共北京区执行委员会兼北京地方执行委员会,1924年3月兼任委员长(1925年1月中共四大后委员长改称书记)。1924年1月,国民党一大在广州召开,被选为国民党中央执行委员,并负责国民党中央委员会北京执行部的工作。同年6月,作为中共代表团首席代表,赴苏联参加共产国际第五次代表大会。同年11月离苏回国。1925年1月,当选为中共四大中央委员。同年10月,取消中共北京区执行委员会兼北京地方执行委员会的建制,分别组建中共北方区执行委员会(简称北方区委)和北京地方执行委员会,任北方区委书记。以李大钊为首的中共北方区委,积极组织和领导北方的革命运动,多方与冯玉祥国民军合作,开展推翻北京军阀政府的斗争,组织北方人民支援北伐战争。1926年"三一八"惨案发生后,遭到段祺瑞政府的通缉,遂避入苏联驻北京大使馆兵营,继续坚持斗争。1927年4月6日,奉系军阀张作霖派军警搜查苏联大使馆,李大钊等60余人被捕,28日在北京英勇就义。

  李大钊一生学术思想甚丰,涉及政治、宗教、文化等各个层面,其中尤以伦理思想最为突出。与同时期其他爱国人士一样,李大钊的伦理思想也经历了一个曲折的演变历程,从最初竭力批判封建伦理、倡导资产阶级个人主义的道德观,到十月革命之后逐渐认识到马克思主义在认识世界和改造世界中的重要性,李大钊"自觉地把历史研究特别是中国近代史与对中国现状分析结合起来"[1],成为一名坚定的马克思唯物主义道德观的捍卫者,"从对封建伦理思想的锐利批判者——'物心两面改造'的倡导者——'劳工神圣'新伦理的提出者"[2],并逐步开始运用马克思主义唯物史观分析道德问题和道德现象。于1919年年底到1920年年初先后撰写了《我的马克思主义观》《物质变动与道德变动》《由经济上解释中国近代思想变动的原因》等论著,为马克思主义伦理思想中国化做出了开创性的贡献。

---

[1] 刘新成主编:《历史学百年》,北京出版社1999年版,第50页。
[2] 李权兴、吴焕发:《李大钊伦理思想泛论》,载《李大钊研究》第7辑。

一、道德的本质和作用问题

五四时期,是中国社会思潮云涌、变动不安的时期,尤以思想文化方面的争论最为激烈。陈独秀、李大钊等最早接受马克思主义的思想先驱,发起了新文化运动,对封建的纲常伦理展开了空前猛烈的抨击。李大钊认为,要想彻底根除封建势力、瓦解束缚国民的封建道德思想,必然首先应该弄清道德的本质究竟为何,"道德何以因时因地而生种种变动?以何缘故社会的本能之活动发生种种差别"?李大钊认为:"说明这个道理,我们要用马克思一派的唯物史观了。"[1]因此,李大钊依据唯物史观对道德的本质问题做了马克思主义的回答。

李大钊在《物质变动与道德变动》一文中指出:"道德既是社会的本能,那就适应生活的变动,随着社会的需要,因时因地而有变动。""道德既是因时因地而常有变动,那么道德就也有新旧的问题发生。"道德是随着物质的变动而变动的,亦即道德是"随着生活的状态和社会的要求发生的";而物质"只有前进,没有反映;只有开新,没有复旧",因此道德只有开新,断无复旧的道理。正是依据物质和意识的关系,李大钊从经济基础与上层建筑的关系出发对新道德取代旧道德做了说明:"适应从前的生活和社会而发生的道德,到了那种生活和社会有了变动的时候,自然失了他的运命和价值,那就成了旧道德了。这新发生的新生活、新社会必然要求一种适应他的新道德出来,新道德的发生就是社会的本能的变化,断断不能遏抑的。"正是对新旧道德赖以生存的经济基础的揭示,李大钊说明了新道德代替旧道德的必然性,也就是新道德的产生是"断断不能遏抑的"[2]。李大钊的论述从唯物史观的新视角说明了新文化运动进行伦理革命、反对封建纲常名教的合理性,这是中国学术界最早对新文化运动反对封建文化斗争做出的马克思主义评价。[3]

李大钊首先指出:"道德这个东西不是超自然的东西,不是超物质以上的东西,不是凭空从天上掉下来的东西。他的本原不在天神的宠赐,也不在圣贤的经传,实在我们人间的动物的地上的生活之中。他的基础是自然,就是物质,就是生活的要求。简单一句话,道德就是适应社会生活的要求之社会的本能。"[4]在李大钊看来,道德是适应"生活的要求"和社会的需要而产生的,是由物质决定的,表明了他从社会物质生活条件和社会需要中去探求道

---

[1]《李大钊文集》下册,人民出版社1984年版,第137页。
[2] 李大钊:《物质变动与道德变动》,《李大钊文集》第3卷,人民出版社1999年版,第115—116页。
[3] 吴汉全:《李大钊与中国近代史研究》,载《近代史研究》2003年第3期。
[4] 李大钊:《物质变动与道德变动》,《李大钊文集》(下册),人民出版社1984年版,第138页。

德产生的根源的唯物主义的立场,而且他进一步强调,道德与政治、法律、宗教、哲学等都是社会的意识形态和上层建筑,它们都是决定于物质经济基础的,并随着经济的变化而变化,由此他说:"人类社会生产关系的总和,构成社会经济的构造。这是社会的基础构造。一切社会上政治的、法制的、伦理的、哲学的,简单说,凡是精神上的构造,都是随着经济的构造变化而变化。我们可以称这些精神的构造为表面的构造。表面构造常视基础构造为转移,而基础构造的变动,乃以其内部促他自己进化的最高动因,就是生产力。"〔1〕为了证明自己的结论,李大钊还列举了老人的道德观念的变化以及对待女子贞操道德观念的变化的例子,表明不同的道德观念总是产生于不同的经济制度和条件之下,经济条件的变化必然导致伦理道德的变更。在此,李大钊在解释了道德的本质的同时,也揭示了道德随着经济基础的变化而变更的规律,为他批判封建保守主义者极力宣扬的"道德不变论"提供了有力的理论论据。

　　五四时期,封建卫道士们大肆宣扬孔子为"万世师表",如1916年9月,康有为主张定孔教为"国教",列入宪法,梁启超则在《世界伟人》中将孔子的学说奉为"措四海而皆准,俟百世而不惑"。"别的东西或者有新旧,道德万没有新旧。"〔2〕针对这种谬论,李大钊以其政治敏锐感认识到,这将是套在中国人民身上的旧礼教、旧道德约束的精神枷锁,必须进行坚决的抨击和斗争。李大钊在《自然的伦理观与孔子》一文中旗帜鲜明地提出自己"非抨击孔子,乃抨击专制政治之灵魂"的明确主张。李大钊首先指出了封建孔子道德学说的实质,他认为以孔子学说为代表的封建道德思想是以封建大家族制度为其表层构造的,"中国的大家族制度,就是中国的农业经济组织,就是中国二千年来的基础创造"〔3〕,"孔子的学说所以能支配中国人心有二千余年的缘故,不是他的学说本身有绝大的权威,永久不变的真理,配作中国人的'万世师表',因为他是适应中国二千余年来未曾变动的农业经济组织反映出来的产物,因他是中国大家族制度上的表层构造,因为经济上有他的基础"〔4〕。而到鸦片战争以后,中国封建农业经济已经受到"重大的压迫而生动摇",传统的大家族制度也陷入"崩颓粉碎的运命",由于经济基础的变化,孔子的学说已经"不能适应中国现代的生活,现代的社会"了,因此,他直接尖锐地指出:"一代圣

---

〔1〕 李大钊:《我的马克思主义观》,《李大钊文集》(下册),人民出版社1984年版,第59页。
〔2〕 李大钊:《物质变动与道德变动》,《李大钊文集》第3卷,人民出版社1999年版,第115—116页。
〔3〕 李大钊:《由经济上解释中国近代思想变动的原因》,《李大钊文集》(下册),人民出版社1984年版,第178页。
〔4〕 李大钊:《由经济上解释中国近代思想变动的原因》,《李大钊文集》(下册),人民出版社1984年版,第179页。

贤的经训格言,断断不是万世不变的法则。什么圣道、什么王法、什么纲常、什么名教,都可以随着生活的变动、社会的要求,而有所变革,且是必然的变革。"[1]李大钊在《物质变动与道德变动》一文中主要是从阶级划分的角度识别与区分新旧道德。李大钊认为,旧道德是统治阶级专属的,而新道德是属于人民群众的,因而新道德是平等的。李大钊彻底批驳了封建势力宣扬的"道德复旧"说,更进一步证明了道德随经济变化发展的客观发展规律,他反复强调:"宇宙进化的大路,只是一个健行不息的长流,只有前进,没有反顾;只有开新,没有复旧。"[2]"道德是精神现象的一种,精神现象是物质的反映,物质既不复旧,道德断无单独复旧的道理,物质既须急于开新,道德亦必跟着开新,因为物质与精神是一体的,因为道德的要求是适应物质上社会的要求而成的"[3],"道德既是因时因地而常有变动,那么道德就也有新旧的问题发生,适应从前的生活和社会而发生的道德,到了那种生活和社会有了变动的时候,自然失去了他的运命和价值,那就成了旧道德了。这新发生的新生活新社会必然要求一种适应他的新道德出来"[4]。他劝告那些封建保守势力,如果他们无法打破现今的新型经济模式,那么就不要妄图去复古旧的道德思想,道德的更新是经济发展大潮下的大势所趋,不是他们的人为力量能改变的。李大钊直言:"我们可以正告那些钳制新思想的人,你们若是能够把现代的世界经济关系完全打破,再复古代闭关自守的生活……新思想自然不会发生。你们若是无奈何这新经济势力,那么只有听新思想自由流行,因为新思想适应经济的新状态、社会的新要求发生的,不是几个青年凭空造出来的。"[5]

从以上所阐述的李大钊对道德本质、规律的思想看来,他直接从经济根源上否定了封建道德存在的必要性,有力地抨击了封建道德,以及其所谓忠实的捍卫者——封建卫道士们。李大钊在《自然的伦理观与孔子》一文中写道:"掊击孔子,非掊击孔子本身,乃掊击孔子为历代君主所雕塑之偶像权威也,非掊击孔子,乃掊击专制政治之灵魂也。"[6]李大钊对道德的这些基本认识构成了其唯物主义道德观的理论基础,表明了他的马克思主义的坚定的唯

---

[1] 李大钊:《物质变动与道德变动》,《李大钊文集》(下册),人民出版社1984年版,第151页。
[2] 李大钊:《由经济上解释中国近代思想变动的原因》,《李大钊文集》(下册),人民出版社1984年版,第183页。
[3] 李大钊:《现代青年活动的方向》,《李大钊文集》(上册),人民出版社1984年版,第663页。
[4] 李大钊:《物质变动与道德变动》,《李大钊文集》第3卷,人民出版社1999年版,第115—116页。
[5] 李大钊:《时》,《李大钊文集》(下册),人民出版社1984年版,第668页。
[6] 《李大钊选集》,人民出版社1959年版,第80页。

物主义的立场,为批判封建伦理提供了最强有力的理论武器。

李大钊在坚持马克思主义道德观的基础上阐述了经济对道德的决定作用,同时他也看到了道德作为上层建筑对经济社会的反作用。如上所述,在李大钊看来,既然道德随着经济基础的改变而不断更新,那么新生的道德必定是适应新物质社会的生活和需要的,它必然以保护和促进新的社会经济基础服务,对社会生产力的发展起着促进作用。他强调,旧伦理、旧思想是阻碍人们奋起反抗的精神枷锁,没有"精神解放",就不会有解放运动,同时,在一个新社会,由于人们"习染恶性很深,物质的改造虽然成功,人心内部的恶,若不划除净尽,他在新社会新生活里依然还要复萌,这改造的社会组织,终于受他的害,保持不住"。因此,"这个精神的改造,实在是要与物质的改造一致进行,而在物质的改造开始的时期,更是要紧"。[1]但是,另一方面李大钊也认识到,不能过分夸大道德的社会作用,针对五四时期出现的过分夸大道德的作用,认为"道德革命"是"社会革命"的基础,只要改变了人们的伦理思想就能迎来理想社会的错误思想,李大钊直接指出这种思想的实质是一种"不置重于经济组织改造的一方面,而置重于改造在那组织下活动的各个人的动机"的"人心改造论"[2],李大钊认为:"不改变经济组织,单求改造人类精神,必致没有效果。"[3]他根据以往的经验总结得出:"在从前的经济组织里,何尝没有人讲过'博爱'、'互助'的道理,不过这表面构造的力量,到底比不上基础构造的力量大。你只管讲你的道理,他时时从根本上破坏你的道理,使他永远不能实现。"[4]

从这里可以看出,李大钊开始运用马克思主义辩证的方法来分析经济和道德的关系问题,无疑具有重要的历史进步意义,也更进一步推进了马克思主义伦理思想中国化的进程。

"五四"时期最崭新的伦理思想——无产阶级新道德的提出,可以说是李大钊继承和发展马克思主义伦理思想,在具体分析道德的本质和规律的理论基础上所得出的最重要的理论成果。

李大钊根据经济决定道德的唯物主义的道德观点,在分析近代中国社会经济和阶级关系变化的基础上,指出随着封建经济的崩溃和地主阶级的没落,以孔子学说为代表的封建伦理已经成为过时的旧道德,而随着中国资本主义经济的发展和无产阶级的成长,中国出现了崭新的无产阶级新道德,李

---

[1] 李大钊:《"少年中国"的"少年运动"》,《李大钊文集》(下册),人民出版社1984年版,第43页。
[2] 李大钊:《我的马克思主义观》,《李大钊文集》(下册),人民出版社1984年版,第49页。
[3] 李大钊:《我的马克思主义观》,《李大钊文集》(下册),人民出版社1984年版,第68页。
[4] 李大钊:《"少年中国"的"少年运动"》,《李大钊文集》(下册),人民出版社1984年版,第43页。

大钊说:"中国的劳动运动也是打破孔子阶级主义的运动。孔派的学说,对于劳动的阶级,总是把他们放在被治者的地位,作治者阶级的牺牲。'无君子莫治野人,无野人莫养君子','劳心者治人,劳力者治于人',这些话可以代表孔门贱视劳工的心理。现代的经济组织,促起劳工阶级的自觉,应合社会的新要求,就发生了'劳工神圣'的新伦理,这也是新经济组织上必然发生的构造。"[1]

李大钊提出的以尊重劳动者、提高劳动者的地位,把劳动者由被统治阶级转化为社会主人、以无产阶级劳动者的利益为出发点的新的无产阶级道德,实际上就是一种社会主义的思想,它是李大钊运用马克思主义理解和分析中国社会现实所得出的最具有历史意义、最重要的结论。

二、革命的共产主义人生观问题

五四时期,是社会新旧交替、急剧动荡的时期,各种各样的人生观更是纷繁复杂,为了批判当时流行的各种剥削阶级的、小资产阶级的人生观,帮助广大青年走上正确的人生道路,树立正确的共产主义道德,推动革命事业的发展,李大钊对人生观问题也进行了论述。

(一)对人生观的重要地位以及树立正确人生观依据的阐述

李大钊把人生观问题摆在十分重要的位置上,他非常重视人生观对人生的指导作用。他满腔热情地告诫青年们说:"青年呵! 你们临开始活动之前,应该定定方向。譬如航海远行的人,必先定个目的,中途的指针,总是指着这个方向走,才能有达到那目的地的一天。若是方向不定,随风飘移,恐怕永无达到的日子。万一能够达到,也是偶然的机会。靠着偶然机会所得的成功,究竟没有很大的价值。"[2]在李大钊看来,人生观是人从事各种活动的重要前提,对人生的指导作用是绝对不容忽视的。

在阐述了人生观的重要地位的同时,李大钊还对树立正确的人生观的依据做了论述。在他看来,这个依据就是正确的历史观,他说:"故历史观者,实为人生的准据,欲得一正确的人生观,必先得一正确的历史观。"[3]而且,他更进一步指出,旧史观(唯心史观)和新史观(唯物史观)给人以两种根本不同的人生观。他说:"旧历史的方法与新历史的方法绝对相反:一则寻社会情状的原因于社会本身以外……一则于人类本身的性质内求达到较善的社会情

---

[1] 李大钊:《史观》,《李大钊文集》(下册),人民出版社1984年版,第264页。
[2] 李大钊:《时》,《李大钊文集》(下册),人民出版社1984年版,第668页。
[3] 李大钊:《史观》,《李大钊文集》(下册),人民出版社1984年版,第264页。

状的推进力与推导力;一则给人以怯懦无能的人生观,一则给人以奋发有为的人生观。这全因为一则看社会上的一切活动与变迁全为天意所存,一则看社会上的一切活动和变迁全为人力创造,这种人类本身具有的动力可以在人类的需要中和那赖以满足需要的方法中认识出来。"〔1〕这里,李大钊实际上就是否定了唯心史观"全用神学的方法"认为"天意"造就一切的悲观软弱的人生观,而主张人力创造一切的积极向上的唯物主义人生观,即认为"一切过去的历史,都是靠我们本身具有的人力创造出来的,不是那个伟大圣人给我们造的,亦不是上帝赐予我们的。将来的历史,亦是如此"〔2〕。历史的前进的动力应当从人类物质生活的需要和物质生活资料的生产方式中去寻找。

按照李大钊的论述,唯物史观科学地阐明了历史和现实的关系,对人的人生观产生了巨大的影响,它一方面要求人们必须以科学的态度对待历史和现实,从现实中正确汲取人生理想,"造成我们脚踏实地的人生观"。另一方面也批驳了"怀古派"和"悲观派"的人生观,指出历史发展的方向是前进的,社会未来的发展是走向光明。他通过科学地论述黑暗和光明的关系,认为"黑暗寂寞中所含的,都是发生,都是创造,都是光明"。"世间的黑暗,终有灭绝的一天","黑暗过去,就是光明"〔3〕,指出,"怀古派"和"悲观派"的人生观"是逆退的,是静止的,是背乎大自然大实在进展的方面的,是回顾过去的,是丧失未来的"〔4〕。在李大钊看来,"我们既认定世界是进步的,历史是进步的,我们在此进步的世界中,历史中,即不应该悲观,不应该拜古,只应该欢天喜地的在这只容一趟过的大路上向前行走,前途有我们的光明,将来有我们的黄金世界。这是现代史学给我们的乐天努进的人生观"〔5〕。在现代唯物史观赋予的这种积极人生观的基础上,李大钊号召青年们绝不能"笼着手,背着身,立在旁观的地位,自处于时的动转以外",而应该"乘在这时的列车的机关车上,作他的主动力,向前迈进他的行程,增辟他的径路","顺着向未来发展的大自然大实在的方面昂头迈进,变逆退的为顺进的,变静止的为行动的"〔6〕。这才是青年该具备的积极向上的人生观。

---

〔1〕 李大钊:《唯物史观在现代史学上的价值》,《李大钊文集》(下册),人民出版社1984年版,第364页。
〔2〕 李大钊:《唯物史观在现代史学上的价值》,《李大钊文集》(下册),人民出版社1984年版,第365页。
〔3〕 李大钊:《现代青年活动的方向》,《李大钊文集》(上册),人民出版社1984年版,第664页。
〔4〕 李大钊:《时》,《李大钊文集》(下册),人民出版社1984年版,第668页。
〔5〕 李大钊:《现代史学的研究及于人生态度的影响》,《李大钊选集》,人民出版社1959年版,第506页。
〔6〕 李大钊:《时》,《李大钊文集》(下册),人民出版社1984年版,第668页。

（二）以"劳动"为核心的人生观

李大钊在阐述了人生观的重要地位和依据之后，对革命的共产主义人生观做了更进一步的阐释。

他认为："避苦求乐，是人性的自然。"[1]但他激烈地批驳了神学家和理学家们所主张的"忍苦的人生观"和资产阶级主张的享乐主义人生观，他认为，"这忍苦的人生观，是勉强的人生观，虚伪的人生观"，我们不可"陷入勉强、虚伪的境界"[2]；而享乐主义的人生观在他看来是堕落的人所具有的，"现今一般堕落的人，大概都不知道人生是什么东西"，"他们有了功夫，就去嫖，去赌，去搬弄是非，奔走权要，想出神法鬼法，去弄几个丧良心的金钱，拿来满足他们的兽欲"。[3]李大钊说："依我看来，这种的生活，简直是把人生的活动，完全灭尽。他们的知能躯体，全听兽欲的冲动的支配。若说他们有现在，也是兽欲的现在，不是人生的现在。这种的生活，不配叫什么主义。"[4]在批判了这两种极端的人生观的基础上，李大钊提出了以"劳动"为核心的人生观，在他看来，劳动是物质财富的源泉，"劳动为一切物质的富源，一切物品，都是劳动的结果"。而且精神方面的苦恼也可以通过劳动排除，"一个人一天到晚，无所事事，这个境界的本身，已竟是大苦；而在无事的时间，一切不正当的欲望，没趣味的思索，都乘隙而生；疲敝陈惰的血分，周满于身心，一切悲苦烦恼，相因而至"。要解脱这一切，"除去劳动，便靡有正当的法则"。[5]因此，李大钊倡导"尊劳主义"的人生观，认为"一切乐境，都可由劳动得来，一切苦境，都可由劳动解脱"，"人生求乐的方法，最好莫过于尊重劳动"。[6]同时，李大钊还分析了人们为什么把劳动作为一种苦难而非幸福的原因。他说："现在的社会，持尊劳主义的人很少，而且社会的组织不良，少数劳动的人，所得的结果，都被大多数不劳动的人掠夺一空。劳动的人，仍不免有苦痛，仍不免有悲惨，而且最苦同最悲惨的人，恐怕就是这些劳动的人。"[7]为了纠正这种颠倒，李大钊认为必须根本改变旧的社会制度，提倡"尊劳主义"的人生观。而且李大钊一再强调，这种"尊劳主义"的人生观，绝不是以追求个人的享受当作生活的目标，而是把解除人民大众的苦难，谋求人民大众的

---

[1] 李大钊：《现代青年活动的方向》，《李大钊文集》（上册），人民出版社1984年版，第664页。
[2] 李大钊：《现代青年活动的方向》，《李大钊文集》（上册），人民出版社1984年版，第664页。
[3] 李大钊：《现在与将来》，《李大钊文集》（上册），1984年版，第670页。
[4] 李大钊：《现在与将来》，《李大钊文集》（上册），1984年版，第670页。
[5] 李大钊：《现代青年活动的方向》，《李大钊文集》（上册），人民出版社1984年版，第665页。
[6] 李大钊：《现代青年活动的方向》，《李大钊文集》（上册），人民出版社1984年版，第665页。
[7] 李大钊：《现代青年活动的方向》，《李大钊文集》（上册），人民出版社1984年版，第665页。

幸福为己任。他说:"旧时代的青年讲修养的,犹且有'先忧后乐'的话,新时代的青年,单单做到'独善其身'、'洁身自好'的地步,能算尽了责任的人么?"[1]他号召一切革命青年迎着"新世纪的曙光",为消灭"世间的黑暗",为消灭劳苦大众的"痛苦的原因"而斗争,并以此作为生活的目的。

而且,李大钊提倡要树立"尊劳主义"的人生观,并不仅仅是理论上的空谈,更强调这种人生观的实践性。"李大钊明确地指出了新伦理的核心是'劳工神圣'。"[2]他认为:"凡是劳作的人,都是高尚的,都是神圣的,都比你们这些吃人血不作人事的绅士、贤人、政客们强得多。"[3]他强调要巩固地树立革命的人生观,还必须参加实践活动。他在具体分析中国的社会现状以及革命的需要的基础上,认为知识青年要到农村去,"与劳工阶级打成一气","要把现代的文明,从根输入到社会里去"[4],这样青年才能在改造客观世界的同时,真正实现自我,改造和发展自我,知识青年到农村去,一面劳作,一面和劳作的伴侣"商量人生向上的道理"[5],李大钊的理论突出体现了理论和实践、认识论和伦理学的统一,尤其是"与劳工阶级打成一气"的思想为中国青年运动指明了正确的方向,为中国革命做出了历史性的贡献。

(三)艰苦奋斗的革命精神和正确的生死观

李大钊坚决反对只一味沉迷于幻想、不愿艰苦奋斗的人生态度。他认为,新青年不仅要有崇高的革命理想,而且要有艰苦奋斗的革命精神。在李大钊看来,人生的道路和革命的道路如长江大河一样,有时"一泻千里",有时"曲折回环","极其艰险",而艰难险阻的大陆,非有雄健的健身不能过去,壮美的意味,非有雄健的精神不能感觉到。他极力歌颂长江、黄河,认为"扬子江、黄河,可以代表我们的民族精神",他号召青年要像长江、黄河一样,不管遇到多大的险阻,都要勇往直前,发扬艰苦奋斗的精神,"拿出稳健的精神,高唱着进行的曲调,在这悲壮歌声中,走过这崎岖险阻的道路"[6]。

李大钊还认为,在为实现共产主义伟大事业而奋斗的人生中,必须树立正确的生死观。他指出:"我们的目的,在废除人类间的阶级,在灭绝人类间的僭擅。但能达到这个目的,流血的事,非所必要,然亦非所敢辞。要知道牺

---

[1] 李大钊:《现代青年活动的方向》,《李大钊文集》(上册),人民出版社1984年版,第666页。
[2] 李权兴、吴焕发:《李大钊伦理思想泛论》,载《李大钊研究》第7辑。
[3] 李大钊:《低级劳动者》,《李大钊文集》(下卷),人民出版社1984年版,第204页。
[4] 李大钊:《青年与农村》,《李大钊文集》(上册),人民出版社1984年版,第648页。
[5] 李大钊:《青年与农村》,《李大钊文集》(上册),人民出版社1984年版,第652页。
[6] 李大钊:《艰难的国运与雄健的国民》,《李大钊文集》(下册),人民出版社1984年版,第691—692页。

牲永是成功的代价。"[1]在此认识基础上,李大钊高度概括了共产党人的生死观:"人生的目的,在发展自己的生命,可是也有为发展生命必须牺牲生命的时候。因为平凡的发展,有时不如壮烈的牺牲足以延长生命的音响和光华。绝美的风景,多在奇险的山川。绝壮的音乐,多是悲凉的韵调。高尚的生活,常在壮烈的牺牲中。"[2]李大钊的一生可以说为他的这番言论做了最好的注释和说明。

三、自由人格的培养问题

中国近代进步的思想家认为,理想的人格并不是如封建士大夫所认为的那样是一些道貌岸然的圣人、贤人,而是要培养一种新人。李大钊对这种新人也有自己的认识,在他看来,这种新人应该是平民化的要求个性解放的独立自由的人格,他们是立足于现实,而又面对未来,他们要变革传统,应为实现未来"大同"的社会理想而奋斗,而这种理想的人格也在这个奋斗的过程中得到了实现。李大钊依据马克思主义,把个性解放和大同团结的理想建立在唯物史观的基础上,明确提出人道主义和社会主义的统一。在他看来,人道主义的实质就是要求尊重人的个性,彻底废除统治和屈从关系,使个性真正得到解放和自由的发展;而"各个性都得自由,都是平等,都相爱助,就是大同的景运"[3]。大同就是社会主义。求个性解放的运动,与求大同团结的运动在李大钊看来是一致的。"这个性解放的运动,同时伴着一个大同团结的运动。这两种运动,似乎是相反,实在是相成。"[4]李大钊强调:"我们主张以人道主义改造人类精神,同时,以社会主义改造经济组织。"[5]在李大钊看来,用作为伦理原则和道德规范的人道主义来改造人类精神与对社会经济组织进行社会主义改造二者如"车的两轮,鸟的双翼",不可偏废,"不改造经济组织,但改造人的精神,必致没有结果;不改造人的精神,但改造经济组织,也怕不能成功"。因此,他号召人们"把那受枉屈的个性都解放了,把那逞强的势力都摧除了,把那不正当的制度都改正了,一步一步向前奋斗,直到世界的大同"[6]。这就全面阐述了个性解放和大同团结的统一、人道主义和社会主义统一的基本观点,而李大钊所主张的理想的人格也正是要体现出这两种统一

---

[1] 李大钊:《黄庞流血记序》,《李大钊文集》(下册),人民出版社1984年版,第551页。
[2] 李大钊:《牺牲》,《李大钊文集》(下册),人民出版社1984年版,第118页。
[3] 李大钊:《平民主义》,《李大钊文集》(下册),人民出版社1984年版,第598页。
[4] 李大钊:《真正的解放》,《李大钊文集》(下册),人民出版社1984年版,第26页。
[5] 李大钊:《政治家与政治家(一)》,《李大钊文集》(上册),人民出版社1984年版,第318页。
[6]《李大钊传》,人民出版社1979年版,第53页。

的精神,具有新品德。这种理想的人格也就包含了以下几方面的要素:

(一) 必须是合理的个人主义与合理的社会主义统一的人格

李大钊用马克思主义观点科学地阐明了个人与社会、自由与秩序的关系。在他看来,个人与社会"是同一事实的两方面","不是不能相容的二个事实",二者"原是不可分的"。"一云社会,即指由个人集成的群合;一云个人,即指在群合中的分子。离于个人,无所谓社会;离于社会,无所谓个人。"[1]在李大钊看来,从整个人类历史看来,社会进步的目标,在于人的自由、全面的发展。而这种目标能否实现,则取决于一定历史条件下的人的活动,即取决于每个个人对社会的贡献。而自由和秩序同样也具有这样的辩证关系,真实的自由"是在种种不同的安排整列中保有宽裕的选择的机会","不是压服一切个性的活动,是包蓄种种不同的机会使其中的各个份子可以选择的安排"。[2]所以"个人与社会,自由与秩序,原是不可分的东西"[3]。个人是处于社会联系中的个人,社会是个人组成的社会;自由是个人的自由,自由的实现必须在社会中才能达成,受到社会的限制,社会秩序的维持也取决于社会中的个人的自由的满足程度。因此,李大钊认为,真正合理的个人主义与真正合理的社会主义是同一的,任何一个人的个性和自由都是不能被忽视和抹杀的,而真正自由的个人也总是顾及社会秩序的,而且只有实现了"大同团结"的社会主义,消灭了劳动异化,个人的自由和力量才能真正实现,"由此看来,真正合理的个人主义,没有不顾及社会秩序的;真正合理的社会主义,没有不顾及个人自由的"[4]。理想自由人格必须是真正合理的个人主义与真正合理的社会主义统一的人格。

(二) 必须是"自重而重人之人格"

李大钊认为,个性解放、个性自由精神,断断不是单为求尊重一个人的个性就算了事,"乃是为完成一切个性脱离了旧的绊所",获得自由。他写道:"人类相互之间,自然要各尊重各的个性。各自的个性,不受外界的侵害、束缚、压制、剥夺,便是自由。真实的自由,都是建立在'爱'字上的。"[5]也就是说,只有自重和重人的人格,才是真正自由的人格,"各个性都得自由,都是平等,都相爱助,就是大同的景运"[6]。这种自重和重人的人格才真正体现了

---

[1] 李大钊:《自由与秩序》,《李大钊文集》(下册),人民出版社1984年版,第437页。
[2] 李大钊:《自由与秩序》,《李大钊文集》(下册),人民出版社1984年版,第438页。
[3] 《李大钊传》,人民出版社1979年版,第112—113页。
[4] 李大钊:《自由与秩序》,《李大钊文集》(下册),人民出版社1984年版,第437页。
[5] 《李大钊全集》第3卷,河北教育出版社1999年版,第342页。
[6] 李大钊:《平民主义》,《李大钊文集》(下册),人民出版社1984年版,第598页。

合乎人道主义的要求和人类至高的"大同"理想的统一。而且,他还认为,人与人之间的共同生活的关系都是以"爱"为基础的,肯定了"爱"的价值,人的尊严,主张人与人之间要相互尊重,建立爱的信任关系,以上种种思想真正体现了人道原则和"大同"团结统一的人格。

(三)必须是"尊劳主义者"

前面我们已经论述过,李大钊是极力推崇劳动、尊重劳动者的,人只有在劳动中才能改造自己、实现自己的价值,在劳动中解除痛苦、获得幸福,在劳动中树立崇高的人生理想,实现人生的追求。在李大钊看来,理想的人格必须是这种尊劳主义者。他认为,人的个性真正得到尊重和解放,人的个性自由真正得到全面发展,都是在人的自由劳动的过程中逐步展开和实现的。同时,人的自由劳动,发展和提高了社会的生产力,逐步克服劳动的异化,实现大同的团结,才能使人的个性自由真正得到全面发展。这样,李大钊把人道主义和社会主义统一人格的形成与发展建立在实践(尊劳主义)的基础上,具有深刻的理论意义。

(四)必须"自用其我"

李大钊认为,"自用其我"是独立自由的理想人格的重要特征。它包含了两方面的含义,一方面,强调真正的解放,是要靠自己的力量,自己解放自己,而不是乞求或信赖权威者的恩赐。他说:"真正的解放,不是央求人家'网开一面',把我们解放出来,是要靠自己的力量,抗拒冲决,使他们不得不任我们自己解放自己;不是仰赖那权威的恩典,给我们把头上的铁锁解开,是要靠自己的努力,把他打破,从那黑暗的牢狱中,打出一道光明来。"[1]他斥责那些"惰性太大,奴性太深"的人,只知靠人不靠己,真正可耻,真正可悲!

另一方面,要"应其相当之本分,而觅自用之途"。人应以其所当为、所可为、所能为,"尽量以发挥其所长,而与福益于其群"。李大钊认为,"自用其我"必能至于已立立人、已达达人之境,"而人生之价值乃于是乎显矣"。他反复强调人生之有无价值,生活的有无意义,能不能真正造福于群众,"皆在其人之应其本分而发挥其天能与否,努力与否,精进与否。此即人生自用之道也"[2]。李大钊关于"自用其我"的论述,充分体现了人道原则和自然原则的统一,并且在更深的层次上体现了人道主义和社会主义统一人格的要求。

李大钊以唯物史观为指导对培养理想的自由人格进行了系统的探讨,指出这种新人必须体现人道主义和社会主义统一的精神;而且从李大钊对理想

---

[1] 李大钊:《李大钊全集》第 2 卷,人民出版社 2006 年版,第 363 页。
[2] 李大钊:《战后之妇人问题》,《李大钊文集》(上册),人民出版社 1984 年版,第 635 页。

人格的阐述里,我们也看到了他对人道主义、个人与社会的关系等问题的理解,所有的这些都为中国近代伦理思想增添了新的内容。

四、婚姻、家庭道德以及妇女解放问题

李大钊运用马克思主义的观点,猛烈地抨击了封建的婚姻和家庭道德,论述了无产阶级的婚姻和家庭道德观,为中国妇女运动的发展提供了思想武器。

李大钊深刻地谴责了封建婚姻、家庭道德对妇女的压迫,指出封建婚姻、家庭道德最大的罪恶就是"使妻的一方完全牺牲于夫,女子的一方完全牺牲于男子"[1]。因此,自从父系家长制产生以来的人类社会,全都是以男子为中心的社会,尤其在中国这个封建传统深厚的国家,表现得更为明显。在几千年的中国封建历史上,女子完全没有独立的人格和地位,受着非人的待遇。她们婚前要受父母的束缚,婚后要受翁姑的压迫、丈夫的支配,虽然封建道德强调对长辈的孝道,但是在翁姑、丈夫死后,女子还要听命于自己的儿子,因为"母的一方还不能完全享受,因为伊是隶属于父权之下的"[2]。封建道德对女子的贞操问题看得极为重要,"女子要守贞操,而男子可以多妻蓄妾;女子要从一而终,而男子可以细故出妻;女子要为已死的丈夫守节,而男子可以再娶"[3]。这种封建贞操观给中国妇女带来了非人所能忍受的巨大的痛苦。

在充分了解了封建社会妇女在家庭和社会中的现状以及封建婚姻、家庭道德的实质之后,李大钊运用马克思主义的观点,提出了适应新社会的新的婚姻、家庭道德观。他指出,真正的婚姻和家庭道德,必须以男女平等和恋爱为基础。他强调:"妇女与男子虽然属性不同,而在社会上也同男子一样,有他们的地位,在生活上有他们的要求,在法律上有他们的权利。"[4]"一个公正的愉快的两性关系,全靠男女间的相依、平等与互相辅助的关系。"[5]同时他还指出:"两性相爱,是人生最重要的部分,应该保持他的自由、神圣、纯洁、崇高,不可强制他、侮辱他、污蔑他、屈抑他,使他在人间社会丧失了优美的价值。"[6]李大钊把压迫妇女的社会称为"半身不遂"的社会,并且深刻地指出:

---

[1] 李大钊:《现代的女权运动》,《李大钊文集》(下册),人民出版社1984年版,第516页。
[2] 李大钊:《由经济上解释中国近代思想变动的原因》,《李大钊文集》(下册),人民出版社1984年版,第178—179页。
[3] 李大钊:《由经济上解释中国近代思想变动的原因》,《李大钊文集》(下册),人民出版社1984年版,第178—179页。
[4] 李大钊:《战后之妇人问题》,《李大钊文集》(上册),人民出版社1984年版,第635页。
[5] 李大钊:《现代的女权运动》,《李大钊文集》(下册),人民出版社1984年版,第516页。
[6] 李大钊:《废娼问题》,《李大钊文集》(上册),人民出版社1984年版,第679页。

"妇女一个阶级有了这样悲惨的现象,社会全体必也受莫大的影响。"[1]

针对当时社会上流行的资产阶级女权运动,李大钊一方面给予了肯定,另一方面又指出了它的严重局限,揭露了资本主义制度下所谓"男女平等"、"恋爱自由"虚伪、欺骗的一面,并且在坚持唯物主义道德观的基础上,李大钊得出资本主义虚伪的道德观是由资本主义经济基础决定的,并随着经济基础的变动而改变的,因此妇女要想彻底取得解放,唯有变动资本主义的经济基础的结论,指出:"妇人问题彻底解决的方法,一方面要合妇人全体的力量,去打破那男子专断的社会制度,一方面还要合世界无产阶级妇人的力量,去打破那有产阶级(包括男女)专断的社会制度。"[2]他断言:"将来资本主义必然崩坏,崩坏之后,经济上发生变动,生产的方式由私有的变成公有的,分配的方法由独占的变成公平的,男女的关系也必日趋于自由平等境界,只有人的关系,没有男女的界限。"[3]而且他还希望"劳工妇女的运动亦不该与劳工男子的运动互相敌对,应该有一种阶级的自觉,与男子劳工团体打成一气,取一致的行动"[4]。李大钊把妇女解放运动与无产阶级的革命运动紧密地联系在一起,只有无产阶级革命取得了最终的胜利,妇女才能得到最终彻底的解放。李大钊的这些思想为中国妇女的解放运动指明了正确的道路和方向。

综上所述,作为马克思主义中国化的最早倡导者,李大钊以坚定不移的马克思主义立场,运用马克思主义的唯物史观,实现了马克思主义理论与近代中国实际的最初的结合,由此实现了中国伦理思想史上的最伟大的变革,而且李大钊关于马克思主义伦理思想中国化的理论和实践,对我们今天的社会主义新人的培养,以及社会主义和谐社会新型道德的建设具有重要的借鉴意义,是我们社会主义建设和发展永远的理论财富。

---

[1] 李大钊:《战后之妇人问题》,《李大钊文集》(上册),人民出版社1984年版,第637页。
[2] 李大钊:《战后之妇人问题》,《李大钊文集》(上册),人民出版社1984年版,第640页。
[3] 李大钊:《由经济上解释中国近代思想变动的原因》,《李大钊文集》(下册),人民出版社1984年版,第178—179页。
[4] 李大钊:《现代的女权运动》,《李大钊文集》(下册),人民出版社1984年版,第516页。

第十四章 伦理的觉悟:陈独秀伦理思想

> 自西洋文明输入吾国,最初促吾人之觉悟者为学术,相形见绌,举国所知矣;其次为政治,年来政象所证明已有不克守缺抱残之势。继今以往,国人所怀疑莫决者,当为伦理问题。此而不能觉悟,则前之所谓觉悟者,非彻底之觉悟,盖犹在惝恍迷离之境。吾敢断言曰:伦理的觉悟,为吾人最后觉悟之最后觉悟。
>
> ——陈独秀:《吾人最后之觉悟》

陈独秀(1879年10月9日—1942年5月27日),原名庆同,字仲甫。安徽省怀宁县十里铺(今属安庆市)人。思想家、政治人物、语言学家,中国共产党的创始人和早期的主要领导人之一。他是新文化运动的主要倡导者之一,是五四运动的精神领袖。作为五四时期中国新文化运动的倡导者,1915年在上海创办和主编了著名白话文刊物《青年》(次年改为《新青年》),揭开了五四新文化运动的序幕。陈独秀积极宣传倡导"德先生"(指"民主"Democracy)和"赛先生"(指"科学"Science),批判儒教和传统道德,高呼"打倒孔家店"。之后,开始接受马克思主义,并实现了由爱国主义、革命民主主义者向马克思主义者的转变,成为中国最早的马克思主义传播者之一。陈独秀的思想与其人生历程相伴经历了一个跌宕起伏的变化过程。在其早期,陈独秀推崇欧洲19世纪的实证论和功利主义,提倡怀疑精神,陈独秀在成为马克思主义者前,是一个人道主义者。他在1917年抨击基督教阻碍科学发展和人类文明的进步,1920年时却一反态度,肯定基督教是"爱的宗教",有"崇高的牺牲精神"、"伟大的宽恕精神"和"平等的博爱思想",可以救中国。他也重估宗教的作用,认为宗教可以净化和美化感情。他憧憬一个以爱和关切为基础,没有权威等别,也没有阶级和种族的大同社会。[1]新文化运动时期,宣扬民主和科学,批判中国传统的伦理道德。俄国十月革命发生后,陈独秀开始信仰马克思主义,积极支持中国共产党的创建,并成为总书记。1927年八七会议后,因为对共产国际的不满开始倾向于托洛茨基主义。"近代中国的时代特征及民主革

---

[1] 张灏:《重访五四:论五四思想的两歧性》,《开放时代》1999年第2期。

命的特殊性和复杂性,决定了陈独秀伦理思想的丰富性和深刻性。"[1]伴随着马克思主义思想,尤其是马克思主义伦理思想在中国的广泛传播,陈独秀自身的伦理思想也得到了丰富和发展。在当时仍被封建伦理纲常所统摄的社会伦理环境之下,陈独秀通过与主张封建复古的保守势力和主张全盘西化的西化派的斗争,在对封建儒家伦理思想和资产阶级伦理思想的批判过程中,阐述了自身独特的马克思主义伦理思想。

一、对道德概念及其功能的理解

陈独秀在对封建道德进行批判之前,首先对道德基本概念的含义做了初步研究。他认为,道德仅仅适用于人类社会范围内,抛开人类,道德自行消亡,"可以说是人类独有的本能"[2]。针对究竟应当怎样理解道德,陈独秀指出,道德是调节人伦关系的,因此,它产生于人们的交往之中。他说:"道德之所由起,起于二人以上相互交际",人类"自非绝世独生,未有不需道德者"[3],只要有"二人以上之社会"存在,人们之间的交往关系也就存在,规定这种关系的道德也就"寓乎其中"。而且究其来源来说,"道德为人类之最高精神作用,维持群益之最大利器"[4],它与宗教、法律一样,"三者皆出于真理","因而道德之于真理,犹木之于本,水之于源也"。[5]具体讲,"宗教以信仰为基础,法律以权力为运用。而有信仰所不能范,权力所不能及,则道德尚焉"[6]。道德与法律、宗教同为维持社会秩序的工具,但是作用方式完全不同,道德"属于自依的觉悟,以良心为最高命令"[7],因此,在陈独秀看来,道德不是一般"维群治之具",它的作用途径根源于人的本性之中,较之于其他,更能有效地约束和作用于人。

纵观陈独秀一生的政治追求,总是在为实现政治"民主"或曰"德先生"而奋斗。但这政治总是教人如何处理人与人的关系问题。新文化运动文人骨子里的传统士大夫情怀,使得陈独秀意识到讲"民主"可求诸己,通过个体间的道德革命,实现社会的进步与发展。这两者西方词源是一个词,英文伦理(ethics)一词源于古希腊 ethos,后者含有风俗、习俗、道理等意思。而中文伦

---

[1] 方晓珍:《五四时期陈独秀伦理思想探析》,《安庆师范学院学报》2002年第6期。
[2] 陈独秀:《孔子之道与现代生活》,《独秀文存》,安徽人民出版社1987年版,第87页。
[3] 陈独秀:《答淮山逸民》,《独秀文存》,安徽人民出版社1987年版,第668页。
[4] 陈独秀:《答淮山逸民》,《独秀文存》,安徽人民出版社1987年版,第668页。
[5] 陈独秀:《答淮山逸民》,《独秀文存》,安徽人民出版社1987年版,第668页。
[6] 陈独秀:《孔子之道与现代生活》,《独秀文存》,安徽人民出版社1987年版,第81页。
[7] 陈独秀:《孔子之道与现代生活》,《独秀文存》,安徽人民出版社1987年版,第85页。

理的"伦"就是指人们之间的伦常及辈分关系,也即表示人们之间的某种特定关系,"理"则有道理、规律的意思,而"理"所指的规律不仅是事物的客观规律,更指事物的"应当"之规律和规则。"伦理"连用一般则指处理人们之间不同的关系以及所应当遵循的各种道理和规则。陈独秀认为,如果人人都讲道德,实现"民主"就不难了。这可以从他写的《蔡孑民先生逝世后感言》一文中得到答案。他写道:"人与人相处的社会,法律之外,道德也是一种不可少的维系物。""道德是应该随时代及社会制度变迁,而不是一成不变的;道德是用以自律,而不是拿来责人的;道德是要躬身实践,而不是放在口里乱喊的,道德喊声愈高的社会,那社会必然落后,愈堕落……就以蔡先生而论,他是主张以美育代替宗教的,他是反对祀孔的,他从来不拿道德向人说教,可是他的品行要好过许多高唱道德的人。"[1]

陈独秀将伦理变革视为社会变革的根本,是一种典型的伦理道德决定论,实际是中国儒家道德决定论和伦理本位主义思维方式的反映。[2]他的道德决定论认为,道德在人类社会中的存在是普遍和永久的,具有人类最高精神的作用,"无论人类进化至何程度,但有二人以上之交际,当然发生道德问题"。"愚固深信道德为人类之最高精神作用,维持群益之最大利器,顺进化之潮流,革故更新之则可,根本取消之则不可也。"[3]陈独秀认为,伦理对政治有重大的和决定性的影响,在中国则更为明显,中国古代政治就是伦理政治,"伦理思想,影响于政治,各国皆然,吾华尤甚。儒者三纲之说,为吾伦理政治之大原,共贯同条,莫可偏废"[4]。

此外,陈独秀还对道德的整体功能和作用进行了深刻的阐释。他认为,道德与人类的进步与发展休戚相关,它在一定程度上直接关系着政治的进步和经济的发展。他认为,对于一个国家、民族来说,政治能否革故更新自然是"根本解决的问题",但是"犹待吾人最后之觉悟","而伦理的觉悟为吾人最后觉悟之最后觉悟"[5],只有伦理的觉悟,才是"彻底的觉悟"。如果"伦理问题不解决,则政治学术,皆枝叶问题。纵一时舍旧谋新,而根本思想,未尝变更,不旋踵而仍复旧观者,此自然之事也"[6]。这充分体现了伦理道德对社会的影响。

---

[1] 《陈独秀文章选编》(上),三联书店1984年版,第641—642页。
[2] 徐国利:《陈独秀"伦理革命"思想的再认识——兼论新文化运动的首要目标和中心内容》,《安徽史学》2005年第4期。
[3] 陈独秀:《答淮山逸民(道德)》,《陈独秀著作选》第1卷,上海人民出版社1993年版,第277页。
[4] 陈独秀:《吾人最后之觉悟》,《陈独秀著作选》第1卷,上海人民出版社1993年版,第179页。
[5] 陈独秀:《一九一六年》,《独秀文存》,安徽人民出版社1987年版,第34—35页。
[6] 陈独秀:《吾人最后之觉悟》,《独秀文存》,安徽人民出版社1987年版,第41页。

二、对道德本质及其规律的认识

陈独秀的道德观主要体现在他对道德本质的认识上,对道德本质的认识成为他批判封建伦理观的主要论据。在陈独秀看来,道德在本质上并非一成不变,作为人类意识的一部分,它必然符合"进化之潮流",有"革固更新"的必要。陈独秀认为,伦理道德不是先验和神意的,而是人类社会形成后人们不断探索和求真的结果,"原夫道德观念之成立,由于人类有探索真理之心,道德之于真理,犹木之于本,水之于源也"[1]。他写道:道德虽然反映真理,但终究不等同于真理,"道德之为物,与真理殊,其必以社会组织生活状态为变迁,非所谓一成而万世不易者也"[2]。既然道德"随社会为变迁,随时代为新旧,乃进化的而非一成不变的"[3],这就决定了不同的时代有不同的道德要求,"野蛮半开化时代,有野蛮半开化时代之道德;文明大进时代,有文明大进时代之道德"[4],"古代道德所以不适于今之世也"[5]。陈独秀对道德本质和规律的这些认识,为他对封建伦理的批判提供了坚实的理论基础。

五四时期,封建军阀政府和封建复古派掀起了尊孔复古的反动思潮,为了把国民从这股陈腐的社会传统观念和封建伦理思想的桎梏中解放出来,在西方进化论思想的影响下,陈独秀通过马克思主义的道德观的阐释,对以孔子思想为代表的封建道德学说进行了有力的批判。在陈独秀看来,一种社会"产生一种学说",任何一种学说都必然随着社会的变迁而变迁,随时为新旧,"乃进化的而非一成不变的","宇宙间精神物质,无时不在变迁即进化之途。道德彝伦,又焉能外"。[6]道德并不是一成不变的定式,随着时代的演进,道德观念必定也会发生改变,"道德之为物……其必以社会组织生活状态为变迁,非所谓一成而万世不易者也"。在这种道德进化论思想的指导下,陈独秀对以孔子为代表的儒家的道德思想进行了具体的、历史的分析,他认为:"孔子生长封建时代,所提倡之道德,封建时代之道德也;所垂示之礼教,即生活状态,封建时代之礼教。封建时代之生活状态也;所主张之政治,封建时代之

---

[1] 陈独秀:《道德之概念及其学说之派别》,《陈独秀著作选》第1卷,上海人民出版社1993年版,第299页。
[2] 陈独秀:《孔子之道与现代生活》,《独秀文存》,安徽人民出版社1987年版,第87页。
[3] 陈独秀:《答淮山逸民》,《独秀文存》,安徽人民出版社1987年版,第668页。
[4] 陈独秀:《答淮山逸民》,《独秀文存》,安徽人民出版社1987年版,第668页。
[5] 陈独秀:《答淮山逸民》,《独秀文存》,安徽人民出版社1987年版,第668页。
[6] 陈独秀:《孔子之道与现代生活》,《独秀文存》,安徽人民出版社1987年版,第81页。

政治也。封建时代之道德,礼教,生活,政治,所心营目注,其范围不越少数君主贵族之权利与名誉,于多数国民之幸福无与焉。"[1]因此,儒家道德观念必定是封建时代的产物,是专属于封建社会的专利。而且通过对儒家道德思想内容的研究,陈独秀尖锐地指出了儒家的"三纲说"是一种"奴隶道德",以"三纲"为中心的旧道德所宣扬的忠孝节义,"皆非推己及人之主人道德,而为以己属人之奴隶道德也"[2]。这种伦理道德,"一曰损坏个人独立自尊之人格;一曰窒碍个人意思之自由;一曰剥夺个人法律上平等之权利(如尊长卑幼同罪异罚之类);一曰养成依赖性戕贼个人之生产力。东洋民族社会中种种卑劣不法惨酷衰微之象,皆以此四者为之因"[3]。"儒家三纲之说,为一切道德政治之大原:君为臣纲,则民于君为附属品,而无独立自主的人格矣;父为子纲,则子于父为附属品,而无独立自主之人格矣。率天下之男女,为臣,为子,为妻,而不见有一独立自主之人者,三纲之说为之也。缘此而生金科玉律之道德名词——曰忠,曰孝,曰节——皆非推己及人之主人道德,而为以己属人之奴隶道德也。"[4]由此看来,儒家提倡的纲常伦理是完全服务于阶级社会的统治需要的,是阶级社会等级制的产物,这种封建纲常伦理的阶级实质,如陈独秀所言:"三纲之根本义,阶级制度是也。所谓名教,所谓礼教,皆以拥护此别尊卑、明贵贱制度者也。"[5]因此,这种强调等级尊卑、绝对服从的封建阶级道德,随着时代的前进,到五四时期,已经完全不能适应社会发展的需要,五四时期的西学东渐,自由、平等、民主思想的深入传播,使以陈独秀为代表的近代先进的知识分子认识到,以儒家为核心的封建"奴隶道德""与近世自由平等之新思潮相悖驰","他不能支配现代人心,适合时代的潮流"。

陈独秀认为,当时中国社会的发展趋向应该是走向民主共和,儒家的封建道德思想明显与共和道路是不相容的,封建复古派"主张尊孔,势必立君",因为"以孔子之道治国家,非立君不足以言治",而"孔教与帝制,有不可离散之因缘","主张立君,势必复辟"[6],复辟是历史的倒退,这是时代发展所绝不允许的,与共和的社会发展趋向是背道而驰的,因此,陈独秀断言:"吾人倘以新输入之欧化为是,则不得不以旧有之孔教为非。倘以旧有之孔教为是,

---

[1] 陈独秀:《孔子之道与现代生活》,《独秀文存》,安徽人民出版社1987年版,第85页。
[2] 陈独秀:《一九一六年》,《陈独秀著作选》第1卷,上海人民出版社1993年版,172页。
[3] 陈独秀:《东西民族根本思想之差异》,《陈独秀著作选》第1卷,上海人民出版社1993年版,第167页。
[4] 陈独秀:《一九一六年》,《独秀文存》,安徽人民出版社1987年版,第34—35页。
[5] 陈独秀:《吾人最后之觉悟》,《独秀文存》,安徽人民出版社1987年版,第41页。
[6] 陈独秀:《复辟与尊孔》,《独秀文存》,安徽人民出版社1987年版,第115页。

则不得不以新输入之欧化为非。新旧之间,绝无调和两存之余地,吾人只得任取其一。"[1]陈独秀指出了当时封建复古派的思想行为上的矛盾,认为,"吾人果欲于政治上采用共和立宪制,复欲于伦理上保守纲常阶级制,以收新旧调和之效,自家冲撞,此绝对不可能之事。盖共和立宪制,以独立平等自由为原则,与纲常阶级制为绝对不可相容之物,存其一必废其一"[2],因此,"如今要巩固共和,非先将国民脑子里反对共和的旧思想,一一洗刷干净不可。因为民主共和的国家组织、社会制度、伦理观念,和君主专制的国家组织、社会制度、伦理观念全然相反,——一个是重在平等精神,一个是重在尊卑等级——万万不能调和的"[3]。在陈独秀看来,封建复古派"强欲以不适今世之孔道,支配今世之社会国家,将为文明进化之大阻力也"[4]。只有彻底废除封建"奴隶道德",才能建设成真正的共和制和"国民政治"[5],他在《〈新青年〉罪案之答辩书》中明确表明了适应时代发展要求、彻底废除封建旧道德、建立新道德的决心。他说:"要拥护那德先生,便不得不反对孔教、礼法、贞节、旧伦理、旧政治;要拥护赛先生,便不得不反对旧艺术、旧宗教;要拥护德先生又要拥护赛先生,便不得不反对国粹和旧文学。"[6]拥护民主和科学,适应时代的演进,反对封建旧道德,提倡新道德,这在陈独秀看来,是挽救中国于危亡、实现振兴发展的必由之路。"我们现在认定只有这两位先生,可以救治中国政治上、道德上、学术上、思想上一切的黑暗。若为拥护这两位先生,一切政府的压迫,社会的攻击笑骂,就是断头流血,都不推辞。"[7]陈独秀对于道德本质和规律的这些认识成为他五四时期伦理思想的轴心。

陈独秀认为:"宇宙间精神物质,无时不在变迁即进化之途。道德彝论,又焉能外?"[8]又说:"盖道德之为物,应随社会为变迁,随时代为新旧,乃进化的而非一成不变的,此古代道德所以不适于今世也。"[9]所以,"吾人往往以为道德不能变易,吾人今日所遵之道德,即自有生民以来所共认之道德,此

---

[1] 陈独秀:《答佩剑青年》,《独秀文存》,安徽人民出版社1987年版,第660页。
[2] 陈独秀:《吾人最后之觉悟》,《独秀文存》,安徽人民出版社1987年版,第41页。
[3] 陈独秀:《旧思想与国体问题》,《独秀文存》,安徽人民出版社1987年版,第103页。
[4] 陈独秀:《复辟与尊孔》,《独秀文存》,安徽人民出版社1987年版,第116页。
[5] 陈独秀:《吾人最后之觉悟》,《独秀文存》,安徽人民出版社1987年版,第40页。
[6] 陈独秀:《本志罪案之答辩书》(1919年1月15日),《新青年》第6卷第1号。
[7] 陈独秀:《本志罪案之答辩书》(1919年1月15日),《新青年》第6卷第1号。
[8] 陈独秀:《孔子之道与现代生活》,《陈独秀著作选》第1卷,上海人民出版社1993年版,第231页。
[9] 陈独秀:《答淮山逸民(道德)》,《陈独秀著作选》第1卷,上海人民出版社1993年版,第277页。

大误也。夫道德变迁之迹,实有显著不可掩之事实"[1]。正因为道德要随着时代的变化而演进,因此,陈独秀认为复古派和守旧派提倡的"天不变,道亦不变"的伦理不变观是错误的,中国必须要重建新的道德。

三、"伦理的觉悟"

袁世凯于 1912 年 9 月颁布了一个《整饬伦常令》,依然提倡封建礼教,号召尊崇伦常。陈独秀十分清醒地认识到问题的症结所在。他在《吾人最后之觉悟》一文中强调:"儒者三纲之说,为吾伦理政治之大原,共贯同条,莫可偏废。三纲之根本义,阶级制度是也。""近世西洋之道德政治,乃以自由、平等、独立之说为大原,与阶级制度极端相反。此东西文明之一大分水岭也。"[2]他告诉国人:"自西洋文明输入吾国,最初促吾人之觉悟者为学术,相形见绌,举国所知矣;其次为政治,年来政象所证明,已有不克守缺抱残之势。继今以往,国人所怀疑莫决者,当为伦理问题。此而不能觉悟,则前之所谓觉悟者,非彻底之觉悟,盖犹在惝恍迷离之境。吾敢断言曰:伦理的觉悟,为吾人最后觉悟之最后觉悟。"[3]陈独秀这样斩钉截铁地作二元判断,就是号召人们必须向西方学习,用新的伦理道德取代旧的伦理道德,建立一个以西方近代文明为依归的价值系统。

作为"五四运动的总司令"(毛泽东语),陈独秀"以改造国民思想的启蒙为志"[4],陈独秀的这种启蒙主义,表征着晚清以来变革思想由政治而文化的激进化。"以予观之,此等政治根本解决问题,犹待吾人最后之觉悟。此谓之第七期民国宪法实行时代。"总结明清以降中国人渐次发现西方文明的"觉悟"史,陈独秀得出结论。

陈独秀对中国的封建家族制度进行了严厉的抨击。在《东西民族根本思想之差异》一文中,陈独秀认为,中国封建家族制度"累代同居,传为佳话。虚文炫世,其害滋多!男妇群居,内多诟谇;依赖成性,生产日微;貌为家庭和乐,实则黑幕潜张,而生机日俱耳"[5]。与大多数五四启蒙思想家一律,陈独秀在新文化运动中主张"重估一切价值",但其独到之处是紧紧抓住伦理价值的变更,特别强调道德革命。他提出"盖伦理问题不解决,则政治学术,皆枝

---

[1] 陈独秀:《道德之概念及其学说派别》,《陈独秀著作选》第 1 卷,上海人民出版社 1993 年版,第 299—301 页。
[2] 《陈独秀文章选编》(上),三联书店 1984 年版,第 108 页。
[3] 《陈独秀文章选编》(上),三联书店 1984 年版,第 109 页。
[4] 高力克:《新文化运动之纲领》,《天津社会科学》2009 年第 4 期。
[5] 陈独秀:《东西民族根本思想之差异》1915 年 12 月 25 日,《青年杂志》第 1 卷第 4 号。

叶问题。纵一时舍旧谋新,而根本思想,未尝变更,不旋踵而仍复旧观者,此自然必然之事也"[1]。尽管对中国传统家长制度的批评"所采用的理论坐标依然是严复以来的历史进化论"[2]。

陈独秀的"伦理的觉悟","表达了一种具有强烈唯文化论色彩的启蒙主义,它将民国宪政的失败归咎于支配国人思想两千年的儒家伦理,并以废弃儒教的伦理革命为中国现代化之根本解决之道"[3]。陈独秀在新文化运动前期的1917年2月正式提出了"伦理道德革命"的口号。他指出,欧洲近代的进步和发展是革命所赐,"故自文艺复兴以来,政治界有革命,宗教界有革命,伦理道德亦有革命,文学艺术,亦莫不有革命,莫不因革命而新兴而进化"。而中国近代政治革命未能真正成功,大部分原因"则为盘踞吾人精神界根深蒂固之伦理道德文学艺术诸端,莫不黑幕层张,垢污深积"。又说:"孔教问题,方喧呶于国中,此伦理道德革命之先声也。"[4]猛烈抨击中国传统的儒家伦理道德,大力宣扬西方资本主义的伦理道德。"他着眼于多数国民的觉悟,而不是依靠英明圣主的天宜聪明或少数先知先觉。"他以伦理的觉悟为"最后觉悟之最后觉悟",但并不局限于对旧伦理的批判,而是继续对政治问题给予了极大的关注。对政治的关注,最终引导陈独秀接受马克思主义。[5]

四、自利与他利相结合的功利主义思想

陈独秀承袭了边沁和穆勒的功利主义思想,在伦理学上极力倡导功利主义,"余固彻头彻尾颂扬功利主义者"[6],他把功利主义作为社会生活的基础和伦理道德的最高原则。

陈独秀的功利主义思想是从他对人的本性的分析入手的。陈独秀认为,每个人生来都是趋乐避苦的,"人之生也,求幸福而避痛苦,乃当然之天则"[7],"个人生存的时候,当努力造成幸福,享受幸福;并且留在社会上,后来的个人也能够享受。递相授受,以至无穷"[8]。陈独秀认为,个人主义要尊崇个人的幸福、强调功利的原则,并且可以兼顾到个人利益与社会利益的

---

[1] 陈独秀:《宪法与孔教》,《陈独秀著作选》第1卷,上海人民出版社1993年版,第224页。
[2] 黄克剑:《陈独秀和他的〈东西民族根本思想之差异〉》,《读书》1986年第3期。
[3] 高力克:《新文化运动之纲领》,《天津社会科学》2009年第4期。
[4] 陈独秀:《文学革命论》,《陈独秀著作选》第1卷,上海人民出版社1993年版,第260页。
[5] 钱逊:《陈独秀的"最后之觉悟"与我们的觉悟》,《清华大学学报》(哲学社会科学版)1989年第3、4期。
[6] 陈独秀:《再质〈东方杂志〉记者》,《独秀文存》,安徽人民出版社1987年版,第213页。
[7] 陈独秀:《新青年》,《独秀文存》,安徽人民出版社1987年版,第44页。
[8] 陈独秀:《人生真义》,《独秀文存》,安徽人民出版社1987年版,第127页。

思想。而对如何获得幸福,陈独秀指出,一切幸福都是"自力造之","不可依赖他人"。"人生幸福之大小,视其奋发之精力以为衡……劳动者,获得幸福之唯一法门也"[1],不仅个人的幸福,"无论在何种制度下,人类底幸福,社会底文明,都是一点一滴底努力创造出来的",因此,陈独秀告诫青年,"节精力,避痛苦,乃云山隐者之生活,非有为青年之所宜"[2],人是应该自利的,青年人也一样,"天下无论何人,未有不以爱己为目的者。其有昌言不爱己而爱他人者,欺人之谈耳……故自利主义者,至坚确不易动摇之主义也"。但是在强调个人要利己、主动追求幸福的同时,陈独秀也反对极端的利己主义,他认为人是群居的动物,文明愈进,"则群之相需也愈深",因此,人应当做到自利与利他人、利国、利社会相结合,人在利己、追求个人幸福的同时,不应该损害国家、社会的利益。他认为,"幸福之为物,既必准快乐与痛苦以为度,又必兼个人与社会以为量"[3]。否则"人类思想生活之冲突,无有已时"[4],人的活动所要达到的目标即"内图个性之发展,外图贡献于其群",既力求个人幸福,个性自由,又要努力对社会做贡献,对他人有利。

陈独秀主编的《新青年》在1916年之初开始连篇累牍发表批判儒教的"三纲",因为扣住儒学的核心礼教,这是统治阶级规定社会秩序和道德规范的基础。在《一九一六年》一文中,陈独秀大声疾呼要"尊重个人独立自主之人格",反对"奴隶道德",他认为:"率天下之男女,为臣,为子,为妻,而不见有一独立自主之人者,三纲之说为之者也。缘此而生金科玉律之道德名词,曰忠,曰孝,曰节,皆非推己及人之主人道德,而为以己属人之奴隶道德也。人间百行,皆以自我为中心,此而丧失,他何足言?"[5]1917年他给吴虞复信,说得更加肯定:"窃以为无论何种学派,均不能定为一尊,以阻碍思想文化之自由发展。况儒术孔道,非无优点,而缺点则正多。尤与近世文明社会决不相容者,其一贯伦理政治之纲常阶级说也。此不攻破,吾国之政治、法律、社会道德,俱无由出黑暗而入光明。"[6]那么,破了儒学的纲常,用什么来作为仿效的榜样呢?陈独秀举荐,应学习西洋的"以个人为本位"的政治伦理习俗和制度。他极力推介法兰西文明。在那里,启蒙思想家"不承认任何外界的权威,不管这种权威是什么样的。宗教、自然观、社会、国家制度,一切都受到了最无情

---

[1] 陈独秀:《当代二大科学家之思想》,《独秀文存》,安徽人民出版社1987年版,第53页。
[2] 陈独秀:《当代二大科学家之思想》,《独秀文存》,安徽人民出版社1987年版,第54页。
[3] 陈独秀:《新青年》,《独秀文存》,安徽人民出版社1987年版,第44页。
[4] 陈独秀:《道德之概念及其学说派别》,《陈独秀文章选编》上册,三联书店1984年版,第195页。
[5] 《陈独秀文章选编》(上),三联书店1984年版,第103页。
[6] 《陈独秀文章选编》(上),三联书店1984年版,第169页。

的批判;一切都必须在理性的法庭面前为自己的存在作辩护或放弃存在的权利"[1]。后来陈独秀又补充了美国,他说:"美利坚力战八年而独立;法兰西流血数十载而成共和,此皆吾民之师资。"[2]他在一系列文章中表明了这方面的希望:"民主国家,真国家也,国民之公产也,以人民为主人,以执政为公仆者也";"真国家者,牺牲个人一部分之权利,以保全体国民之权利也"[3];"法律之前,人人平等,绝无尊卑贵贱殊"[4];"所谓民权,所谓自由,莫不以国法上人民之权利为其解,为之保障"[5];"法律上之平等人权,伦理上之独立人格,学术上之破除迷信,思想自由,此三者为欧美文明进化之根本原因"等[6]。由此可见,那时他头脑里所向往的是实现西方那样的资产阶级共和制度。

而且,在陈独秀看来,功利主义与图利贪功以及追求财富是有着严格的区分的。他在批评《东方杂志》的记者把功利主义看作图利贪功的观点时指出,功利主义与图利贪功本非一物,而是"为相反之正负两面",图利贪功属恶,而"自广义言之,人世间去功利主义无善行"[7]。他认为,近世文明社会"举凡政治之所营,教育之所期,文学技术之所风向,万马奔驰,无不齐集于厚生利用之一途",《东方杂志》的记者对功利主义的误解主要就是源于他不了解功利主义对社会发展的真正价值。同时他也批评了把对功利的幸福的追求等同于财富的思想,他说:"以个人发财主义为幸福主义者,是不知幸福之为何物也。"[8]

从以上的分析来看,陈独秀所宣扬的功利主义,实际上是资产阶级宣扬的所谓"合理的利己主义",对于维护资本主义的社会秩序是有积极意义的。

五、重视人的完全发展的人道主义思想

陈独秀极为重视人格的独立自主,在他看来,"西洋民族以个人为本位","自古迄今,彻头彻尾个人主义之民族也",而"东洋民族以家族为本位",个人完全失去独立自主之权,而造成这种局面的根源就在于封建宗法制度以及封建伦理纲常长期的统治。他指出:"宗法制度的恶果,盖有四焉:一曰损坏个

---

[1]《陈独秀文章选编》(上),三联书店1984年版,第94页。
[2]《马克思恩格斯选集》第3卷,人民出版社1972年版,第56页。
[3]《陈独秀文章选编》(上),三联书店1984年版,第87页。
[4]《陈独秀文章选编》(上),三联书店1984年版,第146页。
[5]《陈独秀文章选编》(上),三联书店1984年版,第347页。
[6]《陈独秀文章选编》(上),三联书店1984年版,第160页。
[7]陈独秀:《质问〈东方杂志〉记者》,《独秀文存》,安徽人民出版社1987年版,第185页。
[8]陈独秀:《新青年》,《独秀文存》,安徽人民出版社1987年版,第44页。

人独立自尊之人格;一曰窒碍个人意思之自由;一曰剥夺个人法律上平等之权利;一曰养成依赖性,戕贼个人之生产力。"[1]他认为:"人间百行,皆以自我为中心,此而丧失,他何足言?"[2]因此,他强调恢复独立自主的人格,"以个人本位主义易家族本位主义"。因此,在这种思想的指导下,陈独秀极力主张个人的自我解放,完全发展。只有"以个人本位主义,易家庭本位主义"[3],确立以个人价值为本位观,才能消除"种种卑劣不法残酷衰微之象"。他进而指出:"解放云者,脱离夫奴隶之羁绊,以完其自主自由之人格谓也。我有手足,自谋温饱;我有口舌,自陈好恶;我有心思,自崇所信;决不人他人之越俎,亦不应主我而奴他人。盖自认为独立自主之人格以上,一切操行,一切权利,一切信仰,唯有听命各自固有之智能,断无盲从隶属他人之理。"[4]因此,依陈独秀的思想看来,个人的自我解放,既包括个人人格的完善,也指"不应主我而奴他人",即在重视个人价值的同时,也要注重他人的人格独立自由和价值,只有这样,"集人成国,个人之人格高,斯国家之人格亦高;个人之权巩固,斯国家之权亦巩固"[5]。

同时,陈独秀通过对西方国家经验的分析,进一步指出,西方资本主义社会生活"以经济为之命脉,而个人主义乃经济学生产之大则,其影响遂及于伦理学。故现代伦理学上之个人人格独立,与经济学上之个人财产独立,互相证明,其说遂致不可动摇;而社会风纪物质文明,因此大进"[6]。所以,"西洋个人独立主义,乃兼伦理经济二者而言。尤以经济上个人独立主义为之根本也"[7]。他认为,建立在"个人财产独立"基础上的"个人人格独立"的伦理、道德才是真正人格独立自由的道德,才真正能够促进社会风纪的进步。

陈独秀的这些思想包含了对人的价值、尊严以及自由的关注,表明了强烈的人道精神,具有反封建的重要意义。

六、爱国主义思想

陈独秀作为五四时期新文化运动的倡导者和马克思主义思想的主要传播者,在对封建保守势力的批判斗争中,表现出强烈的爱国主义精神。在新

---

[1] 陈独秀:《东西民族根本思想之差异》,《独秀文存》,安徽人民出版社1987年版,第29页。
[2] 陈独秀:《一九一六年》,《独秀文存》,安徽人民出版社1987年版,第35页。
[3] 陈独秀:《东西民族根本思想之差异》,《独秀文存》,安徽人民出版社1987年版,第4—5页。
[4] 陈独秀:《敬告青年》,《独秀文存》,安徽人民出版社1987年版,第4—5页。
[5] 陈独秀:《一九一六年》,《独秀文存》,安徽人民出版社1987年版,第34页。
[6] 陈独秀:《孔子之道与现代生活》,《独秀文存》,安徽人民出版社1987年版,第82—83页。
[7] 陈独秀:《孔子之道与现代生活》,《独秀文存》,安徽人民出版社1987年版,第83页。

文化运动中,为了鼓励更多的爱国人士坚定反封建的立场、举起自由民主平等的大旗,他就指出,"西洋人因为拥护德、赛两先生,闹了多少事,流了多少血,德、赛两先生才渐渐从黑暗中把他们救出,引到光明世界。我们现在认定只有这两位先生,可以救治中国政治上、道德上、学术上、思想上一切的黑暗"[1],因此,为了拥护这种自由和平等,他大义凛然地说:"若因为拥护这两位先生,一切政府的压迫,社会的攻击笑骂,就是断头流血,都不推辞。"[2]从这里可以看出,陈独秀为了挽救民族危亡,与封建主义作坚决的斗争、誓死捍卫和追求真理的崇高的爱国主义精神。

五四运动和马克思主义在中国广泛传播的革命实践,使陈独秀的爱国思想更加成熟,爱国立场更加坚定,对帝国主义有了进一步的认识。当中国外交在巴黎和会上遭到失败,他毅然丢掉了"公理"战胜"强权"的幻想,认识到帝国主义的本质都是一样的,为了本国垄断资产阶级的利益而不惜牺牲被压迫国家和被压迫民族的利益。爱国必须反帝,反帝必须依靠人民的力量。五四那天,他在《每周评论》上发表文章说:"巴黎和会,各国都重在本国的权利,什么公理,什么永久和平,什么威尔逊总统十四条宣言,都成了一文不值的空话。"这个"分赃会议与世界永久和平,人类真正幸福,隔得不止十万八千里,非全世界的人民都站起来直接解决不可。若是靠着分赃会议里那几个政治家、外交家在那里关门弄鬼,定然没有好结果"[3]。彻底揭穿了帝国主义假和平真侵略的反动面目,对唤醒被压迫国家和被压迫民族丢掉幻想、准备斗争有着积极的意义。

1919年6月上旬,陈独秀亲临斗争第一线,亲自起草印刷《北京市民宣言》,并于同年6月11日到北京"新世界"游艺场散发,直接参加反对帝国主义和反对封建军阀的斗争,不幸被军阀逮捕。陈独秀的这一举动反映一个爱国志士在帝国主义列强企图"瓜分豆剖"国土,民族处于危亡的紧急关头挺身而出的一种爱国情怀和壮烈行动。这种"情怀"和"行动"是一种爱国的英雄行动,理应受到人民的尊重和敬仰。陈独秀到北京"新世界"游艺场散发传单,被军阀逮捕的消息传开后,广大进步青年和各界人士给予极大的声援和关注,对他十分敬仰。叶挺写信给陈独秀说:"吾辈青年,坐沉沉黑狱之中……亟待足下明灯指迷者,当大有人在也。""足下不弃,辱而训之,甚盼甚盼。""空谷足音,遥聆若渴。明灯黑室,觉岸延丰。足下之孤诣,略见于甲寅。呜呼,

---

[1] 陈独秀:《〈新青年〉罪案的答辩书》,《独秀文存》,安徽人民出版社1987年版,第243页。
[2] 陈独秀:《〈新青年〉罪案的答辩书》,《独秀文存》,安徽人民出版社1987年版,第243页。
[3] 陈独秀:《陈独秀文章选编》(上册),三联书店1984年版,第397页。

国之不亡,端在吾人一念之觉悟耳。足下创行青年杂志,首以提倡道德为旨,欲障此狂波,拯斯溺世,感甚感甚。第仆中衷多怀。窃以君平不贵苟同之义,欲有所商榷焉。道德根本之基,果何如耶。觉悟耳。无觉悟之心,虽道德其行其言皆伪君子乡愿流亚也。"[1]陈独秀给予这位思想积极的学生公开信表示对其观点的认同:"尊意以觉悟为道德之基,阳明之旨也。此说仆不非之。足下颇疑宇宙之迹,非科学所能解释。是犹囿于今日科学之境界,未达将来科学之进化,必万亿倍于今日耳。足下对于宇宙人生之怀疑,不欲依耶、佛以解,不欲依哲学说以解,不欲以怀疑故,遂放弃现世之价值与责任,而力求觉悟于自身,是正确之思想也,是邻于科学者也。足下其无疑于吾言乎。"[2]青年时代毛泽东,得知其被捕入狱,也立即撰文营救。他在《湘江评论》创刊号上发表《陈独秀之被捕与营救》一文,热情地称赞"陈独秀氏为提倡近代思想最力之人",是"思想的明星"。[3]后来,毛泽东同斯诺谈话时谈及陈独秀对他一生的深刻影响:"在我生活中,这一个转变时期,可以说陈独秀对于我的印象是极其深刻的……他影响我也许比任何人要大。"[4]"新民学会"中的蔡和森等人对于改造中国才德的讨论,"觉悟社"中的周恩来等人对中国前途的探索,都在很大程度上受到了陈独秀和他主编的《新青年》的影响和推动……可见,陈独秀的爱国思想和行动是不容忽视的,这不仅关系到对其本人的评价,更重要的是它关系对我党的认识。五四期间,陈独秀以其创办的《新青年》为阵地,宣传反帝反封建思想,促进了人们的思想解放,唤起了广大人民对民族命运和祖国前途的关注,教育和激励了一大批青年知识分子对真理和革命的强烈追求及其对改造中国的道路的探索,从而为马克思主义在中国的传播,中国工人运动同马克思主义的结合;为培养一大批革命骨干,筹建党的组织都做了重要的准备。

如果说,陈独秀在五四运动前还是一个狭隘的爱国主义者的话,那么,在十月革命和五四运动的诱导下,他的爱国主义思想则得到了新的升华,深入探索改造中国的新道路。1919年春,他开始学习和宣传马克思主义;1920年下半年到1922年秋,他先后发表了《谈政治》《社会主义批评》《关于社会主义的讨论》以及《马克思学说》等文章,对马克思主义的基本思想作了较全面的阐述和宣传,成为当时在中国传播马克思主义的杰出代表之一。当地主买办

---

[1] 陈独秀等:《通信》,《新青年》1916年10月1日第2卷2号。
[2] 陈独秀等:《通信》,《新青年》1916年10月1日第2卷2号。
[3] 毛泽东:《陈独秀之被捕及营救》,《陈独秀评论选编》(上册),河南人民出版社1982年版,第105—106页。
[4] [美]埃德加·斯诺:《西行漫记》,董乐山译,三联书店1979年版,第107页。

阶级代表张东荪抛出《现在与将来》和梁启超《复张东荪书社会主义运动》等反对革命的文章,攻击马克思主义的时候,陈独秀即发表与之针锋相对的言论,同张东荪、梁启超作不妥协的斗争。他一针见血地指出:贫富悬殊,正是资本主义制度造成的恶果。要"中国人从来未过过人的生活的'都'得着人的生活","非废除资本主义生产制来用社会主义生产制不可"[1]。并运用马克思主义的立场、观点作了具体的分析和说明。他指出:资本主义制度有两大特点:一是资本私有;二是生产过剩。在资本主义制度下,生产的增多,剩余价值也随着增多,乃为可数的资本家所私有。于是乃由剩余价值造成生产过剩,由生产过剩造成经济危机。为了解脱经济危机,就是拼命地寻找殖民地,则造成帝国主义与殖民地、帝国主义之间的矛盾的日趋加剧,这样就加速资本主义的末日到来。资本主义必然为社会主义所代替,这是社会发展的规律。"由封建而共和,由共和而社会主义,这是社会进化的一定轨道,中国也难以独异。"[2]肯定社会主义是中国的必由这路,不仅给张、梁之流以迎头痛击,而且捍卫了马克思主义的思想阵地。不仅如此,在怎样实现社会主义的问题上,陈独秀赞同马克思主义的观点,主张必须用阶级战争的手段来改变社会制度。他说:"要想把我们的同胞从奴隶境遇中完全救出,非由生产劳动者全体结合起来,用革命的手段打倒本国外国一切资本阶级,跟看俄国共产党一同试验新的生产方法不可。"[3]他还说,马克思主义者"无一不是主张无产阶级对于有产阶级采取革命的行动"[4],"我们只有用阶级战争的手段,打倒一切资本阶级,从他们手中抢夺来政权;并且用劳动专政的制度,拥护劳动者的政权,建设劳动者的国家以至于无国家,使资本阶级永远不至发生"[5]。对于剥削阶级,"劳动阶级要想征服他们固然很难,征服后想永久制服他们,不至死灰复燃,更是不易。这时候利用政治的强权,防止他们的阴谋活动;利用法律的强权,防止他们的懒惰、掠夺,矫正他们的习惯、思想,都很是必要的方法"[6]。还指出,无产阶级专政"乃是由无产阶级战争消灭有产阶级做到废除一切阶级所必经的道路"[7],如果忽视无产阶级专政,剥削阶级"随时就要恢复原有的势力地位"[8]。陈独秀在探索实现社会主义道路的

---

[1] 陈独秀:《陈独秀文章选编》(中册),三联书店1984年版,第53、54—55页。
[2] 陈独秀:《陈独秀文章选编》(中册),三联书店1984年版,第33页。
[3] 陈独秀:《陈独秀文章选编》(中册),三联书店1984年版,第50页。
[4] 陈独秀:《陈独秀文章选编》(中册),三联书店1984年版,第96页。
[5] 陈独秀:《陈独秀文章选编》(中册),三联书店1984年版,第50页。
[6] 陈独秀:《陈独秀文章选编》(中册),三联书店1984年版,第5页。
[7] 陈独秀:《陈独秀文章选编》(中册),三联书店1984年版,第9页。
[8] 陈独秀:《陈独秀文章选编》(中册),三联书店1984年版,第5页。

同时,深刻阐述了无产阶级革命与无产阶级专政的重要性和必要性,把自己的爱国主义思想全部倾注到救国救民的伟大实践中去。

五四运动后,马克思主义在中国大地广泛传播,中国工人运动得到迅速发展,工人阶级队伍日益壮大并登上了政治舞台,迫切要求有自己的政党来领导其运动,陈独秀顺应时代的要求,以大无畏的革命气魄同李大钊等同志一起,勇敢地肩负起时代的、阶级的重托,呕心沥血地筹建党的组织。1921年7月,中国共产党诞生了。中国共产党的诞生揭开了中国历史新的篇章。

总之,陈独秀活跃于中国思想、政治舞台的时代,是一个除旧布新的变革时代,也是中华民族崛起的重要的历史时期。他以变革社会、救国救民为己任,高举"科学"与"民主"的大旗,反对封建主义、反对帝国主义,宣传新文化和进步思想,他的思想及其活动极大地教育和影响了当时的一大批先进青年知识分子,提高了他们的思想觉悟,促使他们接受了进步思想,很快走上革命的道路。在五四运动中,陈独秀较系统地介绍马克思主义的基本原理,特别是宣传无产阶级革命与无产阶级专政的学说,使马克思主义在中国得到广泛传播,并同中国工人运动相结合,更重要的是陈独秀同李大钊等同志一起讨论和筹建党的组织,把自己的爱国思想付诸革命实践,为中国社会的进步、民族的振兴和中国共产党的建立都做出了重要的贡献。尽管后来他犯了右倾投降主义的错误,给革命造成了严重危害,但不能以此否定他的爱国主义思想和行动以及他在中国革命中的地位与作用。事实证明,陈独秀是一位伟大的爱国主义者,是近代爱国主义的先驱。

七、婚姻家庭伦理观

陈独秀在批判以儒家为代表的封建保守势力的过程中,对封建的婚姻家庭伦理观也进行了有力的批判。

陈独秀对统治中国封建社会的儒教是持强烈批判精神的,认为粉碎根深蒂固的旧的家庭伦理道德,就要打破儒家的伦理道德。他认为:"儒者作伪干禄,实为吾华民道德堕落之源泉。宗法社会之奴隶道德,病在分别尊卑,课卑者以片面之义务,于是君虐臣,父虐子,姑虐媳,主虐奴,长虐幼。社会上种种之不道德,种种罪恶,施之者以为当然之权利,受诸者皆服从于奴隶道德下而莫之能违,弱者多衔怨以残世,强者则激而倒行逆施矣。"[1]他在1917年3月1日答常乃真的信中,论及儒教与家庭关系时提出:"吾国大家庭合居制度,根据于儒教之伦理见解,倘欲建设新式的小家庭,则亲去其

---

[1]《陈独秀著作选》第1卷,上海人民出版社1993年版,第275页。

子为不慈,子去其亲为不孝,兄去其弟为不友,弟去其兄为不恭。此种伦理见解倘不破坏,新式的小家庭势难生存于社会酷评之下,此建议之必先以破坏也。"[1]

陈独秀批判家庭"以感情为本位,以虚文为本位",提倡家庭"以法制为本位,以实利为本位"。陈独秀对"西洋民族以法治为本位,以实利为本位"深以为然。他深刻地指出:在西方,"社会家庭,无不如此"。"商业往还,对法信用者多,对人信用者寡;些微授受,恒依法立据。或见者每讥其俗薄而不惮烦也。父子昆季之间,称贷则偿,锱铢必较,违之者,不惜诉诸法律;亲戚交游,更无以感情违法损利之事"[2],这样才能造就一个有序不乱的社会。他批判"东洋民族以感情为本位,以虚文为本位","重家庭,轻个人,而家庭经济遂蹈危机矣"。这种伦理观念便造就了家庭中"依赖成性,生产日微;貌以家庭为和乐,实质黑幕潜张,而生机日促耳。昆季之间,率为共产,倘不相养,必为世讥"。"交游称贷,视为当然,其偿也无期,其实也无物,惟以感情为条件而已。""社会经济,因以大乱。"[3]他还指出:"凡此种种恶风,皆以伪饰虚文任用感情之故。"而西方"以法治实利为重者,未尝无刻薄寡恩之嫌;然其结果,社会各人,不相依赖,人自为战,以独立之生计,成独立之人格,各守分际,不相侵渔。以小人始,以君子终;社会经济,亦因以厘然有叙。"[4]

另外,在对孩子的教育上,他主张彻底革除封建家庭的教育弊端,倡导"尊重个人独立自主之人格,勿为他人之附属品"[5]的观念,培养孩子独立生存的精神和能力。他在个人婚姻问题上,更是敢于冲破封建旧婚姻的禁锢。他批判中国人的婚姻"自始至终,没有一件事合乎情理"。"不由二人心服情愿,要由旁人替他作主,强逼成婚,这不是大大的不合情理吗?"[6]他认为,婚姻"总要男女相悦,自己做主,才合乎情理"[7]。

综上所述,陈独秀的伦理思想是极其丰富也是非常复杂的,其伦理思想既受到西方资产阶级道德观念的深刻影响,又杂糅了传统伦理的一些内容,同时作为早期马克思主义者,伦理思想中也反映出马克思主义的唯物主义的原则、内容,复杂的背景和社会思潮,加之陈独秀自身的个性原因,必然导致

---

[1]《陈独秀著作选》第1卷,上海人民出版社1993年版,第276页。
[2]《陈独秀著作选》第1卷,上海人民出版社1993年版,第167页。
[3]《陈独秀著作选》第1卷,上海人民出版社1993年版,第168页。
[4]《陈独秀著作选》第1卷,上海人民出版社1993年版,第168—169页。
[5]《陈独秀著作选》第1卷,上海人民出版社1993年版,第172页。
[6]《陈独秀著作选》第1卷,上海人民出版社1993年版,第39—40页。
[7]《陈独秀著作选》第1卷,上海人民出版社1993年版,第43页。

其思想的立足点不太稳定,思想难以始终如一。然而其伦理思想中所强调的自由理念、个人本位、功利实效,对于揭露封建道德的危害,启蒙国民的自觉意识,解放思想,建立现代良好的社会秩序都起到了巨大的推动作用,其始终表现出来的强烈的忧国忧民的情怀和高尚的爱国主义精神是尤为值得称颂的。

第十五章　为人民服务:毛泽东伦理思想

> 我们一定要有一个标准。就是说,可贵的是他一辈子总是做好事,不做坏事,做有益于人类的事。如果开头做点好事,后来又做坏事,这就叫做没有坚持性。一个人做点好事并不难,难的是一辈子做好事,不做坏事,一贯的有益于广大群众,一贯的有益于青年,一贯的有益于革命,艰苦奋斗几十年如一日,这才是最难最难的啊!
>
> ——毛泽东:《吴玉章同志六十寿辰祝词》

毛泽东(1893年12月26日—1976年9月9日),字润之(原作咏芝,后改润芝),笔名子任。湖南湘潭人。毕业于湖南省立第一师范学校。诗人,伟大的马克思主义者,无产阶级革命家、战略家和理论家,中国共产党、中国人民解放军和中华人民共和国的主要缔造者和领导人。1949年至1976年,毛泽东担任中华人民共和国最高领导人。他将马克思列宁主义运用于中国的实践过程,探索中国革命和建设的具体道路,其运用和发展的成果被称为毛泽东思想。毛泽东思想具有多方面的内容,主要有他创立的新民主主义理论、农村包围城市战略、游击战和运动战战略、三个世界划分战略等,其核心内容为新民主主义和人民民主专政理论。毛泽东思想是中国革命思想的总结。中国新民主主义革命的胜利具有划时代的意义,毛泽东思想也具有极其重要的理论价值,它成为中国新的思想武器和价值学说。毛泽东被视为现代世界历史中最重要的人物之一。1998年《时代杂志》将他评为20世纪最具影响100人中20位领袖之一[1],2011年《时代杂志》再次将他评为人类有史以来最重要的25位政治标志性人物第3位[2]。毛泽东开创的中国革命和建设事业是前无古人的事情,在中国搞社会主义建设必须要在实践中边实践、边探索、边总结、边发展。1961年6月12日,毛泽东在中共中央工作会议上就谈道:"社会主义谁也没有干过,没有先学会社会主义的具体政策而后搞社会主

---

[1] TIME 100 Persons Of The Century. TIME. 1998—04—13. "LEADERS & REVOLUTIONARIES ... Mao Zedong, leader of communist China"

[2] Mao Zedong -Top 25 Political Icons. TIME. 2011—02—04. "Mao's Great Leap Forward and Cultural Revolution are blamed for the deaths of tens of millions, largely due to famine."

义的。我们搞了十一年社会主义,现在要总结经验。"在探索中不可能一帆风顺,失误在所难免,失误的教训也是宝贵经验。1963年9月3日,他曾谈到,"我们有两种经验,错误的经验和正确的经验。正确的经验鼓励了我们,错误的经验教训了我们"。毛泽东在探索中既留下了成功的经验也留下了失误的教训,这两方面都为当今中国特色社会主义建设积累了宝贵经验和重要启示。[1]

毛泽东的伦理思想是马克思主义伦理思想中国化的产物,是当代中国的马克思主义伦理思想。它形成于新民主主义革命时期,发展于社会主义革命和建设时期,是毛泽东思想体系的有机组成部分。毛泽东伦理思想不仅涉及道德的本质及其社会作用,道德的阶级性和继承性,道德教育、道德修养和道德评价,而且对道德原则和规范的具体内容也作了许多深刻论述,丰富、充实和发展了马克思主义的道德原则和伦理思想体系。概而言之,毛泽东伦理思想包含七个方面的内容:经济与道德的关系;为人民服务;集体主义;婚姻、家庭、妇女贞操、爱情伦理道德;革命功利主义,爱国主义;道德的阶级性和继承性。

一、道德的本质

毛泽东对道德本质的认知经历了由资产阶级的"精神之个人主义"[2]思想到马克思主义的科学的伦理观发展转变过程。

五四运动前,毛泽东在湖南省立第一师范学校学习期间,受伦理学家杨昌济先生和《新青年》的影响,毛泽东十分重视哲学伦理学对改造社会的作用,企图通过德育以达到改造伦理思想、变化民质的目的。他曾认为:"夫思想主人之心,道德范人之行,二者不洁,遍地皆污。"[3]他所使用的思想武器,主要是资产阶级武库中的如"人格独立、个性解放"之类,没有越出激进民主主义者的范畴。[4]毛泽东认为:"改造哲学和伦理学是从根本上变换全国思想的关键。"[5]哲学和伦理学是立志的根本,"当今之世,宜有大气量人,从哲学、伦理学入手,改造哲学,改造伦理学,根本上变换全国之思想"[6]。"必先研究哲学、伦理学,以其所得真理,奉以为己身言动之准,立之为前途之鹄,再

---

[1] 转引自王伟光:《毛泽东是中国特色社会主义的探索者》,《中国社会科学报》2013年10月16日。
[2] 中共中央文献研究室:《毛泽东早期文稿》,湖南出版社1990年版,第151页。
[3] 毛泽东1917年7月18日给黎锦熙的信,《毛泽东书信选集》,人民出版社1983年版。
[4] 谭双泉:《毛泽东早期道德观》,《湖南社会科学》1990年第6期。
[5] 毛泽东1917年8月23日给黎锦熙的信,《毛泽东书信选集》,人民出版社1983年版。
[6] 中共中央文献研究室:《毛泽东早期文稿》,湖南出版社1990年版,第86页。

择其合于此鹄之事,尽力为之,以为达到之方,始谓之有志也。如此之志,方为真志,而非盲从之志。"[1]在此基础上,"毛泽东认为,自我实现的理论旨趣是成全个人的理想道德人格,这就是他从精神层面理解个人主义的含义所在"[2]。而伦理道德的本质是什么?青年毛泽东在《伦理学原理》卷前《批语》中说:"道德非必待人而有,待人而有者客观之道德律;独立所有者主观之道德律也。吾人欲自尽其性,自完其心,自有最可宝贵之道德律。世界固有人有物,然皆因我而有也。我眼一闭固不见物也,故客观之道德律亦系主观之道德律,而即使世界上止有我一人,亦不能因无损于人,而不尽吾之性,完吾之心,仍必尽之完之。此等处非以为人也,乃以为己也。"[3]他在读了《伦理学原理》后的批语中写道:"我于伦理学上有二主张:一曰个人主义……二曰现实主义。"[4]

《〈伦理学原理〉批语》是毛泽东早期伦理思想的代表作。毛泽东早年根据他所吸取的不同伦理思想,总结了自己关于自我实现的精神利己主义的伦理学说。该时期伦理思想"以自我实现为核心,以精神之个人主义和现实主义为主要内容,以主观之道德律为表现形式的伦理思想体系。其哲学基础是心物二元的;其伦理基础是主观之道德律,以'精神之个人主义'与'现实主义'为其主要内容,体现出对中国主体论道德的合理改造与批判继承。它虽然从总体说属于近代资产阶级伦理哲学的范畴,但却具有向近代和现代过渡以及接受马克思主义伦理观的某种契机或因素"[5]。

五四运动后,他接受了马克思主义,其哲学、伦理思想也相继发生了重大转变。其伦理思想具有以下特征:

第一,道德作为意识形态,是由经济关系和政治关系决定的,人们在经济关系和政治关系中所处的地位不同,其道德地位也不同。恩格斯经典性地指出:"人们自觉地或不自觉地,归根到底总是从他们阶级地位所依据的实际关系中——从他们进行生产和交换的经济关系中,吸取自己的道德观念。"[6]伦理关系和道德观念不是一成不变的,其变化的原因仍在于经济。如长期以来男尊女卑的根源在于男女之间经济不平等。

第二,初步运用马克思主义的研究方法分析道德现象,毛泽东自觉运用

---

[1] 中共中央文献研究室:《毛泽东早期文稿》,湖南出版社1990年版,第86页。
[2] 刘国胜:《精神个人主义:毛泽东伦理思想之发端》,《信阳师范学院学报》2006年第1期。
[3] 转引自汪澍白:《毛泽东早期伦理思想初探》,《求索》1983年第6期。
[4] 转引自杨芳:《从〈"伦理学原理"批语〉看毛泽东早期伦理思想》,《党史文苑》2005年第11期。
[5] 邵鹏、黄皖毅:《毛泽东早期伦理思想与他晚年的思想和实践》,《青海社会科学》2003年第2期。
[6] 《马克思恩格斯全集》第20卷,人民出版社1971年版,第102页。

阶级分析方法指出了剥削阶级道德和被剥削阶级道德的善恶性质,运用唯物辩证法分析各种道德问题。例如,早在新文化运动前后,毛泽东结合1919年11月长沙发生的新娘事件和青年中存在的种种问题,以《湘江评论》为阵地对人生目的和人生价值的问题做了深入探讨。运用民主、科学这两个武器,毛泽东对封建礼教、封建专制和封建迷信以及男尊女卑等进行了有力的批判,这显然是新文化运动的影响使然。[1]在《民众的大联合》一文中,毛泽东这样写道:在旧社会,由于地主、资本家阶级占有生产资料,掌握着国家统治工具,教育成为他们的专利,所以他们能够成为有文化知识的人,被称为"智"者阶级,而丧失了生产资料的一般平民,不仅受剥削受压迫,也决没有受教育的机会,所以他们无法获得文化知识,被称为"愚"者阶级。[2]

第三,毛泽东认为,伦理道德观念随经济的变动而不断变化发展。他曾这样写道:"上古之事,食无饶富,摘果獭鲜,容易饱腹,男女也处在平等的地位。经济一项,女无所求于男,男无所求女,只在'恋爱'。""后来人口增多,事物不足,生活竞争,不得不注重工作,至此乃真到了女子被征服于男子的死期了。"[3]毛泽东在这里从经济的变动对男女伦理关系的影响揭示了经济与道德的关系。

第四,毛泽东的伦理道德思想经历了一个"从个人主义到集体主义的嬗变"[4]。他的思路是:中国社会的精神面貌的根本性变革依赖于"自我"权威的确立,民族复兴的驱动力来自于国民"自我"精神的觉醒。在毛泽东看来,中国的落后与贫困,是由于"吾国人积弊甚深,思想太旧,道德太坏。夫思想主人之心,道德范人之行,二者不洁,遍地皆污。盖二者之势力,无在不为所弥漫也。思想道德必真必实。吾国思想与道德,可以伪而不真、虚而不实之两言括之,五千年流传到今,种根甚深,结蒂甚固,非有大力不易摧陷廓清"[5]。在这里,"自我"被赋予了至高无上的主宰意义:"自我"精神是一种拯救民族血脉的历史意识,一种关怀民族存亡的忧患意识,一种否定旧文化、呼唤新文化的批判意识。因此他认为改造伦理学的关键在于"实现自我"以高扬个人价值,并把"实现自我"提高到"人类之目的"的高度,指出:"人类之目的在实现自我而已。实现自我者,即充分发达自己身体及精神之能力至于最高之谓。"

---

[1] 苗全民:《略论毛泽东早期伦理思想的演变》,《中共四川省委党校学报》2006年第3期。
[2] 刘广东:《毛泽东伦理思想简论》,山东人民出版社1987年版,第136页。
[3] 毛泽东:《关于赵女士自杀事件》,湖南《大公报》1919年11月21日。
[4] 夏高发:《毛泽东早期伦理思想嬗变的合理性与局限性》,《毛泽东思想研究》2007年第6期。
[5] 中共中央文献研究室:《毛泽东早期文稿》,湖南出版社1990年版,第86页。

第五,毛泽东从经济与道德的统一出发,认为经济活动、经济利益是道德的立足点,并提出了许多调节经济活动的道德要求。主要有:爱劳动,戒怠懒;求节省,反浪费;开展生产运动,表彰劳动英雄。[1]毛泽东提出了国家、集体和个人三者的利益实行"三兼顾"原则,即"必须兼顾国家、集体和个人三个方面,也就是我们过去常说的'军民兼顾','公私兼顾'"[2]。毛泽东力图在实践上寻找克服商品货币或物质利益刺激所引起的负面影响,制定的集体主义道德原则和提倡无私奉献精神不仅在理论上对列宁思想的继承发展,而且在实践上也是有效的,对于我们当前新时期的道德建设依然有指导意义。但毛泽东在如何正确处理物质鼓励和精神鼓励之间的关系上存在一定的片面性,有过于强调精神鼓励而忽视物质鼓励的倾向。[3]

二、全心全意为人民服务

在毛泽东的伦理思想中,人生观问题占有十分突出的地位。马克思主义经典理论指出,人生的目的和意义受人们所处的社会条件与生活环境影响和决定。作为引导中国走上社会主义发展道路,确立社会主义基本制度,开辟社会主义现代化建设道路,开创了人民当家做主的新时代,领导中国共产党和中国人民实现社会主义民主的艰辛而曲折探索的革命领袖和共和国创造者,毛泽东需要在道德哲学层面和政治意思层面上,明确和传达一种基于中国革命和社会主义建设事业的对人生的目的、意义和道德的根本看法与态度的人生观和道德理想问题,以此统一人们的社会主义意识,促进和实现中国社会主义事业的健康有序发展。在此过程中,毛泽东清醒地传达着一种观点,即"人生观和道德理想,体现着一定社会、一定阶级的道德原则和道德规范的要求,是一定的道德原则和规范在个体意识和社会意识中的综合反映,它对个体和社会道德行为的倾向、道德品质的形成和发展,起着重要的指导和鼓舞作用,同时也规定着道德教育的根本任务和道德修养的基本内容"[4]。

建设社会主义是一项前无古人的伟大新事业,确定社会主义公德规范是马克思主义伦理学面临的一个新课题。为宣传和组织广大人民群众投身于革命和建设事业,毛泽东指出了共产党的根本宗旨和无产阶级人生观——为人民服务思想。毛泽东指出:"为什么人的问题,是一个根本的问题,原则的

---

〔1〕徐少锦:《论毛泽东的经济伦理思想》,《江海学刊》1993年第6期。
〔2〕龚育之等:《毛泽东的读书生活》,三联书店1986年版,第178页。
〔3〕章海山:《马克思主义关于市场经济与道德建设关系的基本理论》,《西南民族学院学报》1996年第5期。
〔4〕罗国杰:《马克思主义伦理学》,人民出版社1982年版,第414页。

问题。"[1]毛泽东认为,共产党人应该全心全意为人民服务,这一思想构成了毛泽东伦理思想的核心。

(一)为人民服务——作为无产阶级的人生观

青年学生时期的毛泽东就欲"立一理想"作为其追求人生修养的最高道德境界,使自己的"一言一行皆合此理想",并立志"以大本大源为号召",从"根本上变换全国之思想",以此来"动天下"。参加革命之后,毛泽东一方面受到马克思主义唯物史观的影响,另一方面看到了人民群众创造历史的伟大力量,从而日益把自己的命运融入于人民的革命事业之中,并且还认识到这一革命目的与革命手段的一致性。1925年,毛泽东在中国国民革命军第二军司令部主办的《革命》半月刊第4期发表的《中国社会各阶级的分析》一文中深刻地指出:"工业无产阶级是我们革命的领导力量。一切半无产阶级、小资产阶级,是我们最接近的朋友",而"一切勾结帝国主义的军阀、官僚、买办阶级、大地主阶级以及附属于他们的一部分反动知识界,是我们的敌人"。1937年10月19日,在陕北公学鲁迅逝世周年大会上,毛泽东作了《论鲁迅》的讲话,高度赞扬了鲁迅"俯首甘为孺子牛"的精神,强调要学习鲁迅精神,做无产阶级和人民大众的牛。1937年在给徐特立的祝寿活动中,毛泽东赞扬了徐特立把革命、工作,把他人放在个人之上,个人的一切服从革命、工作、他人的为人民服务的精神。毛泽东在1939年12月21日写的《纪念白求恩》中号召共产党员学习白求恩毫不利己、专门利人的精神,指出"白求恩同志毫不利己专门利人的精神,表现在他对工作的极端的负责任,对同志对人民的极端的热忱","我们大家要学习他毫无自私自利之心的精神。从这点出发,就可以变为大有利于人民的人。一个人能力有大小,但只要有这点精神,就是一个高尚的人,一个纯粹的人,一个有道德的人,一个脱离了低级趣味的人,一个有益于人民的人"[2],而这种精神即为人民服务思想的最主要的体现。1942年5月,毛泽东在《在延安文艺座谈会上的讲话》中完整地提出了"为人民服务"的命题,指出:"为什么人的问题,是一个根本的问题,原则的问题。"还说:为什么人的问题,也就是为谁服务的问题,无产阶级的文艺必须为"占全人口百分之九十以上的人民,是工人、农民、兵士和城市小资产阶级"服务。[3]

(二)为人民服务——作为党的工作宗旨

在第二次国内革命战争期间,毛泽东在《关心群众生活,注意工作方法》

---

[1]《毛泽东选集》第3卷,人民出版社1991年版,第857页。
[2]《毛泽东选集》第2卷,人民出版社1991年版,第660页。
[3] 刘广东:《毛泽东伦理思想简论》,山东人民出版社1987年版,第275页。

中,提出了"过河"必须解决"桥"和"船"的问题;在抗日战争时期,他把群众路线的领导方法和工作作风,看作我们党的根本路线和基本的领导方法。从这一时期开始,党内出现了自由主义和宗派主义的错误思潮,出于反驳这些错误思想的需要,1937年9月,毛泽东写了《反对自由主义》一文,强调个人利益至上、具有自私自利性的自由主义和错误地处理个人和党、社会的,个人利益和全党利益的关系的宗派主义思想,这就为提倡为人民服务的精神提出了现实需要。1944年9月8日,在中共中央警卫团战士张思德的追悼大会上,毛泽东发表了题为《为人民服务》的演说:"我们的共产党和共产党所领导的八路军、新四军是革命的队伍。我们这个队伍是完全为着解放人民的,是彻底地为人民利益工作的。张思德同志是我们这个队伍中的一个同志。"[1]1944年9月写的《坚持为人民服务》一文中,又继续指出:"我们的军队,是真正人民的军队,我们的每一个指战员,以至于每一个炊事员、饲养员,都是为人民服务的。我们的部队要和人民打成一片,我们的干部要和战士们打成一片。与人民利益适合的东西,我们要坚持下去,与人民利益矛盾的东西,我们要努力改掉,这样我们就能无敌于天下。"[2]毛泽东在1945年5月《论联合政府》的报告中指出:"全心全意地为人民服务,一刻也不脱离群众;一切从人民的利益出发,而不是从个人或小集团的利益出发;向人民负责和向党的领导机关负责的一致性;这就是我们的出发点。"确定了党和军队的宗旨"完全是为着解放人民的,是彻底地为人民的利益工作的"[3]。毛泽东在1957年3月《坚持艰苦奋斗,密切联系群众》一文中进一步指出:"共产党就是要奋斗,就是要全心全意为人民服务,不要半心半意或者三分之二的心三分之二的意为人民服务。"[4]"一个人能力有大小,但只要有这点精神,就是一个高尚的人,一个纯粹的人,一个有道德的人,一个脱离了低级趣味的人,一个有益于人民的人。"[5]毛泽东认为,党的宗旨就是全心全意为人民服务,他要求全党必须树立为人民服务的思想。他指出:"我们共产党人区别于其他任何政党的又一个显著标志,就是和最广大的人民群众取得最密切的联系。"[6]为使共产党员和领导干部正确处理与人民群众的关系,牢固地树立全心全意为人民服务的思想,他经常告诫党内外一切同志,无论职位高低,都是人民的勤务员,都

---

[1]《毛泽东选集》第3卷,人民出版社1991年版,第1004页。
[2]《毛泽东军事文集》第2卷,军事科学出版社、中央文献出版社1993年版,第730页。
[3] 转引自刘琍萍:《纪念毛泽东诞辰100周年,毛泽东伦理思想》,《理论与当代》2003年第2期。
[4]《毛泽东选集》第5卷,人民出版社1991年版,第420页。
[5]《毛泽东选集》第2卷,人民出版社1991年版,第660页。
[6]《毛泽东选集》第3卷,人民出版社1991年版,第1094—1095页。

是为人民服务的,要向人民负责。他指出:"我们的责任,是向人民负责。每句话,每个行动,每项政策,都要适合人民的利益"[1]。

(三)"全心全意为人民服务"是毛泽东道德哲学的核心和灵魂

"全心全意为人民服务"既是毛泽东对共产主义人生观和道德理想的精辟概括,也是毛泽东道德哲学的核心和灵魂[2],"是社会主义道德体系的核心"[3],是党和人民军队的根本宗旨。可以说,"在毛泽东伦理思想中,其道德原则和道德规范体系就是一个以全心全意为人民服务为核心的道德原则和规范体系"[4]。从毛泽东的《为人民服务》和《论联合政府》等论述"全心全意为人民服务"思想的论著中可以看出,毛泽东的伦理道德思想继承和发展了马克思主义经典作家阶级道德思想,发展和深化了恩格斯"无产阶级的道德要为无产阶级的阶级利益服务"[5]和列宁"为人类社会升到更高的水平,为人类社会摆脱劳动剥削服务的"[6]共产主义道德的思想,他从中国革命和社会主义建设事业出发,首先将"全心全意为人民服务"视为对共产党及其领导的革命力量提出的工作方针和革命要求,是为社会主义革命事业合理性和合法性的一种价值传导,并最终将"全心全意为人民服务"的思想升华体现为"无产阶级对人生的根本态度和无产阶级革命者应有的革命品格"[7]。

全心全意为人民服务既是中国共产党的宗旨,也是评价人们行为和品德的重要标准。全心全意为人民服务经历了一个"从政治伦理到道德规范"[8]的过程,为人民服务首先是中国共产党的根本宗旨,是规范共产党员和领导干部的基本要求,这体现了为人民服务的政治伦理性,毛泽东指出:"共产党人的一切言论行动,必须以合乎最广大人民群众的最大利益,为最广大人民群众所拥护为最高标准。"[9]另一方面,毛泽东把"全心全意为人民服务"具体化为"革命第一,工作第一,他人第一"[10],具体化为社会主义的责任伦理和工作伦理标准。这个标准,既是道德评价的标准,也是进行品德修养的标准。

---

[1]《毛泽东选集》第4卷,人民出版社1991年版,第1128页。
[2] 杨焕章、秦锡瑜、梅岱主编:《毛泽东哲学思想研究》,北京出版社1983年版,第409—410页。
[3] 刘建军:《"为人民服务"的命题史考察》,《马克思主义研究》2011年第7期。
[4] 杨义芹:《六十年来毛泽东伦理思想研究的回顾》,《齐鲁学刊》2010年第1期。
[5]《马克思恩格斯选集》第3卷,人民出版社1972年版,第134页。
[6]《列宁选集》第4卷,人民出版社1960年版,第355页。
[7] 魏俊章:《毛泽东道德哲学及其现实意义》,《北京社会科学》1994年第4期。
[8] 诸凤娟:《为人民服务:从政治伦理到道德规范》,《中国特色社会主义研究》2011年第4期。
[9]《毛泽东选集》第3卷,人民出版社1991年版,第1096页。
[10]《毛泽东书信选集》,人民出版社1983年版,第99页。

毛泽东提出的"为人民服务"的伦理思想,深刻地表明了无产阶级对人生价值的看法,深刻体现了人民群众的主人翁地位,把个人对社会的贡献和社会对个人的尊重高度统一起来,体现了广大人民的根本利益以及无产阶级的人生观和价值观;同时,在长期的革命和建设中,毛泽东同志也通过自己的实际行动践履了这一思想,实现了自己的人生价值,成为永远值得我们学习的榜样。

三、集体主义思想

集体主义道德原则是马克思主义创始人在总结工人运动的经验和批判地吸收前人伦理思想的基础上提出来的。[1]毛泽东在坚持马克思主义基本立场之上,对集体主义原则的基本要求有着一贯的论述和观点。在毛泽东的伦理思想中,集体主义与全心全意为人民服务的思想在本质上是完全一致的,它是全心全意为人民服务的思想在调整个人利益和集体利益、局部利益和全局利益、眼前利益和长远利益等相互关系方面的总的要求。毛泽东在1945年5月31日的《在中国共产党第七次全国代表大会上的结论》与1949年8月14日的《丢掉幻想,准备斗争》两文中,直接使用了集体主义概念。《在中国共产党第七次全国代表大会上的结论》一文中指出:"马克思讲的独立性和个性,也是有两种,有革命的独立性和个性,有反动的独立性和个性。而一致的行动,一致的意见,集体主义,就是党性。我们要使许多自觉的个性集中起来,对一定的问题、一定的事情采取一致的行动、一致的意见,有统一的意志,这是我们的党性所要求的。"[2]1949年,毛泽东在《丢掉幻想,准备斗争》一文中说:"美国白皮书和艾奇逊信件的发表是值得庆祝的,因为它给了中国怀有旧民主主义思想亦即民主个人主义思想,而对人民民主主义,或民主集体主义,或民主集中主义,或集体英雄主义,或国际主义的爱国主义,不赞成,或不甚赞成,不满,或有某些不满,甚至抱有反感,但是还有爱国心,并非国民党反动派的人们,浇了一瓢冷水,丢了他们的脸。特别是对那些相信美国什么都好,希望中国学美国的人们,浇了一瓢冷水。"[3]

关于集体主义的内涵,毛泽东主要阐述了以下三点思想:

(一)集体利益与个人利益的辩证统一

比较完整的对集体主义精神实质的表述是毛泽东于1956年所作的《论十

---

[1] 曹景田:《毛泽东对集体主义思想的贡献》,《社会科学辑刊》1993年第6期。
[2] 《毛泽东文集》第3卷,人民出版社1991年版,第417页。
[3] 《毛泽东选集》第4卷,人民出版社1991年版,第1488页。

大关系》和《读苏联〈政治经济学教科书〉的谈话》。在《论十大关系》中,毛泽东强调"必须兼顾国家、集体和个人三个方面",强调"军民兼顾"、"公私兼顾"。在《读苏联〈政治经济学教科书〉的谈话》中,毛泽东强调"个人利益服从集体利益,暂时利益服从长远利益,局部利益服从全局利益"。这两种表述相互补充,相辅相成,说明毛泽东的集体主义观是辩证的,它强调个人利益和集体利益的辩证统一,而认定其统一的基础是集体利益。在《读苏联〈政治经济学教科书〉的谈话》中,他甚至提出了这样的观点:"公是对私来说的,私是对公来说的。公和私是对立的统一,不能有公无私,也不能有私无公。我们历来讲公私兼顾,早就说过没有什么大公无私,又说过先公后私。"[1]他紧接着又讲,个人是集体的一分子,集体利益增加了,个人利益也随着改善了。毛泽东总是十分注意个人利益与集体利益的这种兼顾的相互关系,绝不是只顾一头而不顾另一头。在集体利益的基础上,统筹兼顾,相得益彰,这是毛泽东看待和处理个人利益与集体利益的关系,包括局部利益与整体利益、眼前利益与长远利益的关系的基本思路和基本方法。

(二) 集体主义与个人物质利益的有机统一

毛泽东的集体主义观并不排斥个人的物质利益。毛泽东肯定"革命的功利主义",他说任何一种东西,必须使人民群众得到真实的利益,才是好的东西;他讥讽董仲舒的"正其谊不谋其利,明其道不计其功"是"唯心的骗人的腐话之毒",我们不能饿着肚子去"正谊明道"。他指出:"提倡以集体利益和个人利益相结合的原则为一切言论行动的标准的社会主义精神,是使分散的小农经济逐步地过渡到大规模合作化经济的思想的和政治的保证。"[2]还说:"在分配问题上,我们必须兼顾国家利益、集体利益和个人利益,对于国家税收、合作社的积累、农民的个人收入这三方的关系,必须处理得当,经常注意调节其中的矛盾。"[3]毛泽东认为,经济建设和人民生活这两方面必须兼顾,必须平衡。一方面要搞好经济建设,另一方面又要量力而行,不能因搞经济建设而挤掉人民生活的改善,不能只注意建工厂,而不管职工吃的住的。不但制定长期计划要兼顾人民生活和经济建设,制定年度计划也要兼顾人民生活和经济建设。要做到生产、生活同时抓,两条腿走路,不搞片面性。[4]

(三) 集体主义和个性发展与解放的有机统一

毛泽东的集体主义观非常重视尊重人的个性发展与解放。毛泽东在

---

[1] 《毛泽东文集》第8卷,人民出版社1991年版,第134页。
[2] 《毛泽东文集》第6卷,人民出版社1991年版,第450页。
[3] 《建国以来毛泽东文稿》第五册,中央文献出版社1991年版,第755页。
[4] 刘保国:《无产阶级功利主义》,《重庆师院学报》2003年第2期。

1944年8月31日致秦邦宪的一封信中这样写道:"我在改文中加上了解放个性,这也是民主对封建革命必然包括的。有人说我们忽视或压制个性,这是不对的。被束缚的个性如不得解放,就没有民主主义,也没有社会主义。"〔1〕毛泽东在这里阐明了个性解放的重要意义。在《论联合政府》一文中,毛泽东指出:"中国工人阶级,自第一次世界大战以来,就开始以自觉的姿态,为中国的独立、解放而斗争。一九二一年,产生了它的先锋队——中国共产党,从此以后,使中国的解放斗争进入了新阶段。在北伐战争、土地革命战争和抗日战争三个时期中,中国工人阶级和中国共产党,对于中国人民的解放事业,作了极大的努力和极有价值的贡献。"〔2〕毛泽东在党的七大《结论》中指出了个性的本质:"独立性、个性、人格是一个意义的东西,这是财产所有权的产物。"〔3〕根据这一思想理路,毛泽东将解放区人民具有的个性特征与封建制度下的人民的人格特征进行了比较并指出,解放区人民之所以较之封建制度下的人民有充分的自由、独立性和个性的根本原因,就在于解放区建立了人民的武装和政权,而在封建制度下,人民丧失了财产所有权。关于个性与党性的关系,毛泽东指出,共产党是人民的一部分,人民有人格、自由,党就有人格、自由,人民没有人格、自由,党就没有人格、自由,"不能设想每个人不能发展,而社会有发展,同样不能设想我们党有党性,而每个党员没有个性,都是木头,一百二十万党员就是一百二十万块木头","不要使我们的党员成了纸糊泥塑的人,什么都是一样的,那就不好了"。〔4〕在这个思想基础上,毛泽东进一步提出了"两种个性"的思想。他指出:"马克思讲的独立性和个性,也是有两种,有革命的独立性和个性,有反动的独立性和个性。而一致的行动,一致的意见,集体主义,就是党性。我们要使许多自觉的个性集中起来,对一定的问题、一定的事情采取一致的行动、一致的意见,有统一的意志,这是我们的党性所要求的。"〔5〕毛泽东的"两种个性"的含义是创造性的个性和破坏性的个性。创造性的个性与党性是完全一致的、完全统一的;破坏性的个性是个人主义的,把个人利益放在第一位。

---

〔1〕 中共中央文献研究室编:《毛泽东书信选集》,人民出版社1983年版,第239页。
〔2〕 《毛泽东选集》第3卷,人民出版社1991年版,第1082页。
〔3〕 《毛泽东文集》第3卷,人民出版社1991年版,第415页。
〔4〕 《毛泽东文集》第3卷,人民出版社1991年版,第416页。
〔5〕 夏伟东:《从毛泽东是否使用过集体主义概念谈起——兼论五四以来中国革命道德传统中的集体主义概念》,《道德与文明》2000年第6期。

四、婚姻、家庭、妇女贞操、爱情伦理思想

家庭是人类生活的基本单位,是组成社会的细胞,承载着重要的社会功能。不管是在其早期文稿中,还是在转变为马克思主义者以后,毛泽东对恋爱、婚姻和家庭等道德问题上都有着积极而丰富的思想观点。总体说来,毛泽东倡导高尚自由的爱情观,运用历史唯物主义抨击了封建宗法制度和"以资本主义做基础的婚姻制度",倡导和建构社会主义婚姻、爱情和家庭观。

(一)毛泽东婚姻、爱情和家庭观形成的历史背景

19世纪末20世纪初的中国,父权仍然是封建专制的代表,而母亲和子女们在家庭中完全处于无权的地位。为彻底推翻封建主义,毛泽东为妇女"伸志"、"获求"而呼唤、而奋斗。

1919年7月14日毛泽东在《湘江评论》创刊号上发表《难道走路是男子专有的》《女子革命军》和其后的《民众大联合》等文章,表明毛泽东已开始关注妇女问题,把妇女问题同其他社会问题联系起来思考,孕育出他的妇女伦理观。1919年9月1日的《问题研究会章程》标志着他的妇女伦理观正式形成。1919年11月14日长沙赵五贞因反抗封建包办婚姻而自杀在接亲的花轿中,引起了毛泽东对妇女问题的高度关注。从11月16日至11月28日,毛泽东在《大公报》《女界钟》等刊物上连续发表10篇评论文章,较充分地反映了他的妇女伦理观,使他个人的妇女伦理观转化为社会的伦理观。1920年冬,毛泽东转变为马克思主义者以后,其妇女伦理观也发生了质的飞跃,成为其社会主义伦理思想体系中的一部分。

(二)早期婚姻、爱情和家庭观的主要内容

毛泽东早期妇女伦理观概括地讲就是要组成女子革命军,进而依靠民众的大联合,去进行社会革命、婚姻革命、家庭革命和自我革命,最终实现解放妇女自己之目的。

1. 爱情观

毛泽东在早年即已接受以"反对旧道德,倡导新道德"的新文化运动爱情婚姻观,他积极提倡个人自由,尤其是妇女的自由与解放,提倡青年从旧家庭、旧习俗、旧制度中解放出来,批判遵循儒家伦理和传统礼教的中国人没有独立人格。毛泽东曾经指出:"不仅只有生理的肉欲满足,尚有精神的及社交的高尚欲望满足。"[1]毛泽东认为,婚姻制度要改革,更确切地说就是用以恋

---

[1] 毛泽东:《恋爱问题——少年人与老年人》,《毛泽东早期文稿》,湖南出版社1990年版,第436页。

爱为中心的婚姻去取代"资本主义"(即以金钱为中心)的婚姻。毛泽东认为,子女"对于父母干涉自己的婚姻,应为绝对的拒绝。必要做到这点,然后资本主义的婚姻才可废止,恋爱中心主义的婚姻才可成立,真正得到恋爱幸福的夫妇才可出现"[1]。这一观点反映在道德上,首先就要求有男女恋爱和婚姻的意志自由,反对包办婚姻和买卖婚姻。

2. **女子的社会革命**

毛泽东在《难道走路是男子专有的》《女子革命军》《民众大联合》等文章中阐明了女子社会革命的主题。在《女子革命军》一文中,毛泽东坚决反对男女不平等。他指出,为什么女子的头和男子的头一样,女子的腰和男子的腰一样,而女子却要高髻长裙、穿耳、包脚呢?这都是因为男子对女子的统治,以学校、家庭为女子的牢狱,因此,毛泽东号召,组成女子革命军,起而废黜男权。在《民众大联合》一文中,强调了女子应该享有充分自由的思想。他写道:"诸君!我们是女子。我们更沉沦在苦海!我们都是人,为什么不许我们参政?我们都是人,为什么不许我们交际?我们一窟一窟的聚着,连大门都不能跨出。无耻的男子,无赖的男子,拿着我们做玩具,教我们对他长期卖淫,破坏恋爱自由的恶魔!破坏恋爱神圣的恶魔!整天对我们围着。什么'贞操'却限于我们女子!烈女祠遍天下,'贞童庙'又在那里?我们中有些一窟的聚在女子学校,教我们的又是一些无耻无赖的男子,整天说什么'贤母良妻',无非是教我们长期卖淫专一卖淫,怕我们不受约束,更好好的加以教练。苦!苦!自由之神你在那里!快救我们!我们于今醒了!我们要进行我们女子的联合!要扫荡一般强奸我们破坏我们身体精神的自由的恶魔。"[2]由此可见,毛泽东对封建礼教对妇女的残害持有强烈的反对态度,具有旗帜鲜明的男女平等的思想主张。

1919年10月23日,毛泽东在《北京大学月刊》第467号上发表了《问题研究会章程》,毛泽东在所列出的17个问题中把女子问题作为仅次于教育问题的第二个问题进行全面思考,而女子问题也和教育问题一样列出了17个小问题:女子参政问题,女子教育问题,女子职业问题,女子交际问题,女子贞操问题,恋爱自由及恋爱神圣问题,男女同校问题,女子修饰问题,家庭教育问题,姑媳同居问题,废娼问题,废妾问题,放足问题,公共育儿院设置问题,公共蒙养院设置问题,私生儿待遇问题,避孕问题。此外他还在劳动问题中提

---

[1] 毛泽东:《恋爱问题——少年人与老年人》,《毛泽东早期文稿》,湖南出版社1990年版,第437页。
[2] 《毛泽东早期文稿》,湖南出版社1990年版,第375页。

出了"男女工值平等问题"[1]。这17个问题的全面提出,标志着毛泽东妇女伦理思想的形成,也可以看作一部中国妇女解放的实施大纲,这些问题的解决,成为毛泽东终生的追求。

3. 婚姻革命

毛泽东认为:"父母之命,媒妁之言"的封建婚姻制度是要不得的。他在《婚姻问题告男女青年》一文中指出:"全中国的青年男女诸君!你们都不是些聋子瞎子,眼见着这么一件'血洒长沙城'的惨事,就应该惊心动魄,有一个彻底的觉悟。你们自己的婚姻,应当由你们自己去办。父母代办政策,应该绝对否认。恋爱是神圣的,是绝对不能代办,不能威迫,不能利诱的!我们不要辜负了他,不要使他白白送了一条性命。"

毛泽东认为,封建婚姻制度的废除,首先要废止媒人制度,因为媒人只务"拉拢",又"白屁"喧天,结果造成"驴唇不对马嘴"的婚姻,几乎塞满了中国社会;其次要破除婚姻上的迷信,即破除"婚姻命定说",以及与此相关的"合八字"、"订庚"、"择告"、"发轿"、"迎喜神"、"拜堂"等配套措施;再次,要建立新型婚姻制度,毛泽东指出:"新式婚姻的成立,便只要男女两下的心知,到了交厚情深,尽可自由配合。倘要明白表示,令亲友皆知,最好在报上登一启事,说明我们俩愿做夫妻,婚姻是某月某日就算完事。不然,便到官厅注册,乡间则在自治局里报名,亦尽够了。"[2]

4. 家庭革命

毛泽东认为:"盖我国因数千年不正当的礼教习俗,女子在任何方面,都无位置。从政治、法律、教育,以至职业、交际、娱乐、名分,一概和男子分开做两样,退处于社会的暗陬。于不得幸福之外,还领受着许多不人道的虐待。"[3]毛泽东改变这一现状的方法是:女子走出家庭,走向社会,实现家庭革命。

毛泽东认为,要达到此目的必须具备两个基本条件:人格的独立和经济的独立。在《赵女士的人格问题》一文中,毛泽东指出:赵女士没有人格,因为中国有家庭制度、婚姻制度完全不允许赵女士有人格。但因为赵女士的自杀,不自由毋宁死的精神,使赵女士的人格随之涌现出来,愿率天下之人齐声高呼:"赵女士万岁!"[4]在《女子自立问题》一文中,毛泽东指出:男女的关系,依现代主张,应以"恋爱"为中心,恋爱以外,不能被支配于"经济"。所以

---

[1]《毛泽东早期文稿》,湖南出版社1990年版,第397页。
[2]《毛泽东早期文稿》,湖南出版社1990年版,第441页。
[3]《毛泽东早期文稿》,湖南出版社1990年版,第421页。
[4]《毛泽东早期文稿》,湖南出版社1990年版,第417页。

现代的主张是,"经济各自独立,恋爱的儿公共"。上古之世"食物"充足,男子有求于女子,女子制服了男子,后来食物不足,女子因生理原因,竞争不过男子,男子就因区区经济小惠,来压制女子了。因此,毛泽东认为,使女子独立不再受男子压迫的方法有三条:"(一)女子在身体未长成时候绝对不要结婚。(二)女子在结婚以前,需准备够自己生活的知识和技能,以此为最小单位。(三)女子在结婚以前,需预备够足自己生产后的生活费。上列三条,乃女子个人自立的基本条件。此外尚有'儿童公育'一个条件,为社会方面应大注意者。"[1]

五、无产阶级革命功利主义思想

人道主义和功利主义作为伦理学关注的重要内容,毛泽东在他的许多著述中,不但对资产阶级的人道主义和功利主义进行了分析与批判,深刻地揭示了资产阶级人道主义和功利主义的阶级实质,而且还以唯物史观为指导,明确地提出了"革命的人道主义"和"革命的功利主义"思想。

1942年5月《在延安文艺座谈会上的讲话》中,毛泽东正式提出"无产阶级的革命的功利主义"这一思想,它是毛泽东将马克思、恩格斯的无产阶级功利主义思想与中国新民主主义革命、社会主义革命和社会主义建设具体实践相结合的产物,是毛泽东思想的重要组成部分。

(一)无产阶级革命功利主义的内涵

1. 利是义的基础

五四运动以后,毛泽东开始接受马克思列宁主义,逐步学习运用马克思主义来分析问题。毛泽东在《〈湘江评论〉创刊宣言》中大声疾呼:"世界什么问题最大?吃饭问题最大。"在《吃饭问题》一文中说:"我看人要吃饭,也无法止住。""无法止住,所以成了二十世纪劈头的第一个大问题。"[2]这表明,毛泽东此时已经洞悉了中国革命的根本原因就在于大多数民众吃不饱或没饭吃,而要解决这问题当然不能依靠少数丰衣足食的剥削阶级,而要依靠利益一致的广大民众的联合斗争。依靠广大民众的联合奋斗来解决全中国的吃饭问题,来实现救国救民的大事业。抗日战争时期,他针对一些人轻视经济工作的错误观点说:董仲舒们所谓"正其谊不谋其利,明其道不计其功",完全是唯心主义骗人的腐话,"我们不是处在'学也,禄在其中'的时代,我们不能饿着肚子去'正谊明道',我们必须弄饭吃,我们必须注意经济工作,离开经济

---

[1]《毛泽东早期文稿》,湖南出版社1990年版,第423页。
[2] 毛泽东:《吃饭问题》,《每周评论》1919年8月,第25号。

工作而谈教育或学习,不过是多余的空话"[1]。毛泽东认为,不能抛开物质利益而只作空洞的道德说教,而是要给人民群众带来实际的利益,满足人民群众的需要。毛泽东认为,第一位的工作是增加人民的物质福利,使人民群众丰衣足食、吃饱穿暖。他提出的全心全意为人民服务的道德原则,归根到底也是为人民谋福利。毛泽东强调,只有进行大规模的经济建设和文化建设,才能扫除旧中国留下来的贫困和愚昧,逐步改善人民的物质生活和提高人民的文化生活。抗日战争时期,毛泽东指出:"中国一切政党的政策及其实践在中国人民中所表现的作用的好坏、大小,归根到底,看它对于中国人民的生产力的发展是否有帮助及其帮助大小,看它是束缚生产力的,还是解放生产力的。"[2]1956年1月,在最高国务会议上,毛泽东更明确地指出:"社会主义革命的目的是为了解放生产力。"[3]之后,他反复强调,我们的根本任务已经由解放生产力变为在新的生产关系下保护和发展生产力,使"生产力以旧社会所没有的速度迅速发展,因而生产不断扩大,因而使人民不断增长的需要能够逐步得到满足"[4]。可见,毛泽东的革命功利主义是以经济为基础的。

2. 义是利的保证

毛泽东反对空洞虚假的道德说教,坚决主张伦理道德必须服从于和服务于"人类全体的幸福",道德的善就表现在为人民谋利益。他主张,一切为群众的工作都要从群众的需要出发,而不是从任务良好的个人愿望出发。只有从人民的利益出发,从无产阶级的阶级利益出发,才能真正理解和把握马克思主义的道德观。如果死抱住某种现成的教条,或从某种主观的观念出发,而忘却了人民的利益,忘却了无产阶级的阶级利益,那就根本无马克思主义的道德观可言。因此,社会主义社会要有物质鼓励,同时还要有精神鼓励,要重视思想政治工作,通过思想道德教育在人民群众中培养高尚的思想情操和道德品质,以推动革命和建设事业的发展。在革命战争年代,他号召向白求恩和张思德学习;在社会主义时期,他又提倡"穷棒子"精神、铁人精神和雷锋精神。毛泽东坚持把人民的利益作为判定经济建设和文化建设的道德标准。毛泽东论及科学技术时指出:"自然科学是很好的东西,它能解决衣、食、住、行等生活问题,所以每个人都要赞成它,每一个人都要研究自然科学",否则

---

[1]《毛泽东著作选读》下册,人民出版社1986年版,第565—566页。
[2]《毛泽东选集》第3卷,人民出版社1997年版,第1079页。
[3]《毛泽东原著选读》下册,人民出版社1986年版,第717页。
[4]《毛泽东原著选读》下册,人民出版社1986年版,第767页。

"就不算一个最好的革命者"。[1]毛泽东还指出："代表先进阶级的正确思想,一旦被群众掌握,就会变成改造社会、改造世界的物质力量。"[2]思想工作和道德教育能充分调动人的能动作用,保证工作取得胜利。它是围绕经济工作和其他一切工作来做的,是为其他一切工作服务并保证它们取得胜利的。这些都清楚地表明,毛泽东始终把人民的利益视为一切工作所追求的道德价值目标。

3. 国家利益、长远利益基础上的义与利的有机结合

毛泽东反复强调集体利益与个人利益的一致性,竭力主张把集体利益与个人利益结合起来。他指出："我们必须兼顾国家利益、集体利益和个人利益","经常注意调节其中的矛盾"。[3]国家和工厂,国家和工人,工厂和工人,国家合作社,国家和农民,合作社和农民,都必须兼顾,不能只顾一头。他还强调,我们历来提倡艰苦奋斗,反对把个人物质利益看得高于一切,同时我们也历来提倡关心群众生活,反对不关心群众痛痒的官僚主义。在长期的革命和建设实践当中,毛泽东一方面十分重视经济建设,并以此为革命战争和社会主义事业奠定物质基础,满足人民群众日益增长的物质文化生活需要。在发展经济的过程中,鉴于苏联片面注重重工业,忽视农业和轻工业,因而市场上货物不够,人民生活改善不够,老百姓物质利益满足不够的教训,他指出："老百姓拥护共产党,是因为我们代表了民族和人民的要求。但是如果我们不能解决经济问题,如果我们不能建设新式工业,如果我们不能发展生产力,老百姓一定不拥护我们。"[4]毛泽东提出："要适当地调整重工业和农业、轻工业的投资比例,更多地发展农业、轻工业。"农业、轻工业发展了,"一可以更好地供给人民生活的需要,二可以更快地增加资金的积累"[5]。另一方面他又指出："以集体利益和个人利益相结合的原则为一切行动的标准。"[6]

义与利有机结合的基础是国家利益、长远利益的优先性。毛泽东认为,长远利益更为根本,更显重要,必须把长远利益放在首位,做到两者兼顾。他在《抗美援朝的伟大胜利和今后的任务》一文中说："所谓仁政有两种:一种是为人民的当前利益,另一种是为人民的长远利益……前一种是小仁政,后一种是大仁政。两者必须兼顾,不兼顾是错误的。那么重点放在什么地方呢?

---

[1] 毛泽东:《在边区自然科学研究会成立大会上的讲话》,《党的文献》1989年第4期。
[2] 《毛泽东著作选读》下册,人民出版社1986年版,第839页。
[3] 《毛泽东选集》第5卷,人民出版社1997年版,第380、275页。
[4] 李先念:《努力学好经济工作》,《人民日报》1952年7月4日。
[5] 《毛泽东著作选读》(下册),人民出版社1986年版,第722页。
[6] 《建国以来毛泽东文稿》第5册,中央文献出版社1991年版,第497页。

重点应当放在大仁政上。"[1]在强调个人利益的合理性的同时,强调国家利益、集体利益的至上性,坚持个人利益对国家利益的服从性。当然,这个集体是一个"占全人口百分之九十以上的最广大群众"的真实集体。

(二)革命功利主义的阶级性本质

毛泽东强调指出:"世界上没有什么超功利主义,在阶级社会里,不是这一阶级的功利主义,就是那一阶级的功利主义"[2]正是在这一意义上,毛泽东把马克思主义道德观概括为"无产阶级的革命功利主义"。

五四运动以后,毛泽东开始接受马克思列宁主义,逐步学习运用马克思主义来分析问题。他指出,之所以要依靠民众救国,是"因为一国的民众,总比一国的贵族资本家及其强权者更多"。而民众的利益与强权者的利益是相反的,"我们种田人的利益,只有我们种田人自己去求,别人不种田的,他和我们利益不同,决不会帮助我们去求"[3]。毛泽东在1920年11月25日的一封信中指出:"世界主义,愿自己好,也愿别人好,质言之,即愿大家好的主义。殖民政策,只愿自己好,不愿别人好,质言之,即损人利己的政策。"[4]在另一封信中又说:"世界主义,就是四海同胞主义,就是愿意自己好也愿意别人好的主义,也就是所谓的社会主义。"[5]与此同时,毛泽东更深刻地意识到,由于工人、农民与专制统治阶级在政治、经济上存在着根本的利害冲突,因而在道德上也存在着根本的分歧。他揭露说:"官僚政客武人,有私欲、无功利,有专横、无诚意,有卖国、无爱国,有害人、无利人,有阶级、无平等,八九年来之脊脊大敌,都是此辈干来的营私勾当。腐败绝顶的北京政府,娼妓生涯的安福党徒,盘踞国中,甘心为恶。"[6]在这里,毛泽东把工人农民的阶级利益理解为"人类全体的幸福",并力图从工人农民的阶级利益出发来理解社会道德关系。毛泽东《在延安文艺座谈会上的讲话》中说:"我们是无产阶级的革命的功利主义者,我们是以占全人口百分之九十以上的最广大群众的目前利益和将来利益的统一为出发点的,所以,我们是以最广和最远为目标的革命的功利主义者,而不是只看到局部和目前的狭隘的功利主义者。"[7]在这里,毛泽东运用阶级分析的方法揭示了无产阶级功利主义的阶级本质。

[1]《毛泽东选集》第5卷,人民出版社1997年版,第105页。
[2]《毛泽东选集》第3卷,人民出版社1991年版,第864页。
[3]《民众的大联合》,《湘江评论》第2号,1919年7月21日。
[4]《新民学会资料》,人民出版社1980年版,第111页。
[5]《新民学会资料》,人民出版社1980年版,第146页。
[6]《新民学会资料》,人民出版社1980年版,第136页。
[7]《毛泽东选集》第3卷,人民出版社1991年版,第864页。

毛泽东的无产阶级革命功利主义伦理观,在革命和建设中形成了空前强大的道德感召力,并成为中国人民根本的道德支撑。但由于"左"倾路线的干扰,毛泽东的集体功利主义伦理观曾经被歪曲为空洞的道德说教,以致在人民群众中丧失了其应有的号召力。党的十一届三中全会以来,人民群众从改革开放的实践中重新认识到自己的利益,进而重新认识到了社会主义事业的道德价值,人们在利益和道德的统一中重新认识到毛泽东功利主义伦理观的时代意义。

六、爱国主义思想

爱国主义既是一个重要的政治原则,也是共产主义道德的一个重要规范。毛泽东指出,爱国主义是具体的、历史的、有阶级性的。"从道德思想内容涉及的范围看,毛泽东的道德观是爱国主义与国际主义的统一。"[1]毛泽东指出:"国际主义者的共产党员,是否可以同时又是一个爱国主义者呢?我们认为不但是可以的,而且是应该的。"[2]

毛泽东的学生时代,中国社会的主要矛盾是中国人民与帝国主义及其走狗封建主义的矛盾,帝国主义列强勾结中国封建主义把灾难深重的中国推向更加严重的危亡关头,中国人民与帝国主义走狗封建势力之间的爱国主义与卖国主义的斗争异常尖锐。热烈追求进步的青年毛泽东,在这种关系国家和民族根本利益的尖锐矛盾中,坚定地和最广大的人民群众站在一起,毛泽东回忆他在长沙一师学习时的思想情况时说:那时,"我反对军阀和反对帝国主义是明确无疑的"[3]。表明了他对自己祖国的最深厚的感情——爱国主义精神。主要表现为以下几个方面:

(一)五四前毛泽东的爱国主义伦理思想

1. 深切关心祖国的前途和命运,以天下为己任

毛泽东曾经在十五六岁时读过《列强瓜分之危险》一书,本书作者通过大量具体事例,揭露和分析了帝国主义列强称霸世界的野心和策略,叙述了印度、安南等国亡国以后的痛苦,说明亡国之祸迫在眉睫。这在少年毛泽东的心里留下了不可磨灭的印象,20多年后,他还清楚地记得此书开头的一句话:"呜呼,中国将其亡矣!"他为祖国的前途和命运深深忧虑着。他在湘乡县东山高等小学学堂读书时所作的《言志》《救国图存篇》中认为,国家兴亡,匹夫

---

[1] 白永泉:《浅谈毛泽东道德观的特点》,《道德与文明》1993年第3期。
[2] 《毛泽东选集》第2卷,人民出版社1991年版,第520页。
[3] [美]埃德加·斯诺:《西行漫记》,董乐山译,三联出版社1979年版,第125页。

有责;救国是每个公民的天职,他呼吁青年树立挽救民族危亡、振兴国家的远大志向。他指出:"我们应该讲求富国强兵之道,才不致蹈安南、朝鲜、印度的覆辙。"[1]"每个公民都应该努力"担负起救国救民的责任。他还给自己取名为"子任",借以表达救国救民的宏大抱负和坚强决心。毛泽东在长沙求学期间,袁世凯接受日本"二十一条",激起全国人民的极大愤慨,他当即在一本揭露日本侵略和袁世凯卖国罪行、题为《明耻篇》的小册子的封面上写道:"五月七日,民国奇耻,何以报仇,在我学子!"表达了爱国青年欲把洗雪中华民族奇耻大辱的历史重任担当起来,与帝国主义、封建主义血战到底的决心和气概。1916年,日本和沙俄达成协议,相互承认在中国东北的特权。毛泽东在给一位朋友的信中,戳穿了日本与沙俄的侵略野心,他指出:"日本诚我国劲敌","无论何人执政,其对我政策不易",预言"二十年内,非一战不足以图存",提出在此严重情形之下,"吾无他事可做,欲完自身以保子孙,只有磨砺以待日本"。[2]深厚的爱国之情充溢于字里行间。

毛泽东学生时期的爱国思想是与爱人民的深厚感情密切联系在一起并以此为基础的。当他读到《论语》中"子贡曰:'贫而无谄,富而无骄,可乎?'子曰:'可也。未若贫而乐,富而好礼者也!'"他提出"贫苦人怎么能快乐?财主老倌又怎么会对穷人讲究礼貌"的怀疑,并嘲笑这是大圣人的大蠢话。当父亲让他去湘潭裕盛米店当学徒时,他明确表示:"我宁愿作一世的作田汉子,也不学什么米店生意。穷人拿了几个血汗钱,到米店来买三、五升米,老板还要克扣斤两,大斗收进,小斗量出,有时还要泼水掺泥,这种昧良心的真本事,我死也不学。"[3]这种同情人民的自发阶级觉悟,正是其爱国主义思想的起点和基础。

2. 孜孜不倦、一往无前地探求救国救民的真理

毛泽东在离开东山小学去长沙求学之前,向表兄抄送了如下诗句:"孩儿立志出乡关,学不成名誓不还。埋骨何须桑梓地,人生无处不青山。"以身许国的豪情跃然纸上。

毛泽东从对哲学、伦理学的潜心研究中,深深感到,要改造"积弊甚深,思想太旧"的落后中国为进步的中国,"宜有大气量人,从哲学、伦理学入手,改造哲学、改造伦理学,根本改变全国之思想"。"以大本大源为号召,天下之心其有不动者乎?天下之心皆动,天下之事有不能为者乎?"[4]尽管此时毛泽

---

[1] 肖三:《毛泽东同志的青少年时代和初期革命活动》,中国青年出版社1980年版,第26页。
[2] 吴直雄:《楹联巨匠毛泽东》,广东人民出版社2003年版,第457页。
[3] 王以平:《毛泽东求学的故事》,湖南人民出版社1979年版,第42页。
[4] 中共中央文献研究室:《毛泽东早期文稿》,湖南出版社1990年版,第86页。

东的伦理观还是建立在唯心论的基础上,但这一思想表达了他对救亡图存、振兴国家所做的认真严肃的思考。

在《〈伦理学原理〉批语》中,青年毛泽东从辩证法的高度,指出中国是完全有希望振兴的,任何悲观的论调都是没有根据的。如何振兴国家呢?他说:"吾意必须再造之,使其如物质由毁而成,如孩儿之从母腹胎生也。国家如此,民族亦然。"他还指出,在历史上,各国家各民族之所以能够"时时涤旧,染而新之",皆由于"起各种之大革命"。

在《论人民民主专政》一文中,毛泽东指出:从鸦片战争到中国共产党出世以前,以洪秀全、康有为、严复、孙中山为代表的先进的中国人,经过千辛万苦,向西方国家寻找真理。但是,多次奋斗都失败了,"国家的情况一天一天坏,环境迫使人们活不下去。怀疑产生了,增长了,发展了"。"十月革命一声炮响,给我们送来了马克思主义。十月革命帮助了全世界的也帮助了中国的先进分子,用无产阶级的宇宙观作为观察国家命运的工具,重新考虑自己的问题。走俄国人的路——这就是结论。"[1]毛泽东对中国近现代屈辱史的梳理,充分表达了他对救国真理孜孜以求的爱国主义热情。

3. 为救国救民进行的最初准备

毛泽东并未将救国救民的口号仅仅停留在口头上,而是进一步采取了切实的行动。

(1) 建立新民学会。

1915年秋,毛泽东在长沙各学校散发了一则署名"二十八画生"的"征友启事","邀请有志于爱国工作的青年"和他联系,"指明要结交能刻苦耐劳、意志坚定、随时准备为国捐躯的青年"。[2]毛泽东与蔡和森等长沙学校毕业或肄业的十几位同学,通过对"个人及全人类的生活向上"等问题进行的上百次讨论,得到一种结论,就是"集合同志,创造新环境,为共同的活动",遂提出建立一个组织的意见,并于1918年4月正式成立了以"革新学术,砥砺品行要改造,学问要进步,因此求友互助之心热切到十分。——这实在是学会发起的第一个根本原因。又这时候国内的新思想和新文学已经发起了,旧思想、旧伦理和旧文学,在诸人眼中,已经一扫而空,顿觉静的生活与孤独的生活之非,一个翻转而为动的生活与团体的生活之追求——这也是学会发起的一个原因。还有一个原因,则诸人大都是杨怀中先生的学生,与闻杨怀中先生的绪

---

[1] 转引刘广东:《毛泽东伦理思想简论》,山东人民出版社1987年版,第46页。
[2] [美]埃德加·斯诺:《西行漫记》,董乐山译,三联出版社1979年版,第122页。

论,作成一种奋斗的和向上的人生观,新民学会乃从此产生了"[1]。新民学会把长沙一批进步的爱国青年团结在它的周围,成为一个有力的核心,为以后领导五四爱国运动在湖南的斗争和"驱张运动",为中国共产党在湖南的建立和发展,奠定了组织基础。它的许多成员后来成为中国共产党的领导者。

(2) 倡议主办工人夜学。

据1918年《一师校志》记载,毛泽东自1915年起到1918年毕业止,每学期都在该校校友会担任重要工作。他在担任校友会总务兼教育研究部部长期间,积极倡议主办工人夜校,并组织同学深入工厂张贴、散发和口头宣传用通俗白话文写的《夜学招生广告》。他指出,主办工人夜学的理由有四:① 依据国家现状,社会中坚力量实为大多数失学的国民即工人和农民;② 欧美的社会普及教育很有成效,我国国民虽然境遇不同,但人人应有受教育的机会;③ 夜学可作为三、四年级学生实习的场所;④ 可借以打破社会与学校鸿沟分明、相隔相疑的局面。他还亲自到工人夜学讲授历史课。在青年毛泽东看来,办工人夜学,不仅是为了使工人学到文化知识,沟通学校与社会的联系,更重要的是唤起广大民众的爱国心,使社会的中坚力量在救国斗争中发挥更大的作用。[2]

(3) 体育为人民。

学生时期的毛泽东认为,要承担起救国救民、改造社会的历史责任,既要有丰富的学识,掌握革命的真理还要有强健的体魄。他指出,一个人如果身体不好,学问和道德的进修都有困难;不把身体锻炼结实,就不配谈救国、谈革命。为适应未来革命道路上艰苦环境的考验,他不仅自己进行多种形式的锻炼,还广泛发动和组织同学开展行之有效的体育活动。[3]毛泽东曾回忆说:那时"我们也热心于体育锻炼。在寒假当中,我们徒步穿野越林,爬山绕城,渡江过河。遇见下雨,我们就脱掉衬衣让雨淋,说这是雨浴。烈日当空,我们也脱掉衬衣,说是日光浴。春风吹来的时候,我们高歌叫嚷,说这是叫做'风浴'的体育新项目。在已经下霜的日子,我们就露天睡觉,甚至到十一月份,我们还在寒冷的河水里游泳。这一切都是在'体格锻炼'的名义下进行的。这对于增强我的体格大概很有帮助,我后来在华南多次往返行军中,从江西到西北的长征中,特别需要这样的体格"[4]。青年时期的毛泽东把救国救民作为自己参加体育锻炼的动力,并以此带动和组织别人,从这里可以清

---

[1]《新民学会资料》,人民出版社1980年版,第2页。
[2] 刘广东:《毛泽东伦理思想简论》,山东人民出版社1987年版,第53页。
[3] 刘广东:《毛泽东伦理思想简论》,山东人民出版社1987年版,第53页。
[4] [美]埃德加·斯诺:《西行漫记》,董乐山译,三联出版社1979年版,第123—124页。

楚地看到,毛泽东学生时期刻苦锻炼的目的包含着深刻的爱国主义思想,"体育为人民"的思想实际已经在他的头脑里诞生了。当时毛泽东写的《体育之研究》一文开宗明义:"国力苶弱,武风不振,民族之体质日趋轻细,此甚可忧之现象也。"文章紧接着写道:"体不坚实,则见兵而畏之,何有于命中,何有于致远?"[1]毛泽东将民族体质水平与国家命运相联系,体现了他深刻的忧国忧民的爱国主义情怀。

(二)五四运动后毛泽东的爱国主义伦理思想

毛泽东在五四运动中接受了马克思主义的熏陶,他开始认识到,中华民族的解放事业必须走苏俄道路,在《民众的大联合》一文中,毛泽东指出:"俄罗斯打倒贵族、驱逐富人,劳农两界合立了委办政府,红旗军东驰西突,扫荡了多少敌人!全世界为之震动,匈牙利崛起,布达佩斯又出现了崭新的劳农政府。德人、奥人、捷克人和之,出死力以与其国内的敌党搏战。怒涛西起,转而东行,英、法、意、美既演出了多少的大罢工,印度、朝鲜又起了若干的大革命。"[2]他进一步指出:"盖自俄国政府改变之后,社会主义渐渐输入远东,虽派别甚多,而潮流则不可遏止。"[3]他预言:"他日中华民族的改革,将较任何民族为彻底;中华民族的社会,将较任何民族为光明;中华民族的大联合,将较任何地域任何民族而先告成功。"[4]从毛泽东对俄国十月革命的热情讴歌和对中华民族未来的期盼,我们不难体味他的一片赤诚的爱国之心。

接受了五四运动的洗礼和马克思主义熏陶的毛泽东,对人民的历史地位和伟大力量有了新的见解,他开始意识到人民群众在历史中的地位:"天下者我们的天下,国家者我们的国家,社会者我们的社会。"[5]就是说,毛泽东开始认识到,人民群众才是历史的真正主人。他又说:"什么力量最强?民众联合的力量最强。"[6]"因为一国的民众,总比一国的贵族资本家及其他强权者更多。"[7]这表明,毛泽东已经认识到,人民群众的力量是无比巨大的,因此,毛泽东主张,中国革命事业的胜利必须依靠人民大众的力量联合,包括:"铁路工人的联合,矿工的联合,电报司员的联合,电话司员的联合,造船业工人的联合……"[8]这一思想在中国爱国主义思想史上是一巨大进步。

[1] "二十八画生"(毛泽东):《体育之研究》,《新青年》第3卷第2号(1917年4月)。
[2] 刘广东:《毛泽东伦理思想简论》,山东人民出版社1987年版,第129页。
[3] 毛泽东:《健学会之成立及进行》,《毛泽东早期文稿》,湖南出版社1995年版,第365页。
[4] 毛泽东:《民众的大联合》,《毛泽东早期文稿》,湖南出版社1995年版,第393—394页。
[5] 毛泽东:《民众的大联合》,《毛泽东早期文稿》,湖南出版社1995年版,第393—394页。
[6] 《〈湘江评论〉创刊宣言》,《毛泽东早期文稿》,湖南出版社1990年版,第292页。
[7] 毛泽东:《民众的大联合》,《毛泽东早期文稿》,湖南出版社1995年版,第393—394页。
[8] 毛泽东:《民众的大联合》,《毛泽东早期文稿》,湖南出版社1995年版,第393—394页。

七、道德的阶级性、继承性

（一）道德的阶级性

毛泽东在《新民主主义论》中指出："在阶级存在的条件之下，有多少阶级就有多少主义，甚至一个阶级的各集团中还各有各的主义。现在封建阶级有封建主义，资产阶级有资本主义，佛教徒有佛教主义，基督徒有基督主义，农民有多神主义，近年还有人提倡什么基马尔主义，法西斯主义，唯生主义，'按劳分配主义'，为什么无产阶级不可以有一个共产主义呢？"[1]他认为，不同的阶级应该有不同的道德观。毛泽东在1930年《寻乌调查》中说，旧中国的经济政治状况所决定的"旧的社会关系，就是人吃人关系"！[2]地主阶级在这种关系中所处的地位决定了它的道德是假仁假义的伪善道德。他在《为什么要讨论白皮书》中指出：帝国主义者为了侵略，尽管每天都在做反革命的事业，但是在嘴上，在官方的文书上，却总是满篇的仁义道德，或者多少带点仁义道德，从来不说实话，这就是他们的道德。毛泽东还指出，工人阶级的道德，也是由他们在社会关系中所处的地位决定的。他在1925年发表的《中国社会各阶级的分析》中说：工人阶级之所以具有最进步、最革命的崇高道德品质，第一个原因是集中，第二个原因是经济地位低下，他们失去了生产手段，受着帝国主义、军阀、资产阶级的极端残酷的待遇。延安时期，他针对文艺界有些同志在人性问题上的混乱认识，以"爱"为例论述说，爱是观念的东西，是客观实践的产物。我们根本上不是从观念出发，而是从客观实践出发。由于人们在客观实践中所处的地位不同，所由产生的"爱"也就有不同的内容和性质。自从人类分化为不同的阶级以后，就没有过统一的所谓"人类之爱"，尽管过去的一切统治阶级和许多所谓圣人贤人都喜欢提倡这个东西，但是无论谁都没有真正实行过，因为在阶级社会里是不可能实行的。只有在全世界消灭了阶级之后，才会有真正的人类之爱。在阶级社会里，宣扬超社会、超阶级的道德，如同宣扬超社会、超阶级的"人类之爱"一样，不仅是脱离现实的，而且是骗人的。

（二）道德的继承性

1. 什么样的道德可以继承

阶级社会的道德具有鲜明的阶级性，那么，应该如何理解道德的继承性呢？毛泽东指出，中华民族有数千年的文明史，中华民族创造了灿烂的古代

---

[1]《毛泽东选集》第2卷，人民出版社1991年版，第687页。
[2] 中共中央文献研究室编：《毛泽东农村调查文集》，人民出版社1982年版，第153页。

文化,遗留下许多瑰宝,从孔夫子到孙中山,我们应当给以总结,继承这一份珍贵的遗产。他还指出,我们不仅要批判继承中国古代文化遗产,还应当大量吸收外国进步文化,作为自己文化食粮的原料。这种外国进步文化,涵盖了古今中西,既有社会主义文化和新民主主义文化,"还有外国的古代文化,例如各资本主义国家启蒙时代的文化,凡属我们今天用得着的东西,都应该吸收"[1]。他认为,这既是我们为了共产主义事业的利益而必须完成的重要学习任务,也是对历史的尊重,因为"中国现时的新政治新经济是从古代的旧政治旧经济发展而来的,中国现时的新文化也是从古代的旧文化发展而来,因此,我们必须尊重自己的历史,决不能割断历史"[2]。排斥和拒绝吸收进步的道德遗产,是违背历史规律的,我们决不能采取历史虚无主义的态度。当然,对进步道德遗产的借鉴和批判继承,只是发展无产阶级道德的"流",而不是"源",它的真正源泉是无产阶级无比丰富、不断发展的社会实践。所以,继承和借鉴决不可以替代自己的新的创造,这是决不能代替的。

2. 为何可以继承

为什么无产阶级可以继承剥削阶级的道德遗产呢?毛泽东从理论上给予了科学解答。

首先,毛泽东对剥削阶级的历史发展作了科学论述。他指出:"历史上的奴隶主阶级、封建地主阶级和资产阶级,在它们取得统治权力以前和取得统治权力以后的一段时间内,它们是生气勃勃的,是革命者,是先进者,是真老虎。在随后的一段时间,由于它们的对立面,奴隶阶级、农民阶级和无产阶级,逐步壮大,并同它们进行斗争,越来越厉害,它们就逐步向反面转化,化为反动派,化为落后的人们。"[3]就是说处于上升时期的剥削阶级具有一定的历史进步性,是先进生产力和生产关系的代表,与人民有着一定的"共同利益",这种"共同利益"反映在它的道德观上,当然也就带有一定的历史进步性,有些成分具有可供无产阶级批判继承的价值。其次,毛泽东对剥削阶级的构成进行了再分析,指出,每一剥削阶级并不是由政治、经济地位完全相同的分子构成的,而是分层次的,其内部有不同的阶层、不同的政治集团和政治派别。他在《新民主主义论》中,将孙中山先生的三民主义与共产主义作比较,指出二者有不同的部分,也有相同的部分。这相同的部分,不仅指政治上,也包括道德上的共同之处。再次,毛泽东还根据对处在特定历史条件下

---

[1]《毛泽东选集》第2卷,人民出版社1991年版,第700页。
[2]《毛泽东选集》第2卷,人民出版社1991年版,第701页。
[3]《毛泽东选集》第4卷,人民出版社1991年版,第1190页题解。

的剥削阶级进行的考察,指出,在民族侵略和民族压迫发生时,民族矛盾上升到主要地位,被侵略民族内部的阶级矛盾降到次要地位,除了少数民族败类之外,反对民族侵略和压迫、维护国家民族的独立自主和尊严,成为被侵略民族内部各阶级的共同利益和要求,剥削阶级道德观中反映这种利益的内容,无疑也是可供批判继承的。抗日战争时期,毛泽东在一封关于研究民族史的信中说:如果能在民族史著作中"证明民族抵抗与民族投降两条路线的谁对谁错,而把南北朝、南宋、明末、清末一班民族投降主义者痛斥一番,把那些民族抵抗主义者赞扬一番,对于当前抗日战争是有帮助的"[1]。在《毛泽东手书古诗词》中抄录了中国古代一些著名诗人的著名诗篇,这些诗篇大多是抒发诗人充满民族抵抗主义和爱国主义精神的,这与毛泽东在道德上主张批判继承的思想一脉相承。他对抗日战争中掌权的大地主大资产阶级在不同阶段的功过评述,也贯彻了这一精神。毛泽东说:"一切观念都有其片面真理。"[2]这种片面真理是可以继承的。

3. 怎样继承

(1) 取其精华,去其糟粕。

毛泽东在《新民主主义论》中,对列宁关于"两种民族文化"的学说做了如下创造性的发挥:清理古代文化的发展过程,剔除其封建性的糟粕,吸收其民主性的精华,是发展民族新文化提高民族自信心的必要条件;但是决不能兼收并蓄。对国外进步文化的吸收,他比喻到:要如同我们对食物一样,必须经过自己的口腔咀嚼和胃肠运动,送进唾液胃液肠液,把它分解为精华和糟粕两部分,然后排泄其糟粕,吸收其精华,才能对我们的身体有益,决不能生吞活剥地毫无批判地吸收。[3]这就是毛泽东阐明的无产阶级对道德遗产进行批判继承的科学含义和方法论原则。

(2) 古为今用,洋为中用。

"古为今用"就是说批判继承必须着眼于现阶段社会主义现代化建设的需要,改造和利用道德遗产中对于人们履行道德义务和培养社会主义道德品质有激励作用,对发展马克思主义道德伦理有可取之处和有借鉴价值的内容,用毛泽东的话说,就是吸收"今天用得着的东西",而不是古董鉴赏,更不是颂古非今。所谓今天用得着,就是人民用得着。例如,毛泽东批评少数党员干部争地位、争薪水的不正之风时说,有个戏叫《林冲夜奔》,那上面说:"男

---

[1]《毛泽东书信选集》,人民出版社1983年版,第136页。
[2]《毛泽东书信选集》,人民出版社1983年版,第144页。
[3]《毛泽东选集》第2卷,人民出版社1991年版,第707页。

儿有泪不轻弹,只因未到伤心处。"我们现在有些同志,他们也是男儿(也许还有女儿),他们是男儿有泪不轻弹,只因未到评级时。这个风也要整一下吧。有泪不轻弹是对的,伤心处是什么? 就是工人阶级、广大劳动人民危急存亡的时候,那个时候可以弹几滴眼泪。[1]

"洋为中用"是对待外国伦理学财产应该坚持的根本原则和态度。1956年,毛泽东在《同音乐工作者的谈话》中说,要向外国学习科学的原理,自然科学、社会科学的一般道理都要学,学了以后用来研究和整理中国的东西。他认为,近代文化,外国比中国高,要承认这一点,应该很好地学习;中国的和外国的,两边都要学习,半瓶醋是不行的,要使两个半瓶醋变成两个一瓶醋。这不是什么"中学为体,西学为用","学"是指基本理论,不应该分中西,应该在中国的基础上批判地吸收外国的长处,使两者有机地交配、结合起来。他比喻道:学外国织帽子的方法,织中国的帽子。[2]

(3) 推陈出新。

毛泽东在《矛盾论》中指出,新陈代谢是宇宙间普遍的永久不可抗拒的规律,世界上总是以新的代替旧的,总是"新陈代谢、除旧布新或推陈出新的"。在毛泽东看来,批判继承完全是为了革新创造,为了发展前进,而不是抱残守缺、因循守旧。"推陈出新"生动地体现了批判继承和革新创造的辩证关系。20世纪50年代初,毛泽东曾指出:"中国的面貌无论政治、经济、文化,都不应该是旧的,都应该改变。"[3]道德领域的推陈出新,最重要的是对优秀道德遗产进行马克思主义的改造,赋予新的含义,置于辩证唯物论和历史唯物论的科学基础之上。毛泽东对孔子"三达德"的"智仁勇"所作的批判和改造,就是进行"推陈出新"的杰出一例。毛泽东指出:智仁勇被称为"三达德",是历来的糊涂观念。"仁"这个东西在孔子以后几千年来,为观念论的混乱思想家所利用,闹得一塌糊涂,真是害人不浅。因此,对于"孔子的道德论,应给以唯物论的观察,加以更多的批判,以便与国民党的道德观(国民党在这方面最喜引孔子)有原则的区别"[4]。他认为,对于孔子提出的"智仁勇"这类道德范畴,也"应给以历史的唯物论的批判,将其放在恰当的位置"[5]。与此同时,毛泽东对"智仁勇"固有的唯心主义本性作了科学的理论剖析,他说:孔子的知(理论)既是不根于客观事实的,是独断的,观念论的,则其见之于仁勇(实践),也

---

[1] 《毛泽东选集》第5卷,人民出版社1977年版,第420页。
[2] 转引自刘广东:《毛泽东伦理思想简论》,山东人民出版社1987年版,第446页。
[3] 毛泽东:《同音乐工作者的讲话》,《人民日报》1979年9月9日。
[4] 《毛泽东书信选集》,人民出版社1983年版,第147页。
[5] 《毛泽东书信选集》,人民出版社1983年版,第148页。

必是仁于统治者一阶级而不仁于大众的;勇于压迫人民,勇于守卫封建制度,而不勇于为人民服务的。紧接着,毛泽东对"智仁勇"作了马克思主义的革命改造,他说:"知是理论,是思想,是计划、方案、政策,仁勇是拿理论、政策等见之实践时候应取的一二种态度,仁象现在说的'亲爱团结',勇象现在说的'克服困难'(现在我们说亲爱团结,克服困难,都是唯物论的,而孔子的知仁勇则一概是主观的),但是还有别的更重要的态度如象'忠实',如果做事不忠实,那'知'只是言而不信,仁只是假仁,勇只是白勇。"[1]

(三) 反对两种对待道德遗产的错误倾向和态度

对待文化遗产历来有两种错误态度和倾向:一是全盘否定,一概排斥;二是全盘继承,一概照抄。毛泽东在论述五四运动时,在充分肯定它的伟大历史功绩之后,指出了这一运动本身存在的缺点。他说:那时的许多领导人物所使用的方法,一般地还是资产阶级形式主义的方法,他们对于现状,对于历史,对于外国事物,还没有历史唯物主义的批判精神,所谓坏就是绝对的坏,一切皆坏;所谓好就是绝对的好,一切皆好。这种看问题的方法,一直影响了后来这个运动的发展。今天,我们研究和批判继承道德遗产时,应当吸取这一历史的教训。毛泽东反复强调,无论对于中国古代文化,还是对于外国古代文化和现代当代文化,都必须进行马克思主义的科学分析,坚持批判地吸收。[2]

---

[1] 《毛泽东书信选集》,人民出版社1983年版,第147—148页。
[2] 刘广东:《毛泽东伦理思想简论》,山东人民出版社1987年版,第450页。

第十六章　修养文化：刘少奇伦理思想

> 我们应该把自己看作是需要而且可能改造的。不要把自己看作是不变的、完美的、神圣的，不需要改造的、不可能改造的。我们提出在社会斗争中改造自己的任务，这不是侮辱自己，而是社会发展的客观规律的要求。如果不这样做，我们就不能进步，就不能实现改造社会的任务。
>
> ——刘少奇《论共产党员的修养》

刘少奇(1898年11月24日—1969年11月12日)，谱名绍选，表字渭璜，湖南省宁乡县人，祖籍江西吉水，中国现当代历史上的重要政治家。中国共产党和中华人民共和国的主要领导人之一。刘少奇同志是我们党领导的工人运动的著名领袖和主要领导者，是党的正确路线在白区工作中的杰出代表。在新民主主义革命、社会主义革命和社会主义建设各个历史时期都做出了重大贡献。新中国成立以后，刘少奇同志积极参与制定和贯彻执行社会主义革命和社会主义建设的路线、方针、政策。他坚持社会主义道路，坚持无产阶级专政，坚持共产党的领导，坚持马克思列宁主义、毛泽东思想。

刘少奇伦理思想是刘少奇思想宝库的重要组成部分。阶级性、人民性、实践性、民族性、科学性是刘少奇伦理思想的显著特点，集中体现了刘少奇伦理思想的精髓。"刘少奇同志是中国共产党内的著名理论家，他善于运用马克思列宁主义、毛泽东思想来分析和解决实际生活提出的种种新问题，并经过深思熟虑，把丰富的实践经验提高到理论高度，作出富有创见的理论概括。"[1]刘少奇伦理思想正是他在长期的革命和建设实践当中对伦理道德规律的概括与总结，他以马克思主义为指导，批判地继承了中国儒家"修身文化"的传统，在经济与道德的关系、共产党员的修养、集体主义、人生观、道德的继承性等几个大的问题上，都提出了自己的独到见解。

一、生产过程中的道德原则问题

在经济与道德的关系方面，刘少奇坚持并发展了马克思主义的观点。他

---

[1]《刘少奇研究论文集》，中央文献出版社1989年版，第2页。

认为,经济是道德的根源与决定因素,道德是经济的反映,受经济的制约并随着经济的变化而变化,因而经济具有道德价值。在《人的阶级性》一文中,刘少奇系统论述了社会经济关系对道德的决定作用。封建社会的封建主阶级在这种生产中处于剥削农民剩余劳动的地位,他们自己不劳动,依靠地租及徭役生活,这就决定了他们道德上的"奢惰、残暴性"[1]。长期附着在土地上进行散漫的、独立的、简单的、自给的、彼此不大互相协作生产的农民则养成了"散漫性、保守性、狭隘性"的道德,以及"对于财产的私有观念,对于封建主的反抗性及政治上的平等要求"。[2]资本主义社会中的资产阶级在这种生产中处于占有生产手段及全部产品以剥削无产阶级剩余劳动的地位,他们依靠工人们所创造的剩余价值而生活,这就养成了他们"垄断性、奢侈性"[3]的道德;大产业中的无产阶级由于生产分工很细,一切动作都受机器的限制与彼此制约,"他们是没有生产手段的出卖劳力的工钱劳动者、依靠工资过活",与一切劳动者没有基本的利害冲突。这种经济状况使他们养成了"团结性、互助性、组织性、纪律性、进步性"[4]的道德。就是说,社会各阶级的人们有不同的经济地位和利益要求,因而社会历史上一切事物就会有不同的观察方法与处理方针,进而形成了不同的道德观点和道德立场。

从经济与道德统一的观点出发,刘少奇与生产劳动结合起来,提出了许多经济活动和生产过程中的道德要求。例如,他倡导热爱劳动、勤俭节约、发挥劳动模范的榜样作用,反对地主阶级与资产阶级的剥削,反对平均主义,实行"按劳取酬"原则,主张"兼顾"与"互利"的利益分配原则等。

(一)热爱劳动

热爱劳动是社会主义社会中一种新的道德风尚。刘少奇认为,热爱劳动是光荣而豪迈的,是有道德的行为;而好逸恶劳、不劳而获则是可耻的不道德的行为。热爱劳动光荣、好逸恶劳可耻是一种崭新的共产主义的道德风尚,是对剥削阶级的轻视劳动、厌恶劳动的旧道德观念的彻底否定,是劳动观念的根本变革,也是一种价值观念的变革。劳动是人类社会生活的首要基本条件。离开劳动,人类就无法生存,更谈不到社会文明。"人类世界以至人类本身乃是从劳动中创造的。劳动乃是人类社会赖以生存和发展的基础,劳动者乃是文明的创造者。因此,劳动应该成为世界上最受尊敬的事情,劳动者应

---

[1]《刘少奇论党的建设》,中央文献出版社1991年版,第222页。
[2]《刘少奇论党的建设》,中央文献出版社1991年版,第222页。
[3]《刘少奇论党的建设》,中央文献出版社1991年版,第222页。
[4]《刘少奇论党的建设》,中央文献出版社1991年版,第222页。

该成为世界上最受尊敬的人们。"[1]1950年,刘少奇在给七姐刘少怡的一封信中写道:"我当了中央人民政府的副主席,你们在乡下种田吃饭,那是我的光荣。如果我当了副主席,你们还在乡下收租吃饭,已经给了我这个作老弟的中央人民政府副主席以耻辱,也给了你的子女和亲戚以耻辱。你现在自己提水作饭给别人吃,那就是给了我们以光荣。"[2]

(二)倡导节约

刘少奇提倡的节约,主要包含两方面内容:首先要提倡积极的节约。新中国成立后,为了加快经济建设的步伐,提高人民的生活水平,必须继续提倡节约。他强调指出,勤俭建国、勤俭办企业、勤俭办合作社、勤俭办一切事业,这是我们党建设社会主义的长远方针,号召全党:"我们的建设还在开始,我们更应当为积累每一元的建设资金并且加以最有效的使用而奋斗。"[3]刘少奇进一步指出,他强调的是一种积极的节约。刘少奇在1962年的七千人大会上阐发了这种积极节约的思想:"我们必须随时随地爱惜群众的精力,把群众的精力用在最恰当的地方,以便取得最大的效果。"[4]我们的社会主义建设是一个长期的、复杂的、不断战胜各种困难的斗争。必须"最有效地利用我国的人力、物力和财力,最严格地实行经济核算,不允许有任何浪费,艰苦奋斗几十年,达到在我国建成社会主义的伟大目标"。在刘少奇看来,过去讲节约多是强调节衣缩食,这是消极的;从积极方面来讲,应是节约劳动力,节约原材料,节约劳动时间。其次,要珍惜自然资源。1961年8月他在视察大兴安岭林区时指出:"我国森林资源很少,我们这一代人不要把森林搞光了,搞光了不仅以后没得用,还要影响气候,我们死后都要受审判的!""不要享祖宗的福,给子孙造孽!"[5]要求要保护和改善自然环境,提倡植树造林,改变荒山秃岭,绿化祖国。

(三)发挥劳动模范的榜样作用

土地革命时期,刘少奇要求中央苏区国有企业合作社中的工人:"是为工人阶级自己,为人类的最后解放而劳动",必须"用新的态度来对待新的劳动,提高工人群众的劳动热忱,发挥工人群众的创造性"。[6]他大力号召群众参加大生产运动、增产节约运动,并注意在农村、工厂、部队、机关学校中培养、

---

[1] 《刘少奇选集》下卷,人民出版社1985年版,第10页。
[2] 伊凌、吴原编:《刘少奇:领袖交往实录系列》,四川人民出版社1992年版,第303页。
[3] 《刘少奇选集》下卷,人民出版社1985年版,第227页。
[4] 《刘少奇选集》下卷,人民出版社1985年版,第366页。
[5] 《缅怀刘少奇》编辑组:《缅怀刘少奇》,中央文献出版社1988年版,第259页。
[6] 《刘少奇选集》上卷,人民出版社1981年版,第21页。

发现劳动模范及先进生产工作者,充分发挥这些经济道德榜样的作用。他要求"把那些真正的突击队员——劳动的英雄们,列在红板上去！极大地在群众中奖励他们"[1]。刘少奇称赞"先进生产者是人类经济生活向前发展的先驱,也是人类社会历史向前发展的先驱","成了人民群众的核心,成了国家和人民群众之间的重要纽带"。[2]他多次接见劳动英雄、劳动模范。教导他们不要不虚心,不尊重人家,不尊重干部,不尊重群众,而要不疲倦地学习,以继续做出优异的贡献,保持自己的光荣称号。

（四）反对地主阶级与资产阶级的剥削

土改时期,刘少奇提出了"依靠贫农、雇农,团结中农,中立富农,有步骤地有分别地消灭封建剥削制度"[3]的土地改革路线,并亲自领导了土地改革运动,废除了封建土地所有制,摧毁了地主阶级的生活,地主剥削阶级作为一个阶级,随着土地改革的完成而被消灭了；新中国成立初期,私营工商业中行贿、偷税漏税、偷工减料等悖德违法的行为相当严重,破坏了国民经济恢复工作,影响了人民生活。毛泽东、刘少奇等中央领导同志及时领导全党全国人民开展了"三反"、"五反"的斗争,以清除"五毒","消灭投机商业",基本肃清了资产阶级的剥削。

（五）反对平均主义

从有利于生产力发展的根本点出发,刘少奇对平均主义提出了尖锐的批评:"资本主义有自发势力,搞共产主义,也有自发势力。一平二调,刮共产风,也就是人家批评我们的平均主义的共产主义,这是不好的。马克思早就说过,平均主义对生产力的发展是不利的。"[4]刘少奇在1962年七千人大会上,代表中央对这一问题正式做了总结:"在农村人民公社的实际工作中,许多地区,在一个时期内,曾经混淆集体所有制和全民所有制的界线,曾经对集体所有制内部关系进行不适当的、过多过急的变动,违反了按劳分配和等价交换的原则,犯了刮'共产风'和其他平均主义的错误。"[5]"自发过渡、平均主义,是'左'的,是不适合当前生产力发展水平的。""一平二调,刮'共产风',也就是人家批评我们的平均主义的共产主义,这是不好的。马克思早就说过,平均主义对生产力的发展是不利的。……过渡,要有主观条件和客观条件,一是生产力发展到了一定的水平,一是人们的觉悟提高到了一定的水平。

---

[1]《刘少奇选集》上卷,人民出版社1981年版,第22页。
[2]《刘少奇选集》下卷,人民出版社1985年版,第195—196页。
[3]《刘少奇选集》下卷,人民出版社1985年版,第43页。
[4] 转引自汪荣有:《刘少奇的经济伦理思想》,《江西社会科学》1999年第2期。
[5]《刘少奇年谱》下卷,中央文献出版社1996年版,第546页。

你搞平调,人家不愿让你平调,这个事实本身就证明过渡的客观物质条件和主观条件都不够。"[1]刘少奇还批评了以"群众路线"等为名义,实则是搞平均主义的错误。1961年10月28日,在一次讲话中刘少奇说,城市还保持定量供应,按人分配的制度。但有些东西可以试验按劳分配,定量供应的商品,以后多了的时候也不再增加定量,多出来的部分,按劳分配,首先满足劳动好的和最需要的人。他说,商品分配抓阄不是政策,几块手表拿到几百人几千人中去讨论,那是假群众路线。

(六)实行"按劳取酬"原则

刘少奇指出:"我们现在是社会主义制度的国家,分配的原则是按劳取酬,公平合理。如果不按劳取酬,不公平合理,就阻碍了生产力的发展。如果按劳取酬贯彻得比较好,分配得公平合理,大家满意,就会促进生产力的发展。"[2]根据"按劳取酬"的分配原则,个人所取得的生活消费品与他向社会提供的劳动的数量与质量相对应,多劳多得,少劳少得,有劳动能力而不劳动者不得,这体现了劳动光荣、劳动者高贵的经济道德荣誉观。"按劳取酬"作为分配原则与经济道德准则,有助于促使地主、资本家通过参加直接的生产劳动获得生活资料,实现由剥削者向劳动者的转化,改造成为自食其力的道德新人。根据这个原则,男女劳动者应该"同工同酬",以"发动广大的妇女参加生产活动",实现"真正的男女平等",反对男尊女卑的封建礼教残余,改善社会道德风尚。

(七)主张"兼顾"与"互利"的利益分配原则

刘少奇主张通过"兼顾"、"互利"等道德准则和经济政策调节各种利益关系。他指出:"必须贯彻公私兼顾"、"劳资两利"[3]政策,要"从四面八方努力,四面八方都照顾到"[4],在劳动者之间、集体与集体之间、中央与地方之间都要讲"互利"。要做到"兼顾",就必须开源节流,国家方面要精兵简政,讲究节省,反对浪费。禁止贪污,提高效率,以减少支出,减轻集体与个人的负担;企业与个人方面要能艰苦奋斗,增加生产,勤俭经营,降低成本,提高劳动生产率,多纳赋税,以增加国家财政收入。总之,"我们应当坚持兼顾国家利益、集体利益、个人利益的分配政策"[5]。对于国家的税收、集体的积累、劳动者的个人收入这三方面的关系,必须处理适当,注意调节其中的矛盾。在

---

[1] 刘崇文,陈绍畴主编:《刘少奇年谱1898—1969》,中央文献出版社1996年版,第482页。
[2] 《刘少奇选集》下卷,人民出版社1985年版,第304页。
[3] 《刘少奇论新中国经济建设》,中央文献出版社1993年版,第84页。
[4] 《刘少奇论新中国经济建设》,中央文献出版社1993年版,第80页。
[5] 《刘少奇选集》下卷,人民出版社1985年版,第236页。

难以做到"兼顾"、"互利"时,就要遵循更高层次的经济道德准则:顾全大局,互助互让,地方利益服从中央利益,个人利益服从整体利益,眼前利益服从长远利益。

二、共产党员的道德修养问题

20世30年代末,抗日战争逐步进入战略相持阶段,日本开始执行分化中国民族抵抗阵营的以华治华斗争策略,中国共产党作为抗日民族统一战线的领导者,面临着严峻的历史考验。刘少奇指出:"我们党的主要部分是处在农村中,党员的绝大多数,是出身于农民和小资产阶级知识分子,工人成份很少……这就是在党内反映了大量的小生产者的思想意识,甚至资产阶级与封建阶级的思想。""这就是我们党的建设上特别重大的问题和重大的特点。"所以"在我们党内,最本质的矛盾,就是无产阶级思想与非无产阶级思想的矛盾,其中最主要的是无产阶级思想与农民、小资产阶级思想的矛盾"。[1]中国共产党员出身的特定状况决定在我们党内进行修养教育和党建教育的迫切性重要性。为适应这一需要,刘少奇于1939年7月在延安马列学院作了题为《论共产党员的修养》的长篇演讲,全面阐述了共产党员应该具备的三大修养:理论、道德和纪律。其中的一大特色在于,他以马列主义为指导,为共产党员道德修养理论做出了独创性贡献。

(一)树立共产主义世界观、人生观、道德观——共产党员道德修养的基本要求

刘少奇在《论共产党员的修养》一文中谈道:"我们共产党员,是近代历史上最先进的革命者,是改造社会,改造世界的现代担当者和推动者。共产党员是在不断同反革命的斗争中去改造社会,改造世界,同时改造自己的。"[2]刘少奇同志指出:古代许多人的所谓修养,大多是脱离人民群众,脱离社会实践的,是唯心主义的。共产党员必须勇于作自我批评,必须经常自觉地检查自己的弱点、缺点和错误,有自知之明。"我们是革命的唯物主义者,我们的修养不能脱离人民群众的革命实践。"[3]"我们党员在思想意识上的修养,就是要自觉地以无产阶级的思想意识、共产主义的世界观,去克服和肃清各种

---

[1]《刘少奇选集》上卷,人民出版社1981年版,第323、327页。
[2] 李雪明、任铁良:《论在市场经济中共产党员的道德修养及人格价值观》,《湖南医学高等专科学校学报》2001年第2期。
[3]《刘少奇选集》上卷,人民出版社1981年版,第109页。

不正确的非无产阶级的思想意识。"[1]养成"无产阶级的共产主义的道德"[2]。这表明,刘少奇把树立共产主义的世界观、人生观、道德观,作为党员进行思想道德修养的基本要求。

(二)党员要在成功和胜利的环境中加强自身的思想道德修养,增强自身的道德自律意识

刘少奇说过:"共产党员应该具有人类最伟大、最高尚的美德。"[3]他于1939年指出:"我们的党员,不但要在艰苦的、困难的以至失败的革命实际中来锻炼自己,加紧自己的修养,而且要在顺利的、成功的、胜利的革命实践中来锻炼自己,加紧自己的道德修养。"[4]党员要"特别注意在革命胜利和成功的时候,在群众对自己的信仰和拥护不断提高的时候,更要提高警惕,更要加紧自己的无产阶级意识的修养,始终保持自己纯洁的无产阶级的革命品质"[5]。刘少奇提出党员要加强自身的道德自律意识,"在思想、言论、行动上严格地约束自己"[6],刘少奇曾经说过,对于认真修养的共产党员来说,"他也可能是最诚恳、坦白和愉快。因为他们无私心,在党内没有隐藏的事情,'事无不可对人言',除开关心党和革命的利益以外,没有个人的得失和忧愁。即使在他个人独立工作、无人监督,有做各种坏事的可能的时候,也能够'慎独',不做任何坏事,他的工作经得起检查,绝不害怕别人去检查"[7]。刘少奇强调的是要树立为党和革命的利益终身奋斗的信念,为此努力克服自己的私心,抛弃个人的得失和忧虑,完全自觉按共产主义道德信念去选择自己的行为,不做任何坏事,努力使自己成为一个"最忠诚、坦白和愉快"的人,这些正是无产阶级在参加革命实践中进行道德修养所要坚持的方法和所要达到的境界。

(三)要学会处理党内同志之间的伦理关系

1. 对待同志要有忠诚的无产阶级感情

刘少奇指出,共产党员对自己的同志必须怀有忠诚热爱的感情,"表示他的忠诚热爱,无条件地帮助他们,平等地看待他们,不肯为着自己的利益去损

---

[1] 《刘少奇选集》上卷,人民出版社1981年版,148页。
[2] 《刘少奇选集》上卷,人民出版社1981年版,133页。
[3] 李雪明、任铁良:《论在市场经济中共产党员的道德修养及人格价值观》,《湖南医学高等专科学校学报》2001年第2期。
[4] 赵宝云:《刘少奇党员修养理论及江泽民新时期的运用》,《武警工程学院学报》2000年第1期。
[5] 《刘少奇选集》上卷,人民出版社1981年版,103页。
[6] 《刘少奇选集》上卷,人民出版社1981年版,167页。
[7] 刘少奇:《论共产党员的修养》,人民出版社1962年版,第40页。

害他们中间的任何人"[1]。"为了党和革命的利益,他对待同志最能宽大,容忍和'委曲求全',甚至在必要的时候能够忍受各种误解和屈辱而毫无怨恨之心。他没有私人的目的和企图要去奉承人家,也不要人家奉承自己。"[2]他们爱护自己的同志,对于自己的同志的弱点和错误,进行坦白诚恳的批评,绝不在原则上敷衍、迁就,更不去助长别人的错误。他们用一切方法帮助同志去克服和改正这些弱点与错误,绝不采取那种利用和扩大同志的弱点与错误的方法,使犯错误的同志"倒霉",以致使这些同志的错误发展到不可救药的地步。他们对于自己的同志能够"以德报怨",帮助同志改过,毫无报复之心。他们能够对自己严格,对同志宽大。他们有坚定的严格的原则立场,光明、正大而严肃的态度,不在原则上作任何让步,不允许别人对党的利益有任何损害。他们不会为了个人私利而搞小集团、小宗派,而会一切以党和人民的利益为重,不计较个人得失。他们反对一切无原则的斗争,同时不使自己被牵扯到无原则的斗争中去。不被那些不负责任的、非正式的、在自己背后的批评牵动和刺激,而丧失自己原则的立场、冷静地思考和镇静的态度。刘少奇认为,共产党人就应该用这种方式来处理党内同志之间的关系。

2. 对待同志要有诚挚之心

对同志要"将心比心",设身处地为人家着想,体贴人家,对自己的错误能够自己公开,勇敢改正,也能够勇敢地诚恳地批评别人,不畏惧别人的批评。处事要襟怀坦白,光明磊落,不在同志的背后说人家的坏话,进行一些阴谋诡计来挑拨同志间的关系,一切摆到桌面上交换意见,不在背后捣鬼。在思想上、政治上、工作上不甘心落后,而有极高的前进心,但是又尊敬、爱护和帮助在这些方面强过自己的人,努力向他们学习,绝无嫉妒之心。同时,共产党员应做到"先天下之忧而忧,后天下之乐而乐","在党内,在人民中,他吃苦在前,享受在后,不同别人计较享受的优劣,而同别人比较革命工作的多少和艰苦奋斗的精神。他能够在患难时挺身而出,在困难时尽自己最大的责任"。[3]

3. 对待同志要有团结之心

处理好同志关系,团结大多数,其中很重要的一个问题,就是正确对待犯错误的同志。延安整风时期,毛泽东在全党就曾提出,对犯错误的同志,要采取"惩前毖后,治病救人"和"团结—批评—团结"的方针,而不能采取讽刺、挖苦、打击、歧视的态度;或乘人之危,落井下石;更不能无限上纲上线,戴帽子,

---

[1] 刘少奇:《论共产党员的修养》,人民出版社1962年版,第38页。
[2] 刘少奇:《论共产党员的修养》,人民出版社1962年版,第40页。
[3] 《刘少奇选集》上卷,人民出版社1981年版,第132页。

打棍子,试图把人整死。相反,我们对待犯错误的同志,应耐心诚恳地进行帮助,坚持不懈地做团结工作,正如刘少奇所说的:"把原则上的不调和和明确性,同斗争方法上的灵活和耐心的说服精神很好地结合起来,在长期斗争中去教育、批评、锻炼和改造那些犯错误但不是不可救药的同志。"[1]

(四)要弘扬正气,反对邪气

刘少奇同志批评了三种人。有一种人总是想抬高自己,并且用打击别人、损害别人的方法去达到自己的目的。这种人嫉妒强过他的人。别人走在他前面,他总想把别人拉下来。他不甘心居于人下,只顾自己,不管别人。看见别的同志遇到困难,遇到挫折,他幸灾乐祸,暗中窃喜,完全没有同志的同情心,他甚至对同志有害人之心,"落井下石",利用同志的弱点和困难去打击与损害同志,刘少奇认为,这种人的思想是没落的剥削阶级的思想的反映。

另一种人是有浓厚的虚荣心,不愿埋头苦干,不愿做事务性、技术性的工作。他骄傲,有了一点成功,就盛气凌人,不可一世,企图压倒别人,不能平等地谦逊和气地待人。他自满,好为人师,好教育别人,指挥别人,总想爬在别人头上,不向别人尤其不向群众虚心学习,不接受别人的正确意见和批评。他只能"高升",不能"下降",只能"行时",不能"倒霉",他受不起委屈。这种人的思想渗透了个人主义、风头主义、英雄主义的思想意识。

还有一种人,讲到待遇、享受和其他个人生活问题,他总企图要超过别人,和待遇最高的人比较,"孜孜以求之",并且以此夸耀于人。但是,讲到工作,他就要和不如他的人比较。有吃苦的事,他设法避开,在危难的时候,他企图逃走。勤务员他要多,房子要住好的,风头他要出,党的荣誉他要享受。一切好的事情他都企图霸占,但是,一切"倒霉"的事情,总想是没有他。这种人的脑筋浸透着剥削阶级的思想意识。

(五)要处理好以下三个方面的关系

1. 正确处理"公共的与自己"的关系

刘少奇认为,共产党人是为了公共事业,即共产主义与人类谋解放事业而奋斗的一种人物,为了大众的利益与解放,为了我们大家的长远的幸福,我们有时不能不暂时地有所牺牲,不能不牺牲自己。我们共产党人就是决心牺牲自己(当为了整个党的利益不得不牺牲自己的时候),为了大众解放的公共事业而奋斗的人物。在这个问题上,我们大多数党员是能身体力行的。但也有些同志常常用了两种不同的态度来对待属于他自己个人的事物和属于党的公共事物。就是说,当某种事物如果是他个人的,他把这一事物看作是自

---

[1] 《刘少奇选集》上卷,人民出版社1981年版,第156页。

己的,但是,当某种事物不属于他个人,而是属于党的公共的事物,他就不爱惜,不节省,不尽心,不负责,或者甚至把党的事物暗中窃取作为私有。刘少奇认为,这种观念是与共产主义不相容的,是一种旧社会的私有观念的残余。"我们共产党人,以及一切任何群众中的先进分子和伟大人物,在一切人民群众事业中所起的全部作用,就只有这些。除开这些以外,不能再多一点。如果有人企图在这里再多起一点作用,一切错误都可能由此产生。"[1]"共产党人及一切觉悟的劳动者,应该把属于党的公共的事物,当作自己的事物,应把公家的东西当作自己的东西一样来爱惜它,把党的公共的工作当作自己的工作一样尽心努力负责地去做。只有这样,我们才能有为公共事业而牺牲奋斗的高尚的精神,才能成为可靠的党的工作者与负责者,才能成为好党员。"[2]从公共事物与自己的事物之应有的矛盾统一关系来看,刘少奇认为,某些同志的本位主义也是一种根本上错误的观念。持本位主义思想的人只认为他那部分工作是他自己的,而不认为别人负责的工作及党的整个工作都是他自己的。他对自己负责的工作与别人负责的工作根本上用了不同的态度,所以也形成他只顾自己而不顾别人、不顾整体的错误。这种本位主义的发展,对党的工作是很有害的,好的共产党员是不应该有本位主义的。

2. 正确处理"值得"与"不值得"的关系

刘少奇指出,在我们当中,那些埋头苦干的党员,那些艰苦工作、不怕困难、不怕危险的党员,那些一心一意为了党与人类解放而坚决斗争的党员,那些吃苦在前、享受在后的党员,是我们的好党员。虽然他们在某些个人享受上暂时要吃一点亏,然而他们赢得了我们大家及群众的信任和尊敬。就是说,他们是值得的。相反,那些不愿埋头苦干,好出风头,怕困难,怕危险,不忠心为党为人类的利益奋斗的人,那些享受在前吃苦在后的人,都不是好党员,虽然他们在某些个人享受上或者暂时讨了一点便宜,然而他们是为我们大家及群众所不信任所反对的。就是说,他们是不值得的。

3. 正确处理"不变"与"变动"的关系

刘少奇指出,世界一切都是变动的,没有不变的东西。因此,我们的战略工作方法等也讲究根据客观情况的变化而变化。但是对于我们共产党员来说,有一件事是终身不变的。这就是为党和人民的利益尽职尽责,为实现共产主义的理想而奋斗终身,我们要做一个终身的党员。这对于我们是终身不变的。有了这一点不变,然后其他一切才可能根据情况的不同而千变万化,

---

[1] 《刘少奇选集》上卷,人民出版社 1981 年版,第 352 页。
[2] 王克真、熊吕茂:《论刘少奇的集体主义伦理道德观》,《毛泽东思想研究》2004 年第 9 期。

不变是变动的标准与尺度。刘少奇认为,共产党员应处理好这种不变与变动的关系。

三、无产阶级的集体主义思想

刘少奇在《论共产党员的修养》一文中,继承和发展了马克思主义的伦理道德观,系统阐述了作为党性修养和作为无产阶级价值观的集体主义的主要思想。

（一）作为党性修养的集体主义

刘少奇要求每一个共产党员"在任何时候、任何问题上,都应该首先想到党的整体利益,都要把党的利益摆在前面,把个人问题、个人利益摆在服从的地位。党的利益高于一切,这是我们党员的思想和行动的最高原则。根据这个原则,在每个党员的思想和行动中,都要使自己的个人利益和党的利益完全一致。在个人利益和党的利益不一致的时候,能够毫不踌躇、毫不勉强地服从党的利益,牺牲个人利益。为了党的、无产阶级的、民族解放和人类解放的事业,能够毫不犹豫地牺牲个人利益,甚至牺牲自己的生命"[1]。刘少奇强调指出,党的铁的纪律是靠共产党人对革命事业的无限忠诚来维持的,它"要求党员无条件地服从党的利益,牺牲个人利益,而不能在任何形式的掩盖和借口之下,企图牺牲党的利益去坚持个人利益。我们的党员在任何时候、任何情况下,都应该全心全意地为党的利益和党的发展而奋斗,并且应该把党的、阶级的成功和胜利,看作自己的成功和胜利"[2]。

当然,我们强调无产阶级的集体主义道德原则,并不是一概否定党员利益,而只是要求党员个人利益的实现必须以不损害党的整体利益为前提条件。刘少奇指出:"在我们党内,党员的个人利益要服从党的利益,为了党的利益,还要求党员在必要的时候牺牲自己的个人利益。但是,这并不是说,在我们党内,不承认党员的个人利益,要抹煞党员的个人利益,要消灭党员的个性。"[3]恰恰相反,"为着适应共产主义事业前进的需要,我们必须大大提高党员在革命事业中的前进心,大大发扬他们的朝气"[4],党在可能的条件下将会顾全和保护党员个人不可缺少的利益,给他创造适当的工作条件;允许党员在不违背党的利益的范围内,去发展他的个性和特长;并注意"保障党员

---

[1]《刘少奇选集》上卷,人民出版社1981年版,第130—131页。
[2]《刘少奇选集》上卷,人民出版社1981年版,第134页。
[3]《刘少奇选集》上卷,人民出版社1981年版,第135页。
[4]《刘少奇选集》上卷,人民出版社1981年版,第141页。

必要的生活条件、工作条件和教育条件,使他们安心地热情地工作"[1],更好地完成党交给他们的任务。

(二) 作为无产阶级价值观的集体主义

刘少奇认为,自从阶级社会产生以来,"剥削者总是以损害别人、使别人破产作为发展自己的必要条件,把自己的幸福建立在使别人受苦的基础上"[2]。因此,剥削者之间不可能有坚固的团结,不可能有真正的互助,不可能有人类真正的同情心,他们必然要玩弄阴谋诡计,进行暗害活动,使别人倒台破产。可见,剥削阶级的道德完全是一种摧残人性的道德,是一种虚伪的道德。而无产阶级的道德是一种伟大的道德,"我们的道德之所以伟大,正因为它是无产阶级的共产主义的道德。这种道德,不是建筑在保护个人和少数剥削者的利益的基础上,是建筑在无产阶级和广大劳动人民的利益的基础上,建筑在最后解放全人类、拯救世界脱离资本主义灾难、建设幸福美丽的共产主义世界的利益的基础上,建筑在马克思列宁主义的科学共产主义的理论基础上"[3]。因此,无产阶级与广大劳动人民之间没有根本的利害冲突,"无产阶级解放的利益同一切劳动人民解放的利益,同一切被压迫民族解放的利益,同全人类解放的利益,是一致的,分不开的"[4]。无产阶级要发展自己,求得自身的解放,不但不需要损害其他劳动人民的利益,而且还必须和其他劳动人民团结一致,共同奋斗。可见,坚持保障无产阶级和广大劳动人民的利益,是集体主义原则的根本要求,建立在劳动人民根本利益基础上,即集体主义基础上的共产主义道德,是一种伟大、崇高而完美的道德。

由此可见,刘少奇对集体主义伦理道德本质的阐述是从无产阶级和广大人民群众的根本利益出发的,他所弘扬的伦理道德观,是辩证唯物主义和历史唯物主义的伦理道德观。他所强调的"党的利益高于一切","个人利益应无条件地服从党的利益和人民的利益",以及"为了革命,共产党员应该把一切献给党"的观点,都是符合时代要求和现实需要的。

四、人生观问题

中国历来有三种人生观:纵欲主义、享乐主义,主张极感官之需,尽物欲之乐,以一掷千金、斗富竞奢为人生的光荣与幸福的人生观;禁欲主义、苦行主义,主张灭除肉体情欲,抑制物质需求,以此达到最高道德境界的人生观;

---

[1]《刘少奇选集》上卷,人民出版社1981年版,第136页。
[2]《刘少奇选集》上卷,人民出版社1981年版,第144页。
[3]《刘少奇选集》上卷,人民出版社1981年版,第133页。
[4]《刘少奇选集》上卷,人民出版社1981年版,第130页。

崇尚俭朴、养廉修德的人生观。刘少奇反对前两种人生观而主张第三种人生观。对于中国革命和建设中出现的享乐主义的残余,刘少奇批评道:"党员(任何人都一样)只要一传上这种人生观,就要丧失党员最可宝贵的品质——前进心、责任心、创造心,而变为落后的、没有出息的、腐化的废物,变为党的一种单纯的负担,甚至变为危险的人物。"[1]这些人一切的风头,党内一切的荣誉,他都要求享受。地位必须比别人要高些,权利必须比别人要好些,但是工作与责任,学习与进步,党与无产阶级战斗的利益,他却是不太关心的,或者是忘记了。"这种意识表现为封建阶级享乐主义影响下的农民落后意识的特性,这与前进的共产党员的党性是不相容的。""对于这种人,必须给以严格的批评、揭发与教育,使他警觉起来,进步、学习与工作,才能挽救他的没落。"[2]刘少奇反对禁欲主义、苦行主义,主张"党允许党员在不违背党的利益的范围内,去建立他个人的以至家庭的生活,去发展他个人的个性和特长。同时,党在一切可能条件下还要帮助党员根据党的利益的要求,去发展他的个性和特长,给他以适当的工作和条件,以至加以奖励等"[3];他还主张在条件允许的情况下尽量改善群众的物质生活。他反复强调:我们历来提倡艰苦奋斗,反对把个人物质利益看得高于一切,同时我们也历来提倡关心群众生活,反对不关心群众痛痒的官僚主义。1956年春,他指出:"劳动者关心劳动成果,这是社会主义的客观法则。""首先要用物质利益去促进他们的劳动,要劳动者从自己物质生活上去关心自己的劳动。"[4]我们需要大力发扬我们这种艰苦奋斗的精神,也需要更多地注意解决他们在劳动中和生活中的迫切问题。

在物质生活与精神道德生活的关系上,刘少奇更强调高尚、丰富、充实的精神生活。

刘少奇十分节俭,他常常告诫身边的同志,要吃苦在前享受在后。他以身作则,言行一致。他身居高位,生活上一贯坚持艰苦朴素的作风。据刘澜涛同志回忆,1947年夏秋在河北省平山县西柏坡召开全国土地工作会议时,他胃病发作得很厉害,大热天还用暖水袋紧贴在肚子上。同志们为了照顾他的身体,给他稍微改善一点伙食,他总是不肯。他说,边区经济困难,不能为他另做饭菜。他对子女生活从不搞特殊化,让他们与班上的同学同吃同住,

---

[1]《刘少奇论党的建设》,中央文献出版社1991年版,第288—289页。
[2]《刘少奇论党的建设》,中央文献出版社1991年版,第291页。
[3]《刘少奇选集》上卷,人民出版社1981年版,第135页。
[4] 中共中央文献研究室编:《建国以来重要文献选编》第8册,中央文献出版社1994年版,第175页。

同样挤公共汽车上学回家,到基层锻炼。刘少奇同志自己艰苦朴素,同时也很注意对干部进行艰苦朴素、反对铺张浪费的教育。1947年,他和朱德同志到晋察冀边区,边区干部、群众看到中央领导同志到来都非常高兴,召开了一次既隆重又热烈的欢迎会。但会场布置很简单,会是在树林里开的,只向老乡借几张桌子、条凳,没有别的陈设。与平时不同的是多了块用新红布写的欢迎大会的横幅。就为着这块新红布,会后刘少奇对组织者说:"中央的同志来了,他们的心情和我们一样,都很高兴,但现在是战争年代,物质困难,为什么要用新红布写字呢?"他接着说:"一斤米,一寸布,一文钱,都要用于战争,不应随便浪费。"〔1〕另有一次,他到阜平温泉洗澡治病,这里房子差,后勤的同志给做了个布帘。刘少奇同志看到后,对陪着他来的同志说:"老百姓哪家有门帘?把门关上不就行了吗?做这个门帘浪费了。"〔2〕

五、道德的继承性问题

继1938年10月,毛泽东在中共六届六中全会上,提出"批判继承中国传统文化遗产"和"马克思主义中国化"的观点后,1939年7月,刘少奇在《论共产党员的修养》的演讲中,对作为传统文化主干的儒学的伦理思想作了富有胆识的批判性吸纳,这是对毛泽东以上思想的深刻体认和自觉贯彻,是对20世纪20—30年代流行于党内的,在传统文化遗产问题上,只讲阶级性,无视民族性,一味强调批判,轻视继承吸收的"左"的观念和将马克思主义神圣化、教条化的错误倾向的否定,在当时对全党认识和掌握毛泽东的"批判继承传统文化遗产"和"马克思主义中国化"的光辉思想具有积极的推动、示范作用。刘少奇在《论共产党员的修养》中,运用马克思主义的立场、观点、方法,对中国传统伦理学说主干的儒家伦理学说有益成分进行了批判吸收,具体表现在如下几个方面。

(一)对共产党员进行思想道德修养必要性、重要性观点的论证中体现着他对传统儒学的批判吸收

刘少奇指出:一个革命者要成为优秀的革命家须经长期而艰苦的革命斗争的锻炼与修养方能成功:"孔子说:'吾十有五而志于学,三十而立,四十而不惑,五十而知天命,六十而耳顺,七十而从心所欲,不逾矩。'这个封建思想家在这里所说的是他自己锻炼修养的过程,他并不承认自己是天生的'圣人'。"接着刘少奇又引用孟子的话说:"故天将降大任于斯人也,必先苦其心

---

〔1〕《缅怀刘少奇》编辑组:《缅怀刘少奇》,中央文献出版社1988年版,第159页。
〔2〕《缅怀刘少奇》编辑组:《缅怀刘少奇》,中央文献出版社1988年版,第159页。

志,劳其筋骨,饿其体肤,空乏其身,行拂乱其所为,所以动心忍性,增益其所不能。"这也是说的一个伟大人物所必须经过的锻炼与修养的过程。共产党员"要担负历史上空前未有的改造世界的'大任'的,所以更必须注意在革命斗争中的锻炼和修养"。[1]

（二）对加强共产党员修养应有高标准的论证中体现着他对儒家伦理思想的批判吸收

刘少奇提出这样一个观点:共产党员的修养应有高标准,应自觉以无产阶级革命领袖为楷模,当时党内有人说,马克思列宁主义创始人那样天才革命家的思想品质是学不到的,要把自己的思想品质提高到马克思、列宁的高度也是不可能的。为此,刘少奇批评指出,这是对马克思主义创始人的神秘化。他认为,虽然今天大多数党员没有革命导师那样高的天才,那样广博的科学知识,虽然大多数同志在无产阶级革命理论方面学得还没有革命导师那样精深,但只要下决心并刻苦地去学习、修养和锻炼,不脱离广大人民群众,就完全有可能把自己的品质提高到马克思、列宁式的政治家的品质高度。"孟子说:'人皆可以为尧舜'正也就是这个意思。"[2]刘少奇还批评说,如果将马列主义创始人的思想品质视为高不可攀从而畏惧不前甚至自暴自弃,那就是"政治上的庸人",就是孔子所谓的不可雕塑的"朽木"和"粪土之墙"。

（三）道德践履观中体现着他对儒家修养有关方法的批判继承

刘少奇认为,中国共产党人要担负起领导中国革命的重任,需要获得多方面的修养,要有马列主义理论的修养,要有运用马克思列宁主义立场、观点、方法去研究处理各种问题的修养,要有无产阶级的革命战略、战术的修养,要有无产阶级的思想意识和道德品质的修养,要有善于联系群众的修养,以及各种科学知识的修养等。

要获得上述修养,必须对修养的方法有足够的重视。在这里,儒家伦理学说中有关修养的许多方法可资借鉴。刘少奇:在中国古时,曾子说过"吾日三省吾身"……诗经上的"切、磋、琢、磨"[3],以及"反躬自问","座右铭","书诸绅"等。中国宋儒也有许多修身养心的方法……中国大学上说的格物、致知、诚意、正心、修身、齐家、治国、平天下,也就是这一套,这说明一个人要求得自己的进步,必须下深刻的功夫,郑重其事地去进行自我修养与学习。[4]刘少奇同志指出:由于古代许多人的所谓修养,大多是脱离人民群众,脱离社

---

[1]《刘少奇选集》上卷,人民出版社1981年版,第101页。
[2]《刘少奇选集》上卷,人民出版社1981年版,第106页。
[3]《刘少奇选集》上卷,人民出版社1981年版,第109页。
[4] 哈佛燕京学社、三联书店编:《儒家与自由主义》,三联书店2001年版,第189页。

会实践的,是唯心主义的。共产党员必须勇于作自我批评,必须经常自觉地检查自己的弱点、缺点和错误,有自知之明。"我们是革命的唯物主义者,我们的修养不能脱离人民群众的革命实践。"[1]

刘少奇在借鉴儒家总结的一些修养方法的同时,对其具有主观唯心色彩的道德修养观作了批判。指出这种修养观"片面夸大主观的作用,以为只要保持……抽象的'善良之心',就可以改变现实,改变社会和改变自己。这当然是虚妄的"[2]。共产党人是唯物主义者,共产党员的修养不能脱离人民群众的革命实践。他强调,"在革命的实践中修养和锻炼","这应该是我们共产党员修养的方法"。这种方法与一切唯心主义的脱离社会实践的修养方法"是完全不同的"。[3]

(四)对儒家"立公、尚义、重群"整体至上观的批判继承

刘少奇提出的"党的利益高于一切"的重要观点,强调了党员处理党的利益与党员个人利益的关系时,党员个人利益必须服从党的利益。党员个人利益与党的整体利益的关系问题涉及中外古今伦理学的一个基本问题,即个体与群体、个体与整体的利益关系问题。在儒家伦理学说中,这一问题就是所谓的"公私"、"利义"、"群己"之辨。儒家伦理学表现了对"立公、尚义、重群"的整体利益的强调,因此,刘少奇"党的利益高于一切"的观点显而易见带有对儒家整体至上观批判性吸收的痕迹。

(五)对儒家"谦逊"观和"仁爱"伦理思想的批判性继承

刘少奇在批评党内存在的骄傲自大思想时,提出了对待党内同志与对待敌人的不同方法,在这些论断中体现了儒家伦理学说"谦逊"和"仁爱"思想的批判性吸收。

刘少奇批评指出:"自高自大、个人英雄主义、风头主义等,在党内不少同志的思想意识中还是或多或少地存在着。"[4]有这种思想的人,首先计较的是个人在党内地位的高低,他好出风头,喜欢别人奉承他、抬举他,逞能干,好居功、好表现自己,没有"含蓄",有浓厚的虚荣心。他指出:"有些党员受不起成功和胜利的鼓励,在胜利中昏头昏脑,因而放肆、骄傲、官僚化,以至动摇、腐化、堕落,完全失去他原有的革命性。……应该引起我们党员严重的警惕。"[5]他自满,好为人师,总想爬到别人头上,不向别人虚心学习,不接受别

---

[1]《刘少奇选集》上卷,人民出版社1981年版,第109页。
[2]《刘少奇选集》上卷,人民出版社1981年版,第109页。
[3]《刘少奇选集》上卷,人民出版社1981年版,第109—110页。
[4]《刘少奇选集》上卷,人民出版社1981年版,第140页。
[5]《刘少奇选集》上卷,人民出版社1981年版,第102页。

人的批评。他只能"高升",不能"下降",只能"行时",不能"倒霉",处理自己没有伸缩性,不是"能屈能伸的大丈夫"。对于此类现象,刘少奇指出,这是因为"我们党在很长时期内,马克思列宁主义的思想建设不够"[1],因此,"要自觉地以无产阶级的思想意识、共产主义的世界观,去克服和肃清各种不正确的非无产阶级的思想意识"[2]。

刘少奇指出,对待敌人与对待自己党内的同志应有截然不同的手段。对待自己党内的同志、自己阶级的弟兄要"有伟大而忠诚的友爱、热情和同情心,具有伟大的互助精神,牢固的团结精神,真正的平等精神"[3]。有这种精神的人在发展提高自己的同时也帮助别人得到发展提高,他们在政治上、工作上不甘人后,努力前进,但他们也尊敬、爱护与帮助在这些方面强过他们的人,努力向他们学习,绝无嫉妒之心,他们爱护自己的同志,对于自己同志的弱点,错误能用一切方法去帮助使其改正、克服,对待同志他们能够"以德报怨","躬自厚而薄责于人","因为他无私心,在党内没有要隐瞒的事情。'事无不可对人言',除开关心党和革命的利益以外,没有个人的得失和忧愁"[4]。对自己严格,对同志宽大。

除此之外,批判吸收儒家伦理学说的例子在书中还有许多。例如,在论述党内团结反对无原则纠纷时对儒家"中和"思想的扬弃。在党的利益与党员个人利益关系的辩证论述中,对儒家"整体至上"观既吸收其强调整体利益高于个体利益的合理方面,又摈弃其无视、蔑视个体利益和个性的片面性、极端性思想等。

通过批判继承,儒家伦理学说的有益成分在《论共产党员的修养》的文本中获得了新的生机,具有了新的价值,成为文中论述无产阶级道德学说、共产主义道德修养的有机组成部分,因此《论共产党员的修养》不仅为批判继承儒家伦理学说也为马克思主义伦理思想的中国化提供了一个范例。

---

[1]《刘少奇选集》上卷,人民出版社1981年版,第327页。
[2]《刘少奇选集》上卷,人民出版社1981年版,第148页。
[3]《刘少奇选集》上卷,人民出版社1981年版,第145页。
[4]《刘少奇选集》上卷,人民出版社1981年版,第133页。

第十七章　奉献精神：周恩来伦理思想

> 精神生活方面，我们应该把整个身心放在共产主义事业上，以人民的疾苦为忧，以世界的前途为念。这样，我们的政治责任感就会加强，精神境界就会高尚。
>
> ——周恩来《过好"五关"》

周恩来(1898年3月5日—1976年1月8日)，生于江苏淮安，祖籍浙江绍兴。字翔宇，曾用名飞飞、伍豪、少山、冠生等。中国共产党及中华人民共和国主要党和国家领导人之一，中国人民解放军创始人之一，中国无产阶级革命家、政治家、军事家、外交家。周恩来同志50多年的革命生涯，同中国共产党的建立、发展、壮大，同我国新民主主义革命的胜利，同我国社会主义革命和建设的历史进程紧密联系在一起。周恩来同志为中国共产党创建人民军队、创建革命统一战线、创建人民当家做主的新中国建立了不朽的功勋。新中国成立后，周恩来同志先后担任政务院总理、国务院总理长达26年，为积极探索符合我国国情的社会主义建设道路，全面组织和实施社会主义各项建设事业，兢兢业业，殚精竭虑，在政治、经济、外交、国防、统战、科技、文化、教育、新闻、卫生、体育等各领域倾注了大量心血，做出了奠基性的贡献。

周恩来的伦理思想是对马克思主义伦理道德学说的运用和发展，也是毛泽东思想体系不可分割的一个组成部分。周恩来同志在领导中国革命和建设的过程中，把马克思主义普遍真理同中国的具体实际紧密结合起来，将长期积累的感知和理念从世界观方法论的高度加以概括和提炼，形成独具特色的哲学、伦理学思想，对于发展马克思主义、丰富毛泽东思想都具有重大的现实意义。其伦理思想的主要内容包括：集体主义、为人民服务、人生观、道德修养、道德继承性等。

一、集体主义思想

周恩来同志始终怀着对祖国、对人民、对党的深厚感情，始终坚持集体主义的原则和标准，始终把国家、人民和党的利益放在第一位，自觉维护集体的利益，无论是在革命战争时期、社会主义时期，还是在"文化大革命"的逆境时期,都一直没有动摇过,甚至把维护集体利益看作比生命还重要。

周恩来指出:社会主义集体主义原则"要求是集体利益第一,集体利益照顾个人利益,而不是个人利益第一"[1]。这样说并非丝毫不讲个人利益,"一个人一点不想个人的问题是不大可能的,要求一点不想,也是不现实的。但是,经过考虑之后,想到国家的要求、党的号召,就能服从党和国家的利益,这样矛盾就好解决了"[2]。他进一步解释说,公与私发生矛盾时,"公与私的问题,在集体主义原则下究竟怎么处理?可能首先考虑的是既对公有利,又对私有利,所谓公私两利。进而一想,如果不可能这样,就会产生第二阶段的想法:是个人利益服从集体利益呢,还是要求集体利益照顾个人利益?经过考虑,结果应该是先公后私,总是要把公摆在前头,个人摆在后头,个人利益服从集体利益。处理一切事情都应该如此。如果我们以先公后私的原则来安排生活,就应该说是合乎一个社会主义公民的要求了,就够格了。大家都能够做到先公后私,那就很好了。雷锋公而忘私,也并不是没有个人的想法,而是为公多,就把自己的事情忘记了。这是值得表扬,值得称道,值得学习的。因此,毛主席号召'向雷锋同志学习'。这种模范人物、先进人物是少数,我们不要求二十多万大学生人人都是雷锋,能够先公后私,就很好了"[3]。周恩来在第一届全国人大第一次会议的《政府工作报告》中也有深刻的论述:"在我们的国家里,经济建设的发展和人民生活的改善不能不是相互一致的","从任何一方面把这两件事对立起来都是错误的"。我们"观察问题总要和全局联系起来,要有全局观点"[4]。"一切只顾个人不顾社会,只顾局部不顾全体,只顾眼前不顾将来,只顾权利不顾义务,只顾消费不顾生产的观点和行为,都是必须反对的。"[5]

二、为人民服务思想

为人民服务、对人民负责是社会主义道德在周恩来身上最直接、最集中的体现。

(一)为人民服务思想的来源

周恩来全心全意为人民服务的高尚品德还表现在他始终坚持历史唯物主义观点,坚信人民是历史的主人,始终把自己置身于群众之中。青少年时

---

[1] 中央教育科学研究所:《周恩来教育文选》,教育科学出版社1984年版,第214页。
[2] 中央教育科学研究所:《周恩来教育文选》,教育科学出版社1984年版,第215页。
[3] 《周恩来文化文选》,中央文献出版社1998年版,第456页。
[4] 《周恩来选集》下卷,人民出版社1984年版,第143页。
[5] 《周恩来选集》下卷,人民出版社1984年版,第145页。

代的周恩来,就在散文《射阳忆旧》中通过赞美江苏家乡劳动人民的优秀品质,而表达了愿做"天下之公仆"的思想。后来,他明确指出:"我们国家的干部是人民的公仆,应该和群众同甘苦,共命运。"[1]他指出:"我们每一个人,不管过去做了多少工作,现在担任什么职务,没有党和人民,就既不会有过去的成绩,也不会有今天的职务。党和人民是伟大的,我们个人是渺小的。"[2]周恩来在总结中国革命的历史经验时说:"我们要反对帝国主义和国内反动派,绝不是单靠共产党员、青年团员和干部所能做到的。"[3]他还说:中国革命的"成绩,是怎样得到的呢?是全党依靠人民的力量得到的"[4];"如果没有千千万万人民的决死支持,绝对不可能设想这样巨大这样迅速这样彻底的胜利"[5];总之,我们"力量的源泉是人民,归根到底,一切胜利的取得是依靠人民的力量"[6];"脱离我们的基本阶级群众,就会丧失党的基础"[7]。

(二)为人民服务的内涵

周恩来曾经讲过:"《十五贯》教育我们做'官'的人,让我们想一想,是不是真正在为人民服务。"[8]"对人民,我们要如对孺子一样地为他们做牛的。要诚诚恳恳、老老实实为人民服务。我们要有所恨,有所怒,有所爱,有所为……人民的世纪到了,所以应该象牛一样努力奋斗,团结一致,为人民服务而死。"[9]"为人民服务就要像春蚕那样,吐出最后一根丝。"

周恩来号召青年学生牢固树立为人民服务的思想。他指出:"我们的教育是大众的,是为人民服务的,这是我们的教育方向。"[10]他要求自己"为国奔波、为人民事业奋斗到最后一口气的"[11];"要为人民的中国、人民的世纪奋斗到底"[12]。他一生都在实践这一伟大的诺言。

在周恩来身边工作过的同志说,革命战争年代,无论是在中央苏区,还是在长征途中,他都是最忙的。

新中国成立后,他日理万机,操持政务。他时刻记住人民的吃穿住,为了

---

[1]《周恩来选集》下集,人民出版社1984年版,第421页。
[2]《周恩来选集》下卷,人民出版社1984年版,第125—126页。
[3]《周恩来选集》上卷,人民出版社1980年版,第326页。
[4]《周恩来选集》上卷,人民出版社1980年版,第138页。
[5]《周恩来选集》下卷,人民出版社1984年版,第32页。
[6]《周恩来选集》下卷,人民出版社1984年版,第274页。
[7]《周恩来选集》下卷,人民出版社1984年版,第314页。
[8]《周恩来选集》下卷,人民出版社1984年版,第199页。
[9]《周恩来选集》上卷,人民出版社1980年版,第241页。
[10]《周恩来教育文选》,教育科学出版社1984年版,第6页。
[11]《周恩来选集》上卷,人民出版社1980年版,第234页。
[12]《周恩来选集》上卷,人民出版社1980年版,第235页。

中国的富强和人民的幸福,始终抓住发展生产、发展经济不放。新中国成立初期百废待兴,他总揽全局,迅速发展国民经济,使头三年在经济上创造了惊人的奇迹。20世纪60年代初,国民经济严重困难,他毅然挑起领导经济调整的重任,为了克服三年暂时经济困难,安排好全国各地的粮食调拨,解决好全国人民的吃饭问题,周恩来废寝忘食,耗尽心血。在"文化大革命"那样极端困难而混乱的情况下,他仍不放松经济工作。他说,不搞好生产,工人农民吃什么?穿什么?我们的国家怎么办?为了全国人民的利益,他殚精竭虑,不分昼夜地了解和处理经济建设中的各种问题,忍辱负重、苦撑危局,才使我国的经济终于没有崩溃。邢台地震第二天,周恩来冒着余震的危险赶赴现场指挥救灾,当他看到群众迎着寒风听自己讲话时,马上指挥群众朝避风方向坐下、自己绕过去,站在一个木箱上迎着漫天风沙,面对群众讲话。他还对陪同的县委书记说:共产党员哪里有让群众吃苦在前、自己吃苦在后的道理呢?还有一次访问农民王连生家,王连生身体不好,躺在床上,忙起身穿鞋,周恩来立即弯腰伸手拣起鞋,送到王连生手边,并关切地问长问短。他当总理27年,位高权重,历时长久,但一直与人民保持着血肉相连的紧密联系,没有一点受到官僚主义的侵蚀,塑造了共产党人的道德丰碑。周恩来是党的群众路线的倡导者和实践者。1956年4月,有关部门谈到旅大渔业公司领导对群众的生命安全不负责任,造成渔船沉没。气象部门发出大风预报,渔业公司竟扣押24个小时才发布通知渔船,而且通知开头不是让渔船转移到安全地带,而是问鱼捕得怎么样。周恩来听后十分气愤。针对某些干部问鱼不问人,他提出严肃批评。周恩来在管理国家中的这种崇高形象,是与人民心灵相通的内在精神的自然表露。[1]1958年7月,黄河出现特大洪峰,冲断了黄河铁桥,周恩来亲自赶到黄河大桥工地,冒雨视察水情,和广大建桥工人风雨同舟,抗洪抢险。1959年12月,他在一次谈话中指出,群众观点是中国革命最重要的问题。他在一生大量的文稿、讲话中,始终贯穿着一切依靠群众、一切为了群众的思想。他随时了解群众的要求,处处倾听群众的呼声,时时关注群众的情绪,努力吸取群众的经验,充分发挥群众的积极性和创造性。以人民的疾苦为忧,以人民的需要为念。哪里有困难,哪里有灾情,哪里有危险,他就会出现在哪里的群众之中。1973年,重病中的周恩来了解到甘肃中部定西几个县有200万人口的地区有许多人没吃饭、没衣穿,生活极端困难,非常难过,流着眼泪立即通知部队和有关部门组织救济,帮助定西地区发展生产,克服困难。1975年3月,周恩来刚做完一次手术,就牵挂万里之外的矿工的健康,要

---

[1] 吕志、范英:《周恩来的人格风范》,暨南大学出版社1997年版,第26页。

日坛医院党委书记马上组织人员去解决云南锡矿工人肺癌发病的问题。晚年,他胸前一直挂着一枚"为人民服务"的徽章,直到临终前他还嘱咐解决云南锡矿工人肺癌发病问题,并留下遗言,将骨灰撒在祖国的江河里和土地上。直至临终时,他留下的最后一句话,就是对守护在身旁的医务人员说:"我这里没有什么事了,快去照顾其他生病的同志,他们那里更需要你。"[1]周恩来把毕生精力完全彻底地贡献给人民的事业,真正做到了为人民的利益鞠躬尽瘁,死而后已。

总之,"周总理是一生勤勤恳恳、任劳任怨工作的人。他一天的工作时间总超过十二小时,有时在十六小时以上,一生如此"[2]。他的为人民服务精神深刻地体现在他的工作实践之中。

三、共产主义人生观

在长期的革命斗争和社会主义建设事业过程中,周恩来形成并时刻倡导着共产主义的人生观和道德观,坚决同封建主义和资本主义腐朽思想做斗争。他强调,要"坚决地起来奋斗,肃清一切小资产阶级的意识"[3]。

从青年时代起,周恩来就远涉重洋,寻找救国救民的真理,探索"中华崛起"、"腾飞世界"的道路,经过日本—天津—欧洲、认识—认同—内化三个阶段,又经过对各种社会思潮的反复探求比较,他"定妥了"共产主义的目标,确定了对马克思主义的科学信仰,坚定了对共产主义的信念。1920年1月,周恩来因在天津五四运动史上规模最大的学生示威运动中被逮捕入狱。羁押期间,周恩来没有沮丧而是借机把自己所接触的各种思潮认真加以分析比较,经过反复深刻的思考,周恩来开始更加推崇马克思主义学说,他认识到:"凡是不合于现代进化的军国主义、资产阶级、党阀、官僚、男女不平等界限、顽固思想、旧道德、旧伦理……全认他为应该铲除应该改革的。"[4]这意味着他从思想上放弃了资本主义,开始把目光完全集中到以改造现存社会为目的的学说和主义上了。后来在谈到自己信仰共产主义时说:"思想是颤动于狱中",一种革命意识的萌芽,"是从这个时候开始的"。[5]

---

[1] 陆美珍:《周恩来共产主义道德观探微》,《探索》1998年第2期。
[2] 《邓小平文选》第2卷,人民出版社1994年版,第348页。
[3] 《周恩来选集》上卷,人民出版社1980年版,第11页。
[4] 中共中央文献研究室编:《周恩来年谱(1898—1949)》,人民出版社、中央文献出版社1989年版,第35页。
[5] 中共中央文献研究室编:《周恩来年谱(1898—1949)》,人民出版社、中央文献出版社1989年版,第42页。

1921年,周恩来在法国参加了中国共产党,次年他给国内觉悟社成员的信中说:"我认的主义一定是不变了,并且很坚定地要为它宣传奔走。"[1]"梦想赤色的旗儿飞扬,却不用血来染它,天下哪有这类便宜事?"[2]充分表现了青年时期的周恩来甘愿以自己的鲜血和生命献给共产主义事业的坚贞信念。1922年8月,他写了《共产主义与中国》一文,运用马克思主义的唯物史观,科学地论证了共产主义的历史必然性,阐明了只有共产主义才能救中国的伟大真理,指出不论中国还是世界,都要走共产主义这条"顺势变更"的道路。他在为旅欧共产主义青年团起草的团章第一条明确规定:申请入团者,必须做到"对于共产主义已有信仰"。他认真组织旅欧支部刻苦钻研马克思主义经典著作,深刻领悟马克思主义基本原理。在学习中他说道,我们之所以信仰共产主义,是因为这个理论是从实际中来,并在实际中经过实验而被证明了的科学。正是基于对马克思主义基本理论的深刻认识,因而他对马克思主义的"理愈明,信愈真,感愈切,革命的精神遂能愈久而愈坚"[3]。他把自己的全部精力和才能毫无保留地献给了共产主义事业,甚至他的爱情也要用信仰来衡量,他选择邓颖超做伴侣是因为她"能一辈子从事革命",能经受得了"革命的艰难险阻和惊涛骇浪"。

周恩来认为:"只有无产阶级世界观才能解决中国革命的基本问题,也才能解决思想道德问题。"[4]因为"无产阶级世界观是最科学、最伟大的世界观"[5]。周恩来反复强调,要从思想方法开始,从马克思主义世界观开始,这样才能培养正确的思想,树立起科学的人生道德观。他多次谈到干部要解决世界观和人生观问题,并认为"这是一辈子的事"。他在《怎样做一个好的领导者》的报告提纲中,对党的领导干部的立场要求第一条就是"要有确定的马列主义世界观和革命的人生观"。在半个多世纪的革命历程中,不管遇到什么样的惊涛骇浪、艰难险阻、他都始终保持坚定的革命信念和旺盛的革命斗志。1927年大革命失败后,面对蒋介石对共产党人的血腥镇压,周恩来作为中共中央政治局临时常务委员会委员,中共前敌委员会书记,领导发动了南昌起义,打响了反抗国民党反动派的第一枪,并亲赴前线,冒着枪林弹雨,指挥战斗。党的六大后的近两年时间内,他作为党中央工作的实际主持者,在

---

[1] 陆美珍:《周恩来共产主义道德观探微》,《探索》1998年第2期。
[2] 《周恩来书信选集》,中央文献出版社1988年版,第46页。
[3] 中共中央文献研究室编:《周恩来年谱(1898—1949)》,人民出版社、中央文献出版社1989年版,第56页。
[4] 陈明辉、吴自华:《周恩来道德修养的主要特点》,《淮阴师范学院学报》1999年第4期。
[5] 陈明辉、吴自华:《周恩来道德修养的主要特点》,《淮阴师范学院学报》1999年第4期。

党内出现叛徒,国民党登报悬赏缉拿等极端险恶的情况下,机智地保卫了党的中央机关,保护了党的大批骨干。在抗日战争与日寇投降后的一段时间,周恩来先后在重庆、南京与国民党谈判,虽然身居龙潭虎穴,经常受到特务的监视盯梢,甚至收到装有子弹的恐吓信,但他沉着坚定,冒着生命危险,靠大智大勇与国民党进行了坚决斗争。正如他自己在延安整风时所说:经过白色恐怖的锻炼,坚定了我的革命信心和决心,在敌人公开压迫下,我没有胆怯过。1974年他患上癌症,但仍强撑着病弱之躯,靠输血打针,不分昼夜地为国操劳,把自己的一生无私地奉献给中国人民的解放和建设事业。即使在生命垂危之际,他还在低声吟唱《国际歌》,坚信共产主义一定会在全世界胜利。

周恩来同志的一生是为共产主义事业光辉战斗的一生,也是他鲜明、高尚、理想人格完美展示的一生。周恩来的人格之所以高尚,道德之所以伟大,是因为他比一般人更深刻、更坚定地认识到历史发展的方向和人民群众的根本利益,及时地把握历史进程和人民的要求,他在为共产主义事业的奋斗中,登上了道德理想的高峰。正如他本人指出的:"我们应该把整个身心放在共产主义事业上,以人民的疾苦为忧,以世界的前途为念。这样,我们的政治责任感就会加强,精神境界就会高尚。"[1]

四、共产主义道德修养观

周恩来指出,自己出身于没落的封建官僚家庭,受过资产阶级教育,做过统战工作,与蒋介石打过交道,经常与外国人接触,还经常到资本主义国家访问。"这么一个复杂的情况,我就得注意自己的思想。我今年六十五岁了,是不是已经修养得很好不必改造了呢?我不敢这样说。"[2]"为了克服党内的各种非无产阶级思想,必须进行自我改造。""要把思想改造看成像空气一样,非有不可。"[3]

(一)道德修养的方法

1. 在实践中修养

周恩来说:"要在实践斗争中学习,这包括在生产实践中学习,在革命斗争中学习,在科学实验中学习,从而把理论和实践结合起来。"[4]而不能搞与世隔绝的"闭门修养"。

---

[1]《周恩来选集》下卷,人民出版社1984年版,第427页。
[2]《周恩来选集》下卷,人民出版社1984年版,第424页。
[3]《周恩来选集》下卷,人民出版社1984年版,第425页。
[4]《周恩来教育文选》,教育科学出版社1984年版,第217页。

2. 在向他人和书本学习中提高自己的道德修养

周恩来指出,"取他人之长,补自己之短",才能不断提高修养水平。他进一步指出:"只是向群众学习、向同事学习还不够,还要向书本学习。"[1]"在政治理论方面,要学习马列主义文献、毛主席著作",对于确立"革命的人生观、科学的世界观,具有决定的意义"。[2]

3. 道德修养要持之以恒

周恩来认为:"思想改造是长期的",即使是"一万年后,在人们的头脑里,还会有先进和落后的矛盾,新和旧的矛盾,个人和集体的矛盾,还会有思想改造的问题"。[3]因此,从主观角度讲,周恩来认为:"要活到老,学到老,做到老,改造到老。"[4]

(二)道德修养的内容

1. 坚持马克思主义世界观和人生观

马克思主义的世界观和人生观就是在反映着人类的长远需要和根本利益的基础,对人类生存的目的、价值和意义的看法。只有树立了马克思主义的世界观,才能树立正确的人生观、价值观,才能真正掌握和运用其立场、观点和方法,才能从中获得思想指导、精神动力和精神支柱,坚定共产主义理想和中国特色社会主义信念,坚持全心全意为人民服务的宗旨,解决好为人民的事业甘愿奉献的思想基础。早在1922年3月,周恩来在给谌小岑和李毅夫夫妇的信中写道:"总之,主义问题,我们差不多已归一致。现在再郑重声明一句,便是'我们当信共产主义的原理和阶级革命与无产阶级专政两大原则,而实行的手段则当因时制宜'!"[5]"我认定的主义一定是不变了,并且很坚决地要为他宣传奔走","在任何艰难困苦的情况下,都要以誓死不变的精神为共产主义奋斗到底"。[6]当然,青年时期的周恩来不是一开始就以马克思主义作为终生世界观的,其思想形成及转变经历了一个艰难、曲折甚至是痛苦的过程。他后来曾这样概括道:"在我年轻的时候,我曾扎过辫子,我满脑子旧思想、旧东西甚至连资本主义都不接受(后来接受了一些)。经过很长一段时间以后,我才发现了马克思列宁主义。"[7]

---

[1]《周恩来教育文选》,教育科学出版社1984年版,第217页。
[2]《周恩来教育文选》,教育科学出版社1984年版,第125页。
[3]《周恩来选集》下卷,人民出版社1984年版,第423页。
[4]《周恩来教育文选》,教育科学出版社1984年版,第217页。
[5]《周恩来书信选》,中央文献出版社1988年版,第46页。
[6]《周恩来书信选》,中央文献出版社1988年版,第46页。
[7] [英]迪克·威尔逊:《周恩来传》,封长虹译,解放军出版社1990年版,第7页。

2. 全心全意为人民服务

周恩来始终"以人民的疾苦为忧,以世界的前途为念"[1]。早在1926年,青年周恩来就立下了"必须站在工农群众方面,为解除他们的痛苦奋斗到底"[2]的志向。在工作中,周恩来时刻强调,"对人民,我们要如对孺子一样地为他们做牛的。要诚诚恳恳、老老实实为人民服务"。我们"应该象条牛一样努力奋斗,团结一致,为人民服务而死"[3]。为人民服务从来都是落实在工作实践而非口号宣传之中,周恩来即以他的人生实践验证了这一点。比如在他晚年,已身患癌症,一些同志劝他减少工作量。他说:"我们这些人一辈子就是为国家、为人民拉车啊!一息尚存,就得奋斗。"在他最后的时刻,从1975年3月到9月的半年间,在医院里,与各方面人士谈话谈工作102次,会见外宾34次,出医院开会7次,在医院召开会议3次,外出看望他人4次。[4]

3. 顾全大局、讲党性

顾全大局是共产主义道德的重要表现。周恩来认为,领导人必须树立大局意识,全局观念,要不计名利,能屈能伸,"领导者在必要时应忘记他所受的侮辱"[5]。工作当中,周恩来既做到自觉也要求他人要有大局意识。例如,随着社会主义经济建设的全面展开,周恩来要求"每个单位必须有整体观念"[6],要加强调整体观念,统筹兼顾,各得其所,综合平衡,按比例发展。

4. 严于律己、严守纪律

这构成了周恩来自律精神的精华和实质,也是其基本工作伦理。所谓"周恩来的自律精神主要是指他建立在马克思主义信仰基础上的,用共产主义崇高的道德理想来指导和规范自己思想和行为的精神活动"[7]。正如新中国成立初期他所说的那样:"拿我个人来说,参加五四运动以来,已经三十多年了,也是不断地进步,不断地改造。也许有的同志会说:你现在担任了政府的领导,还要学习和改造吗?是的,我要学习和改造。因为我不知道的事情还很多,没有明白的道理也很多,所以要不断地学习,不断地认识,这样才能够进步。"[8]周恩来在工作中将这一道德要求"由正人先正己到严己垂

---

[1]《周恩来选集》下卷,人民出版社1984年版,第427页。
[2]《周恩来选集》上卷,人民出版社1980年版,第3页。
[3]《周恩来选集》上卷,人民出版社1980年版,第240—241页。
[4] 安建设编著:《周恩来的最后岁月》,中央文献出版社1995年版,第360页。
[5]《周恩来选集》上卷,人民出版社1984年版,第132页。
[6]《周恩来选集》下卷,人民出版社1984年版,第7页。
[7] 顾建红:《周恩来的自律精神对当下道德教育的启示》,《赣南师范学院学报》2013年第2期。
[8]《周恩来选集》下卷,人民出版社1984年版,第60页。

范"[1],他认为,"领导者要有自我批评精神,不是层层对下批评"[2]。周恩来这一道德修养受到了广泛的认同并在党内外产生了深远的影响,正如李先念同志所说:"周恩来同志是一个严于律己的人,他对别人要求比较宽,对自己要求则比较严,一言一行都考虑到对党的影响,对国家的影响,力求不使党和国家受到丝毫的损害和玷污。他严于律己,特别是表现在对错误的态度上。大一点的错误,他真心诚意,再三再四地检讨,一遇到机会就作检讨。对小的错误,他也认真地检查。""他的这种时时刻刻注意自我批评的好作风,在我们党内是很知名的,受到许多同志的称赞,认为是值得学习的榜样。"[3]

5. 实事求是

实事求是是马克思主义的活的灵魂,是共产党人的思想作风和工作作风,也是共产主义道德的根本要求。周恩来是一个求真务实、实事求是的人,对工作一丝不苟,极端负责。例如1958年"大跃进"期间,针对当时刮起的"高指标"、"浮夸风",周恩来指出:"说真话,鼓真劲,做实事,收实效。这四句话归纳起来就是:实事求是。"[4]说真话,就是提倡大家讲真话,就是诚实守信,这是共产党人的基本道德修养。为此,周恩来要求各级领导都要注意调查研究,并以身示范。

具体表现在以下三方面:

(1) 勇于承担责任。

周恩来主张:"缺点和错误的改正要从领导者做起,首先领导上要自我批评,要多负一些责任。"[5]周恩来认为:"为了改造旧思想,就经常解剖自己的思想,这样才能逐步进步。"[6]在任何会议上,只要党在总结工作中的经验教训,周恩来总是带头进行认真的自我批评,承担责任,从不把责任推给他人。

(2) 防止腐败从自身做起。

20世纪60年代腐败现象有所抬头,周恩来对此深恶痛绝。在《过好"五关"》一文中,他强调领导干部要过好思想、政治、社会、亲属、生活"五关",把全部身心都放在人民事业上。在对下一代的教育上,周恩来强调"领导干部做出表率,不要造出一批少爷","决不能使自己的子弟成为国家和社会的包袱,阻碍我们的事业前进"。周恩来曾多次谆谆教导晚辈:"要过好亲属关,要

---

[1] 黄明理:《周恩来:中华民族道德理想的范型》,《淮阴师范学院学报》1998年第1期。
[2] 《周恩来选集》下卷,人民出版社1984年版,第345页。
[3] 中共中央文献研究室:《不尽的思念》,中央文献出版社1987年版,第5—6页。
[4] 《周恩来选集》下卷,人民出版社1984年版,第350页。
[5] 《周恩来选集》下卷,人民出版社1984年版,第345页。
[6] 《周恩来教育文选》,教育科学出版社1984年版,第56页。

否定封建的亲属关系,要有自信力和自信心,要不靠关系自奋起,做人生之路的开拓者。"[1]他的胞弟周同宇新中国成立后在政府部门工作,后因病不能上班,被安排到内务部门当参事。为此他对部长说:"同宇不能坚持正常工作,就应该按有关规定办理因病退休手续,不能不做事拿干薪。如果他生活上发生困难,我个人给予经济补贴。"并对周同宇说:"宁可我养你,别让国家养你。"[2]1982年4月,邓颖超对亲属的晚辈们说:"解放初期成立政务委员会,有人要我上,你们的伯伯不同意;定工资级别时,中央给蔡大姐定三级,给我定五级,到他那儿就给我划到六级;国庆十周年上主席台,他看到名单上有我,又划掉了。就因为我是他的妻子。当然,我支持他这样做。现在我当副委员长,又是政治局委员、纪委书记。这些工作都是党分配的。如果你们的伯伯在,他一定不会让我担任。"[3]

(3) 严守纪律。

党的政治纪律是党的各级组织和全体党员在思想上、行动上同党的路线、方针、政策保持一致的行为规范,是党最重要的纪律。严守党的政治纪律,对于巩固党的团结统一,保持党的先进性和纯洁性,增强党的凝聚力和战斗力,保证党的路线、方针、政策和决策部署的贯彻落实至关重要。周恩来在这一方面起着表率作用。他与邓颖超结婚后,就曾经定下协议:不要在一个具体部门共事,并在任何情况下都严格遵守党的纪律,保守党的机密。[4]此后,不论是民主革命时期,还是在新中国成立以后,在一些涉及国家机密的事情上,周恩来从未向邓颖超同志透露一点消息。

五、道德的继承性

恩格斯曾经指出:"传统是一种巨大的阻力,是历史的惰性力。"[5]道德因为"能够深入到人们的内心,和人们的情感、信念结合起来,形成群众性的传统习惯和风尚。而且这种群众性的传统习惯和风尚,往往又和民族的社会心理结合起来,因而具有极大的保守性"[6]。道德的这种惰性往往成为革命者破旧立新的重要理由,尤其是经受过新文化运动洗礼的中国共产党人早期革命者。对此,周恩来的观点并不是彻底否认传统道德。周恩来的伟大精神和他所倡导的道

---

[1] 孟素:《周恩来教育晚辈克己奉公》,《党史文汇》2013年第2期。
[2] 金凤:《邓颖超传》,人民出版社1993年版,第416页。
[3] 《一个高尚的人》,人民日报1996年1月8日。
[4] 陆美珍:《周恩来共产主义道德观探微》,《探索》1998年第2期。
[5] 《马克思恩格斯全集》第22卷,人民出版社1965年版,第360页。
[6] 罗国杰:《马克思主义伦理学》,人民出版社1982年版,第95页。

德情操,是在对中国传统道德的辩证否定的基础上,根据时代特点和个人实践,他克服和抛弃传统道德中的消极因素,继承和发扬传统道德中的积极因素。

周恩来认为,人类社会是一个漫长的历史发展过程,中华民族五千年的文明史有它的连续性。"古代总有一些好的东西值得继承。"[1]因此要用历史唯物主义的态度对待历史遗产,只有这样才"不会割断历史"。他还说:"任何思想的发展都不是无根的,新社会是从旧社会脱胎出来的。"[2]

周恩来始终有一个信念,那就是"历史的发展总是今胜于古"。因此继承优秀的文化遗产,就是"批判地吸收其中的一切有益的东西,'弃其糟粕,取其精华',使它发扬光大,一代胜过一代"[3]。他认为任何"一个社会都没有永远不变的道德,道德、宗教、文化、习惯,通通都是依着当时的社会环境而变迁的"。这就是说继承传统道德必须适应时代的需要,必须赋予适合时代需要的特点和内容。在周恩来身上表现出来的对国家、对社会怀有的无可推卸的责任感,完全彻底、全心全意服务于人民、服务于国家的高尚品质,就是对传统文化中民本思想的合理内涵与无产阶级革命的时代精神相结合的典范。

为了使优秀的传统文化与时代的需要相适应,周恩来还提出了"溶化"和"创造"相结合的科学方法。他说:"不论学习古代的东西还是学习外国的东西,都是为了今天的创造。"[4]"外国好的东西也要加以吸收,使它溶化在我们民族的文化里。"[5]但是"这种溶合是化学的化合,不是物理的混合,不是把中国的东西和外国的东西焊接在一起"[6]。周恩来言行一致,在他身上体现的好思想、好作风、好品德,都是他本人博采众长并把它"溶化"于自己风格中的结果,都是几千年来中华民族传统美德与时代需要完美溶合的结果。

总之,在处理道德关系时,周恩来继承中华优秀道德"民本"思想的传统,形成和发展着全心全意为人民服务的共产主义道德理想。在道德意识上,周恩来继承优秀道德"追求精神境界"的传统,以崇高的共产主义道德理想提升境界层次,并形成自己为人们真心爱戴和尊敬的理想人格。在道德活动中,周恩来吸收传统道德"知行合一"的古老传统,在自己道德践履中充分展现了道德活动的实践性特点。

---

[1]《周恩来选集》下卷,人民出版社 1984 年版,第 343 页。
[2]《周恩来选集》下卷,人民出版社 1984 年版,第 467 页。
[3]《周恩来选集》下卷,人民出版社 1984 年版,第 343 页。
[4]《周恩来选集》下卷,人民出版社 1984 年版,第 344 页。
[5]《周恩来选集》下卷,人民出版社 1984 年版,第 343 页。
[6]《周恩来选集》下卷,人民出版社 1984 年版,第 344 页。

六、政治伦理思想

作为长期从事革命和建设事业的中共领导人,尤其是长达26年的共和国总理经历,周恩来在坚持和发展马列主义基础上,丰富和发展着毛泽东思想,形成了较为完备的政治伦理思想。

(一)建设社会主义精神文明

重视和发展社会主义政治文明和精神文明。周恩来在我党历史上第一次提出全面改革和全面建设社会主义的经济基础与上层建筑的观点。1953年9月,他指出:"改造当然不限于经济方面,整个社会都在改造,政治、经济、文化各方面都在改造。"[1]1959年12月更明确地说:"我们的国家不仅要有经济建设,还要有政治建设和精神建设。"[2]这里,周恩来所说的社会主义的全面建设,是指包括经济生活、政治生活和精神生活在内的社会主义建设。

(二)旗帜鲜明地坚持党的无产阶级意识

党的组织队伍意识形态建设是马克思主义政治伦理道德思想的核心和前提。中国共产党是中国无产阶级的先锋队。中国独特的社会结构和革命与建设实践要求决定了中国共产党必须坚持无产阶级革命思想,而解决党内无产阶级思想与非无产阶级思想尤其是小资产阶级思想的矛盾,是中国共产党建设中的一个重要特点。1928年11月,周恩来在《坚决肃清党内一切非无产阶级的意识》一文中指出:"党的政治路线上许多不正确思想的来源,固然是客观环境的反映,然而党的组织还没有布尔什维克化,党内还存在许多非无产阶级的意识,也是一个主要的原因。"[3]他根据党内小资产阶级出身的党员占多数的情况,特别强调要注意小资产阶级意识的影响:"到现在党的组织仍然还没有强大的无产阶级的基础,仍然存在有许多小资产阶级的意识,尤其在党员成份上,农民占百分之七十五。因此,这种小资产阶级意识还有大大发展的可能。"[4]周恩来还具体指出党内小资产阶级意识的表现。他要求"全党的同志,应坚决地起来奋斗,肃清一切小资产阶级的意识"[5]。

(三)密切联系群众是中国共产党的优良传统道德

党同人民群众密切联系在一起的作风,是中国共产党群众路线在党的活动中的体现。周恩来是中国共产党第一个明确使用"群众路线"概念的领导

---

[1]《周恩来统一战线文选》,人民出版社1984年版,第253页。
[2]《周恩来统一战线文选》,人民出版社1984年版,第398页。
[3]《周恩来选集》上卷,人民出版社1980年版,第8页。
[4]《周恩来选集》上卷,人民出版社1980年版,第8页。
[5]《周恩来选集》上卷,人民出版社1980年版,第11页。

人。无论是革命战争年代,还是社会主义建设时期,周恩来都根据马列主义的基本原理,始终强调革命和建设"力量的源泉是人民"[1],"要相信群众力量",把群众路线与认识路线、工作路线结合起来。他指出:智慧是从群众中来的,"你要了解真实情况,就要与老百姓平等相待"[2]。他要求人们"要坚守毛泽东同志的三条原则:从群众中来,到群众中去;集中起来,坚持下去;坚持真理,修正错误"[3]。他把"永远不与群众隔离,向群众学习,并帮助他们"[4]作为自己党性修养的一个重要内容,坚持不懈。周恩来已经成为党同人民群众密切联系这一优良作风的化身。

(四)加强执政党队伍建设是建立和完善中国特色行政伦理的关键

对于执政党建设,周恩来特别强调党必须加强自身建设,经受住执政与和平环境的考验。他指出,"我们的党已是胜利的党、执政的党"[5],容易产生骄傲自满和不愿再过艰苦生活的情绪。新中国成立前夕,他就提出,进了城,到了一个新环境,"但旧衣裳还是要穿,不要向剥削阶级造成的奢侈腐化的生活看齐"[6]。进城后,他教育广大党员和干部,要"提倡勤俭朴素的作风,反对资产阶级的铺张浪费思想"[7]。执政党地位和环境的变化,使执政党面临的最大危险,就是脱离群众。周恩来多次指出,"在战争年代,我们与老百姓住在一起,天天见面,不分彼此,和群众的关系很密切"[8],现在"国家大了,'官'大了"[9],很容易脱离群众。新中国成立后,他一直强调执政党要特别注意防止和克服官僚主义。为了保持党的纯洁性,周恩来提出,党员特别是党的领导干部必须要过"五关",即过好"思想关、政治关、社会关、亲属关和生活关"。他说:"对个人来说,这'五关'不是一次就能过了的,而是长期的。我们的领导干部要认真对待,严格要求自己,一步一步地过好'五关'。"[10]周恩来关于执政党建设的论述进一步丰富了毛泽东建党学说,它对党在执政的条件下坚持无产阶级先锋队性质,保持党的作风的纯洁性,巩固党的组织,维护党的团结统一,增强党的凝聚力和战斗力具有重大意义。

---

[1]《周恩来选集》下卷,人民出版社1984年版,第274页。
[2]《周恩来选集》下卷,人民出版社1984年版,第350页。
[3]《周恩来选集》下卷,人民出版社1984年版,第314页。
[4]《周恩来选集》上卷,人民出版社1980年版,第125页。
[5]《周恩来选集》下卷,人民出版社1984年版,第120页。
[6]《周恩来选集》上卷,人民出版社1980年版,第362页。
[7]《周恩来选集》下卷,人民出版社1984年版,第92页。
[8]《周恩来选集》下卷,人民出版社1984年版,第350—351页。
[9]《周恩来选集》下卷,人民出版社1984年版,第351页。
[10]《周恩来选集》下卷,人民出版社1984年版,第428页。

七、由"泛道德主义"到"伦理化人格"

周恩来的伦理思想主要体现在两大方面:一是其对马克思主义伦理道德观念尤其是毛泽东思想伦理观的坚持与发展;另一个则是其个体化的道德人格魅力的渲染与展现。

(一)周恩来的伦理思想,是同他身上表现出来的道德品质分不开的

周恩来的伦理思想有着鲜明而强烈的"伦理化人格"特色,其伦理道德化人格主要被评价为:"富于人情的情感伦理,高度负责的责任伦理和克己爱民、平等待人的社会伦理。"[1]这构成了"周恩来精神"的主要内容。所谓周恩来精神,一般来说可以理解为"周恩来的精神"。这一观点的最早提出是1998年2月23日,江泽民在纪念周恩来诞辰100周年大会上的讲话中,提出周恩来的精神就是三个"结合",即共产主义远大理想同脚踏实地的工作作风的结合;对上负责同对下负责的结合;高度的原则性同高度的灵活性的结合。同年,淮阴师范学院王家云副教授在其《试论周恩来精神之内涵》一文中提出了周恩来的十大精神,即积极进取、刻苦好学、甘当公仆、团结协作、求真务实、唯物辩证、勇于创新、严于自律、宽厚平等、无私奉献。江浩在《论周恩来精神及其时代价值》一文中,提出周恩来精神中最具时代意义和共产党人特质的有六个方面,即务实精神、奉献精神、公仆精神、和合精神、严细精神和修身精神。2001年,南京市委党校陆剑杰教授提出,周恩来精神集中表现在三个方面,即实事求是的精神,热爱人民、团结同志、真诚待人的人文精神;努力奋斗,严于律己的坚韧不拔的奋斗精神。一句话说来,周恩来精神是共产党人的党性原则、道德情操和中国传统美德的完美结合

(二)周恩来伦理思想有着鲜明的时代性和个性特色

周恩来出生的年代,正是我们国家内忧外患之时,很多有识之士都在寻找一条救国救民的道路。当时盛行的实业救国、教育救国等主张,对青年周恩来都有过一定吸引力。早年的周恩来深受中国传统伦理思想及当时各种积极思潮的影响,而五四新文化精神的道德革命思想更令他"有豁然开朗之感",这一影响直到其接受马克思主义依然没有大的变化。"周恩来道德观的形成大抵分两个阶段,即其家庭、私塾对童幼时期的周恩来的培养与熏陶的阶段,中小学时期中国社会现实对少年的周恩来的影响至五四爱国运动是他道德观在原基础上自我更新以及自我完善阶段。"[2]另一方面,新中国成立

---

[1] 江沛:《周恩来伦理化人格评价》,《理论与现代化》1998年第5期。
[2] 罗文宗、毛柏生:《论周恩来的道德观》,《渤海学刊》1989年第2期。

后,为了建设社会主义新事业,周恩来在他长达 26 年披肝沥胆、呕心沥血的政务院总理、国务院总理执政期中,通过在政治、文化、军事、外交等方面的社会实践活动,处处站在理性的立场上,一切为了人民的利益,自然地形成和塑造了一个鞠躬尽瘁、死而后已的光辉形象,并凝练为一个政治家的光辉伦理思想。周恩来的这种高尚的"伦理化人格"品德表现在多方面,融化在他的全部工作和生活中。他的高尚的政治道德和领导道德,他的工作作风和生活作风,他的超凡毅力和超凡韧性与他的马克思主义的人生观、世界观、价值观融为一体,打上了他个人的深深烙印,是他为革命建功立业的精神力量,也是激励许许多多共产党人和人民群众为革命建功立业的精神力量。这种精神力量,在革命事业和人民心中占有极重的分量。

(三)周恩来是一个深受时代影响的"泛道德主义"[1]者

这是一种将伦理道德视为认识和解决各种社会问题的关键的观点,奉行这一观点的人"十分看重道德'扩张'的力量"。早期的周恩来就十分强调人的"觉悟"在社会变革中的作用,甚至认为"人在世界上同一切生物最大的区别,就是人能够'觉悟',一切生物不能够'觉悟'"[2]。而当他正式成为一个马克思主义者之后,周恩来在中国新民主主义革命和社会主义建设时期,其伦理道德思想具有鲜明的反封建反资本主义的社会主义色彩,高扬马列主义毛泽东思想,"我们不是以主观唯心主义作指导,也不是以机械唯物主义作指导,而是以辩证唯物主义思想作指导"[3]。实事求是地说,周恩来坚持全心全意为人民服务的共产主义道德,为新中国的社会主义道德建设与发展做出了不可磨灭的贡献。然而,就像国外学者郑永年所指出的,长期的革命和战争使得道德的确立成为不可能,因为革命和战争就是要推翻旧秩序。1949年,中华人民共和国建立之后,人们才觉得确立新道德的需要。不过,改革开放前几十年中国的道德建设做法,是以意识形态替代了道德,依靠宗教化了的马克思主义的世俗意识形态,对干部官员和普通老百姓的行为构成制约。道德建设的组织力量和资源汲取力量多来自于政治,革命和持续的政治运动摧毁了传统道德。[4]而宗教化的意识形态在改革开放后市场经济发展及社会结构变化的影响下逐渐式微,曾经的"泛道德主义"和过度渲染伦理化的人格到了需要反思的地步。

---

[1] 黄岭峻:《周恩来早期思想中的"泛道德主义"思想》,《中共党史研究》1992 年第 5 期。
[2] 《周恩来早期文集》上卷,中央文献出版社,南开大学出版社 1998 年版,第 473 页。
[3] 《周恩来选集》下卷,人民出版社 1984 年版,第 413 页。
[4] 郑永年:《为什么一个道德国度面临道德解体危机》,《联合早报》2011 年 10 月 4 日。

第十八章 建设社会主义的精神文明:邓小平伦理思想

> 有一点要提醒大家,就是我们在建设具有中国特色的社会主义社会时,一定要坚持发展物质文明和精神文明,坚持五讲四美三热爱,教育全国人民做到有理想、有道德、有文化、有纪律。这四条里面,理想和纪律特别重要。
>
> ——邓小平《一靠理想二靠纪律才能团结起来》

邓小平(1904年8月22日—1997年2月19日),原名邓先圣,后由启蒙老师改名为邓希贤。生于中国四川省广安县协兴乡(今广安市广安区协兴镇)牌坊村。曾是中国共产党、中国人民解放军和中华人民共和国主要领导人之一。马克思主义者,无产阶级革命家、政治家、军事家、外交家,中国共产党第二代中央领导集体核心,"中国改革开放的总设计师"。他所开创的中国改革开放事业深刻地影响了20世纪后期每个中国人,并在相当程度上改变了世界。邓小平曾于1978年和1985年两次当选《时代》周刊"年度风云人物"。以他为主创立的邓小平理论,是当代中国的马克思主义,是引导中国人民建设中国特色社会主义的思想指南。正如党的十五大所说,邓小平理论"是贯通哲学、政治经济学、科学社会主义等领域,涵盖经济、政治、科技、教育、文化、民族、军事、外交、统一战线、党的建设等方面比较完备的科学体系"[1]。

邓小平伦理思想是邓小平思想体系的重要组成部分,是马克思主义伦理思想与中国当代改革开放的道德实践有机结合并获得新的发展的产物。邓小平伦理思想是对毛泽东伦理思想的坚持、丰富和发展,为马克思主义伦理思想宝库增添了新的瑰宝,为社会主义精神文明建设提供了坚实的理论基础和实践指南。邓小平同志是卓越的马克思主义者,他对马克思主义伦理道德思想中的一系列问题都有精辟的见解。邓小平伦理思想的内容是极其丰富的,其中为人民服务是邓小平伦理思想体系的核心内容;社会主义的功利主

---

[1]《十五大以来重要文献选编》上册,中央文献出版社2000年版,第12页。

义和人道主义是邓小平伦理思想体系的基本原则;"三个有利于"是邓小平伦理思想体系的价值标准;有理想、有道德、有文化、有纪律是邓小平伦理思想体系的道德目标;爱祖国、爱人民、爱劳动、爱科学、爱社会主义是邓小平伦理思想体系的主要规范。

一、经济与道德的关系

改革开放以来,邓小平同志在强调抓经济建设的同时,也不断强调要把经济与道德统一起来,实现物质文明与精神文明的协调发展。他的经济与道德关系思想体现在如下几个方面:

(一)经济(物质)利益是基础

针对过去由于忽视经济建设而导致人民生活贫穷落后的惨痛教训,邓小平同志深刻指出:"在社会主义国家,一个真正的马克思主义政党在执政以后,一定要致力于发展生产力,并在这个基础上逐步提高人民的生活水平。这就是建设物质文明。过去很长一段时间,我们忽视了发展生产力,所以现在我们要特别注意建设物质文明。"[1]社会主义的"首要任务是发展生产力,逐步提高人民的物质和文化生活水平"[2]。历史的经验告诉我们,"贫穷不是社会主义,社会主义要消灭贫穷。不发展生产力,不提高人民的生活水平,不能说是符合社会主义要求的"[3]。南方谈话之后,邓小平更为明确地指出,社会主义的目的就是要全国人民共同富裕。社会主义的本质,是解放生产力,发展生产力,消灭剥削,消除两极分化,最终达到共同富裕。

邓小平同志所讲的物质利益,不仅指集体利益,也包括公民的正当个人利益。在邓小平同志这一思想指导下,我党充分肯定了个人正当利益。改革开放以来,我党制定的一系列路线、方针、政策,无论是农村家庭联产承包责任制,还是社会主义所有制以公有制为主体,多种经济成分并存等,无不体现了我们党对广大人民群众个人利益的关心和重视。

(二)道德是经济发展的保证

社会主义经济是市场经济,市场经济表现出的价值取向上的趋利性和价值目标上的个性化,使物质利益突现出来,但如果与社会道德失范结合起来,就极容易引发见利忘义、唯利是图,最终将造成对社会主义市场经济建设的极大破坏。20世纪80年代中期,邓小平就敏锐地察觉到我们工作中出现了

---

[1] 《邓小平文选》第3卷,人民出版社1993年版,第28页。
[2] 邓小平:《建设有中国特色的社会主义》增订本,人民出版社1987年版,第104页。
[3] 邓小平:《建设有中国特色的社会主义》增订本,人民出版社1987年版,第104页。

"一手软,一手硬"的问题和偏向,特提醒全党说:"社会主义精神文明建设,很早就提出了。中央、地方和军队都做了不少工作,特别是群众中涌现了一大批先进人物,影响很好。不过就全国来看,至今效果还不够理想。主要是全党没有重视。我们为社会主义奋斗,不但是因为社会主义有条件比资本主义更快地发展生产力,而且因为只有社会主义才能消除资本主义和其他剥削制度所必然产生的种种贪婪、腐败和不公正现象。这几年生产是上去了,但是资本主义和封建主义的流毒还没有减少到可能的最低限度,甚至解放后绝迹已久的一些坏事也在复活。我们再不下大的决心迅速改变这种情况,社会主义的优越性怎么能全面地发挥出来?我们又怎么能充分有效地教育我们的人民和后代?不加强精神文明的建设,物质文明的建设也要受破坏,走弯路。"[1]对此,邓小平同志指出:"要批判和反对崇拜资本主义、主张资产阶级自由化的倾向,批判和反对资产阶级损人利己、唯利是图、'一切向钱看'的腐朽思想,批判和反对无政府主义、极端个人主义。"[2]并提出了著名的"三个有利于"的思想,这就为社会主义市场经济条件下经济与道德相统一提供了客观的评判依据和标准。

(三) 社会主义道德是社会主义优越性的重要体现

邓小平理论解决的最根本的问题,就是科学地回答了在"什么是社会主义,怎样建设社会主义"这个曾经困扰我们几十年的根本问题。坚持社会主义,首先要搞清楚什么是社会主义。我们要坚持走有中国特色的社会主义道路,坚信只有社会主义才能救中国、才能发展中国,不仅是因为"社会主义有条件比资本主义更快地发展生产力,而且因为只有社会主义才能消除资本主义和其他剥削制度所必然产生的种种贪婪、腐败和不公正现象"[3]。社会主义道德在制度层面上内含和体现着制度正义与社会公正,这是相比于资本主义的制度优势,是我们坚持社会主义的道义性所在,"但风气如果坏下去,经济搞成功又有什么意义?会在另一方面变质,反过来影响整个经济变质,发展下去会形成贪污、盗窃、贿赂横行的世界"[4]。在邓小平看来,只有物质文明和精神文明都超越资本主义,才是中国特色的社会主义,如果经济发展了,国家的性质却变坏了,社会风气变差了,社会丑恶现象泛滥,那就不是社会主义,更谈不上社会主义的优越性。

---

[1] 《邓小平文选》第3卷,人民出版社1993年版,第143—144页。
[2] 《邓小平文选》第2卷,人民出版社1994年版,第368~369页。
[3] 《邓小平文选》第3卷,人民出版社1993年版,第143页。
[4] 《邓小平文选》第3卷,人民出版社1993年版,第154页。

(四)道德还是推动社会主义发展和现代化建设的保证

物质文明是精神文明建设的基础,但精神文明并不是单纯的被动的被决定,它对物质文明有着巨大的反作用。脱离物质文明建设的精神文明是空想,不要精神文明建设的物质文明建设也没有动力。邓小平指出:"不加强精神文明的建设,物质文明的建设也要受破坏,走弯路。光靠物质条件,我们的革命和建设都不可能胜利。过去我们党无论怎样弱小,无论遇到什么困难,一直有强大的战斗力,因为我们有马克思主义和共产主义的信念。有了共同的理想,也就有了铁的纪律。无论过去、现在和将来,这都是我们的真正优势。"[1]在现代化建设的新的历史时期,强调以精神文明建设为特色和实质的社会主义道德建设具有重要的现实意义和长远意义。"我国现代化建设的进程,在很大程度上取决于国民素质的提高和人才资源的开发。"[2]国民素质包括政治思想道德素质和科学文化素质,而提高这两个方面的素质,正是精神文明建设要解决的问题。

二、集体主义思想

从邓小平同志的论述中,我们可以看出,社会主义集体主义是整个社会的基本道德原则。一方面,它强调集体利益高于个人利益;另一方面,它强调集体必须尽力保障个人正当利益得到满足,充分促进个人价值的实现,力求使个人的个性和才能得到充分发展。这是社会主义经济与道德相统一在实践中的具体体现。在社会主义市场经济条件下,如何正确处理国家、集体、个人三者之间的利益关系呢?

邓小平指出,应该坚持集体主义。邓小平早在1963年武汉抗洪斗争取得胜利后的题词中写道:"防洪斗争的胜利,是集体主义的胜利,是社会主义优越性的胜利。"[3]在1978年的全国教育工作会议上,他号召:"把青少年培养成为忠于社会主义祖国、忠于无产阶级革命事业、忠于马克思列宁主义毛泽东思想的优秀人才,将来走上工作岗位,成为有很高的政治责任心和集体主义精神,有坚定的革命思想和实事求是、群众路线的工作作风,严守纪律,专心致志地为人民积极工作的劳动者。"[4]

---

[1]《邓小平文选》第3卷,人民出版社1993年版,第144页。
[2] 中共中央党校教务部编:《十一届三中全会以来党和国家重要文献选编(下)》,中共中央党校出版社,2003年版,第200页。
[3] 中共中央文献研究室、中央档案馆编辑:《老一辈革命家手迹选》,人民出版社1991年版,第261页。
[4]《邓小平文选》第2卷,人民出版社1994年版,第106页。

邓小平对集体主义道德思想的新贡献：

(一)从理论和实践上,明确肯定了在社会主义条件下人们追求正当个人物质利益的合理性,把保护人民群众的正当个人利益,鼓励人们"勤劳致富"、"多劳多得"作为社会主义集体主义道德的一项基本要求

邓小平同志在我国改革开放一开始就十分重视和关心广大工人、农民、知识分子的个人物质利益,多次强调在组织人们从事生产劳动、科学研究中,除了精神鼓励以外"物质鼓励也不能缺少",要"改善他们的物质待遇"。他深刻指出,"人是需要一些个人利益来从事生产的"[1]。提倡社会主义集体主义,"决不是说可以不注意个人利益"[2]。邓小平同志不是满足于一般地从理论上谈论正当个人物质利益的合理性,而是把承认它的合理性和鼓励人们勤劳致富,贯彻"按劳分配"、"多劳多得"等社会主义现阶段的经济政策结合起来,积极引导人们投入发展社会生产力,加强社会主义现代化建设的实践。邓小平同志指出"勤劳致富是正当的"[3]。"我们提倡按劳分配,对有特别贡献的个人和单位给予精神和物质奖励;也提倡一部分人和一部分地方由于多劳多得,先富裕起来。这是坚定不移的。"[4]坚持国家、集体和个人利益三者和谐统一,把按照"统筹兼顾的原则"来调节各种利益的相互关系,鼓励人们积极投入以经济建设为中心的社会主义现代化建设,作为社会主义集体主义道德的基本价值导向。

邓小平同志在我国改革开放以来,始终坚持以国家利益、集体利益与个人利益三者的和谐统一、相互结合作为贯彻党和政府的各项改革政策、进行社会主义集体主义道德价值导向的基本点和立足点。坚持"利益兼顾的原则",使活生生的集体主义道德在我国改革开放、搞活经济的社会主义生活中显示出勃勃的生机。

邓小平同志高瞻远瞩地指出:"按照马克思说的,社会主义是共产主义第一阶段,这是一个很长的历史阶段,必须实行按劳分配,必须把国家、集体和个人利益结合起来,才能调动积极性,才能发展社会主义的生产。"[5]社会主义的主要任务是发展生产力,促进整个社会的物质文明建设。邓小平指出:"坚持社会主义,首先要摆脱贫穷落后状态,大大发展生产力。"[6]

---

[1]《邓小平文选》第2卷,人民出版社1994年版,第351页。
[2]《邓小平文选》第2卷,人民出版社1994年版,第175页。
[3]《邓小平文选》第3卷,人民出版社1993年版,第23页。
[4]《邓小平文选》第2卷,人民出版社1994年版,第258页。
[5]《邓小平文选》第2卷,人民出版社1994年版,第351页。
[6]《邓小平文选》第3卷,人民出版社1993年版,第224页。

正因为在社会主义条件下,国家、集体、个人利益三者之间具有根本的一致性,常常密不可分地联系在一起,因此,邓小平同志提出了"在我国坚持改革开放,制定和落实各项改革方针、政策时,必须按照统筹兼顾的原则来调节各种利益的相互关系"。为此,既要反对不顾群众正当个人利益的倾向,又"特别要防止只顾本位利益、个人利益而损害国家利益、人民利益的破坏性的自发倾向"[1]。要"批判和反对资产阶级损人利己、唯利是图,'一切向钱看'的腐朽思想,批判和反对无政府主义、极端个人主义"[2]。

邓小平同志关于坚持国家、集体、个人利益三者和谐统一,必须按照统筹兼顾的原则来调节各种利益的相互关系的创造性思想,在我国建设社会主义现代化的实践中有重大的理论价值和实践意义。

(二)明确提出承认个人物质利益,是要"为全体人民的物质利益而奋斗",把"先富"带"后富","先发展"带"后发展",走"共同富裕"的道路,作为社会主义集体主义道德的根本价值目标

邓小平明确指出:"我们提倡按劳分配,承认物质利益,是要为全体人民的物质利益奋斗。"[3]我国社会主义社会的基本矛盾,是落后的生产力和人民群众日益增长的物质和文化生活需要的矛盾。正是要为全体人民的利益而奋斗,我们必须以经济建设为中心,坚持改革开放,建立社会主义市场经济,发展社会生产力,全心全意进行社会主义现代化建设。从根本上摆脱我国贫穷落后的面貌,使人们走上共同富裕之路。

邓小平同志指出:"社会主义要消灭贫穷。贫穷不是社会主义,更不是共产主义。"[4]这是对过去极"左"路线下"越穷越革命"的假社会主义的深刻批判,也是号召人民"勤劳致富",走社会主义"共同富裕"道路的道德召唤。邓小平同志深刻地指出:"社会主义的本质,是解放生产力,发展生产力,消灭剥削,消除两极分化,最终达到共同富裕。"[5]他说:"社会主义不是少数人富起来、大多数人穷,不是那个样子。社会主义最大的优越性就是共同富裕,这是体现社会主义本质的一个东西。"[6]还说:社会主义的目的就是要全国人民共同富裕,不是两极分化。邓小平说:"走社会主义道路,就是要逐步实现共同富裕。共同富裕的构想是这样提出的:一部分地区有条件先发展起来,一

---

[1]《邓小平文选》第2卷,人民出版社1994年版,第362页。
[2]《邓小平文选》第2卷,人民出版社1994年版,第369页。
[3]《邓小平文选》第2卷,人民出版社1994年版,第337页。
[4]《邓小平文选》第3卷,人民出版社1993年版,第63—64页。
[5]《邓小平文选》第3卷,人民出版社1993年版,第373页。
[6]《邓小平文选》第3卷,人民出版社1993年版,第364页。

部分地区发展慢点,先发展起来的地区带动后发展的地区,最终达到共同富裕。"[1]邓小平同志关于先富、共富的构想,生动地体现了社会主义集体主义的本质。

三、坚定共产主义信念道德

邓小平对当代中国道德建设的最大贡献就是提出了关于精神文明建设的一整套原则、方针和思路,在于他提出了新时期以精神文明为核心的共产主义道德,在于他坚持和发展了有中国特色的共产主义理想信念和思想道德。

什么是精神文明？1980年在中央工作会议上,邓小平第一次给予了比较全面的解释:"所谓精神文明,不但是指教育、科学、文明(这是完全必要的),而且是指共产主义的思想、理想、信念、道德、纪律,革命的立场和原则,人与人的同志式的关系,等等。"[2]坚定共产主义信念,"一定要让我们的人民,包括我们的孩子们知道,我们是坚持社会主义和共产主义的,我们采取的各方面的政策,都是为了发展社会主义,为了将来实现共产主义"[3]。"现在中国提出'四有',有理想、有道德、有文化、有纪律。其中我们最强调的,是有理想。根据我长期从事政治和军事活动的经验,我认为,最重要的是人的团结,要团结就要有共同的理想和坚定的信念。……没有这样的信念,就没有一切。我们共产党人的最高理想是实现共产主义,在不同历史阶段又有代表那个阶段最广大人民利益的奋斗纲领。因此我们才能够团结和动员最广大的人民群众,叫做万众一心。……人的因素重要,不是指普通的人,而是指认识到人民自己的利益并为之而奋斗的有坚定信念的人。"[4]

共产主义信念道德的建设需要用教育和法律。在思想道德建设中,要坚持宪法和法律所保障的各项自由,坚持对思想上的不正确倾向以说服教育为主的方针,不搞任何运动和"大批判",邓小平指出:"我们主要通过两个手段来解决,一个是教育,一个是法律。"[5]所谓教育,主要是指思想政治工作,这是我们党的传统和优势。一方面,"要教育全党同志发扬大公无私、服从大局、艰苦奋斗、廉洁奉公的精神,坚持共产主义思想和共产主义道德"[6]。另一方面,道德与法律是相互联系的,它们都属于上层建筑,都是为一定的经济

---

[1]《邓小平文选》第3卷,人民出版社1993年版,第373—374页
[2]《邓小平文选》第2卷,人民出版社1994年版,地367页。
[3]《邓小平文选》第3卷,人民出版社1993年版,第112页。
[4]《邓小平文选》第3卷,人民出版社1993年版,第190页。
[5]《邓小平文选》第3卷,人民出版社1993年版,第148页。
[6]《邓小平文选》第2卷,人民出版社1994年版,第367页。

基础服务的。法律与道德犹如车之两轮、鸟之两翼不可分离,道德强调人类的道德理念铸化为法律,法律强调法律内化为人们的品质、道德。它们是两种重要的社会调控手段。法治文明是社会主义精神文明的重要组成部分,完备的法制体系和崇尚法治的精神,是一个民族文明的重要标志。邓小平认为,要靠制度和法律解决现实的社会问题。他认为:"要讲法制,真正使人人都懂得法律,使越来越多的人不仅不犯法,而且能积极维护法律。……我们要在全国坚决实行这样一些原则:有法必依,执法必严,违法必究,在法律面前人人平等。"[1]

总之,共产主义思想道德是邓小平终身坚持的理想信念,直到他晚年的1992年南方讲话中,他依然谆谆教导大家:"我坚信,世界上赞成马克思主义的人会多起来的,因为马克思主义是科学。它运用历史唯物主义揭示了人类社会发展的规律。封建社会代替奴隶社会,资本主义代替封建主义,社会主义经历一个长过程发展后必然代替资本主义。这是社会历史发展不可逆转的总趋势,但道路是曲折的。"[2]

四、为人民服务思想

党的十一届三中全会后,邓小平秉承第一代领导集体遗留的历史重任,十分严肃地指出:"能否为人民谋利益、密切联系群众,关系到党的事业的兴衰成败。"他要求"全党同志,各级干部,特别是领导干部,必须经常记住这一点,经常用这个标准检查自己的一切言行"[3]。在充分认识形势的基础上,邓小平继承了毛泽东"为人民服务"思想的精华,立足人民利益新实际,对"为人民服务"进行了重新定位。

(一)人民生活是邓小平在任何时候都关心的问题

1975年,他受命于危难之际,面对国民经济濒临崩溃的边缘,毅然提出了"以三项指示为纲",目的在于"把国民经济抓上去",把党的工作重点转移到发展生产力,改善人民生活的轨道上来。1978年,粉碎"四人帮"后,国民经济停滞不前,人民生活没有实质性的改善,邓小平提出,应该把党的工作重点转移到四个现代化建设上来。"社会主义现代化建设是我们当前最大的政治,因为它代表着人民的最大的利益、最根本的利益。"[4]1992年,邓小平指出:"改革开放迈不开步子,不敢闯,说来说去就是怕资本主义的东西多了,走了

---

[1]《邓小平文选》第2卷,人民出版社1994年版,第254页。
[2]《邓小平文选》第3卷,人民出版社1993年版,第382—383页。
[3]《邓小平文选》第2卷,人民出版社1994年版,第368页。
[4]《邓小平文选》第2卷,人民出版社1994年版,第163页。

资本主义道路。要害是姓'资'还是姓'社'的问题。判断的标准,应该主要看是否有利于发展社会主义社会的生产力,是否有利于增强社会主义国家的综合国力,是否有利于提高人民的生活水平。"[1]

邓小平在1980年就明确地指出:"我们提倡按劳分配,承认物质利益,是要为全体人民的物质利益奋斗,每个人都应该有他一定的物质利益,但是这决不是提倡各人抛开国家、集体和别人,专门为自己的物质利益奋斗,决不是提倡各人都向'钱'看。要是那样,社会主义和资本主义还有什么区别?我们从来主张,在社会主义社会中,国家、集体和个人的利益在根本上是一致的,如果有矛盾,个人的利益要服从国家和集体的利益。为了国家和集体的利益,为了人民大众的利益,一切有革命觉悟的先进分子必要时都应当牺牲自己的利益。我们要向全体人民、全体青少年努力宣传这种高尚的道德。"[2]

邓小平说:"世界观的重要表现是为谁服务。一个人,如果爱我们社会主义祖国,自觉自愿地为社会主义服务,为工农兵服务,应该说这表示他初步确立了无产阶级世界观,按政治标准来说,就不能说他是白,而应该说是红了。"[3]1962年,邓小平就这样告诫党的领导干部:"我们这一代,一定要坚持我们党的好传统,树立好的榜样,当好人民的勤务员,在我国的社会主义事业中,在世界人民的解放事业中,尽到自己应该尽的责任。"[4]

(二) 共产党执政的需要

1992年初,在国际共运遭受重大挫折之际,国内极"左"思潮再度泛起,有人想以"反和平演变"为中心取代"经济建设"这个中心。邓小平敏锐地觉察到问题的严重性,南下考察,告诫全党:"不坚持社会主义,不改革开放,不发展经济,不改善人民生活,只能死路一条。"同时指出,党的各项方针政策的制定必须始终围绕人民的利益,以"人民拥护不拥护"、"人民赞成不赞成"、"人民答应不答应"、"人民高兴不高兴"作为出发点和归宿。如果有人违背人民这一意愿,强行改变,那么人民的生活水平就会下降,"我们就会丧失人心"。他说:"谁要改变现行政策,谁就要被打倒。"[5]"谁要改变三中全会以来的路线、方针、政策,老百姓不会答应,谁就会被打倒。"[6]

邓小平说:"毛泽东同志倡导的作风,群众路线和实事求是这两条是最根

---

[1]《邓小平文选》第3卷,人民出版社1993年版,第372页。
[2]《邓小平文选》第2卷,人民出版社1994年版,第337页。
[3]《邓小平文选》第2卷,人民出版社1994年版,第92页。
[4]《邓小平文选》第1卷,人民出版社1994年版,第317页。
[5]《邓小平文选》第3卷,人民出版社1993年版,第174页。
[6]《邓小平文选》第3卷,人民出版社1993年版,第371页。

本的路线"。邓小平指出:"党只有紧紧地依靠群众,密切地联系群众,随时听取群众的呼声,了解群众的情绪,代表群众的利益,才能形成强大的力量,顺利完成自己的各项任务。"[1]

邓小平指出:"敌我斗争的胜负,决定于人民……一切为保护人民利益打算,提出恰当的对敌斗争方法,才会得到人民拥护,也才能取得胜利。"[2]

邓小平1980年12月指出:"要教育全党同志发扬大公无私、服从大局、艰苦奋斗、廉洁奉公的精神,坚持共产主义思想和共产主义道德……我们在新民主主义革命时期,就已经坚持用共产主义的思想体系指导整个工作;用共产主义道德约束共产党员和先进分子的言行;提倡和表彰'全心全意为人民服务'、'个人服从组织'、'大公无私'、'毫不利己,专门利人'、'一不怕苦,二不怕死'。现在已经进入社会主义时期,有人居然对这些庄严的革命口号进行'批判',而这种荒唐的'批判'不仅没有受到应有的抵制,居然还得到我们队伍中一些人的同情和支持。每一个有党性、有革命性的共产党员,难道能够容忍这种状况继续下去吗?"[3]

(三)共产党执政的力量源泉

邓小平提醒各级领导干部,只有依靠人民的力量,才能执行党的路线方针和政策。他曾经反复强调:"群众是我们力量的源泉,群众路线和群众观点是我们的传家宝。党的组织、党员和党的干部,必须同群众打成一片,绝对不能同群众对立。如果哪个党组织严重脱离群众而不能坚决改正,那就丧失了力量的源泉,就一定要失败,就会被人民抛弃。"[4]他还告诫全党解决问题、克服困难要依靠人民群众的力量。20世纪70年代中期,全国很多地区的部门派性猖獗,造成了严重的后果。他号召发动群众同坚持闹派性的人作坚决的斗争。同时指出,解决建设有中国特色社会主义历史进程中遇到的新问题,也同样要依靠人民群众,走群众路线。

邓小平指出:"我们的历史经验是,越是困难的时候,越要关心群众。只要你关心群众,同群众打成一片,不仅不搞特殊化,而且同群众一块吃苦,任何问题都容易解决,任何困难都能够克服。"[5]

(四)人民群众的历史地位

邓小平说:"马克思主义向来认为,归根结底地说来,历史是人民群众创

---

[1] 《邓小平文选》第2卷,人民出版社1994年版,第342页。
[2] 《邓小平文选》第1卷,人民出版社1994年版,第40—41页。
[3] 《邓小平文选》第2卷,人民出版社1994年版,第367页。
[4] 《邓小平文选》第2卷,人民出版社,1994年版,第368页。
[5] 《邓小平文选》第2卷,人民出版社1994年版,第228页。

造的。工人阶级必须依靠本阶级的群众力量和全体劳动人民的群众力量,才能实现自己的历史使命——解放自己,同时解放全体劳动人民。"[1]

怎样为人民服务包括以下几个方面:

1. 密切联系群众

邓小平一再教育党员干部要密切联系群众,虚心向人民学习,取信于民,并指出:"一个革命政党,就怕听不到人民的声音,最可怕的是鸦雀无声。"他坚决反对压制群众意见,"听到群众有一点议论,尤其是尖锐一点的议论,就要追查所谓'政治背景'、所谓'政治谣言',就要立案,进行打击压制,这种恶劣作风必须坚决制止。……这种状况实际上是软弱的表现,是神经衰弱的表现"[2]。"骄傲,专横,鲁莽,自作聪明,不同群众商量,把自己的意见强加于人,为了自己的威信而坚持错误,是同党的群众路线根本不相容的。"[3]所以"党必须密切联系群众和依靠群众,而不能脱离群众,不能站在群众之上;每一个党员必须养成为人民服务、向群众负责、遇事同群众商量和群众共甘苦的工作作风"[4]。只有尊重群众的意见,倾听群众的呼声,按照群众的要求不断修正、完善党的方针和政策,取信于人民群众,才能更好地代表人民群众的利益,更好地为人民群众办实事、做好事。

邓小平同志说:"我们要想一想,我们给人民究竟做了多少事情呢?我们一定要根据现在的有利条件加速发展生产力,使人民的物质生活好一些,使人民的文化生活、精神面貌好一些。"[5]邓小平指出:"要大力加强党的组织、党员同群众的联系,要把国家的形势和困难、党的工作和政策经常真实地告诉群众。要坚决批评和纠正各种脱离群众、对群众疾苦不闻不问的错误。群众是我们力量的源泉,群众路线和群众观点是我们的传家宝。党的组织、党员和党的干部,必须同群众打成一片,绝不能同群众对立……一定要努力帮助群众解决一切能够解决的困难。暂时无法解决的困难,要耐心恳切地向群众解释清楚。"[6]

2. 富裕人民生活

邓小平同志说:"我们革命的目的就是解放生产力,发展生产力,离开生产力的发展、国家的富强、人民生活的改善,革命就是空的","社会主义必须

---

[1]《邓小平文选》第1卷,人民出版社1994年版,第217页。
[2]《邓小平文选》第2卷,人民出版社1994年版,第145页。
[3]《邓小平文选》第1卷,人民出版社1994年版,219页。
[4]《邓小平文选》第1卷,人民出版社1994年版,217页。
[5]《邓小平文选》第2卷,人民出版社1994年版,第128页。
[6]《邓小平文选》第2卷,人民出版社1994年版,第368页。

大力发展生产力,逐步消灭贫穷,不断提高人民的生活水平"。[1]

20世纪80年代初期,邓小平指出:"各项工作都要有助于建设有中国特色的社会主义,都要以是否有助于人民的富裕幸福,是否有助于国家的兴旺发达,作为衡量做得对或不对的标准。"[2]邓小平在领导改革开放和社会主义现代化建设的过程中,明确宣告贫穷不是社会主义。他提出,要通过改革来提高人民生活水平,"中国社会实际上从1958年开始到1978年的20年内,长期处于停滞和徘徊状态,国家的经济和人民的生活没有得到多大的发展和提高"。"这种情况不改革行吗?"我们一定要通过加速发展生产力使人民过上好生活,"我们要想一想,我们给人民究竟做了多少事情呢?我们一定要根据现在的有利条件加速发展生产力,使人民的物质生活好一些,使人民文化生活、精神面貌好一些"[3]。由此,邓小平首先把实现人民群众根本利益的共同富裕纳入了社会主义的本质之中,指出:"社会主义的本质,就是要解放生产力,发展生产力,消灭剥削,消除两极分化,最终达到共同富裕。"其次,邓小平明确提出了判断改革开放及党的各项工作得失成败的"三个有利于"标准。在经济上要不断提高人民的生活水平,把是否有利于人民的富裕幸福作为衡量做得对与不对的标准。"三个有利于"要求以是否有利于提高人民生活水平为衡量各项工作的根本标准之一。邓小平说:"生活水平究竟怎么样,人民对这个问题感觉敏锐得很。我们上面怎么算账也算不过他们,他们那里的账最真实。"[4]因为"人民是看实践"。再次,邓小平设计制定了"三步走"的总体发展战略,强调人民生活要先由"温饱型"达到"小康型",再到本世纪中叶,使人民生活比较富裕,国家基本实现现代化,然后还要"继续前进,逐步达到更高程度的现代化"[5]。

"贫穷不是社会主义,更不是共产主义。"[6]没有贫穷的社会主义,社会主义的特点不是穷,而是富。所以,现阶段我们党的工作重点应该是发展生产力,努力提高人民群众的物质生活条件。邓小平说:"同心同德地实现四个现代化,是今后一个相当长的时期内全国人民压倒一切的中心任务,是决定祖国命运的千秋大业"。[7]"社会主义现代化建设是我们当前最大的政治,因

---

[1]《邓小平文选》第2卷,人民出版社1994年版,第231页。
[2]《邓小平文选》第3卷,人民出版社1993年版,第23页。
[3]《邓小平文选》第2卷,人民出版社1994年版,第128页。
[4]《邓小平文选》第3卷,人民出版社1993年版,第355页。
[5]《邓小平文选》第2卷,人民出版社1994年版,第356页。
[6]《邓小平文选》第3卷,人民出版社1993年版,第64页。
[7]《邓小平文选》第2卷,人民出版社1994年版,第208—209页。

为它代表着人民的最大的利益、最根本的利益。"[1]邓小平反复强调,要坚持以经济建设为中心,一心一意搞经济建设,因为只有搞好经济建设,使生产力大幅度发展,才能逐步提高人民的物质文化生活水平。社会主义的任务是发展社会生产力,增强社会主义国家的力量,使人民的生活逐步得到改善,为将来进入共产主义准备基础。同时,邓小平指出,社会主义国家的富是全体人民的共同富裕,并不是资本主义社会的两极分化,这也是社会主义优越性的集中体现。"社会主义不是少数人富起来、大多数人穷,不是那个样子。社会主义最大的优越性就是共同富裕,这是体现社会主义本质的一个东西。"[2]所以我们始终要坚持一点,便是"社会主义财富属于人民,社会主义的致富是全民共同致富"[3]。邓小平指出:"在社会主义国家,一个真正的马克思主义政党在执政以后,一定要致力于发展生产力,并在这个基础上逐步提高人民的生活水平。"[4]邓小平明确指出:"我们提倡按劳分配,承认物质利益,是要为全体人民的物质利益奋斗。"[5]

3. 政治上保持安定团结

政治上,我们要努力维护安定团结,保持社会稳定,反对动乱。因为"文化大革命"的教训已经证明,动乱不能前进只能后退,要有秩序才能前进。在我国目前的情况下,可以说,没有安定团结,就没有一切……过去我们已经吃了十来年的苦头,再乱,人民吃不消,人民也不答应。[6]可以看出,在改革开放和现代化建设时期,邓小平强调作为执政的中国共产党应当勤政为民,以人民的意愿和利益为出发点,人民同意的我们坚决执行,人民反对的我们一定克服制止。邓小平同志说:"什么叫领导?领导就是服务。"[7]服务就是为人民群众服务,为下级服务,这是邓小平人民观在政治上的集中体现。

邓小平指出,我们评价一个国家的政治体制、政治结构和政策是否正确,关键的是看能否增进人民的团结、改善人民的生活。"如果我们的政策导致两极分化,我们就失败了;如果产生了什么新的资产阶级,那我们就真是走了邪路了。"[8]人民就会不满意,就会引起政局的动荡。邓小平认为每一个有党性、革命性的共产党员都必须"密切联系群众,这是最根本的一条。不要

---

[1]《邓小平文选》第 2 卷,人民出版社 1994 年版,第 163 页。
[2]《邓小平文选》第 3 卷,人民出版社 1993 年版,第 364 页。
[3]《邓小平文选》第 3 卷,人民出版社 1993 年版,第 172 页。
[4]《邓小平文选》第 3 卷,人民出版社 1993 年版,第 28 页。
[5]《邓小平文选》第 2 卷,人民出版社 1994 年版,第 337 页。
[6]《邓小平文选》第 2 卷,人民出版社 1994 年版,第 252 页。
[7]《邓小平文选》第 3 卷,人民出版社 1993 年版,第 121 页。
[8]《邓小平文选》第 3 卷,人民出版社 1993 年版,第 111 页。

'做官当老爷',要反对'衙门作风',这是毛泽东同志的一些根本的思想观点,现在我们还是应该按照这些思想观点去办事"[1]。

4. 建设服务于人民的文化

在文化建设上,要服务于人民,同时努力增强全国人民的科学文化素质和思想道德素质。邓小平在《中国文学艺术工作者第四次代表大会上的祝词》中说:"人民是文艺工作者的母亲。一切进步文艺工作者的艺术生命,就在于他们同人民之间的血肉联系。忘记、忽略或是割断这种联系,艺术生命就会枯竭。"[2]"我们的文艺属于人民。"文艺创作必须充分表现我们人民的优秀品质,力求把最好的精神食粮贡献给人民。同时,邓小平同志非常注重提高全民素质。他说,有中国特色的社会主义包括两个方面,一是高度的社会主义物质文明,二是高度的社会主义精神文明,人民群众不仅是社会主义物质文明的直接创造者,而且是社会主义精神文明建设的主体力量。我们的国家,国力的强弱,经济发展后劲的大小,越来越取决于劳动者的素质,取决于知识分子的数量和质量。所以,邓小平致力于提高全国人民的科学文化素质和思想道德素质,提出培育社会主义"四有"——"有理想、有道德、有文化、有纪律"[3]的新人。

五、爱国主义思想

邓小平指出:"必须发扬爱国主义精神,提高民族自尊心和自信心。否则我们就不可能建设社会主义。"[4]邓小平指出:"特别是像我们这样第三世界的发展中国家,没有民族自尊心,不珍惜自己民族的独立,国家是立不起来的。"[5]邓小平指出:"凡是中华儿女,不管穿什么衣服,不管是什么立场,起码都有中华民族的自豪感。"[6]邓小平指出:"我们一定要在全党和全国范围内有领导、有计划地大力提倡社会主义道德风尚,热爱社会主义祖国,提高民族自尊心。"[7]对于改革开放以来,我们党曾在一段时间内忽视了思想政治教育工作,社会上出现了一些不道德、不文明的现象,邓小平提出了尖锐的批评:"十年最大的失误是教育,这里我主要是讲思想政治教育,不单纯是对学

---

[1]《邓小平文选》第2卷,人民出版社1994年版,第230页。
[2]《邓小平文选》第2卷,人民出版社1994年版,第211页。
[3]《邓小平文选》第3卷,人民出版社1993年版,第190页。
[4]《邓小平文选》第2卷,人民出版社1984年版,第369页。
[5]《邓小平文选》第3卷,人民出版社1993年版,第331页。
[6]《邓小平文选》第3卷,人民出版社1993年版,第60页。
[7]《邓小平文选》第2卷,人民出版社1984年版,第262页。

校、青年学生,是泛指对人民的教育。对于艰苦创业,对于中国是个什么样的国家,将要变成一个什么样的国家,这种教育都很少,这是我们很大的失误。"[1]

邓小平在新的历史条件下,丰富和发展了爱国主义思想。

（一）坚持社会主义基本立场和方向

作为中国共产党领导的社会主义国家,爱国主义与社会主义在本质上是统一的,爱国家就是爱社会主义。邓小平指出:"坚持马克思主义对中国十分重要,坚持社会主义对中国也十分重要。中国自鸦片战争以来的一个多世纪内,处于被侵略、受屈辱的状态,是中国人民接受了马克思主义,并且坚持走从新民主主义到社会主义的道路,才使中国的革命取得了胜利。"[2]他还指出只有社会主义才能救中国,爱国必须爱社会主义。"对中华人民共和国领导下的每一个公民,每一个青年,我们的要求当然要更高一些"。"有人说不爱社会主义不等于不爱国。难道祖国是抽象的吗？不爱共产党领导的社会主义的新中国,爱什么呢？"[3]爱国与爱社会主义本质上的统一,既是爱国主义在当代中国发展的必然要求,又是社会主义在当代中国实践的必然结果。所以,邓小平要求我们必须"在政治上要爱国,爱社会主义"[4]。面对港澳台这一现实问题,邓小平认为,大陆的中国人民必须把爱国主义和爱社会主义统一起来,既不可把二者对立,又不能把二者割裂。华侨和港澳台同胞则不同,他们生活在非社会主义制度的地区,不可能要求他们都做到爱国主义与爱社会主义的统一,只能要求他们爱祖国,支持和致力于国家统一,支持和参加祖国的建设和繁荣,不做任何不利于祖国的事。在谈到香港的爱国主义和爱国者的标准时,邓小平指出:"什么叫爱国者？爱国者的标准是,尊重自己民族,诚心诚意拥护祖国恢复行使对香港的主权,不损害香港的繁荣和稳定。只要具备这些条件,不管他们相信资本主义,还是相信封建主义,甚至相信奴隶主义,都是爱国者。"[5]

（二）改革开放,促进发展

党的十一届三中全会之后,邓小平领导我们国家实施了对内改革、对外开放的基本国策,改革开放开启了新中国的强国之路,形成了社会主义事业发展的强大动力。通过建立和不断完善社会主义市场经济体制,积极稳妥地

---

[1]《邓小平文选》第3卷,人民出版社1993年版,第306页。
[2]《邓小平文选》第3卷,人民出版社1993年版,第62页。
[3]《邓小平文选》第2卷,人民出版社1994年版,第392页。
[4]《邓小平文选》第2卷,人民出版社1994年版,第41页。
[5]《邓小平文选》第3卷,人民出版社1993年版,第61页。

推进政治体制改革,发展社会主义民主,建设社会主义政治文明,推进文化体制改革。邓小平的忧患意识换来了中国的改革开放,使社会主义在中国重新焕发了生机与活力。

面对"文化大革命"给国家留下了严重的局面,邓小平指出:"旧的那一套经过几十年的实践证明是不成功的。过去我们搬用别国的模式,结果阻碍了生产力的发展,在思想上导致僵化,妨碍人民和基层积极性的发挥。"[1]"坚持改革开放是决定中国命运的一招。"[2]"如果现在再不实行改革,我们的现代化事业和社会主义事业就会被葬送。"[3]中国需要第二次革命,"要得到发展,必须坚持对外开放、对内改革"[4]。改革开放的目的和使命是什么?对此,邓小平指出:"总的目的是要有利于巩固社会主义制度,有利于巩固党的领导,有利于在党的领导和社会主义制度下发展生产力。"[5]

邓小平指出:"任何一个国家要发展,孤立起来,闭关自守是不可能的。"[6]"中国在西方国家产业革命以后变得落后了,一个重要原因就是闭关自守。建国以后,人家封锁我们,在某种程度上我们也还是闭关自守,这给我们带来了一些困难。三十几年的经验教训告诉我们,关起门来搞建设是不行的,发展不起来。"[7]邓小平指出:"经济建设这一手我们搞得相当有成绩,形势喜人,这是我们国家的成功。但风气如果坏下去,经济搞成功又有什么意义?会在另一方面变质,反过来影响整个经济变质,发展下去会形成贪污、盗窃、贿赂横行的世界。"[8]基于此,邓小平指出:"我们要在建设高度物质文明的同时,提高全民族的科学文化水平,发展高尚的丰富多彩的文化生活,建设高度的社会主义精神文明。"[9]

(三)统一祖国的坚定信念

我们所进行的改革开放必须在维护国家主权的前提下进行,并且不得损害我国的安全,也即我们参与国际事务、吸收外来经验的前提是不得影响我国主权的正常行使,外来力量不得借此来干涉中国内政。故,无论是吸收国际经验,还是参与国际事务以及与国际法相衔接,都必须坚持一个基本原则,

---

[1]《邓小平文选》第3卷,人民出版社1993年版,第237页。
[2]《邓小平文选》第3卷,人民出版社1993年版,第368页。
[3]《邓小平文选》第2卷,人民出版社1984年版,第150页。
[4]《邓小平文选》第3卷,人民出版社1993年版,第202页。
[5]《邓小平文选》第3卷,人民出版社1993年版,第241页。
[6]《邓小平文选》第3卷,人民出版社1993年版,第117页。
[7]《邓小平文选》第3卷,人民出版社1993年版,第64页。
[8]《邓小平文选》第3卷,人民出版社1993年版,第154页。
[9]《邓小平文选》第2卷,人民出版社1984年版,第208页。

这就是邓小平反复强调的"国家的主权、国家的安全要始终放在第一位"[1]。

中国共产党是全国各族人民的忠实代表,始终坚定不移地把祖国统一和民族独立作为奋斗目标。邓小平提出的"一国两制"论,是实现祖国统一方式的新创造,也是建设有中国特色的社会主义理论最具特色的一个内容。他根据当今世界的时代特征,从中国和世界的历史与现实出发,提出"一国两制"的伟大构想,具有特别重要的理论意义和实践意义。1984年6月,邓小平正式提出"一国两制"的设想时就重申:"实现国家统一是民族的愿望,一百年不统一,一千年也要统一的。"[2]他以生动的语言表达了对完成祖国统一大业的坚定信念,代表了整个中华民族的政治心愿,从而把爱国主义精神提升到振兴中华民族、实现祖国统一的高度。

(四) 反对霸权主义,维护世界和平

邓小平是一位伟大的爱国主义者,但是在他的爱国主义思想中,包含着一个和平主义的"世界公民"所具有的宽广的国际主义胸怀和中华民族为世界多做贡献的崇高境界。这一境界的第一个层面就是爱好和平,中国人民历来是爱好和平的,"从政治角度说,我可以明确地肯定地讲一个观点,中国现在是维护世界和平和稳定的力量,不是破坏力量,中国发展得越强大,世界和平越靠得住。过去,在国际上有人认为中国是'好战'的。对这个问题,不仅我,还有中国其他领导人,包括已故的毛泽东主席、周恩来总理都多次声明,中国最希望和平"[3]。其次,邓小平指出,我们的对外政策,是要寻求一个和平的环境来实现我国的四个现代化。他进一步分析说,现在国际政治领域由对抗转为对话,由紧张转向缓和,出现了许多新情况,因此,应该建立国际政治新秩序。他强调说:"现在确实需要以和平共处五项原则作为新的国际政治、经济秩序的准则。"[4]另外,邓小平还指出,保持国际秩序的稳定,促进国际社会的共同发展,维护世界和平,必须坚持和平共处五项原则,他说:"处理国与国之间的关系,和平共处五项原则是最好的方式。其他方式,如'大家庭'方式、'集团政治'方式、'势力范围'方式,都会带来矛盾,激化国际局势。总结国际关系的实践,最具有强大生命力的就是和平共处五项原则。"[5]邓小平的和平思想,弘扬了中华民族爱好和平的传统美德,为我国与世界各国人民建立和发展友好合作关系指明了方向,并为维护世界和平、繁荣国际经

---

[1]《邓小平文选》第3卷,人民出版社1993年版,第348页。
[2]《邓小平文选》第3卷,人民出版社1993年版,第59页。
[3]《邓小平文选》第3卷,人民出版社1993年版,第104页。
[4]《邓小平文选》第3卷,人民出版社1993年版,第360页。
[5]《邓小平文选》第3卷,人民出版社1993年版,第96页。

济做出重要贡献,也为我国社会主义现代化建设争得了和平的国际环境。

(五)强烈的民族自尊心、自豪感和开拓进取的精神

邓小平将民族自尊心和自豪感视为民族独立和建立自己国家的精神支柱。他告诫人们,在改革开放中"必须发扬爱国主义精神,提高民族自尊心和民族自信心,否则我们就不可能建设社会主义,就会被种种资本主义势力所侵蚀腐化"[1]。他主张要弘扬自强不息,开拓进取的精神。"要克服一个怕字,要有勇气。什么事情总要有人试第一个,才能开拓新路,试第一个就要准备失败,失败也不要紧。"[2]1992年邓小平视察南方谈话中指出:"没有一点闯的精神,没有一点'冒'的精神,没有一股气呀、劲呀,就走不出一条好路,走不出一条新路,就干不出新的事业。"[3]邓小平在强调独立自主的同时,还强调不能夜郎自大、故步自封、闭关自守、关起门来搞建设,必须大胆吸收和借鉴人类所创造的一切文明成果。"现在的世界是开放的世界。中国在西方国家产业革命以后变得落后了,一个重要原因就是闭关自守。"[4]"中国要谋求发展,摆脱贫穷和落后,就必须开放。开放不仅是发展国际间的交往,而且要吸收国际的经验。"[5]与此同时,在经济发展、人民生活水平有所提高的今天,邓小平号召必须发扬艰苦奋斗创业的精神,要"发扬革命和拼命精神,严守纪律和自我牺牲精神,大公无私和先人后己精神,压倒一切敌人、压倒一切困难的精神,坚持革命乐观主义、排除万难去争取胜利的精神……要大声疾呼和以身作则地把这些精神推广到全体人民、全体青少年中间去,使之成为中华人民共和国的精神文明的主要支柱"[6]。他身体力行,在其漫长的人生历程中不断搏击风浪,从容自信,乐观进取,从不屈服于困难和挫折,不屈服于邪恶势力,用非凡的能力战胜了政治上的三起三落和无数的阴谋诡计,并且每次都向他生命的目标更接近一步,成为一位卓有成就的政治家。

六、功利主义思想

邓小平功利思想是无产阶级功利思想,他在继承毛泽东功利思想的基础上,在新的历史时期,给无产阶级功利思想注入了新的时代内容。

---

[1] 《邓小平文选》第2卷,人民出版社1994年版,第369页。
[2] 《邓小平文选》第3卷,人民出版社1993年版,第367页。
[3] 《邓小平文选》第3卷,人民出版社1993年版,第372页。
[4] 《邓小平文选》第3卷,人民出版社1993年版,第64页。
[5] 《邓小平文选》第3卷,人民出版社1993年版,第266页。
[6] 《邓小平文选》第2卷,人民出版社1994年版,第368页。

(一)一切为了人民,一切着眼于人民,为人民谋利益,是邓小平功利思想的出发点和归宿

邓小平始终坚持从最广大的人民利益出发,面对我国的现实国情和人民的需要,根据辩证唯物主义和历史唯物主义原理,在改革开放、建设有中国特色社会主义的过程中,他尊重群众,热爱人民,总是时刻关注最广大人民的利益和愿望,认为人民群众的利益始终是第一位的,把为人民谋利益作为制定党的路线、方针、政策的出发点和归宿。邓小平领导我党制定的基本路线,是以经济建设为中心,实际是以人民利益为中心;坚持改革开放是为了解放和发展生产力,归根到底也是为了人民利益;坚持四项基本原则,也是为了人民利益。邓小平指出:"社会主义发展生产力成果是属于人民的","在社会主义国家,一个真正的马克思主义政党在执政以后,一定要致力于发展生产力,并在这个基础之上逐步提高人民的生活水平"。[1]充分满足人民群众的利益是邓小平考虑一切问题的出发点。因此,"党的全部任务就是全心全意地为人民群众服务;党对于人民群众的领导作用,就是正确地给人民群众指出斗争的方向,帮助人民群众自己动手,争取和创造自己的幸福生活"[2]。邓小平认为:"凡是于人民有利的事情,无不尽力提倡与实行。"[3]坚持群众路线,和群众一起,去发动群众的积极性,真心实意地为人民群众谋利益,解决群众的生产和生活问题。邓小平痛斥林彪、"四人帮"宣扬的"贫穷社会主义"的谬论。他把人民共同富裕看作社会主义优越性的根本表现,用直接反映提高人民生活水平的温饱、小康、比较富裕等目标来规划社会主义现代化建设的战略步骤,把是否有利于提高人民生活水平作为判断一切政策、一切工作是非得失的根本标准之一,把"为人民造福,为发展生产力、为社会主义事业作出积极贡献"[4]作为用人的主要政治标准。他一再强调我们无论做什么,都要把人民高兴不高兴,人民拥护不拥护,人民满意不满意,人民答应不答应放在首位。

邓小平反对提倡极端个人主义,他说:"我们提倡按劳分配,承认物质利益,是要为全体人民的物质利益奋斗。每个人都应该有他一定的物质利益,但是这决不是提倡各人抛开国家、集体和别人,专门为自己的利益而奋斗,决不是提倡各人都向'钱'看。要是那样,社会主义和资本主义还有什么区别?我们从来主张,在社会主义社会中,国家、集体和个人的利益在根本上是一致

---

[1]《邓小平文选》第3卷,人民出版社1993年版,第28页。
[2]《邓小平文选》第1卷,人民出版社1994年版,第217页。
[3]《邓小平文选》第1卷,人民出版社1994年版,第80页。
[4]《邓小平文选》第2卷,人民出版社1994年版,第151页。

的,如果有矛盾,个人的利益要服从国家和集体的利益。"[1]因此,"我们必须按照统筹兼顾的原则来调节各种利益的相互关系"[2]。

1982年,邓小平在回答美国记者迈克·华莱士提问时说:"不能有穷的共产主义,同样也不能有穷的社会主义。致富不是罪过。"[3]邓小平说:"我们讲的致富不是你们讲的致富。社会主义财富属于人民,社会主义的致富是全民共同致富。"[4]"社会主义的特点不是穷,而是富,但这种富是人民共同富裕。"[5]

在《坚持按劳分配原则》一文中,他提出:"要有奖有罚,奖罚分明。对干得好的、干得差的,经过考核给予不同的报酬。我们实行精神鼓励为主、物质鼓励为辅的方针。颁发奖牌、奖状是精神鼓励,是一种政治上的荣誉。这是必要的。但物质鼓励也不能缺少。在这方面,我们过去行之有效的各种措施都要恢复。奖金制度也要恢复。"[6]在谈到责任制问题时,邓小平指出:"要根据工作成绩的大小、好坏,有赏有罚,有升有降。而且,这种赏罚、升降必须同物质利益联系起来。"[7]1990年,邓小平在谈到国际形势和经济问题时,提出要实现国家的长治久安,"最根本的因素,还是经济增长速度,而且要体现在人民的生活逐步地好起来"[8]。只有人民生活水平上去了,人们才能认同现行的制度和政策。

(二)把人民利益与无产阶级的集体主义、社会主义道德结合起来,是邓小平功利思想的价值原则

邓小平认为,国家、集体、个人利益三者的关系是对立统一的。因此,既要强调公私兼顾,又要提倡个人利益服从国家、集体利益,用集体主义原则来规范、协调国家、集体、个人三者之间的利益关系,鼓励人们积极投入社会主义现代化建设中去。对此,邓小平一方面从理论和实践上肯定了社会主义条件下人们追求正当个人物质利益的合理性,把保护人民群众的正当个人利益,鼓励"勤劳致富"、"多劳多得"作为社会主义集体主义道德的一项基本要求。他指出,社会主义社会"必须实行按劳分配,必须把国家、集体和个人利

---

[1]《邓小平文选》第2卷,人民出版社1994年版,第337页。
[2]《邓小平文选》第2卷,人民出版社1994年版,第175页。
[3]《邓小平文选》第3卷,人民出版社1993年版,第171-172页。
[4]《邓小平文选》第3卷,人民出版社1993年版,第172页。
[5]《邓小平文选》第3卷,人民出版社1993年版,第265页。
[6]《邓小平文选》第2卷,人民出版社1994年版,第102页。
[7]《邓小平文选》第2卷,人民出版社1994年版,第151页。
[8]《邓小平文选》第3卷,人民出版社1993年版,第355页。

益结合起来,才能调动积极性,才能发展社会主义的生产"[1]。承认个人的利益,是要为全体人民的物质利益而奋斗。共产党人也有自己的个人利益,只是应以群众利益为重,个人利益为轻。这样邓小平将个人利益放在应有的位置,有利于激发人民的劳动积极性和创造性。另一方面,他又指出,现实的利益主体有个人、集体和国家,它们的利益在根本上是一致的,是以发展生产力,满足人民物质文化生活水平的提高为目标。但三者也相互矛盾、相互制约。在利益分配中,当一方多得则另一方会少得;当一方利益受损害也会使另一方利益受到损害。解决这一矛盾的最终途径只有在未来的共产主义社会,"共产主义的高级阶段,生产力高度发达,实行各尽所能,按需分配,将更多地承认个人利益、满足个人需要"[2]。因此,必须坚持集体主义道德原则,协调三者之间的利益关系。"在社会主义社会中,国家、集体和个人的利益在根本上是一致的,如果有矛盾,个人的利益要服从国家和集体的利益。为了国家和集体的利益,为了人民大众的利益,一切有革命觉悟的先进分子必要时都应当牺牲自己的利益。"[3]必须用统筹兼顾的原则来调节各种利益的相互关系,既反对不顾群众正当利益的倾向,又要防止只顾本位利益、个人利益而损害国家利益、人民利益的破坏性的自发倾向。如果以损害整体利益去获得局部利益,违反长远利益而追求暂时利益的急功近利的做法,那么,结果势必两头都要受损失。只有将个人利益与国家利益、集体利益紧密结合起来,协调发展,才能最终保证和促进人民群众根本利益的获得。

"多劳多得,也要照顾整个国家和左邻右舍。"[4]"个人利益要服从国家和集体利益",也就是要把国家和人民的利益放在首位。他在批评1979年出现的滥发奖金风时说:"也要看到一种倾向,就是有的人、有的单位只顾多得,不但不照顾左邻右舍,甚至不顾及整个国家的利益和纪律。"[5]要防止盲目性,特别是防止只顾单位利益、个人利益而损害国家利益、人民利益,"暂时利益要服从长远利益,或者叫做小局服从大局,小道理服从大道理……我们必须按照统筹兼顾的原则来调节各种利益的相互关系。如果相反,违反集体利益而追求个人利益,违反整体利益而追求局部利益,违反长远利益而追求暂时利益,那末,结果势必两头都受损失"[6]。

---

[1]《邓小平文选》第2卷,人民出版社1994年版,第351页。
[2]《邓小平文选》第2卷,人民出版社1994年版,第351—352页。
[3]《邓小平文选》第2卷,人民出版社1994年版,第337页。
[4]《邓小平文选》第2卷,人民出版社1994年版,第258页。
[5]《邓小平文选》第2卷,人民出版社1994年版,第258页。
[6]《邓小平文选》第2卷,人民出版社1994年版,第175—176页。

(三)邓小平强调要将人民的物质利益需要与无产阶级革命的远大理想教育有机地统一起来,以满足人民最广泛的物质利益需要来促进无产阶级最远大理想的实现

邓小平总结了社会主义建设时期的历史经验,正确地阐明了物质追求和社会主义理想教育的关系。他指出:"革命是在物质利益的基础上产生的,如果只讲牺牲精神,不讲物质利益,那就是唯心论。"[1]他反复强调,贫穷不是社会主义,社会主义要消灭贫穷。他把解放和发展生产力作为社会主义的根本任务,通过发展生产力来提高人民的生活水平。与此同时,邓小平指出:"我们一定要经常教育我们的人民,尤其是我们的青年,要有理想。为什么我们过去能在非常困难的情况下奋斗出来,战胜千难万险使革命胜利呢?就是因为我们有理想,有马克思主义信念。"[2]战争年代如此,社会主义建设时期也如此。没有崇高精神的人,是一个没有灵魂的人;没有崇高精神的民族,是一个没有希望的民族,建立新中国我们靠的是井冈山精神、长征精神;建设新中国,我们靠的是与之一脉相承的雷锋精神、铁人精神。在新的历史时期,在改革开放和现代化建设过程中,面对我们所面临的巨大困难,我们需要崇高的精神来支撑。邓小平指出:"现在中国提出'四有',有理想、有道德、有文化、有纪律。其中我们最强调的,是有理想。根据我长期从事政治和军事活动的经验,我认为,最重要的是人的团结,要团结就要有共同的理想和坚定的信念。我们过去几十年艰苦奋斗,就是靠用坚定的信念把人民团结起来,为人民自己的利益而奋斗。没有这样的信念,就没有凝聚力。没有这样的信念,就没有一切。我们共产党人的最高理想是实现共产主义,在不同历史阶段又有代表那个阶段最广大人民利益的奋斗纲领。因此我们才能够团结和动员最广大的人民群众,叫做万众一心。有了这样的团结,任何困难和挫折都能克服。"[3]

邓小平强调要讲理想和信念,靠它们"把人民团结起来,为人民自己的利益而斗争"[4]。他说:"我们这么大一个国家,怎样才能团结起来、组织起来呢?一靠理想,二靠纪律。组织起来就有力量。没有理想,没有纪律,就会像旧中国那样一盘散沙,那我们的革命怎么能够成功?我们的建设怎么能够成

---

[1]《邓小平文选》第2卷,人民出版社1994年版,第146页。
[2]《邓小平文选》第3卷,人民出版社1993年版,第110页。
[3]《邓小平文选》第3卷,人民出版社1994年版,第190页。
[4]《邓小平文选》第3卷,人民出版社1993年版,第190页。

功?"[1]"没有这样的信念,就没有凝聚力。没有这样的信念,就没有一切。"[2]"人的因素重要,不是指普通的人,而是指认识到人民自己的利益并为之而奋斗的有坚定信念的人。"[3]"我们提出要教育人民成为'四有'人民,教育干部成为'四有'干部。"[4]邓小平还强调,光靠物质条件,我们的革命和建设都不可能胜利。"在长期革命战争中,我们在正确的政治方向指导下,从分析实际情况出发,发扬革命和拼命精神,严守纪律和自我牺牲精神,大公无私和先人后己精神,压倒一切敌人、压倒一切困难的精神,坚持革命乐观主义、排除万难去争取胜利的精神,取得了伟大的胜利。"[5]过去我们党无论怎样弱小,无论遇到什么困难,一直都有强大的战斗力,"就是因为我们有理想,有马克思主义信念,有共产主义信念。""无论过去、现在和将来,这都是我们的真正优势。"[6]

针对把坚持社会主义道德的完善性和追求物质利益割裂开来、对立起来的"左"的错误观念,邓小平同志把提倡社会主义道德的重要作用和重视物质利益的基础作用统一起来。在分析道德建设和推进经济建设的关系中,邓小平同志深刻地揭示了社会主义的"利"和"义"的相互作用关系。一方面他坚持用社会主义的"义"来统率社会主义的"利",认为我们在大力发展经济建设的时候,不能忘记社会主义的方向,另一方面他又看到发展社会主义的经济建设,对于弘扬社会主义道德精神的重要性。邓小平说:"发展才是硬道理"[7],"抓住时机,发展自己,关键是发展经济"[8]。并把"是否有利于发展社会主义社会的生产力,是否有利于增强社会主义国家的综合国力,是否有利于提高人民的生活水平"[9]作为判断改革开放有没有搞好的标准,十分鲜明地表达了新形势下我们必须倡导的功利观念。

邓小平同志坚持和发展了毛泽东同志"必须给人们看得见的物质利益"的思想,提出了坚持社会主义不能吹牛,而是要让人民从实际利益的比较中来认识社会主义优越性的道义观。邓小平指出:"不加强精神文明的建设,物质文明的建设也要受破坏,走弯路。光靠物质条件,我们的革命和建设都不

---

[1]《邓小平文选》第3卷,人民出版社1993年版,第111页。
[2]《邓小平文选》第3卷,人民出版社1993年版,第190页。
[3]《邓小平文选》第3卷,人民出版社1993年版,第190页。
[4]《邓小平文选》第3卷,人民出版社1993年版,第205页。
[5]《邓小平文选》第2卷,人民出版社1994年版,第367—368页。
[6]《邓小平文选》第3卷,人民出版社1993年版,第110页。
[7]《邓小平文选》第3卷,人民出版社1993年版,第377页。
[8]《邓小平文选》第3卷,人民出版社1993年版,第375页。
[9]《邓小平文选》第3卷,人民出版社1993年版,第372页。

可能胜利。"[1]物质文明和精神文明要"两手抓,两手都要硬","要在建设高度物质文明的同时,提高全民族的科学文化水平,发展高尚的丰富多彩的文化生活,建立高度的社会主义精神文明"。[2]

从"实效"出发把动机和效果统一起来。功利主义是强调效果的伦理学说,无产阶级的功利主义同样是这样。邓小平伦理思想既注重动机,更重视效果。尤其是紧紧围绕经济建设这个中心,结合工作实际,提出并创造性地解决了人们的行为动机与效果的关系问题,而且在注重"实效"的基础上把它们结合并统一起来。在邓小平看来,"不管你搞什么,一定要有利于发展生产力,发展生产力要讲究经济效果"[3]。在大力发展经济和生产力的时候,他还指出:"追求表面文章,不讲实际效果、实际效率、实际速度、实际质量、实际成本的形式主义必须制止。说空话、说大话、说假话的恶习必须杜绝。"[4]

七、加强社会主义道德教育

"我们这些人的脑子里是有共产主义理想和信念的。要特别教育我们的下一代下两代,一定要树立共产主义的远大理想。一定不能让我们的青少年作资本主义腐朽思想的俘虏,那绝对不行。"[5]"有理想,有纪律,这两件事我们务必时刻牢记在心。一定要让我们的人民,包括我们的孩子们知道,我们是坚持社会主义和共产主义的,我们采取的各方面的政策,都是为了发展社会主义,为了将来实现共产主义。"[6]具体有以下几个方面:

(一)拿事实来说话,积极推进制度建设

拿事实说话,就是贯彻执行解放思想、实事求是的思想路线,尊重和保护人民群众的健康道德意识和道德实践。邓小平指出:"必须明确,不要搞什么反封建主义的政治运动和宣传运动,不要对什么人搞过去那种政治批判,更不能把斗争矛头对着干部和群众。历史经验证明,用大搞群众运动的办法,而不是用透彻说理、从容讨论的办法,去解决群众的思想教育问题,而不是用扎扎实实、稳步前进的办法,去解决现行制度的改革和新制度的建立问题,从来都是不成功的。"[7]邓小平清醒地认识到,一个社会道德领域中的道德情

---

[1]《邓小平文选》第3卷,人民出版社1993年版,第144页。
[2]《邓小平文选》第2卷,人民出版社1994年版,第208页。
[3]《邓小平文选》第2卷,人民出版社1994年版,第312页。
[4]《邓小平文选》第2卷,人民出版社1994年版,第100页。
[5]《邓小平文选》第3卷,人民出版社1993年版,第111页。
[6]《邓小平文选》第3卷,人民出版社1993年版,第112页。
[7]《邓小平文选》第2卷,人民出版社1994年版,第336页。

操问题产生的风险远没有政府政策实施错误导致的社会风险大,因为"实行开放政策必然会带来一些坏的东西,影响我们的人民。要说有风险,这是最大的风险"[1]。对于"有一些人感到不那么顺眼"的政策和事情,"我们的做法是允许不同观点存在,拿事实来说话"[2]。"无论如何,思想理论问题的研究和讨论,一定要坚决执行百花齐放、百家争鸣的方针,一定要坚决执行不抓辫子、不戴帽子、不打棍子的'三不主义'的方针,一定要坚决执行解放思想、破除迷信、一切从实际出发的方针。"[3]

(二) 用教育和法律解决前进中的风险

对于人民群众中存在的各种错误思想和道德问题,邓小平认为:"我们主要通过两个手段来解决,一个是教育,一个是法律。"[4]"我们用法律和教育这两个手段来解决这个问题。只要不放松,认真抓,就会有办法。……我们依靠人民的力量,一定能够逐步加以克服。"[5]邓小平一再强调:"我们不搞运动,主要是进行教育。既是斗争的过程,也是说服教育的过程,但最终说服不相信社会主义的人要靠我们的发展。"[6]完备的法制体系是文化建设的可靠保障。在邓小平看来,中国几千年的社会政治问题主要是缺乏法制,要在坚持四项基本原则的基础上,坚持改革开放政策,"现在我们要认真建立社会主义的民主制度和社会主义法制。只有这样,才能解决问题"[7]。"我们特别强调坚持四项基本原则,反对资产阶级自由化,同时提出加强思想政治工作、说服教育工作,同社会不良风气包括特权思想进行斗争。"[8]"教育人民坚持四项基本原则,这就为我们事业的健康发展从根本上提供了保证。"[9]

对于年轻人的道德教育,要充分利用中国的历史资源,特别是近现代以来的历史发展,教育和引导年轻人正确认识现实,树立正确的人生观、价值观和道德思想。邓小平为此举例说:"在帝国主义、封建主义和后来发展起来的官僚资本主义压迫下,中国继续贫穷下去。这个历史告诉我们,中国走资本主义道路不行,中国除了走社会主义道路没有别的道路可走。一旦中国抛弃社会主义,就要回到半殖民地半封建社会,不要说实现'小康',就连温饱也没

---

[1]《邓小平文选》第3卷,人民出版社1993年版,第156页。
[2]《邓小平文选》第3卷,人民出版社1993年版,第155页。
[3]《邓小平文选》第2卷,人民出版社1994年版,第183页。
[4]《邓小平文选》第3卷,人民出版社1993年版,第148页。
[5]《邓小平文选》第3卷,人民出版社1993年版,第156页。
[6]《邓小平文选》第3卷,人民出版社1993年版,第204页。
[7]《邓小平文选》第2卷,人民出版社1994年版,第348页。
[8]《邓小平文选》第3卷,人民出版社1993年版,第205页。
[9]《邓小平文选》第3卷,人民出版社1993年版,第202页。

有保证。所以了解自己的历史很重要。青年人不了解这些历史,我们要用历史教育青年,教育人民。总之,我们在本世纪还要用十几年时间,下世纪还要用三五十年时间,继续向人们证明,我们选择的道路是正确的。我们对自己的发展充满信心,同时也认识到这不是一件轻而易举的事,不能丧失警惕。斗争要求我们把工作做得更细致一些,注意经常总结经验。"[1]要"吸取历史经验,防止错误倾向"[2]。

(三)经济体制要改革,政治体制也要改革,两手抓,两手都要硬

一方面,"社会主义必须摆脱贫穷","坚持社会主义,首先要摆脱贫穷落后状态,大大发展生产力,体现社会主义优于资本主义的特点"。[3]"我们取得了建设的经验和可喜的成果,这证明坚持四项基本原则、坚持改革和开放的政策是正确的。"[4]怎样评价一个国家的政治体制,"我们评价一个国家的政治体制、政治结构和政策是否正确,关键看三条:第一是看国家的政局是否稳定;第二是看能否增进人民的团结,改善人民的生活;第三是看生产力能否得到持续发展"[5]。总之,是"改革开放使中国真正活跃起来"[6]。

---

[1]《邓小平文选》第3卷,人民出版社1993年版,第206页。
[2]《邓小平文选》第3卷,人民出版社1993年版,第226页。
[3]《邓小平文选》第3卷,人民出版社1993年版,第224页。
[4]《邓小平文选》第3卷,人民出版社1993年版,第212页。
[5]《邓小平文选》第3卷,人民出版社1993年版,第213页。
[6]《邓小平文选》第3卷,人民出版社1993年版,第232页。

第十九章 以德治国:江泽民伦理思想

　　法律与道德作为上层建筑的组成部分,都是维护社会秩序、规范人们思想和行为的重要手段,它们互相联系、互相补充。法治以其权威性和强制手段规范社会成员的行为。德治以其说服力和劝导力提高社会成员的思想认识和道德觉悟。道德规范和法律规范应该互相结合,统一发挥作用。

——江泽民《在中央思想政治工作会议上的讲话》

　　江泽民伦理思想是新时期党的集体智慧的结晶。从党的十三届四中全会以来到党的十六大这13年里,以江泽民为代表的中国共产党人,结合20世纪90年代以来新的时代特征以及我国道德建设的现状,不断对邓小平伦理思想做出新的创新和发展,并初步形成了江泽民伦理思想。它与毛泽东、邓小平伦理思想一脉相承,具有鲜明的时代性、现实性特征,是新时期马克思主义伦理思想中国化的理论新成果。

一、对物质利益和道德关系的阐释

　　社会主义市场经济体制的建立无疑是从党的十三届四中全会以来到党的十六大这13年里最深刻的变革。在这13年间,社会主义市场经济体制初步建立,宏观调控体系不断完善,政府职能转变步伐加快。马克思主义经典理论认为,经济基础决定上层建筑,经济体制改革必然要求有与之相适应的政治、文化体制和思想、道德观念。社会主义市场经济体制的改革必然涉及经济体制和上层建筑诸多领域的深刻变革,与社会主义市场经济相呼应的社会主义精神文明建设,江泽民"把依法治国与以德治国紧密结合起来"[1]治国方略的提出和2001年9月20日中共中央关于印发《公民道德建设实施纲要》的通知,强调了道德在社会发展中的突出作用。

　　伦理学的基本问题就是经济和道德的关系问题。江泽民继承和发展了邓小平提出的物质和精神"两手抓,两手都要硬"的物质利益理论,适应新时

---

[1]《江泽民论有中国特色社会主义》(专题摘编),中央文献出版社2002年版,第337页。

代发展需要,赋予关于物质利益和道德关系的全新的时代阐释。

(一)江泽民在肯定经济振兴在整个国家发展中的基础地位的同时,也强调整个社会要加强思想道德方面的建设,实现社会主义物质文明、政治文明和精神文明的全面发展

江泽民明确指出:"发展是硬道理,这是我们必须始终坚持的一个战略思想。对这个问题,不仅要从经济上看,而且要从政治上看。"[1]"在社会主义现代化建设中,我们始终要以经济建设为中心。党和国家的各项工作都必须服从和服务于经济建设这个中心,而不能离开这个中心,更不能干扰这个中心。"[2]以经济建设为中心是最大的政治。"抓住机遇、加快发展,在政治上、经济上、文化上对我们都很紧要"[3],他在党的十六大报告中明确指出:"开创中国特色的社会主义事业新局面,就是要在中国共产党的坚强领导下,发展社会主义市场经济、社会主义民主政治和社会主义先进文化,不断促进社会主义物质文明、政治文明和精神文明的协调发展,推进中华民族的伟大振兴。"表明我们在大力发展经济的同时,决不能忽视与经济基础相适应的政治制度、思想文化等上层建筑的建设。正是在这个思想基础上,江泽民在我国法制建设取得一定进展的同时,提出了依法治国和以德治国相结合的全新的治国方略。在建设社会主义法制的同时,把社会主义思想道德建设上升为基本的治国方略,坚持依法治国与以德治国的相辅相成、并举并重。江泽民说:"我们在建设有中国特色社会主义,发展社会主义市场经济的过程中,要坚持不懈地加强社会主义法制建设,依法治国,同时也要坚持不懈地加强社会主义道德建设,以德治国。对一个国家的治理来说,法治和德治,从来都是相辅相成、相互促进的。两者缺一不可,也不可偏废。法治属于政治建设、属于政治文明,德治属于思想建设、属于精神文明。二者范畴不同,但其地位和功能都是非常重要的。我们要把法制建设与道德建设紧密结合起来,把依法治国与以德治国紧密结合起来。"[4]由此看来,江泽民在党的十六大报告中阐述的依法治国和以德治国相结合的思想,是一种政治意义上的治国方略,也是对马克思主义发展观的进一步中国化的创新。以德治国,即切实加强社会主义思想道德建设,"要建立与社会主义市场经济相适应、与社会主义法律规范相协调、与中华民族传统美德相承接的社会主义思想道德体系"[5],发展社

---

[1] 《江泽民论有中国特色社会主义》(专题摘编),中央文献出版社2002年版,第92页。
[2] 《十三大以来重要文献选编》下册,人民出版社1993年版,第1647页。
[3] 《江泽民论有中国特色社会主义》(专题摘编),中央文献出版社2002年版,第93页。
[4] 《江泽民论有中国特色社会主义》(专题摘编),中央文献出版社2002年版。第337、336页。
[5] 江泽民:《在中国共产党第十六次全国代表大会上的报告》,人民出版社2002年版,第39页。

会主义精神文明,大力提高全民族的思想道德素质,为中华民族的伟大复兴和人的全面发展奠定坚实的思想道德基础。以德治国思想的提出,无疑是对以经济建设为中心思想的补充,二者的结合构成了江泽民伦理思想中对经济和道德关系的完整阐释。

(二)江泽民指出,在全社会形成共同理想和精神支柱,是有中国特色社会主义文化建设的根本,是马克思主义道德建设的新时代要求

"一个民族、一个国家,如果没有自己的精神支柱,就等于没有灵魂,就会失去凝聚力和生命力。"[1]江泽民在继承邓小平伦理思想的基础上,"深化了对有中国特色社会主义伦理道德体系的认识,较为完整地论述了社会主义伦理道德体系的主要内容"[2]。这一伦理思想体系主要包括:以邓小平理论为中国特色社会主义事业的指导思想;以为人民服务为核心、集体主义为原则的社会主义道德教育;爱国主义、集体主义、社会主义和艰苦创业精神;共产主义思想道德,把先进性要求和广泛性要求结合起来的思想道德;社会主义人道主义精神等。[3]

(三)江泽民在强调经济的基础地位以及加强道德建设的重要性的同时,并不是把二者分裂开来讲的

他认为,社会主义思想道德建设必须要与社会主义市场经济相适应。社会主义道德建设要服从和服务于社会主义市场经济的发展的需要,以发展社会主义生产力为思想道德建设的核心。这与马克思主义关于经济决定道德、道德作为上层建筑也服从和服务于经济的需要的论述是一致的。社会主义道德体系建立只有与社会主义市场经济相适应,才能真正服务于经济发展的需要,成为社会生产力发展的精神动力,相对的这个道德体系才有存在的价值,否则,脱离社会主义经济基础的道德体系不仅不能对经济发展起到积极的推进作用,还会成为阻碍经济发展的思想包袱。因此,建立与社会主义市场经济相适应的社会主义思想道德,无论是对于促进社会主义市场经济健康发展而言,还是对于社会主义思想道德自身建设来说,都具有十分重要的意义。基于此,江泽民强调,"努力建设与发展社会主义市场经济相适应的社会主义思想道德体系,是一项十分重要的工作,必须放在突出的位置来抓"[4],并明确指出:社会主义思想道德建设,要以马列主义、毛泽东思想、邓小平理

---

[1]《十五大以来重要文献选编》上册,中央文献出版社2000年版,第549页。
[2] 王泽应:《江泽民伦理思想研究》,《吉首大学学报》2003年第1期。
[3] 陈晋、王均伟:《毛泽东、邓小平、江泽民与中国先进文化》,广东教育出版社2003年版,第283—284页。
[4]《江泽民论有中国特色社会主义》(专题摘编),中央文献出版社2002年版,第336页。

论为指导,"以为人民服务为核心、以集体主义为原则、以诚实守信为重点,加强社会公德、职业道德和家庭美德建设"[1]。

(四)江泽民不仅对社会主义市场经济基础和社会主义政治、道德等上层建筑的关系给予了界定,而且对作为上层建筑的不同的意识形态间的关系也给予了解释

1. 江泽民对于当前要建设的社会主义思想道德与中华民族传统美德的关系做出了阐述

江泽民认为,当前我国的社会主义思想道德建设必须与中华民族传统美德相承接。社会主义思想道德不是从天上掉下来的,也不是凭空产生的,而是在继承和弘扬中华民族传统美德的基础上发展起来的。中华民族的传统美德是社会主义思想道德的重要来源。因此,大力弘扬和努力吸取中华民族传统美德的精华,特别是弘扬和培育以爱国主义为核心的民族精神,对于加强社会主义思想道德建设无疑具有重大的意义。

2. 社会主义思想道德建设必须与社会主义法律规范相协调

"法律和道德作为上层建筑的组成部分,都是维护社会秩序、规范人们思想和行为的重要手段,它们相互联系,相互补充"[2],因此,思想道德规范要与法律规范相互统一、相互一致,而不能相互对立、相互排斥;两者应该共同发挥作用,而不是各自为政,各吹各的号,各唱各的调。"道德规范与法律规范应该相互结合,统一发挥作用。"[3]

二、对爱国主义、社会主义、集体主义的论述

江泽民伦理思想既是对历史上毛泽东、邓小平等伦理思想的继承,又有对新时代道德现状的反思,内容十分丰富。尤其是对爱国主义、社会主义以及集体主义等一系列道德原则的认识和理解,较之于以往更加成熟,更能够反映新时代的时代特征和社会需要。

(一)江泽民首先对弘扬爱国主义、社会主义和集体主义的重要性做了阐述

他认为,在当今的时代背景之下,弘扬社会主义、爱国主义、集体主义对于社会主义建设是非常必须和有利的。在1994年1月24日的全国宣传思想工作会议上,他就明确地指出,社会主义精神文明建设和道德建设应弘扬主

---

[1] 江泽民:《在中国共产党第十六次全国代表大会上的报告》,人民出版社2002年版,第40页。
[2] 《江泽民论有中国特色社会主义》(专题摘编),中央文献出版社2002年版,第336页。
[3] 《江泽民论有中国特色社会主义》(专题摘编),中央文献出版社2002年版,第336页。

旋律,而"弘扬主旋律,就是要在建设有中国特色社会主义的理论和党的基本路线指导下,大力倡导一切有利于发扬爱国主义、集体主义、社会主义的思想和精神,大力倡导一切有利于改革开放和现代化建设的思想和精神,大力倡导一切有利于民族团结、社会进步、人民幸福的思想和精神,大力倡导一切用诚实劳动争取美好生活的思想和精神。弘扬主旋律,使我们的精神产品符合人民的利益,促进社会的进步,不断满足人民群众日益增长的精神文化需求,这是发展宣传文化事业、繁荣社会主义文化市场的主题"[1]。大力倡导一切有利于爱国主义、集体主义、社会主义的思想和精神,是弘扬时代主旋律的首要任务。1996年9月26日,江泽民在视察人民日报社时的讲话中又特别指出,不管在什么时候、什么情况下,都要在思想上、政治上同党中央保持高度一致,"弘扬爱国主义、集体主义、社会主义的主旋律"。

(二)江泽民继承和发扬了邓小平的集体主义的思想,从新时期建设有中国特色社会主义的实践要求出发,科学完整地赋予了集体主义道德原则以全新的内涵

1. 江泽民认为,集体主义就是强调国家、集体和个人三者利益的统一

这主要表现在对分配原则的规定上。江泽民在党的十六大报告中指出:"调整和规范国家、企业和个人的分配关系。确立劳动、资本、技术和管理等生产要素按贡献参与分配的原则,完善按劳分配为主体、多种分配方式并存的分配制度。"这是在重申党的十四大提出并经十四届三中全会完善的收入分配原则。强调收入分配中要把国家、集体和个人三者的利益结合起来,是我国当前和今后一段时期内收入分配的基本政策。既符合集体主义的原则,也符合我国当前的实际。强调不能忽视个人利益,但也不能片面强调个人利益,而要兼顾国家、集体的利益,这也是为了更好地满足个人利益。

2. 江泽民在党的十六大报告中强调了"效率优先,兼顾公平"原则

这也是对集体主义内涵的全新的解释,是对邓小平集体主义思想的重大发展。我国社会主义现代化建设的实践表明:没有效率,就没有充裕的社会财富和资金积累,也就不可能改变我国落后的面貌,更不可能改善和提高人民的生活水平。但当社会财富积累到一定程度,公平问题就突出为亟待解决的问题。通过公平问题的相对解决,社会就获得一定的稳定性。效率与公平是辩证的统一体。集体主义原则就是要将两者有机地结合起来。既要反对平均主义,又要反对两极分化;既要调动人民群众参与社会主义建设的积极

---

[1] 江泽民:《在全国宣传思想工作会议上的讲话》,《论党的建设》,中央文献出版社2001年版,第134页。

性和主动性,又要发挥社会主义制度的优越性。

3. 提出了全面建设小康社会的新的奋斗目标

对此,江泽民在党的十六大报告中解释得十分明确:"全面建设小康社会的目标,是中国特色社会主义经济、政治、文化全面发展的目标,是与加快推进现代化相统一的目标,符合我国国情和现代化建设的实际,符合人民的愿望。"集体主义是社会主义道德的重要原则。我国各族人民多年来前赴后继地努力,最终的目标就是要过上幸福美满的生活。绝大多数人的贫穷和极少数人的富裕,绝对不是社会主义、集体主义优越性的体现。因此,江泽民提出全面建设小康社会的新的奋斗目标,是新时期建设有中国特色的社会主义的必然要求,也是集体主义的本质体现,符合我国的实际国情和人民的愿望。

(三) 江泽民对爱国主义的性质、内容以及特征的阐述

江泽民认为,爱国主义是一个历史范畴。他指出,我国是一个有着悠久历史的国家,在我国五千多年的历史文明发展进程中,爱国主义从来就是动员和鼓舞人民团结奋斗的一面旗帜,是各族人民共同的精神支柱,在维护祖国统一和民族团结、抵御外来侵略和推动社会进步中,发挥了十分重大的作用。在近代,为了完成反帝反封建的目标,爱国主义表现为救亡图存,许多爱国志士和全国各族人民为了祖国的独立与民族的解放,进行了艰苦卓绝、可歌可泣的斗争。中国共产党成立后,"我们党继承和发扬中华民族的优秀传统,在争取民族独立、维护国家主权的斗争中,付出了最大牺牲,做出了最大的贡献,赢得了全国各族人民的衷心爱戴和拥护。中国共产党人,是最坚定、最彻底的爱国者。中国共产党的爱国主义,是中华民族、中国人民爱国主义的最高风范"[1]。中华人民共和国成立以后,全国各族人民团结奋斗,在很短的时间内迅速地荡涤了旧社会的污泥浊水,治愈了战争的创伤,建立了独立的现代工业和国民经济体系,创造了旧中国不可想象的人间奇迹。在改革开放新的历史时期,我们沿着邓小平建设有中国特色社会主义的道路胜利前进,国民经济和各项事业取得了举世瞩目的巨大成就。

江泽民对爱国主义的内容也进行了具体的阐述。在他看来,"我们所讲的爱国主义,作为一种体现人民群众对自己祖国深厚感情的崇高精神,是同促进历史发展密切联系在一起的,是同维护国家独立和广大人民的根本利益密切联系在一起的。在新民主主义革命时期,爱国主义主要表现为致力于推翻帝国主义、封建主义和官僚资本主义反动统治的斗争,把黑暗的旧中国改造成为光明的新中国。在现阶段,爱国主义主要表现为献身于建设和保卫社

---

[1] 江泽民:《在中国共产党第十四届六中全会闭幕会上的讲话》,《中国教育报》1997年5月12日。

会主义现代化的事业,献身于促进祖国统一的事业"[1]。江泽民对我国现阶段爱国主义的主要特征做出了较为科学的概括。他认为,爱国主义与社会主义、人民民主在本质上是统一的。社会主义是中国人民的历史选择,只有社会主义才能救中国,只有社会主义才能发展中国。而我国社会主义民主的核心是在共产党领导下,人民当家做主,建设和管理自己的国家。维护和发展社会主义民主,是爱国主义的内在要求和重要体现。而且,爱国主义同学习和吸收世界各国人民创造的优秀文明成果是统一的。江泽民指出:"我们所提倡的爱国主义,决不是狭隘的民族主义。中国的发展和进步,离不开世界各国的文明成果。我们的社会主义现代化建设,需要继承和发扬中华民族优秀文化传统,也需要学习和吸收世界各国人民包括在资本主义制度下创造的优秀文明成果。这种学习,应该立足于中国的实际,立足于增强中华民族自力更生的能力。只有这样,中国人民才能和各国人民一道,在促进世界和平与发展方面,充分发挥自己的作用。"[2]

(四)江泽民对于社会主义的认识

20世纪80年代末、90年代初,苏联的解体使世界社会主义的发展陷入低潮。在这种情况下,以江泽民为核心的中国共产党人,高举邓小平建设有中国特色社会主义理论的伟大旗帜,顶住重重压力和困难,不断丰富和发展邓小平理论,使社会主义中国显现出越来越强大的生命力和优越性。江泽民指出,我们党领导的有中国特色社会主义事业,是社会主义物质文明和精神文明的有机统一。同时,在整个社会主义现代化建设的过程中,都必须毫不动摇地坚持两手抓的战略方针。他说:"社会主义的优越性不仅表现在经济政治方面,表现在能够创造出高度的物质文明上;而且表现在思想文化方面,表现在能够创造出高度的精神文明上。贫穷不是社会主义;精神生活空虚,社会风气败坏,也不是社会主义。现代化建设的实践告诉我们,越是集中力量发展经济,越是加快改革开放的步伐,就越是需要社会主义精神文明提供强大的精神动力和智力支持,以保证物质文明建设的顺利进行。必须充分认识到,两个文明建设缺少任何一个方面的发展,都不成其为有中国特色的社会主义。"[3]在此基础上,江泽民还强调,在当代,对广大人民尤其是青年学生

---

[1] 江泽民:《爱国主义和我国知识分子的使命》,《十三大以来重要文献选编》(中),人民出版社1991年版,第1047—1048页。

[2] 江泽民:《爱国主义和我国知识分子的使命》,《十三大以来重要文献选编》(中),人民出版社1991年版,第1050—1051页。

[3] 江泽民:《发挥我军的政治优势,大力加强军队的精神文明建设》,《社会主义精神文明建设文献选编》,中央文献出版社1996年版,第473—474页。

进行坚持社会主义道路的教育至关重要。青少年成长与国家的前途命运息息相关,要有针对性地对青少年深入进行坚持有中国特色社会主义道路的教育。正确认识社会主义事业的艰巨性、曲折性,不能因为世界社会主义运动遭受巨大挫折而得出社会主义"历史终结"的结论。正确认识社会发展的客观规律,不能因为发展中的社会主义国家经济暂时相对落后便陷入"社会主义不如资本主义"、"由社会主义过渡到资本主义"的误区。同时,正确认识社会主义的光明前途,不能因为巩固和发展社会主义需要经历一个漫长的发展过程而动摇走建设有中国特色社会主义道路的决心和信心。只要社会主义国家把自己的事情办好了,把根基打牢了,西方敌对势力"分化"、"西化"我国社会主义的图谋就不会得逞。

总而言之,在江泽民看来,爱国主义、集体主义和社会主义是一个辩证的统一体。当代中国社会所需要弘扬的爱国主义是社会主义爱国主义,是同集体主义密切相关的爱国主义,所提倡的集体主义是社会主义集体主义,是必然表现为社会主义爱国主义的集体主义。社会主义同爱国主义、集体主义的有机结合,构成了当今时代的主旋律,社会主义道德建设就是要唱响主旋律,打好主动仗,将建设有中国特色的社会主义事业全面推向新的更高的水平。

三、对革命功利主义思想的新发展

将无产阶级的革命功利主义运用于现代化建设的实践,是江泽民对邓小平革命的功利主义伦理思想的又一重大的发展。

江泽民在准确把握当今世界的发展趋势和我国社会的深刻变化的基础上,将邓小平的革命的功利主义思想发展到一个新的高度,提出了"三个代表"重要思想。他在党的十六大报告中指出:我们的党要继续站在时代的前列,带领人民胜利前进,归纳起来,就是必须始终"代表中国先进生产力的发展要求,代表中国先进文化的前进方向,代表中国最广大人民的根本利益"。"三个代表"的重要思想,不仅是我们党的立党之本、执政之基、力量之源,而且是江泽民无产阶级革命功利主义思想的完美体现。面对社会主义市场经济体制改革以来,社会出现的新阶层和新群体,及其对中国共产党工人阶级先锋队性质的冲击和挑战,"三个代表"重要思想是对毛泽东"革命功利主义"的继承和发展,是对毛泽东党和人民群众二元社会结构关系体的新发展,是在社会阶层多元化现实面前的理论突破。

"三个代表"重要思想深刻地揭示了社会主义市场经济改革新时期党的宗旨、使命和利益取向的发展宣誓。就像有外国学者强调的:"'三个代表'不能孤立地来看待;它是如下环境中确立起来的:中国共产党向新兴的资本家阶级敞开了大门;把对财产权的保护扩大到个人。其重要目标之一,就是使中国社会的资本主义或市场因素进入到党内,使它们坚持党的规范,包括国家组织的社会主义基础,从而拉拢它们。这是重要的一点,它表明了一些极为真实的途径,借助这些途径,中国政治社会的身份资格得以围绕着两个核心被建构起来:(1)党的领导;(2)党的领导地位的本质在于规范性而不是纯粹的政治性。就这种重要的党政关系来说,'三个代表'运动的目标也在于强调1978年之后改革的社会主义性质。"[1]"三个代表"重要思想不仅强调了在我党领导的社会主义现代化建设的实践中要突出行为的动机,更要重视效果的问题,它是关系到我党先进性和阶级性的大事情,而且强调了人民群众是中国先进生产力和先进文化的创造主体,是实现自身利益的根本力量,是推动我国社会主义制度自我完善和发展的强大的政治保障,也为实现中华民族的复兴指明了正确的方向。显然,它与邓小平"三个有利于"的思想是一脉相承的,是邓小平的革命功利主义在新的历史条件下的发展。

四、对社会主义人道主义精神的理解

社会主义人道主义精神的提出可以说是对社会主义市场经济的一种理论呼应和政策实施。它涉及的核心问题是市场经济与人文精神的关系,而"关于市场经济与人文精神的关系,市场经济是导致人文精神的丧失,还是促进人文精神的生长"[2],这构成了社会主义人道主义精神的时代课题。

江泽民在强调社会主义道德建设的过程中,提出要大力发扬社会主义的人道主义精神的论断。党的十五大强调,要发扬"社会主义的人道主义精神"。江泽民认为,社会主义最重人道。认为作为人,就应该有起码的道德,尊重人的全部权利。社会主义的人道主义是对革命的人道主义的继承和发展,是依据社会主义经济和政治的实际,提出维护绝大多数人的基本权利和利益的切实具体的道德要求,是科学的伦理道德原则,是处理人与人之间关系的一个道德规范,是实实在在的道德要求,具有真实、真诚、可行等特点。发扬社会主义的人道主义精神,是社会主义精神文明建设的重要内容和基本要求。共产党人最尊重人的生存、发展权利,最讲人权和人道。近年来,在社会主义人道主义方面做了大量工作,人民的生活条件有了较大的改善,政治经济权利得到保障,"希望工程"、"温暖工程"、"扶贫行动"、"助残行动"等社

---

[1] [美]拉里·卡塔·巴克尔:《中国的宪政、"三个代表"与法治》,《经济社会体制比较》2007年第1期。
[2] 罗文东:《社会主义人道主义:科学内涵与现实意义》,《江淮论坛》2005年第11期。

会举措,体现了党和政府对失学儿童、下岗职工、贫困地区人民和残疾人的关怀。这表明社会主义人道主义原则在党和政府的倡导下,在全社会得到了普遍遵循和贯彻,有力地证明了我国人权保障的广泛性、公平性、真实性,体现了我国社会主义制度的优越性。

五、生态伦理新思想

江泽民伦理思想在阐述人与人之间关系的同时,也给予人与自然的关系以高度的关注,由此,生态伦理思想构成了江泽民伦理思想的重要组成部分。

当前,全球面临着严重的生态危机,江泽民从哲学、伦理学的视角出发,对全球尤其是中国的生态问题进行了深刻的理性思考。

(一)江泽民以马克思主义的基本思想为依据,对保护生态环境的重要性做了阐述

他认为,"保护生态环境就是保护生产力"。江泽民的这个论断包含两方面的含义。首要一点就是他把生态环境与生产力、经济建设紧密结合起来,从两者相互作用的辩证角度,凸显了生态环境的重要价值,在价值观上实现了从环境无价值到环境有价值的转变。一直以来,人们都在大力强调发展生产力而忽略了对生态环境的保护,基于此,江泽民指出,要高度重视生态环境的价值,要充分认识环境保护与经济发展之间相辅相成的辩证关系,"使经济建设与资源、环境相协调,实现良性循环"[1]。江泽民的这个论断首次在马克思主义思想史上把保护生态环境纳入保护生产力的重要的内容,既强调保护环境具有与保护生产力同等的重要性,又在理论上为我们指明了保护、发展生产力的新思路、新途径。这就要求我们在大力发展生产力的过程中,要从中华民族的整体利益出发,树立生态意识、环保意识,而且由于生产力的发展主要依靠劳动者的生产积极性和生产技能的提高,以及他们对生态环境价值的认识和对生态环境的保护。同时,环境改善有利于劳动者的身体健康和生活改善。因此,我们必须把保护环境、保护资源作为一项很重要的工作做好。江泽民也明确指出:"人口资源环境工作,是强国富民安天下的大事……直接关系我国现代化建设的全局。对这项重大工作必须抓得紧而又紧,做得实而又实,决不能有丝毫的放松和懈怠。"[2]

---

[1] 江泽民:《正确处理社会主义现代化建设中的若干重大关系》,《中国共产党第十四届中央委员会第五次全体会议文件》,人民出版社1995年版,第13页。
[2] 《江泽民在中央人口资源环境工作座谈会上强调全党全国要大力增强紧迫感责任感提高新世纪人口资源环境工作水平》,《人民日报》2001年3月12日。

(二)江泽民提出了要"使人们在优美的生态环境中工作和生活"[1]的目标

在他看来,保护生态环境不仅具有经济方面的意义和价值,更具有满足人们精神生活需求的意义和价值。优美的生态环境不仅能够提升人们的生活质量的需要,而且能够满足人们审美享受的需要。充分认识优美生态环境的道德启迪功能和审美价值,这是内含在江泽民生态伦理观中的一个重要的思想。

(三)江泽民指出生态良好是社会"文明发展道路"的重要标志

江泽民认为,社会发展、进步的目标应当是全面的、综合的,既包括经济发展、社会发展,还包括生态发展,在经济发展的过程中,"必须切实保护资源和环境"[2],"要把控制人口、节约资源、保护环境放到重要的位置"[3]。牢固树立经济、社会、生态三方面全面发展的唯物辩证法的发展观,"努力开创生产发展、生活富裕和生态良好的文明发展道路"[4]。

在深刻地阐述了保护生态环境的重要性之后,江泽民又分别指出了保护生态的基本理念、基本方略和基本条件。在他看来,保护生态环境的基本理念即为"正确处理人与自然的关系,促进人和自然的协调与和谐"。只有科学认识和把握了人与自然的相互关系,牢固树立了人与自然和谐统一的基本理念,才能在实践中真正做到尊重自然、保护生态;才能做到"正确处理经济发展同人口、资源、环境的关系,改善生态环境和美化生活环境"[5],使人们在优美的生态环境中工作和生活。

保护生态的基本方略就是坚持实施可持续发展战略。江泽民指出:"在现代化建设中,必须把实现可持续发展作为一个重大战略。"而可持续发展战略作为一种全新的发展理论和发展模式,包括经济的可持续发展、社会的可持续发展和生态的可持续发展三个方面。因此,江泽民在1996年7月16日第四次全国环境保护会议上的讲话中强调,经济发展,必须与人口、资源、环境统筹考虑,不仅要安排好当前的发展,还要为子孙后代着想,为未来的发展创造更好的条件,决不能走浪费资源和先污染后治理的路子,更不能吃祖宗

---

[1] 江泽民:《在庆祝中国共产党成立八十周年大会上的讲话》,《人民日报》2001年7月2日第2版。
[2] 江泽民:《正确处理社会主义现代化建设中的若干重大关系》,《中国共产党第十四届中央委员会第五次全体会议文件》,人民出版社1995年版,第13页。
[3] 江泽民:《正确处理社会主义现代化建设中的若干重大关系》,《中国共产党第十四届中央委员会第五次全体会议文件》,人民出版社1995年版,第14页。
[4] 江泽民:《在庆祝中国共产党成立八十周年大会上的讲话》,《人民日报》2001年7月2日第2版.
[5] 江泽民:《在庆祝中国共产党成立八十周年大会上的讲话》,《人民日报》2001年7月2日第2版。

饭、断子孙路;控制人口增长,保护生态环境,是全党全国人民必须长期坚持的基本国策;环境意识和环境质量如何,是衡量一个国家和民族文明程度的一个重要标志;各级党委和政府要把环境保护工作摆上重要议事日程,每年要听取环保工作的汇报,及时研究和解决出现的问题,这要成为一项制度。在这里江泽民深刻阐述了可持续发展与生态保护的内在联系,不仅揭示了环境伦理的代内正义和代际正义之间的张力,更明确提出了一系列生态保护的基本方略和措施,主要包括:经济效益和生态效益的统一,眼前发展和长远发展的统一;资源开发和节约并举;大力开展绿色环保活动,加强污染的治理;认真立法、严格执法、加强法律的约束;大力发展科学;等等。

六、民族精神与人的全面发展

全球化已经成为我们这个时代的最大特色。20世纪90年代后,随着全球化势力对人类社会影响层面的扩张,已逐渐引起各国政治、教育、社会及文化等学科领域的重视。在当代中国思想道德建设中,弘扬民族精神具有特殊的重要性。江泽民指出,中华民族的民族精神是我国漫长历史的积淀,也是中华民族屹立于世界的力量之源。"中华民族的精神,最突出的就是团结统一、独立自主、爱好和平、自强不息的精神。中国人民正是依靠这个民族精神,在祖国广阔的土地上创造了一个又一个人间奇迹,缔造了为世人惊叹的灿烂的中华文明。这种民族精神,是中华民族五千多年来生生不息、发展壮大的强大精神动力,也是中国人民在未来的岁月里薪火相传、继往开来的强大精神动力。"[1]

江泽民认为,民族精神是中国人民面对世界范围内各种思想和文化相互激荡的精神力量。民族精神既是时代精神的精华,体现社会进步的趋势和时代发展的要求,也是传统优秀文化思想资源的积淀。江泽民在庆祝中国共产党成立八十周年大会上的讲话里,明确提出了我们必须继承的三种文化成果:"中华民族的优秀传统文化,党和人民在五四运动以来形成的革命文化传统,人类社会创造的一切先进文明成果,我们都要积极继承和发扬。"

江泽民指出:"我们建设有中国特色社会主义的各项事业,我们进行的一切工作,既要着眼于人民现实的物质文化生活需要,同时又要着眼于促进人民素质的提高,也就是要努力促进人的全面发展。这是马克思主义关于建设社会主义新社会的本质要求。我们要在发展社会主义社会物质文明和精神

---

[1] 江泽民:《在中国文联第七次全国代表大会、中国作协第六次全国代表大会上的讲话》,《人民日报》2001年12月19日。

文明的基础上,不断推进人的全面发展。"[1]这是对马克思主义关于人的全面发展理论的新发展,为当代中国道德建设指明了方向和目标。马克思在《共产党宣言》中提出的人的全面发展强调的是共产主义社会的人的自由的基本原则。江泽民在继承这一思想的时候,结合中国特色社会主义实践进行了新的阐发:首先,提出促进人的全面发展是社会主义物质文明和精神文明的重要目标,人的全面发展不再是一个遥不可及的乌托邦和口号,而分解为一个现实的可操作的具体目标;其次,提出了实现人的全面发展的途径,即在保障人民群众的物质小康生活的基础上,通过发挥人民群众的主观能动性,实现自己的愿望和权益,通过提高全民族的思想道德素质和科学文化素质,实现人民思想和精神生活的全面发展,要促进人和自然的协调与和谐,使人们在生态环境中工作与生活;再次,提出了人的全面发展与经济文化发展、物质文化生活等其他各项事业的发展之间的辩证关系。

七、以德治国思想

江泽民在2001年全国宣传部长会议上指出:"对一个国家的治理来说,法治与德治,从来都是相辅相成、相互促进的。两者缺一不可,也不可偏废。法治属于政治建设、属于政治文明,德治属于思想建设、属于精神文明。二者范畴不同,但其地位和功能都是非常重要的。我们要把法制建设与道德建设紧密结合起来,把依法治国与以德治国紧密结合起来。"[2]以德治国思想是以江泽民为代表的党的第三代领导集体对社会主义道德建设整个战略思想的高度概括,是对马列主义、毛泽东思想和邓小平理论的重大发展。江泽民的德治思想不同于中国传统"道之以政,齐之以刑,民免而无耻"的工具主义德治观。而是在坚持法治的基础和前提下的全新德治思想。具体有以下几个方面:

(一)德治与法治的结合是德治与法治关系在现代社会发展背景下的一种科学形态[3]

德治与法治的结合决不仅仅意味着道德与法律的关系,更是明确治国理念如何变为治理实践,努力使德治与法治的结合获得可操作性。"在我国社会主义现代化建设的进程中,依法治国和以德治国都有自己的重要作用。我们一定要坚定不移地实施依法治国的基本方略,同时要充分发挥以德治国的

---

[1] 江泽民:《论党的建设》,中央文献出版社2001年版,第523页。
[2] 《江泽民论有中国特色社会主义》(专题摘编),中央文献出版社2002年版,第337页。
[3] 李兰芬:《德治和法治结合的科学精神》,《马克思主义研究》2003年第1期。

重要作用。"[1]江泽民对德治与法治关系的揭示,表明中国政府对国家治理模式的选择达到了一种新的理性高度,它既与传统治理遥相呼应,又有其独特的时代创新精神,在德治过程中,江泽民强调公民道德的建设,在中共中央关于印发《公民道德建设实施纲要》的通知中指出:"加强社会主义思想道德建设,是发展先进文化的重要内容和中心环节。……在新的历史条件下,从公民道德建设入手,继承中华民族几千年形成的传统美德,发扬党领导人民在长期革命斗争与建设实践中形成的优良传统道德,借鉴世界各国道德建设的成功经验和先进文明成果,努力建立与发展社会主义市场经济相适应的社会主义道德体系,对形成追求高尚、激励先进的良好社会风气,保证社会主义市场经济的健康发展,促进整个民族素质的不断提高,全面推进建设有中国特色社会主义伟大事业。"[2]通知提出要在全社会大力提倡"爱国守法,明礼诚信,团结友善,勤俭自强,敬业奉献"的基本道德规范。"以科学的理论武装人,以正确的舆论引导人,以高尚的精神塑造人,以优秀的作品鼓舞人的四项任务进一步落实。"[3]

(二)选择以德治国与依法治国相结合的治国方略既是对转型中的中国社会结构发展状况的理性认知,也是对中华民族生存意义的合理选择

江泽民提出:"我们在建设有中国特色社会主义,发展社会主义市场经济的过程中,要坚持不懈地加强社会主义法制建设,依法治国,同时也要坚持不懈地加强社会主义道德建设,以德治国。"[4]国家治理模式不仅仅是调整一国社会秩序的一系列规范体系,更是一种表现社会结构的文化形态、一种人的生活意义的选择。因此,一个国家政府选择什么样的治理模式在根本上受其社会结构样态、社会发展状况、社会成员素质、社会动员能力以及国际发展态势诸多方面的影响和左右。

(三)德治不仅仅是调整社会生活的一系列规范体系,还是一种文化形态、一种人的生活意义,更是一种道德价值的实现方式

作为一种文化,"以德治国"必须"坚持马克思列宁主义、毛泽东思想的指导地位,是我们立党的根本,也是社会主义文化建设的根本,决定着我国文化事业的性质和方向"[5]。理想、信念、世界观、人生观、价值观、意识形态、政治思想,必须融入马列主义、毛泽东思想和邓小平理论指导下的中国特色的社

---

[1]《江泽民论有中国特色社会主义》(专题摘编),中央文献出版社2002年版,第337页。
[2]中共中央关于印发《公民道德建设实施纲要》的通知,2001年9月20日。
[3]新华社:《从中共十三届四中全会到十六大——载入史册的辉煌》,新华网2004年9月24日。
[4]《江泽民论有中国特色社会主义》(专题摘编),中央文献出版社2002年版,第336页。
[5]《江泽民论有中国特色社会主义》(专题摘编),中央文献出版社2002年版,第384页。

会主义道德体系,唯其如此,才能真正体现中国特色,并凝聚中华民族之向心力。作为一种人的生活意义,德治也就是人生社会道德理想的实现过程及其自然形成的良好的社会秩序。德治还是一种强化道德价值的实现方式,它使具有认知、激励、评价等功能的道德获得了维持社会秩序、实现社会稳定的政治功能,在深层次上对"有序化社会共同体的合法性、正当性"问题做出合理的阐释,对政治权力提出价值理性评判的要求。[1]

综上所述,江泽民的伦理思想丰富而具体,它始终同建设有中国特色社会主义伦理道德体系密切相关,它切合中国的社会实际,是对当前中国社会发展现状的最真实的反映,在推动我国政治、经济、文化、生态等各个层面协调发展的过程中发挥着重要的作用。江泽民关于生态伦理的思想,在遵循马克思主义、毛泽东思想和邓小平理论的过程中不断进行理论创新,反映了马克思主义与时俱进的理论品质,是运用马克思主义解决中国现实问题的成功范例。

---

[1] 李兰芬:《德治和法治结合的科学精神》,《马克思主义研究》2003年第1期。

第二十章　批判旧道德宣传新道德：周原冰伦理思想

> 正是这严酷的现实，使我一方面坚定了研究共产主义道德的信念；一方面发觉了以往许多关于共产主义道德的论述未必真的全符合客观实际，也未必真的全符合马克思主义的基本原理，再不能满足于对前人名言作注释或实用主义地把共产主义道德当作可以随意捏造的塑泥了。
>
> ——周原冰《批判旧道德宣传新道德是一项紧迫任务》

周原冰(1915—1991)，安徽天长人。忠诚的共产主义战士、著名的马克思主义伦理学家。1934年加入中国共产主义青年团，投身革命，1939年加入中国共产党，他历任"今天"学社负责人之一、"天长青年救国会"理事长、"天长县动员委令员"工作团团长，天长县抗日民主政府首届秘书，新四军第五旅民运科长兼统战科长，淮南津浦路东天高办事处秘书，高邮县县长，淮南行署财经处副处长兼路东专署财经处长，淮南苏皖边区第三专员公署副专员，代理专员，建设大学行政系主任。新中国建立后在上海工作，曾任中共上海市委宣传部副部长，新华内刊（未定刊）副主编，《学术月刊》总编辑，华东师范大学党委副书记、教授。上海市伦理学研究会第一至三届会长，上海市社会科学学会会长。专于马克思主义伦理学。一生学术思想甚丰，编写和发表了大量的关于道德科学尤其是马克思主义伦理学研究的专著和文章，在《中国社会科学》《哲学研究》《学术月刊》《文史哲》《道德与文明》《读书》《上海师范大学学报》等期刊上发表论文50余篇，著有《共产主义道德通论》《道德问题丛论》《谦虚与骄傲》《道德问题论集》等。对我国马克思主义伦理学学科的建设以及整个中国伦理事业的发展做出了巨大的贡献。

周原冰始终坚持运用马克思主义的方法来研究马克思主义的伦理学。周原冰是一位由一名革命战士而成长为道德理论建设的研究者、实践者、开拓者，为发展我国的马克思主义伦理学付出了毕生精力，做出了卓著的贡献。他说："马克思主义的真理性，不是在于它的片言只语，而是在于她对活生生的现实世界做的精密周到的分析；在于由这种科学分析得出的结论是符合客观实际的；在于所有这些科学分析都是以一定的时间、地点、条件为根据的。……我当然从来也不曾反对去引进社会生活中的具体事例,但我也从不认为只要引述了这些具体事例就算得上是联系了实际……只有通过现象,抓住本质,真正说明和解决人们道德生活中的现实问题,才算得上是联系了实际。"[1]正是由于始终坚持理论联系实际的马克思主义的科学的研究方法,周原冰的伦理思想表现出深刻的实践性的特征,真实具体地反映了时代的演变以及中国社会的变迁,真正服从和服务于整个社会主义建设的需要。

周原冰的伦理思想非常丰富,他不仅用马克思主义的基本观点对一些道德的基本问题包括道德的产生、形成和发展问题、道德的阶级性和继承性问题以及集体主义等道德原则问题进行了阐述,同时对马克思主义道德科学本身的研究对象、范围和方法等也展开了深入的研究,更对无产阶级领导下的社会主义发展过程中坚守的共产主义道德的实质和基本原则进行了澄清,为马克思主义伦理思想的中国化和社会主义道德的发展方向做出了重要的贡献。

一、共产主义道德思想

周原冰把共产主义道德的研究摆在十分重要的位置上。周原冰系统地研究共产主义道德原理,始于1955年。[2]在他看来,在社会主义时期,共产主义道德"是团结广大人民群众提高共产主义觉悟,调动社会主义积极性,开展生产斗争、阶级斗争和科学实验三大革命运动,巩固无产阶级专政的精神武器。共产主义道德在人民群众中普遍、高度的发扬,成了人们自觉遵守的习惯,又是过渡到共产主义社会的基本条件之一"[3]。正是由于认识到发扬共产主义道德的重要性,加之在当时,由于系统地研究马克思主义道德科学的专著几付阙如,仅有一些小册子,虽数量繁多,但不够系统,而苏联施什金的《共产主义道德概论》也有许多与中国实际不相符合的思想,因而难以为中国读者所接受;而且在《培养青年的共产主义道德》出版后,周原冰看到了一篇书评,在对该书作了总体的肯定后,独对"集体主义是共产主义道德的核心"的提法表示怀疑,说它"将会引起读者的误解",周原冰对此给予了高度的重视,说:"我不敢贸然接受或拒绝,究竟将会引起读者什么误解呢?在百思

---

[1] 朱贻庭、秦裕、朱文秋等:《为了道德科学的发展——贺周原冰教授八十华诞》,《道德与文明》1994年第6期。
[2] 周原冰:《〈共产主义道德通论〉序》,《道德与文明》1985年第5期。
[3] 朱贻庭、秦裕、朱文秋等:《为了道德科学的发展——贺周原冰教授八十华诞》,《道德与文明》1994年第6期。

而不得其解的情况下,我便觉得有必要对共产主义道德体系作一番通盘考察。"[1]因此,在这种种原因的促使之下,周原冰自1955年开始进行系统的共产主义道德研究。虽然"文革"曾经一度打断了他的研究,但是周原冰认为:"正是这严酷的现实,使我一方面坚定了研究共产主义道德的信念;一方面发觉了以往许多关于共产主义道德的论述未必真的全符合客观实际,也未必真的全符合马克思主义的基本原理,再不能满足于对前人名言作注释或实用主义地把共产主义道德当作可以随意捏造的塑泥了。"[2]在对真理的这种坚持不懈的追求精神的鼓舞下,周原冰对共产主义道德的实质、基本原则以及在社会主义初级阶段应当怎样看待共产主义道德等问题进行了阐述,为我们在社会主义初级阶段能够始终坚持共产主义的道德理想提供了坚实的理论根基。

(一)共产主义道德的实质

"文革"期间,"四人帮"大肆宣扬"非道德论",批判真理,压抑人性,模糊了共产主义道德同资产阶级的、封建阶级的以及小生产者的道德的界限,妄图用封建法西斯主义的道德观取代共产主义的道德观,造成了思想道德领域极大的混乱,要实现道德领域的拨乱反正,在周原冰看来,应当首先阐明共产主义道德的实质究竟为何,必须首先明确划清共产主义道德与其他非共产主义道德的界限。

首先,在周原冰看来,共产主义道德作为一种道德规范,同样也具有一般道德的共同性质。共产主义道德同其他道德一样,"它同样是一种依靠社会舆论和人们内心信念来约束人们思想、行为的规范,是社会对人们思想、行为的是非、善恶、荣辱的评价标准;它作为一种社会意识形态,同样是一定社会经济基础的上层建筑。它不只是产生于一定的社会的经济基础,反映着一定社会经济基础的客观要求,而且要为一定的社会经济基础服务;或者为巩固、保护现存的社会经济基础发挥舆论作用,或者为新的社会经济基础催生、助产而鸣锣喝道"[3]。

但是,周原冰依照马克思主义全面分析方法认为,共产主义道德作为一种新型的无产阶级道德,除了一般道德的共同性质而外,还具有自己特有的性质。"不阐明共产主义道德特有的性质,就不能分清它和其他非共产主义

---

[1] 朱贻庭、秦裕、朱文秋等:《为了道德科学的发展——贺周原冰教授八十华诞》,《道德与文明》1994年第6期。
[2] 周原冰:《道德问题论集》,上海人民出版社1980年版,第212页。
[3] 周原冰:《道德问题论集》,上海人民出版社1980年版,第212页。

道德的根本区别。"[1]周原冰把共产主义道德特有的性质归结为三点:

第一点,从共产主义道德的产生、形成来看,共产主义道德是以在资本主义社会就已形成的工人阶级道德为基础,用马克思主义的科学共产主义理论武装起来,通过工人阶级自己的政党——共产党的领导和教育,通过所有为共产主义事业而牺牲奋斗的先进人物的示范作用,而逐步丰富、完善和发展起来的。

第二点,从共产主义道德的发展看来,共产主义道德是共产主义事业的一个组成部分,又是实现共产主义事业每一斗争过程都不可缺少的精神武器。共产主义道德无论是否处于社会的统治地位,都是以服务于无产阶级的共产主义事业,发挥精神武器的巨大作用,争取共产主义事业的不断胜利为最终目标的。

第三点,从共产主义道德的基本任务来看,共产主义道德就是要求人民树立新的科学的道德评价的标准,运用这个道德评价的武器,调节人民内部的各种关系,鼓舞人们为共产主义事业而奋斗,改变人们的精神面貌,谴责各式各样的敌人和一切不利于共产主义事业发展的思想行为,为使人类社会永远摆脱剥削制度,为创立、巩固直到完成社会主义—共产主义事业服务。[2]

而且,为了更深入地理解共产主义道德特有的实质,周原冰不仅弄清了共产主义道德同封建道德、资产阶级道德的界限,更进一步将工人阶级的道德同共产主义道德进行比较,进一步明确共产主义道德的真正实质。在他看来,虽然共产主义道德发源于工人阶级道德,但是,马克思主义的科学共产主义理论的产生晚于工人阶级的产生。工人阶级的高度的组织性、纪律性、进步性、大公无私和革命的彻底性等特性及其在道德领域的表现,在马克思主义诞生以前还只能处于一种自发的、分散的、不那么完整的状态,只有在马克思主义的辩证唯物主义和历史唯物主义的指导下,形成了科学共产主义理论,才可能对工人阶级的这些特性及其在道德领域的表现做出科学的分析和概括,使之上升为系统的、完整的共产主义道德体系。[3]

(二)共产主义道德的基本原则

在明确了共产主义道德的实质之后,周原冰又对共产主义道德的基本原则做了阐述。他认为,"共产主义道德特有的实质决定了共产主义道德特有的基本原则"[4],共产主义道德包含了四条基本原则:

---

[1] 周原冰:《道德问题论集》,上海人民出版社1980年版,第212页。
[2] 周原冰:《道德问题论集》,上海人民出版社1980年版,第213—214页。
[3] 周原冰:《简论共产主义道德的实质》,《上海师范大学学报》1979年第3期。
[4] 周原冰:《简论共产主义道德的基本原则》,《上海师范大学学报》1979年第4期。

首先，人们必须始终一贯地忠于共产主义理想和事业，这是首要和最高的基本原则，其基本内容是全心全意为人民服务。周原冰指出："人们的行为必须服从共产主义事业的客观要求，这是共产主义道德最根本的原则。"[1]因为共产主义运动的每个阶段，都只是实现共产主义理想和事业的一个阶梯，从而规定了共产主义道德全部体系的总性质和总方向。

其次，以集体主义作为贯穿各项道德规范的核心要求。这是在处理个人利益与集体（国家、民族和社会）利益关系时，应当遵循和坚持的基本原则。其理论前提是：人不是单个的自然人，而是社会化了的个人。既然正确理解的利益是整个道德的基础，那就必然使个别人的利益符合于全人类的利益，基本内容是一切从集体利益和个人利益统一的观点出发，把集体利益放在首位，又把关心、爱护和帮助群众发展个人利益作为起码要求，因而是与一切阶级特别是剥削阶级相区别的基本立足点。

再次，以主人翁态度自觉进行创造性的劳动。劳动是人类社会存在和发展的基本条件，也是道德进步的基本源泉。共产主义事业的实现，只能植根于自觉的创造性劳动，从而使共产主义道德高于一般劳动人民的道德。

最后，实事求是和以实事求是为基础的忠诚老实。这是检验人们道德品质的标准，也是科学地评估和判断人们行为道德价值的根本尺度，同时又是朴素的无产阶级道德能得以升华为自觉的科学的共产主义道德的主要标志。[2]

（三）共产主义道德在社会主义初级阶段的地位和作用

明确了共产主义道德的实质和基本原则之后，秉持着道德要为社会主义建设服务的基本方针，周原冰对在社会主义初级阶段应当怎样看待共产主义道德的问题进行了论述。在他看来，社会主义初级阶段作为整个共产主义运动中的一个部分、阶段或步骤，结合中国的国情，决定了共产主义道德在当代中国社会主义初级阶段中的地位和作用，归纳起来，有如下几点：

首先，共产主义道德是被马克思主义科学世界观洗练过的道德体系，其科学性和高度的自觉性，使它能在社会主义初级阶段的一切肯定性道德中居于最高层次和核心的地位。只有共产主义道德体系的全部原则才能克服唯心主义和形而上学的主观性与片面性，才能用历史唯物主义的态度来处理整体利益和局部利益、集体利益和个人利益、长远利益和当前利益的关系，因此，共产主义道德在整个社会主义初级阶段中是必不可少的。

其次，共产主义道德是社会主义初级阶段中一切正确的路线、方针、政策

---

[1] 周原冰：《简论共产主义道德的基本原则》，《上海师范大学学报》1979年第4期。
[2] 周原冰：《道德问题论集》，上海人民出版社1980年版，第232—248页。

和措施,沿着社会主义—共产主义政治方向前进的道德方向。

社会主义初级阶段是共产主义运动中的一个部分、阶段或步骤,而共产主义道德的使命就是要从道德领域来保证全部共产主义事业的实现。因此,在社会主义初级阶段,要从道德上保证各项方针、政策、措施都不受干扰地沿着社会主义—共产主义道路前进,就不能不宣传和提倡共产主义道德。放弃共产主义道德的宣传、教育,就意味着放弃社会主义—共产主义的道路。

最后,只有共产主义道德体系和它的基本原则,才能把社会发展的必然趋势不断同现阶段的道德要求统一起来,统率和引导社会主义初级阶段中一切层次的肯定性道德向更高的水平发展。[1]

共产主义是我们追求的理想境界,社会主义作为达到共产主义的必经阶段,社会主义初级阶段的道德必然是以共产主义为最终价值指向的,与共产主义道德是统一的。社会不同阶层、具备不同的具体价值评价标准的人们在共产主义的最终目标指引下,服从和服务于整个共产主义事业的需要。

二、马克思主义道德科学的基本问题研究

除了对共产主义道德的基本问题进行表述之外,周原冰对马克思主义道德科学本身包括其研究对象、研究范围和研究方法等也进行了深入的研究,为更好地掌握马克思主义伦理学并顺利实现中国化打下了坚实的基础。

(一)对于马克思主义道德科学的研究对象,周原冰认为道德的问题即为道德科学的研究对象,"研究道德科学,就必须首先弄清楚什么是道德"[2]

周原冰认为,以往的思想家们无论是唯心主义哲学家还是马克思主义以前的唯物主义哲学家都没有跳出历史唯物主义的陷阱,给予道德以科学的解释。他们不是从上帝的意志或其他主观精神角度来解释道德,就是把人与自然、动物等同起来,把社会性的道德看成是自然性的生物的需要和超人类、超时代、超阶级的人性与本能。只有到马克思、恩格斯创立了科学的辩证唯物主义和历史唯物主义的世界观体系之后,什么是道德的问题才得到了科学的解答。

坚持马克思主义的唯物主义的基本观点,周原冰认为,道德是一种特定的社会意识形态,是属于社会上层建筑的现象;它同法律一样,是一定社会、一定阶级的经济、政治、文化的发展所要求于人们的行为规范。但是与法律不同,道德不具有强制性,它是通过在一定经济基础上产生和形成的社会舆

---

[1] 周原冰:《当前道德理论上的困惑与探索》,华东师范大学出版社1991年版,第16—18页。
[2] 周原冰:《道德问题论集》,上海人民出版社1980年版,第28—29页。

论、人们的内心信念与传统习惯,对人们在处理人与人之间及个人与社会之间关系的态度和行为,所作出的社会评价;以及通过这种评价来调整人们对社会和人们相互之间关系的各种观念、规范、原则、标准的总和。道德作为上层建筑,是由经济基础决定的,是人们利益关系的反映。同时,周原冰尤其强调了道德的阶级性特征。他认为,在阶级社会里,人们的一切关系,实际上无不反映着一定的阶级关系,因此,在阶级社会里,一切道德都只能是阶级的道德,一切道德评价也都是阶级的评价,一个阶级或利益集团的评价往往是赞许那些对本阶级集团有利的态度和行为,贬斥和谴责那些对本阶级不利的态度和行为,因此,"道德评价实际上是要求人们对一定的阶级或社会集团应尽的责任和义务"[1],阶级社会中任何道德评价的标准,都只能是从一定阶级或一定社会集团的根本利益和共同愿望中引申出来的,是为他们的根本利益和共同愿望服务的。

在这种认识的基础上,周原冰还对带有阶级性的道德评价与宗教评价、法律的评价进行了区分。他谴责了资产阶级思想家把宗教和道德混为一谈的思想,认为宗教和道德是完全不同的,没有必然的联系。主要表现在以下几点:

第一,虽然宗教都是反映、宣传和维护着一定的道德观念,但是任何一种道德观念并不一定经过宗教的宣传和维护。封建剥削阶级或者资产阶级往往借助宗教的力量来宣扬自己的道德观念,而建立在对自然和社会发展规律的科学认识基础上的共产主义道德观念,不仅不需要通过任何宗教来反映、宣传和维护,而且相反,它是和一切宗教迷信观念根本对立的,共产主义道德只有在揭破一切宗教迷信的神秘外衣的条件下,给人们以对自然和社会发展的科学认识,才可以得到充分的发扬。

第二,宗教评价都是凭借神的力量,缺乏逻辑上的理由,而道德则是依靠在社会上形成的社会舆论和内心信念来评价的。由此看来,宗教评价的力量之所以能够实现,仍然是来自于一种强制性的力量,即体现着一定的阶级利益和要求的宗教的教规和戒律的力量,而道德评价的力量的发挥是从内而外的,是人们的良心的作用。

因此周原冰认为,把宗教和道德混为一谈是没有客观根据的,不能从本质上揭露道德的社会根源及其作用。

而对于法律和道德,周原冰同样认为二者是完全不同的,他指出,"法律始终是和国家权力联系在一起的,只有在阶级社会里才有,而且只有统治阶

---

[1] 周原冰:《道德问题论集》,上海人民出版社 1980 年版,第 33 页。

级才可以制定法律、实施法律;道德则不一定都和国家权力联系在一起"[1]。道德在阶级产生之前的原始社会就已经存在,而且包括被统治阶级在内的所有人都有属于自身的道德;法律是以其强制力来保证实施的,而道德则是依靠人们内心的赞同的力量来发挥作用的;而且"法律对人们违反道德规范的态度和行为也要进行干涉,但是,法律只是在这些态度和行为直接触犯统治阶级社会的秩序时,才进行干涉;而道德对人们态度和行为所干涉的范围就远比法律要广泛得多"[2]。道德在协同法律干涉所有触犯法律的态度和行为的同时,也对人们日常生活中只能够被谴责而达不到法律制裁标准的行为进行积极干预。

综上所述,周原冰认为道德就是有别于宗教和法律的、由经济利益、阶级利益所决定的特殊的社会上层建筑,而以上对于道德的所有的这些阐述,就是马克思主义对于道德所作的科学的解释,而"凡属有关这些方面的一切现象和问题,都是道德科学的研究对象"[3]。

(二) 周原冰对马克思主义道德科学的研究范围也进行了阐述

在他看来,马克思主义道德科学并不是仅仅研究道德本身的问题,更不是限于研究道德实践中的一个个的具体问题,或者是研究什么是善、什么是恶的问题。周原冰指出,这些对于马克思主义道德科学研究范围的认识"不但排除了对于道德方面哲学问题的研究,而且也排除了对于道德本身规律的研究"[4],从而把道德变成了一种没有理论、脱离实践的超时代、超阶级的东西。因此,他认为,马克思主义道德科学必须研究以下几方面的问题:

第一,马克思主义道德科学必须对历史上各种道德现象的起源和发展的社会渊源展开研究;必须对各种道德同产生它的社会经济基础及人们的社会实践的关系展开研究;必须对各种道德同其他社会意识形态和社会上层建筑的关联展开研究;必须对各种道德之间的矛盾斗争以及在这些矛盾斗争中的相互影响和相互作用展开研究。

第二,马克思主义道德科学必须认真地解剖各种不同道德的观念、原则、标准、规范的实际情况,解剖这些道德观念、道德原则、道德标准和道德规范之间的关联,分析它的前因与后果。

第三,马克思主义道德科学必须细致地考察对于进行道德教育的各种途径(生产斗争、阶级斗争、科学实验以及学校教育、家庭生活和其他社会生活)

---

[1] 周原冰:《道德问题论集》,上海人民出版社1980年版,第36页。
[2] 周原冰:《道德问题论集》,上海人民出版社1980年版,第37页。
[3] 周原冰:《道德问题论集》,上海人民出版社1980年版,第38页。
[4] 周原冰:《道德问题论集》,上海人民出版社1980年版,第44页。

进行周密的考察,从而了解道德观念形成、发展的规律。

(三)马克思主义道德科学也必须研究历史上一切有关道德的思想、理论、学说,研究它们之间的相互联系和相互斗争,研究它们发生、发展的规律,研究它们是怎样影响着各个社会、各个阶级道德的发展的

周原冰在指出了马克思主义道德科学研究的大体范围的同时,也突出强调了马克思主义道德科学研究的中心问题,即有关共产主义道德发展的各种问题和规律,对其他道德问题和规律的研究也是为了更有利于研究共产主义道德。

此外,周原冰也指明了马克思主义道德科学的研究方法。

周原冰不仅对马克思主义道德科学的一些基本问题进行了表述,对如何研究马克思主义道德科学也作了方法论的说明。

周原冰认为,"理论和实际的紧密联系,是马克思列宁主义的基本特征之一,也是研究马克思列宁主义道德的最基本的方法"[1]。因为,"马克思列宁主义学说的科学性总是建立在它的实践性的基础之上的,所以,科学性同实践性的结合,科学性以实践性为基础,就成为马克思列宁主义学说的基本特征和基本的方法论"[2]。

在道德科学的研究方法方面,需要努力做到以下几点:

第一,要在马克思列宁主义思想的指导下,认真总结无产阶级革命的运动和今天社会主义革命与社会主义建设中,大批革命先烈和先进人物的思想行为所表现出的崇高品质是怎样形成、怎样发挥作用的,总结一切与道德问题有关的实践经验。

第二,要把我们对于有关共产主义道德问题的一些认识,再回到无产阶级革命运动和今天社会主义革命与社会主义建设的实践中去,加以反复考证。[3]

从实践到认识,再从认识到实践,这是周原冰根据马克思主义所得出的研究马克思主义道德科学的基本方法,这是我们当前社会主义建设中仍然要坚守不舍的研究马克思主义以及其他理论科学的基本方法。

(四)关于道德的社会根源以及其对社会存在的反作用问题

周原冰对于道德与社会存在的关系的解释坚持了马克思主义唯物主义的基本观点。他首先总结了历史上唯心主义思想家以及早期唯物主义者对

---

[1] 周原冰:《道德问题论集》,上海人民出版社1980年版,第44页。
[2] 周原冰:《道德问题论集》,上海人民出版社1980年版,第44页。
[3] 周原冰:《道德问题论集》,上海人民出版社1980年版,第53页。

于这个问题的错误观点,在他看来,唯心主义者把道德归结为人的主观意志,如"良知"等,或者把道德的根源归结为人体以外的客观理念,如"绝对精神"等,这些都是将观念的东西说成是道德的根源;而早期的唯物主义者则只是从人的自然属性出发去解释道德的根源,把道德说成是由人的"感性需要"、"生理需求"或是"人性"、"人的本能"所固有的,他们认为人天生就有道德和不道德之分,而对于这种不同,他们则用上帝等先验的存在去解释。周原冰认为,早期的唯物主义者同唯心主义者对于道德根源的解释本质上是一样的,都把道德看成是一种独立于人们的社会存在之外的先验的东西,是一种"永恒不变"的"超社会"、"超阶级"的东西,而只有马克思主义对于道德的产生、形成和发展的根源进行了科学的解释。

周原冰坚持了马克思主义的历史唯物主义的观点,认为只有人们的社会物质生活条件才是道德产生、形成和发展的根源。同时,他又进一步指出,对于什么是人们的社会物质生活条件,应该有正确的解释。周原冰认为,仅仅把物质生活条件理解为物质生活资料是不能够解释道德的来源的,因为这不能把人和动物区别开来,而如果把物质生活资料理解为人们从事物质资料生产获得的,这也是不全面的,"它没有指明人类究竟是在怎样的社会条件下从事物质生产活动的,人的认识、人的各种意识为什么都具有社会性"[1]。周原冰指出,"人类是以一定的方式结成了一定的生产关系从事物质生产活动,来谋取物质生活资料,解决物质生活问题,才是最科学、最完整地说明了人们的社会物质生活条件的本质,说明了人的社会意识(包括道德)产生、形成和发展的根源"[2]。之所以如此,周原冰解释道:"只有当人们在生产中相互之间结成一定的关系,人们的生活才能是社会的生活,人们的生产活动才能是社会的生产活动,由此而产生的人们的意识才能是社会的意识。"[3]

然而,周原冰又认为,道德虽然由社会物质生活条件所决定,但是,它不能直接同社会物质生产发生联系,必须通过基础(生产关系的总和)的中介和社会物质生活条件,同社会生产力发生间接关系。这样也就可以解释:在阶级社会中,由于社会生产关系中包含着剥削阶级和被剥削阶级的对立,因而就一定存在着剥削阶级道德和被剥削阶级道德的对立;仅仅是社会物质生产或技术水平的变化,道德及其他上层建筑并不一定就立即发生变化,而必须在社会基础发生变化后才发生变化;要想从根本上改变社会道德风尚以及其

---

[1] 周原冰:《道德问题论集》,上海人民出版社1980年版,第73页。
[2] 周原冰:《道德问题论集》,上海人民出版社1980年版,第73页。
[3] 周原冰:《道德问题论集》,上海人民出版社1980年版,第73页。

他社会上层建筑,就必须用革命的手段从根本上改变社会的经济基础,而不能仅仅依靠技术的改进来改变社会的道德风尚。

周原冰指出,了解了以上这些,对于我们的社会主义建设是具有重要的意义的。我们社会主义的道德建设,是需要以经济的发展为基础的,但是他又澄清指出,那种认为只要社会物质生活条件好了,社会的道德风貌以及人们的道德品质就会自然而然地发展,因而就不必去加强共产主义道德教育工作的思想是极端错误的。他阐述道:"社会物质生活条件,仅仅是道德产生、形成和发展的物质根源,而影响道德的产生、形成和发展的因素却远为复杂"[1],这些因素包括人们在不同的社会条件下结成的生产关系和社会关系、旧道德的影响以及道德本身的内部斗争发展等。

在论述了经济对道德的决定关系之后,周原冰对道德对社会存在的反作用也进行了阐述。他明确指出:"道德不是仅只消极地反映人们的社会存在,当它一经在一定的社会物质生活条件下产生和形成以后,它就积极地反作用于人们的社会存在,或者对社会发展起促进作用,或者对社会的发展起阻碍的作用。"[2]而道德对于社会存在的反作用主要表现在道德以它本身特有的职能,来为产生它的经济基础和阶级服务,维护这些经济基础和阶级的利益,同时还表现在它是指导着和制约着人们行动的一种精神力量。那么,表现于此的道德的反作用在什么情况下是对社会存在起促进作用,在什么情况下又阻碍了社会的发展呢?周原冰认为,道德对社会的发展是否起积极的作用,一定要依赖于两个条件:第一,要看这种道德是否反映社会发展的前进方向;第二,要看这种道德是否为群众所理解、所接受,是否掌握了群众。只有具备了这两个条件,道德才能发挥精神力量的作用促进社会的发展进步。当一种道德不符合这两个条件,对社会的发展起阻碍作用的时候,就需要有新的道德来代替它。然而,周原冰又指出,共产主义道德作为一种最先进的无产阶级的道德,不仅完全符合以上所述的两个条件,而且它能够始终对社会的发展起着促进作用。随着共产主义社会的逐步实现,共产主义道德也在不断地丰富和完善,它能够发挥更大的精神力量推动社会主义社会向更高的水准迈进。

三、道德的阶级性和继承性问题

周原冰对道德的阶级性和继承性问题也谈了自己的看法。他认为,道德的继承性问题同道德的阶级性问题是不可分割的。"必须在肯定到的阶级性

---

[1] 周原冰:《道德问题论集》,上海人民出版社1980年版,第79页。
[2] 周原冰:《道德问题论集》,上海人民出版社1980年版,第112页。

的前提下,来谈道德的继承性;也必须在肯定到的阶级性的前提下,来谈无产阶级道德究竟应该向哪里去继承、继承什么和怎样继承。如果不是这样,那就必然要造成思想混乱,以致堕入资产阶级伦理学家所设置的陷阱。"[1]

周原冰是从道德产生的根源出发来解释道德的继承性问题的。如前所述,周原冰坚持马克思主义唯物主义的基本观点,认为道德是来源于社会物质生活的实践的,反映着不同的阶级的利益和要求。因此,对于当时社会上争论的是否应该继承封建道德来发展社会主义的错误思想,周原冰给予了严厉的批判。他认为,道德的阶级特性是无法抽除的,"抽去了反映这个阶级的利益和要求的东西,它就再也没有任何道德的东西,剩下来的只有一些语言文字了,而语言文字本身当然没有什么阶级性,没有什么不可继承的,然而,它也就不再是道德的继承,只是语言文字的继承了"[2]。而代表着不同的阶级的利益和要求的道德则不能被另一个阶级简单地"移用"。因此,无产阶级的社会不能简单地借用封建社会或资产阶级社会的道德,这是道德的阶级性所不允许的。由此可以看出,道德的继承性是与道德的阶级性不可分割的,而且道德的阶级性在一定程度上决定了道德的继承性的可能性。而且,周原冰更进一步对道德的时代性和阶级性进行了研究,他认为,二者是分不开的。他借用恩格斯的话说明了道德的时代性和阶级性的关系,即"而社会直到现在还是在阶级对立中运动的,所以道德始终是阶级的道德","只有在不仅消灭了阶级对立,而且在实际生活中也忘却了这种对立的社会发展阶段上,超越阶级对立和超越对这种对立的回忆的、真正人的道德才成为可能"。因此,没有什么超时代、超阶级的道德,在当今的时代强调继承封建时代或资产阶级时代的道德是十分的荒谬的。周原冰也明确指出:"在今天强调什么被统治阶级要继承统治阶级的道德,无产阶级要继承过去封建统治阶级的道德,就只能意味着麻痹无产阶级、解除无产阶级的思想武装。"[3]而且,周原冰继续指出,任何一种道德都是适应经济基础而产生的,由此产生的道德必定为产生它的那种社会经济基础和社会阶级服务,因此,"在阶级社会里,在任何情况下,统治阶级的道德都不可能成为当时被统治阶级的道德,被统治阶级的道德也都不可能成为当时统治阶级的道德。这样,在任何一个阶级社会里,就不能同时存在着两种阶级的道德,彼此互相对立者、斗争着"[4]。而正由于在同一个阶级社会里存在着两种对立的道德,因此,也就存在着两种

---

[1] 周原冰:《道德问题论集》,上海人民出版社 1980 年版,第 205 页。
[2] 周原冰:《道德问题论集》,上海人民出版社 1980 年版,第 185 页。
[3] 周原冰:《道德问题论集》,上海人民出版社 1980 年版,第 191 页。
[4] 周原冰:《道德问题论集》,上海人民出版社 1980 年版,第 200 页。

对立的道德传统,即剥削阶级的道德传统和劳动人民的道德传统,而且由于两种道德传统出现在同一个社会中、具备同样的时代背景,因此,这两个道德传统还在相互影响、相互作用,双方都以缩小和削弱对方的影响为己任,一方会借助另一方的道德为武器展开相互攻击,这样两种道德传统之间的阶级界限就容易被模糊,这就造成了跨阶级的错误的道德继承的发生。但是,并不是说所有的道德都是不能继承的,周原冰指出,道德本身除了受经济基础的决定之外,本身是具有相对的独立性的,"由于道德在其产生以后的这种相对的独立性,使它在本身的发展过程中有着自己的某种历史联系,只是说旧社会固有的道德传统,会对新道德的产生和发展发生某种影响(不等于遗传)"[1]。按照周原冰的思想,就是我们要注意道德本身的这种延续性,但是我们不能对以往的道德全盘接受。

因此,基于以上的思想,周原冰指出了我们当前如何进行道德的继承,他认为我们如果要继承的话,"首先应该继承的是无产阶级自己的道德传统"[2],而对于历代劳动人们和先进人物的优秀的道德品质,我们当然也要继承,但是要明确那只是"流"而不是"源",必须经过无产阶级自己的消化和改造,使其不再只是原来的东西。那么,针对如何发掘无产阶级自己的道德传统,周原冰指出,要用马克思列宁主义的立场、观点和方法,认真研究:"自从无产阶级登上历史舞台以后,它过去和现在是在怎样的一种经济关系中处于怎样的一种阶级地位,它的根本利益何在?过去和现在,在无产阶级内部及无产阶级与社会上其他各阶级之间究竟存在过和存在着怎样的一种关系,有些什么样的矛盾和问题?从道德领域来看,无产阶级在自己的斗争实践中有些什么样的经验教训?从这里去寻找集中体现在无产阶级先进分子和代表人物思想行为中的高贵品质,看看他们的这些高贵品质是怎样形成的,从中概括出真正是无产阶级自己的道德传统,而加以继承、加以发扬光大。"[3]而对于统治阶级的道德,周原冰认为,我们要立足于无产阶级革命的利益,按照阶级斗争的观点进行科学分析。他说:"对于过去统治阶级的道德,包括封建地主阶级的道德和资产阶级的道德,我们也要分析、也要批判。但那是为了消毒,为了从中找出一些值得重视的反面教材,为了从反面教育广大人民群众,为了作为历史的借鉴以便更有利于发扬无产阶级的和共产主义的道德,决不是要保留这些道德遗产中的某些因素,更不是要发扬其中的某些因素。"[4]

---

[1] 周原冰:《道德问题论集》,上海人民出版社1980年版,第186页。
[2] 周原冰:《道德问题论集》,上海人民出版社1980年版,第206页。
[3] 周原冰:《道德问题论集》,上海人民出版社1980年版,第206页。
[4] 周原冰:《道德问题论集》,上海人民出版社1980年版,第209页。

总而言之,周原冰从分析道德的阶级性出发,揭示出道德继承性的一些规律,大体说来就是吸收消化的原则。我们要从道德传统中吸收精华,"吸收是要经过消化的。消化了的东西,当然不再是原来的东西"。"吸收就必须经过批判,即对精华的部分也并不是移用,而是要经过改造,使它根本变了质,不再是原来的东西。"[1]

四、对集体主义道德原则的认识

周原冰在发挥主体性的要求下,对应当如何看待集体主义道德原则的问题进行了阐述。对于这个问题,周原冰从四个方面进行了分析。

(一)周原冰从马克思主义的基本观点出发,明确了道德主体究竟为何

他认为:"道德的主体不是单个的自然人,而是人类社会或社会化了的人类。"[2]"人的一切的价值、尊严、利益都应以此为根据。"[3]以此认识为基本的出发点,周原冰分析了集体主义和个人主义原则之间产生矛盾的症结所在。他明确表明此分析的前提是分析共产主义道德体系的集体主义原则。在周原冰看来,共产主义道德体系的集体主义原则是建立在两个基本点之上的:一是它不仅以集体和个体是矛盾统一体的科学认识为前提,而且总是从集体和个体、社会和个人、大局和小局的辩证统一观出发,来看世界、看社会、看人生的。也就是说,同个人主义相反,我们认为集体是个体的有机的结合,二者密不可分,集体的利益、需要、意志和要求,正是这个集体所有个体所共同的、根本的和互相一致的利益、需要、意志和要求。这才是社会主义集体主义考虑问题和处理问题的出发点和归宿地。二是在集体和个体、社会和个人、大局和小局间发生矛盾冲突时,从行为选择路线的天平上确定集体主义原则的价值。集体主义和个人主义原则之间的症结所在就是这两个基本点。这也就更加明确表明,作为共产主义道德体系的集体主义同个人主义在道德领域的对立。当我们谈到集体的利益、需要、意志和要求时,就是指集体中所有个体共同的、根本的那些利益、需要、意志和要求,绝不是否认各个个体之间还会有个别的、非根本的利益、需要、意志和要求的实际存在,从而绝未否认在不妨碍集体的原则下,个体具有相对的独立性;而且恰恰正是科学地、恰如其分地承认了这一切确实存在,并且将其放在恰当的位置上。

但是,周原冰在强调社会主义要坚持集体主义原则的同时又指出:"我们

---

[1] 周原冰:《道德问题论集》,上海人民出版社1980年版,第208页。
[2] 周原冰:《当前道德理论上的困惑与探索》,华东师范大学出版社1991年版,第47页。
[3] 周原冰:《当前道德理论上的困惑与探索》,华东师范大学出版社1991年版,第47页。

并不主张在任何时候和任何情况下凡事都要挂上集体主义的招牌或给予个人主义的贬号。""因为这种各个个体的个别的、非根本的方面,并非在任何时候、任何情况下,都会和集体的、共同的、根本的利益、需要、意志、要求,发生矛盾冲突以致对抗;而在人民内部和社会主义条件下,更理应通常是协调、和谐、一致的。出现了不协调、不和谐、不一致是不正常的,正是我们需要按照集体主义原则去调解的地方。而在协调、和谐、一致的情况下,当然就不存在集体主义和个人主义原则对立的问题。"[1]

同时,针对当时社会上出现的对于社会主义初级阶段是否适合、应不应该、能不能坚持集体主义的原则的疑惑,周原冰在剖析了这些疑惑的本质之后,对在社会主义初级阶段坚持集体主义原则的特殊意义进行了表述。

在他看来,首先,关于在社会主义初级阶段坚持集体主义原则,有无现实性和能否为群众接受的问题,归根到底,是我们所坚持的集体主义原则是否符合在这一发展阶段中人民群众的现实利益和根本利益。而这一点在前面已经论述过,我们坚持的共产主义道德体系的集体主义时强调集体利益和个人利益的统一,集体利益由个人利益构成,个人利益的实现依靠集体利益的发展,而绝不是否认个人利益的正当性。所以,在社会主义初级阶段,坚持集体主义是必需的,而且一定会被广大人民群众所接受。

(二)他认为关于在社会主义初级阶段坚持集体主义原则,是否明智,是否会妨碍人民群众去努力提高社会生产力和克服困难的问题,实质上是社会主义现代化建设需要依靠什么样的精神支柱和思想动力问题

周原冰说,我们的社会主义现代化建设是千百万人民群众共同的事业,社会主义初级阶段中的困难和挫折也是全体人民群众共同的困难和挫折,因此,"它就要求人们出于公心,打破个人的狭隘眼界,看到局部更看到全局,看到当前更看到长远,处处以大局为重来权衡得失、统筹兼顾,从而正确处理各种矛盾,凝聚人民群众每个人的聪明才智和积极性"[2]。而这正是作为共产主义道德体系的集体主义原则所要求的,是个人主义所办不到的。只有每个人都投身到集体的事业中去,坚持集体主义的原则,才能产生社会主义事业所需要的可靠、牢固的积极性。

(三)关于在社会主义初级阶段坚持集体主义原则,是否切合时宜的问题,其要害在于对当前的改革开放总方针应当怎样理解的问题

我们当前的社会主义事业是一个全新的事业,一切都靠我们在探索中进

---

[1] 周原冰:《当前道德理论上的困惑与探索》,华东师范大学出版社1991年版,第51—52页。
[2] 周原冰:《当前道德理论上的困惑与探索》,华东师范大学出版社1991年版,第613页。

行,因此需要在摸索中不断进行改革,完善自身;而之所以实行对外开放,主要是我们的社会主义建设事业是在科学、文化事业落后的条件下进行的,因此我们特别需要学习、引进、消化和吸收世界各国一切先进的科学技术与管理经验。周原冰明确指出,改革开放"都是以有利于迅速发展社会主义的生产力,加速社会主义建设的进程为前提的,它一点也离不开集体主义原则,而与个人主义挂不上钩"[1]。

总而言之,依照周原冰的观点,发挥个人的主动性与坚持共产主义的集体主义原则非但不矛盾,二者甚至是统一的。个人与集体在相辅相生的关系下共同成长、共同发展。

综上所述,我们可以看到,周原冰的伦理思想完全是从当时中国的道德现状出发得出的最符合中国实际的结论,虽然其中对阶级斗争等问题的过分强调,使其思想呈现出浓厚的时代特色和主观色彩。作为一名经过革命斗争考验的共产党员、一位坚定的马克思主义学者,但是他始终坚持对马克思主义道德信念的追求和对道德研究新的思考,其理论成果基本上真实反映了马克思主义在新中国成立初期的中国化状况,为改革开放以后中国马克思主义伦理学的发展打下了坚实的基础。周原冰的伦理思想资源是我们了解20世纪50年代至90年代初的一个认知坐标。

---

[1] 周原冰:《当前道德理论上的困惑与探索》,华东师范大学出版社1991年版,第63页。

第二十一章　马克思主义伦理思想的学科化：罗国杰伦理思想

> 马克思主义伦理学是一门科学，是马克思主义整个科学体系的一个重要组成部分。系统地学习和研究这门科学，不仅是我国人民掌握马克思主义伦理学的理论知识，培养共产主义道德品质的需要，而且也是发展马克思主义科学体系，促进社会主义和共产主义事业发展的需要。
>
> ——罗国杰《马克思主义伦理学》

罗国杰(1928—2015)，男，1928年1月3日生，河南内乡人，中共党员，教授，博士生导师，当代中国马克思主义伦理学的开拓者，中国著名伦理学家。1946年考入上海同济大学攻读行政法专业。罗国杰在此期间，参加了中共地下党领导的学生运动，并从一个热血爱国青年成长为一名共产党员。中国人民大学荣誉一级教授，现任教育部社会科学委员会副主任委员、教育部高校马克思主义理论课和思想品德课教学指导委员会主任、中国伦理学会名誉会长等职务。曾任中国人民大学副校长兼中国人民大学出版社社长，国务院学位委员会第二届学科评议组成员，中国伦理学会第一届副会长、第二、三、四届会长，北京市伦理学会第一、二届会长。

罗国杰教授从事伦理学的教学和科研工作40多年来，撰写了《道德教育与价值导向》《以德治国与公民道德建设》《罗国杰文集》《罗国杰自选集》等约200万字的主要著作；主编了《马克思主义伦理学》《伦理学》《中国传统道德》《中国革命道德》《思想道德修养》《道德建设论》《人生的理论与实践》《树立正确的世界观、人生观、价值观》等20多部著作；合编了《伦理学教程》《西方伦理思想史》《中外历史问题八人谈》《以德治国论》《德治新论》等著作。在《人民日报》《光明日报》《哲学研究》等报刊上发表论文近300篇。《马克思主义伦理学》作为新中国第一部伦理学教科书，曾获北京市哲学社会科学优秀成果奖、全国高校优秀教材奖。《罗国杰文集》一书，获第三届中国高校人文社会科学研究优秀成果哲学一等奖。《道德建设论》和《中外历史问题八人谈》均获1999年国家"五个一工程"奖。《思想道德修养》获国家级教学成果奖二等奖

(1997)。《论以德治国的历史、理论与实践》获"五个一工程"入选作品奖。[1]

新中国成立以来,我国的伦理学事业取得了巨大的发展,这当然离不开那些始终坚持运用马克思主义的立场和观点来分析与研究我国具体道德实践的一代代伦理学家们的艰苦努力,而罗国杰便是这些伦理学家中的杰出代表。作为新中国马克思主义伦理学的奠基人之一,在新中国成立初期,罗国杰不仅组织、整理、编辑了中国第一本马克思主义伦理学讲义,而且在新中国的高校中第一次开设了伦理学的课程,为马克思主义伦理思想在新中国的广泛传播打下了良好的基础。"文化大革命"结束以后,在充分分析社会的转型对道德领域所产生的影响的基础上,罗国杰结合中国社会现实,更加深入地对马克思主义伦理学展开了研究,为马克思主义伦理思想中国化的实现以及中国伦理事业的发展创造了良好的开端。"不仅如此,罗国杰先生还迅速组织起一支较为强大的伦理学学术团队,根据当时伦理学教学科研的急需,仰仗《马克思主义伦理学》的教材,先后组织了多批次伦理学研究生班或伦理学培训班。可以毫不夸张地说,罗国杰先生及其学术团队所做的这些努力,促进了改革开放之初中国马克思主义伦理学研究的快速发展,也为现代中国马克思主义伦理学的教学科研培养了大批新生的学术力量,其学术贡献十分重大。"[2]因此,罗国杰被赞誉为"自1980年我国进入改革开放新时代以来,在我国道德的理论与实践领域有重要影响的伦理学家"[3]。

罗国杰教授精通马克思主义伦理学、中西伦理思想史等。其中,罗国杰1982年主编的《马克思主义伦理学》,成为我国第一部完整意义上的马克思主义伦理学教科书,被赞为马克思主义伦理学界的"东风第一枝"[4]。这一著作的问世,以及稍后由罗国杰等著的《伦理学教程》(1986年版),一改国内伦理学界"几乎没有稍学术化、稍像样的基础理论方面的文字问世"[5]的状况,极大地促进了马克思主义伦理学的学科化发展。在学术思想上,他坚持社会主义道德的集体主义原则,提倡用马克思主义的立场、观点和方法弘扬中华民族的优良道德传统与建立具有中国特色的、适合于社会主义现实的伦理学理论体系,强调在新时期反对个人主义、享乐主义和拜金主义的重要现实意义,重视依法治国和以德治国相结合的重要意义,把培养人的道德素质、提高人的道德自我完善能力、改善社会风气作为伦理学研究的主要目的。罗国杰

---

[1] 中国人民大学网站罗国杰教授介绍 http://www.ruc.edu.cn/archives/18445。
[2] 万俊人:《百年中国的伦理学研究》,《高校理论战线》2012年第12期。
[3] 夏伟东:《罗国杰伦理思想简论》,《高校理论战线》2000年第12期。
[4] 林建初:《东风第一枝——读罗国杰主编的〈马克思主义伦理学〉》,《读书》1983年第6期。
[5] 周枫:《对罗国杰等著〈伦理学教程〉的若干质疑》,《社会科学论坛》2006年11月(上半月期)。

的伦理思想最基本的特征就是在坚守马克思主义的基本的立场、方法、观点的同时,又深刻地反映了中国社会的实际,是马克思主义伦理思想与中国实际相结合在新时期的优秀范例。总结和概括罗国杰丰富的伦理思想,不仅对于我们在建设社会主义的过程中能够始终坚持社会主义的方向,尤其对于当前中国的公民道德建设具有重要的理论意义和实践价值。

一、对马克思主义伦理学理论体系的探索

20世纪60年代初,以罗国杰为代表的一批马克思主义伦理学家就在马克思主义伦理学教学大纲的基础上,编写了《马克思主义伦理学讲义》。在12章、约30万字的《讲义》中,对马克思主义伦理学的研究对象、马克思主义伦理学的建立和发展、道德的本质、道德与其他意识形态的关系、道德的批判和继承、道德评价、道德教育和道德修养、中西伦理思想诸多问题进行了开创性的探索。而在"文化大革命"后,在1982年出版的《马克思主义伦理学》中,罗国杰继续用马克思主义的观点对道德的起源、本质、功能及其发展变化的规律进行了科学的论证和阐述,力图"在马克思主义理论的指导下,改造旧的传统伦理学,建立起新的伦理学的体系结构"[1],创造性地构建了包含理论、规范和实践三个部分的伦理学学科体系。1985年,罗国杰与其他学者合作出版的《伦理学教程》和1989年由他自己主编的《伦理学》正是按照这三部分的体系结构来对马克思主义伦理思想展开集中论述的。在这些著作之中,罗国杰明确指出,科学的伦理学是整个马克思主义理论体系中的一个重要组成部分,是一门以道德为研究对象的独立的科学。对于道德,他认为:"道德就是人类现实生活中由经济关系所决定,以善恶评价为标准,依靠内心信念、传统习惯和社会舆论所维系的一类社会现象。"[2]道德由经济关系所决定的,属于社会上层建筑和意识形态,是一种社会的范畴,因此,它必然成为一种特定的社会现象,即道德现象。道德现象的内容是十分丰富的,包含了彼此之间紧密联系的三个方面:道德活动现象、道德意识现象和道德规范现象。罗国杰认为,马克思主义伦理学的研究对象就是包含着道德活动、意识和规范这三方面的道德现象,"只有全面地分析、研究道德的各类现象,才能从总体上把握社会关系,才能使伦理学具有完整的科学体系"[3]。依据历史唯物主义的观

---

[1] 罗国杰:《罗国杰文集》上卷,河北大学出版社2000年版,原载于《伦理学教程》一书的前言,第439页。

[2] 夏伟东:《罗国杰伦理思想简论》,《高校理论战线》2000年第12期。

[3] 罗国杰:《罗国杰文集》上卷,河北大学出版社2000年版,原载于《伦理学》一书的前言,第976页。

点,罗国杰认为,道德现象同其他社会现象一样,都是历史上发生的,与一定的社会物质生活条件和文化氛围相联系的。因此,道德现象是由经济关系决定的,通过人们的社会实践,指导着人们的生产和交往活动,按照一定的道德价值观,或者说按照一定的道德原则和规范在人与人之间形成了一定的道德关系。在这里,罗国杰指出了道德的产生、发展过程,即从经济关系出发,到道德观念、道德原则和规范,进而形成道德关系的变化过程,这是一个从社会存在到社会意识,再从社会意识到社会存在的过程;也是一个从实践到认识,再从认识到实践的过程。从经济生活中寻找道德生活,从道德生活中寻找道德关系,从道德关系中寻找道德现象,从道德现象中细分出道德活动现象、道德意识现象和道德规范现象,并在这样的基础上确立作为"研究道德的学问"的伦理学的"科学地位,这的确是理论上独具匠心的综合创新"[1]。

正是在确定了马克思主义伦理学包含着理论、规范和实践三方面的道德现象为研究对象的基础上,马克思主义伦理学由理论、规范和实践三部分构成的体系才能得以确立。由此,罗国杰确定了马克思主义伦理学理论性、规范性和实践性三个学科特点:马克思主义伦理学是一门理论科学,"它在研究中所要揭示和阐发的应是人类道德现象的最本质、最普遍的联系,是人类道德发展的最一般的过程和规律,是人类道德生活中一些最重要的理论问题"[2];马克思主义伦理学也是规范的学科,罗国杰在《伦理学》中指明马克思主义伦理学的基本任务就是阐明社会主义、共产主义道德规范体系,共产主义的道德规范构成了整个马克思主义伦理学的中心,"离开了对规范体系的论述,也就不可能建立科学的伦理学"[3],但是,罗国杰又同时指出,决不能把道德规范等同于马克思主义伦理学,"如果伦理学只是叙述一个社会的道德规范,那就只能是一种道德诫律,而不能算是一门科学"[4];马克思主义伦理学不仅局限在理论、规范层面,更是一门实践的科学。只有理论和实践的完全的结合,这门学科才能得到验证是否具有旺盛的生命力和广阔的发展前途,马克思主义伦理学只有与各国的具体实践相结合,才能发挥其对实践的强大的指导力和科学的预测性。马克思主义伦理学的这些特点在几十年的中国化的发展过程中得到了最生动的体现。

---

[1] 夏伟东:《罗国杰伦理思想简论》,《高校理论战线》2000年第12期。
[2] 夏伟东:《罗国杰伦理思想简论》,《高校理论战线》2000年第12期。
[3] 罗国杰:《伦理学》,人民出版社1989年版,第22页。
[4] 罗国杰:《伦理学》,人民出版社1989年版,第23页。

二、对集体主义和爱国主义道德基本原则的认识

（一）坚持集体主义的一元价值导向

集体主义问题是关系到一个社会的价值导向的问题,是关涉到一个社会的基本道德原则的确立问题。在我国社会主义建设过程中,随着经济体制的不断改革,有的人认为,在建立社会主义市场经济的条件下,既然经济体制已经由计划经济转向了市场经济,在伦理道德原则上,我们也就应当由提倡集体主义转向提倡个人主义伦理,说"提倡个人主义伦理是与我国社会转型相适应的"。针对这种错误思想,罗国杰认识到研究集体主义问题在社会主义建设中的重要性和意义所在,对集体主义问题展开了深入研究。他在《罗国杰文集》的《自序》中就曾经说过:"改革开放以来,我们在道德问题上的争论,始终都是围绕着个人利益和集体利益的关系、围绕着如何科学地阐释集体主义和正确地对待个人利益的问题展开。在这一问题的讨论中,又必然地、不可避免地要涉及一个根本的问题,就是在当前的社会主义社会中,我们究竟应该提倡什么样的道德原则,是为个人主义正名,还是要旗帜鲜明、坚定不移地坚持社会主义的集体主义?"罗国杰对此做出了明确的回答:我们应当始终坚持集体主义的一元价值导向。

1. 罗国杰对集体主义的内涵加以明确

罗国杰认为,集体主义的根本思想,就是正确处理集体利益和个人利益的关系。他从马克思主义的基本观点出发,认为社会主义集体主义原则,作为整个社会的价值导向和道德基本原则,是同社会主义制度和广大人民的整体利益相一致的,是同社会主义的本质相联系的。社会主义集体主义,包含着相互联系、相辅相成的三个方面的内容:

其一,社会主义集体主义强调集体利益高于个人利益,提倡在集体利益与个人利益发生矛盾时,个人要顾全大局,以集体利益为重,在必要的情况下,个人应当为集体利益而放弃个人利益,甚至为集体利益而献身。但是这也并不是说要完全抹杀个人利益,束缚人的个性,而是由于在社会主义中个人利益和集体利益的一致性,所以,在实现集体利益的同时个人的需求也得到满足,达到双赢的结果。[1]

其二,社会主义集体主义在强调集体利益高于个人利益的前提下,同时强调集体必须尽力保障个人正当利益得到满足,促进个人价值的实现,并力求使个人的个性和才能得到最好的发展。重视个人的正当利益,维护个人的

---

[1] 罗国杰:《坚持集体主义还是"提倡个人主义"?》,《求是》1996 年第 14 期。

尊严和价值,并使每个人的个性能够充分发展,是集体主义的一个重要方面,本来就属于集体主义题中应有之义,只有在集体之中而不是离开集体,个人才能获得全面发展的手段和获得个人自由;社会主义集体主义的特性,就是要为个人全面发展和实现自由提供与创造充足的条件。[1]

其三,集体主义强调个人利益与集体利益的辩证统一。这其实也就是对以上所言两点的总结与概括。集体主义作为社会主义的基本原则,它本身既体现着集体的长远利益,也包含着对个人正当利益的高度重视,二者在根本上是统一的。社会主义的集体是个人利益的代表,个人利益是集体利益的具体体现,二者是根本一致的。没有集体利益的发展和集体价值的实现,也就不可能有个人利益和个人的价值;同样,只有集体中每个成员的个人活力和能动性得到充分发挥,每个成员的价值得到充分实现,集体才能成为坚强有力、富有朝气和充满活力的集体。个人利益、集体利益和国家利益的辩证统一,赋予了社会主义集体主义以强大的生命力。[2]

2. 罗国杰通过对无产阶级道德原则与资产阶级道德原则的比较,明确了集体主义作为无产阶级道德原则的核心地位

罗国杰认为,社会主义的集体主义并不排斥个人主义,而是强调两者的辩证的统一,这种观点与无产阶级的道德原则的出发点、核心和归宿是相契合的。与资产阶级道德原则以自私的人性为出发点,从而强调利己主义、个人主义的观点相反,无产阶级道德原则则以人的现实社会关系的总和为出发点,强调人的整体性和集体性,因此,资产阶级的道德原则的归宿必然是个人利益的满足,强调个人利益高于集体利益;而无产阶级道德原则则必然强调个人利益服从集体利益,以无产阶级的整体利益为最终归宿。正是在这种比较之下,罗国杰肯定了作为社会主义的国家,必然要坚持集体主义,必然要把集体主义作为整个社会的主旋律及其价值导向。

而且,罗国杰还通过对国际、国内形势的分析指出了坚持集体主义价值导向的重要意义。他指出,在国际上,西方敌对势力从来没有放弃从意识形态上对中国的腐蚀,意图用西方资产阶级的民主、自由和人权,用资产阶级的个人主义思想和价值观念来达到改变我们的社会主义制度的目的;而国内,随着社会主义市场经济的建立,多种经济成分的并存,由此出现了"为个人主义正名",甚至彻底否定集体主义的错误的思潮,给思想道德领域带来了极大的混乱。在这样的国际国内情况下,弘扬集体主义的道德原则就变得非常重

---

[1] 罗国杰:《坚持集体主义还是"提倡个人主义"?》,《求是》1996年第14期。
[2] 罗国杰:《坚持集体主义还是"提倡个人主义"?》,《求是》1996年第14期。

要。集体主义是我们协调和解决在社会主义市场经济条件下所产生的许多新问题与新矛盾的重要武器,只有在集体主义价值导向的引导下,我们国家才能实现真正的团结统一、人民和谐一致、社会长治久安,才能有极强的向心力和社会凝聚力,粉碎任何敌对势力的"分化"和"西化"图谋,才能保证国家真正繁荣富强。

3. 既然倡导集体利益和个人利益统一的无产阶级集体主义具有重要的意义,那么,罗国杰对这种集体主义对我们提出的具体的道德要求作出了分析

他认为,这种具体的道德要求主要包括三个层次:

其一,无私奉献,即全心全意为人民服务的层次,在个人正当利益得到满足的同时,自觉地为他人、为社会多做贡献,不计报酬,无私奉献。这一层次是集体主义的最高层次,是一切共产党员、先进分子所力求达到的。[1]

其二,先公后私的层次。这是对广大工人、农民、知识分子的要求。它强调集体利益高于个人利益,要求自觉地考虑集体、社会和国家利益的重要性,努力为建设社会主义而尽自己应尽的义务。[2]

其三,顾全大局,热爱祖国,遵纪守法,诚实劳动,遵守社会主义的公共生活规则、职业道德和家庭伦理道德,这是对一个社会主义社会的公民所应有的基本道德要求。[3]

罗国杰概括的集体主义的这三个具体的道德要求,从实际出发,关涉到社会的每一个个人,既包含了对个人如何处理私利的低层次的道德要求,又有对个人如何对待国家、社会的高层次的道德要求,并且根据不同的社会阶层采取不同侧重点的道德要求,具有极强的社会覆盖性和可操作性。

总之,罗国杰对集体主义道德原则的研究不仅在理论层面上为我们澄清了关于集体主义的错误理解,更从实践角度指明如何在实践生活中去践行集体主义的原则,对于我们在社会主义道德建设中能够始终坚持集体主义一元价值导向具有重要的意义。

(二)强调责任感的爱国主义教育

除了集体主义这个主导的道德原则的论述以外,罗国杰对爱国主义也进行了表述。首先对于何谓爱国主义,罗国杰解释道:爱国主义是人们对自己祖国的大好河山和历史文化的一种深厚的感情,是对自己的民族富强、人民

---

[1] 罗国杰:《坚持集体主义还是"提倡个人主义"?》,《求是》1996年第14期。
[2] 罗国杰:《坚持集体主义还是"提倡个人主义"?》,《求是》1996年第14期。
[3] 罗国杰:《坚持集体主义还是"提倡个人主义"?》,《求是》1996年第14期。

幸福和国家兴旺的一种责任意识。它集中表现为民族自信心和民族自豪感，表现为为国家和民族的利益而奋斗的一种无私献身精神。同时，爱国主义作为民族伦理文化的重要的组成部分，又被看成一种道德规范，是调整个人与集体、个人与民族、个人与国家关系的重要的原则。[1]因此，罗国杰认为，要大力加强爱国主义教育，只有通过爱国主义教育，增强人们的爱国观念、责任意识，才能更好地调整人际关系，增强整个国家的凝聚力和吸引力。罗国杰表明爱国主义是我国当前意识形态领域中重要的价值导向和主旋律。

爱国主义教育具有重要的意义，但是罗国杰认为，我们在大力加强爱国主义教育的同时应该注意一个问题，即要注意提高当代青年对国家、对社会、对民族的责任感。[2]这是针对当代青年群体中出现过分强调自我、过分追求自我的情况提出的。罗国杰指出，中华民族优良道德传统中很重要的一条就是，强调每个人要从小认识到父母养育了他，学校教育了他，国家培养了他，他从小就处于一定的人伦关系上，就应该对父母、对老师、对国家尽伦尽责。一个人只有从小培养起对家庭、对社会、对国家、对民族的高度的责任感，才可能进一步为接受爱国主义教育和思想品德教育打下良好的基础，而且也只有培养起这种责任感和义务感，个人才能与国家、社会融为一体，血肉相连，荣辱与共。

罗国杰对爱国主义责任感的强调，更加贴近实际的生活需要，操作性更强，避免了出现唱高调或空谈的尴尬局面，把爱国主义真正落实到了实处。

三、对中华民族传统道德的批判继承

在中国伦理思想史研究领域，罗国杰十分关注中国传统道德思想，针对如何正确对待传统道德，提出了一系列观点。在《罗国杰文集》的《自序》中，罗国杰指出："由于1958年以后的'左'的思潮和1986年以后在我国出现的一股自由化思潮的影响，在对待中国传统文化和传统道德上，出现了这样和那样的片面性错误倾向。在这个问题上，我们迫切需要对过去的片面认识加以纠正，否则，我们在如何对待传统文化和传统道德方面，就不可能前进。"[3]因此，罗国杰在批驳对待传统道德完全接受和完全排斥两种错误思想的基础上，通过对传统道德的内容和本质特征的把握，指明了对待包括中国古代传统道德和中国革命传统道德在内的传统道德的科学正确的态度。

---

[1] 罗国杰：《爱国主义是企业文化之魂》，《中外企业文化》1995年第1期。
[2] 罗国杰：《加强爱国主义应注意的一个问题》，《中国高等教育》1995年第2期。
[3] 夏伟东：《罗国杰伦理思想简论》，《高校理论战线》2000年第12期。

(一) 对传统道德的内容和特征的论述

1. 针对中国古代传统道德,罗国杰通过对我国古代各家各派的基本伦理思想以及对统治整个封建社会的儒家思想而概括、总结

中国古代各家各派的伦理学家主要是针对十个问题展开分析研究的。这十个问题主要包括道德原则同物质利益的关系问题、道德的最高理想问题、人性问题、道德修养问题、道德品质的形成问题、道德评价问题、人生意义或人生价值问题、道德的必然和自由的关系问题、德治和法治问题、道德规范问题。依据对这十个问题的深入细致的研究,罗国杰总结了古代传统美德的基本内容:强调整体精神,强调为社会、为国家、为民族的爱国主义思想;推崇仁爱原则,强调"厚德载物"和人际和谐;提倡人伦价值,强调每个人在人伦关系中的权利和义务;追求精神境界,向往理想人格;重视修养践履,强调道德的主体能动作用。[1]从这些基本内容中,罗国杰进一步总结了中国古代传统道德的基本特点,即重视人伦关系;重视精神境界,认为道德需要是人的一种最高的需要;具有民族特点的"爱人"精神,从一定意义上说就是一种人本主义精神,这是中国传统伦理思想的核心;重视整体精神和公私关系,这是中国传统文化和民族心理的最高价值,一切价值目标,都以是否能与其相一致为唯一标准;强调道德修养或者说是强调个体的道德修养,这是中国古代独具特色的个体和群体的道德关系论;重视推己及人的道德思维方式。罗国杰指出,这六个方面,"是相互联系从而构成一个整体的,是自成一个系统的。人伦关系或人伦价值是中国传统伦理思想的起点,精神境界是中国传统伦理思想的支柱,人道精神是中国传统伦理思想的核心,整体观念是中国传统伦理思想的归宿,修养践履是中国传统伦理思想的根本要求,而推己及人则是中国传统伦理思想的唯一重要方法"[2]。

2. 罗国杰对于中国传统革命道德的内容和性质也进行了论述

罗国杰指出,中国革命道德是指"中国共产党人、人民军队、一切先进分子和人民群众在中国新民主主义革命和社会主义革命与建设中所形成的优良道德"。它萌芽于1919年五四运动前后,发端于中国共产党成立以后的蓬蓬勃勃的伟大的工人运动和农民运动,经过土地革命战争、抗日战争、解放战争,以及社会主义革命和建设的长期发展,逐渐形成并不断发扬光大。而中国革命道德的性质,罗国杰认为它是马克思主义与中国革命与建设的伟大实践相结合的产物,是马克思主义伦理思想在中国的新发展。中国革命道德是

---

[1] 《传统美德与现时代——著名伦理学家罗国杰教授访谈录》,《冶金政工研究》1994年第4期。
[2] 罗国杰:《论"五四"以来的中国革命道德》,《高校理论战线》2000年第1期。

中华民族的优良道德传统在新的历史时期的继承和发展,是中国古代优良传统道德的新的升华和质的飞跃[1],同时它又是马克思主义的无产阶级道德,是马克思主义主张的共产主义道德在获得了中国化的民族形式后的表现,它与中国古代传统美德是一致的。

在对中国革命道德的性质作了充分的分析之后,罗国杰总结、概括了中国革命道德的具体内容。他指出:"中国革命道德,以实现社会主义和共产主义的崇高理想为最终目的,以全心全意为人民服务为宗旨和核心,以集体主义为基本原则,高举爱国主义与国际主义相结合的旗帜,形成了无私奉献、顽强拼搏、艰苦奋斗、勤俭节约等革命精神。"[2]其中最重要的是核心、原则和奋斗精神。从为人民服务的核心来看,中国革命道德自诞生之初就特别强调为人民服务、为大众谋幸福和为人民的利益献身的极端的重要性。从集体主义的原则来看,以为人民服务的核心为出发点,革命者的所有言行,都应当把人民的利益放在第一位,把党、国家、民族、集体的利益放在第一位,把个人利益融入集体利益之中,在发生矛盾时,一切有革命觉悟的先进分子必要时都应当牺牲自己的利益。从革命精神来看,下定决心,不怕牺牲,排除万难,去争取胜利的顽强奋争精神,是革命战争时期推倒三座大山的有力武器,是社会主义建设时期克服困难、抵御国内外敌对势力破坏和封锁的精神动力。[3]

(二) 对待中国传统道德的科学态度

弘扬中华民族的优良道德传统,必须树立正确的态度。无论是中国古代传统道德还是中国革命传统道德,对它们各自的主要内容和基本特征进行概括的目的,都是为了做到有的放矢、胸中有数,以利于对它们采取应有的正确态度。

1. 罗国杰就对待中国古代传统道德的正确态度进行了阐述

在罗国杰看来,对于中国传统道德的态度在近现代经历了曲折的历程,既经历了正确的批判继承的时期,又由于"左"、右倾思想的影响,经历了全盘否定的阶段。罗国杰在否定了以上两种错误态度的基础上,指出,对于中国传统道德,我们既不能全盘否定,也不能全盘继承。全盘否定势必导致历史虚无主义;全盘继承势必导致复古主义。这两种倾向都是错误的。正确的态度是以历史唯物主义为指导,坚持批判继承、弃糟取精、综合创新和古为今用的方针。"批判继承"是一个总的原则,即强调我们的继承,是在历史唯物主

---

[1] 罗国杰:《论"五四"以来的中国革命道德》,《高校理论战线》2000年第1期。
[2] 罗国杰:《论"五四"以来的中国革命道德》,《高校理论战线》2000年第1期。
[3] 王君琦:《怎样认识"以德治国"?——罗国杰教授访谈录》,《思想政治工作研究》2001年第5期。

义的理论指导下有批判、有选择、有目的继承,是以是否符合广大人民群众的利益为原则的继承。"弃糟取精"是继承文化遗产,特别是继承传统伦理道德的一个重要要求,是一种弘扬精华、除弃糟粕的继承,是经过咀嚼、消化的继承。"综合创新"是强调在吸取中国传统伦理道德时,要注意进行一种"综合"和"创新"的工作。一方面,对中国历史上诸子百家的伦理道德思想,要择各家之精华,加以比较、分析和综合,使之形成一种新的符合时代需要的思想,并使之成为社会主义、共产主义道德的一个组成部分;另一方面,还要注意对全人类的伦理道德遗产进行整理、对比和鉴别,并善于吸取其中有益的东西,同中国的传统伦理道德加以综合,以创造出先进的精神文明。"古为今用"是强调批判继承中华民族道德传统的主要目的,就是为了适应有中国特色的社会主义建设的需要,解决现实生活中的有关伦理道德问题,为我国的经济建设创造良好的道德环境,保证我国的物质文明建设能够沿着社会主义道路更加健康地向前发展。

2. 罗国杰还就对待中国革命道德的正确态度进行了说明

他认为,从历史的经验教训和现实的道德需求来看,批判继承和大力弘扬中国古代优良传统道德具有重要的意义,但他同时也指出:"中国古代的优良传统道德,只有同中国的革命传统道德以及我国当前社会主义现代化事业相结合,才能有生命力,才能对我国当前的精神文明和道德建设发挥积极的作用。"而且他还进一步强调指出:"从社会主义道德的要求来看,更重要的是大力弘扬中国的革命传统道德,发扬无产阶级在社会主义革命和建设过程中所形成的新的道德传统。在这一方面,在过去的一段时间里,已经做出了可喜的成绩,但同我们道德建设发展的要求来说,还做得不够,还显得不相适应。"[1]

在此基础上,罗国杰大力批判了最近几十年来否定中国革命,把革命精神和共产主义道德说成是假话、空话的错误的思想和行为,并结合我国当前道德建设的实际,从三个大的方面,论述了继承和弘扬中国革命传统道德的重要意义。第一,有利于加强和巩固社会主义、共产主义的理想与信念。第二,有利于在全国人民中树立和形成正确的世界观、人生观、价值观与道德观,有利于培养四有新人。第三,有利于改善全社会的道德风尚、抵制一切腐朽思想的腐蚀,提高广大人民群众的思想道德素质。[2]

---

[1] 王君琦:《怎样认识"以德治国"?——罗国杰教授访谈录》,《思想政治工作研究》2001年第5期。
[2] 夏伟东:《罗国杰伦理思想简论》,《高校理论战线》2000年第12期。

四、对社会主义市场经济道德的探索

罗国杰作为一位一贯坚持理论和实践高度结合的马克思主义伦理学家，时刻关注着我国不断变化中的社会生活，探索建立与社会主义市场经济相适应的道德体系。

（一）对"以德治国"的系统阐述

江泽民的"以德治国"思想提出后，引起了社会的强烈反响，褒贬不一，为了澄清各种对"德治"的误解以及人们的一些思想上的困惑，罗国杰对江泽民提出的"以德治国"的重要思想的理论和实践意义、内涵等问题展开了集中、全面的阐述。

1. 江泽民提出的"以德治国"的思想具有重要的理论意义和实践意义

在罗国杰看来，江泽民提出的"以德治国"的思想，是在社会主义建设和发展的新时期，根据马克思列宁主义、毛泽东思想和邓小平理论的指导和现实生活发展的需要，在对我国实行"依法治国"后需要进一步解决问题的思考中提出的，是在对社会稳定工作的深入反思的要求上提出的，是在对道德教育的重要性认识不断加深的基础上提出的，也是在对治国方略全面性的思考中提出的。

"以德治国"的思想是新时期对马克思列宁主义、毛泽东思想和邓小平理论在治国问题上的重大发展，给有中国特色的社会主义增添了新的内容。这一思想，在理论上，是对社会主义关于政治、道德、法律理论的一个新的重大贡献，对今后我国的政治、法学、伦理学的进一步研究有着十分重要的意义；在实践上，将对我国的社会稳定、道德建设、法治建设和社会主义精神文明建设产生积极的影响，从而必将更好地提高我国社会的道德水平，有效地保持社会稳定，大大地推进我国的社会主义市场经济建设。[1]

2. "以德治国"的内涵究竟为何

罗国杰对此作了如下解释。他认为，领会江泽民提出的"以德治国"的重要思想，首先要搞清"德"的内涵，"以德治国"强调的是以社会主义道德治国。社会主义道德是无产阶级道德与中华民族优良传统有机结合的产物，是植根于中华民族五千年的优秀道德传统的土壤，又体现时代特征，融传统美德与现代美德于一体的现代道德，是充分体现了时代性与历史继承性相统一的新道德。现阶段社会主义道德建设，要着眼于建立与社会主义市场经济相适应

---

[1] 王君琦：《怎样认识"以德治国"？——罗国杰教授访谈录》，《思想政治工作研究》2001年第5期。

的思想道德体系。要以马列主义、毛泽东思想、邓小平理论为指导,以为人民服务为核心,以集体主义为原则,以爱祖国、爱人民、爱劳动、爱科学、爱社会主义为基本要求,以职业道德、社会公德、家庭美德建设为落脚点;要坚持正确处理公平与效率的关系,坚持先进性要求与广泛性要求相结合,坚持继承和发扬中华民族优良传统并积极吸收外来的优秀文化成果,要正确处理各种利益关系,树立社会主义义利观,等等。[1]

3. "以德治国"实际上就是培养人们的"羞耻心"

在罗国杰看来,依靠权威性和强制力的法律,可以使人在法律监督的范围内,不做违法的事,但是不能使人有"羞耻之心",不能有知善知恶的荣辱观念,因此,只要法律管辖不到,或者法律有空隙可钻,一些人就会为所欲为,无恶不作。在现实社会中,一些人虽然在法律的管辖和威慑下不敢犯罪,但由于没有羞耻之心,钻法律的空子或者打法律"擦边球"的现象时有发生。没有道德感化,人民群众的道德素质就难以提高,一些人的投机取巧之心就会不断发展,社会风气就会日益败坏,结果往往导致社会的动荡,历史上的教训是应当认真吸取的。在对社会成员的道德教育中,要强化道德说服力和道德劝导力的作用。所谓"说服力",主要就是启迪人们的道德觉悟,激励人们的道德情感,强化人们的道德意志和荣辱观念,从而使人们在内心形成道德行为的内在动因。归根到底,要培养和形成古人所说的"羞耻之心",有了这种"羞耻之心",一个人也就有了道德行为的基础和前提。他强调,我们要把重要的道德规范,尽量纳入我们的法律之中,融入我们的管理制度中,融入群众的各种守则、公约之中。建设与社会主义市场经济相适应的社会主义道德体系的目的,一方面在于提高广大人民群众的道德素质,使人们自觉地扶正祛邪,扬善惩恶,从而有利于形成追求高尚、激励先进的良好社会风气,保证社会主义市场经济的健康发展,促进整个民族素质的提高;另一方面在于保证社会主义市场经济的发展方向,即通过对市场经济的运行带来的社会后果进行价值评判和价值导向,促进市场经济与社会主义的有机结合。[2]

而且,针对有的人把"德治"等同于儒家的"人治",认为实行"德治"会放松或妨碍对"法治"的实施的错误想法,罗国杰将"德治"与儒家的"人治"作了明确的区分,更加明确了当今提倡的"德治"的真正内涵。罗国杰明确指出,我们当前提倡的"德治"是在"法治"基础上的"德治",是继承和弘扬古代"德

---

[1] 王君琦:《怎样认识"以德治国"?——罗国杰教授访谈录》,《思想政治工作研究》2001年第5期。

[2] 王君琦:《怎样认识"以德治国"?——罗国杰教授访谈录》,《思想政治工作研究》2001年第5期。

治"思想的优良成分,并抛弃其糟粕,它与古代德治的根本区别,"不仅表现在今天的德治是与法治相辅相成、紧密结合的德治,而不是重德轻法、排斥法治的德治,不仅表现在今天的德治是在社会主义法制社会的框架内施行的德治,而不是圣人之治,从而导致人治的德治,更重要的是,今天的德治同法治一样,都是以最广大人民的根本利益为出发点和归宿的,是真正厚仁亲善、政通人和的民治"[1]。我们的德治,是以为人民服务为核心、以集体主义为原则,重视道德教育和道德感化的作用,强调选拔干部必须德才兼备,以及领导者和公务员应当以身作则的"德治",这与儒家的"德治"是完全不同的。儒家的"德治"思想,常常被人们误解为是一种"人治"思想,是同法治思想根本对立的,因而遭到全部否定。而我们强调"德治",既不能丝毫损害法治的实施,也不能把德治说成是万能的。

(二) 对公民道德建设问题的系统阐述

自从《公民道德建设实施纲要》颁布以来,道德建设工程在我国进行得如火如荼,作为《纲要》起草人之一,罗国杰对公民道德建设的诸多理论问题进行了系统的阐述。

1. 公民道德建设要根据实际的需要、适应实际的形势发展要求进行

罗国杰认为,要根据新时期道德建设面临的问题,制定适当的道德建设方针、策略。因此,罗国杰首先对当前道德建设面临的诸多新情况、新问题进行了总结、概括。他指出,在新时期有三大新情况,极大地影响了我们的公民道德建设。

第一,经济全球化、政治多极化和科学技术的迅速发展,尤其是信息技术、互联网的出现,带来了政治、思想、道德和文化方面的更加直接、更加迅速的相互激荡、相互冲突和相互影响。信息网络的发展形成了一个新的思想文化阵地,对我们的公民道德建设带来了严峻的挑战,它一方面使我们可以最大限度地吸收人类的文明成果,另一方面一些错误的思潮也随之涌入,动摇着我们公民道德建设所坚守的根基。[2]

第二,我国发展社会主义市场经济以来,经济生活和社会生活领域出现了许多复杂的情况:一是经济成分的多样化以及由此产生的利益主体的多样化。这种多样化的出现,必然带来价值观念、价值取向的变化。二是社会组织形式的多样化及其不断发展。这些不同的组织形式,反映着各种组织的不

---

[1] 关健英:《关注精神世界,谱写道德文章——罗国杰学术思想简论》,《道德与文明》2003年第5期。
[2] 罗国杰:《新时期思想道德建设的问题与对策》,《中国人民大学学报》2000年第5期。

同利益和要求,并且与不同经济成分和利益主体的要求相结合,它们不但要求自己的经济利益的满足,而且还必然要求政治上的利益和权利。三是随着社会经济的不断发展和人民生活水平的不断提高,人们的生活方式也愈来愈多样化。如何正确引导人们的生活成为现实中一个重要问题。四是就业方式和就业渠道的多样化,改变了过去由国家统一分配的形式,突出了个人选择职业的必要。这种多样化的出现,使人们的个人意愿得以更好的满足,为个人的充分发展提供了更多的机遇,但同时也产生了个人就业的某些困难,产生了个人要求同国家和社会需要之间的新的矛盾。[1]

第三,我们在发展社会主义市场经济的过程中,还必须充分认识到"市场"本身所来有的消极的、负面的影响,尤其是在思想道德教育方面所可能产生的负面影响。从一定意义上来说,市场在激起人们的创造性和积极性的同时,也极容易诱发一些人的拜金主义、个人主义和享乐主义思想,诱发一些人的自私自利的思想和贪得无厌的欲望,这也给西方敌对势力以可乘之机,加大对国内的思想侵蚀和分化演变,使我们的思想道德教育面临着一个极为严峻的局面。

面对这三大新问题对我国公民道德建设的威胁,罗国杰指出,要大力提高人民群众的道德素质的要求。在他看来,只有大力提高公民的道德素质,才能使人们自觉地扶正祛邪,扬善惩恶,才能有利于形成追求高尚、激励先进的良好社会风气,保证社会主义市场经济的健康发展,促进整个民族素质的提高。

2. 如何才能提高公民的道德素质

罗国杰认为,就如前面所言,我们要大力加强"以德治国",在充分认识道德和法律作用的基础上,使道德规范和法律规范相互结合,统一发挥作用。同时更要认清新形势,有针对性地加强思想道德建设。根据上述分析,罗国杰直接指出,在新时期应当从以下几个方面有针对性地加强思想道德建设。

第一,正确对待价值取向的多样性。我国社会主义市场经济的发展影响到思想领域,带来了价值取向的多元化。对于这种多元的价值取向,我们不能用马克思主义的价值一元伦对其强行地加以压制,而是要更加努力地用马克思列宁主义武装全党和全国人民,通过讨论、比较和分析的方法来明辨是非,使马克思主义思想能随着社会主义现代化的发展,随着社会主义制度的不断巩固、发展和完善而深入人心,使社会主义思想在人民群众中不断加强,从而使那些错误的思想能逐步地改变过来。

---

[1] 罗国杰:《新时期思想道德建设的问题与对策》,《中国人民大学学报》2000年第5期。

第二,重视理想、信念和"三观"教育。罗国杰认为,在社会主义市场经济条件下,在思想道德建设上,必须重视社会主义和共产主义的理想教育,重视马克思主义的信仰教育。同时为了更好地树立社会主义和共产主义的理想,确立马克思主义的信仰,还必须加强正确的世界观、人生观和价值观的教育,因为,毕竟世界观、人生观和价值观,都涉及人们在社会生活中的根本问题,如果这些问题不能得到正确的解决,要想坚持社会主义道路和建成社会主义的四个现代化是不可能的。

第三,辩证地解决个人利益与集体利益的关系。社会主义的集体利益和个人利益是辩证关系。在强调集体利益至上的同时,也关注个人的正当利益要求,达到个人和集体之间利益的平衡状态,只有这样才能缓解个人和集体之间的矛盾和冲突,达到个体与社会、国家的和谐。

第四,把道德的先进性同群众性很好地结合起来。道德的要求和境界,本身就是多层次、多阶梯的统一,它有最低的基本规范,有较高层次的不断提升,也有最高理想境界。因此,在道德生活中,我们要求每个人将根据自己的具体情况,通过不断的努力,在不同时期,达到不同的境界。罗国杰指出,那种只强调道德基本要求而忽视道德的最高要求,甚至把最高要求看做是脱离实际的认识是错误的,因为丢掉了道德的最高要求,也就否认了道德的丰富内容和它的层次性。那种认为只要遵守法律就是遵守了道德的观点,是一种取消道德的观点,是有害的。

综上所述,坚持依法治国和以德治国相结合的方针是我国当前道德建设的一个重要的目标,同时,我们的思想道德建设也不能以不变应万变,而是必须随着时代的发展而发展,在时代的发展进程中我们必须认真把握新情况,研究新问题,分析新矛盾,以创新的精神在实践中不断地提出解决现实问题的新思想、新方法和新对策,以便使我们的思想道德建设能随着时代的发展而不断发展。这是罗国杰对于公民道德建设的顺利进行的最基本的建议和主张。

五、对家庭伦理道德思想的关注

"婚姻和家庭是社会关系的特定形式。"[1]对家庭伦理道德的主张构成了罗国杰伦理思想很重要的一个方面。罗国杰认为,家庭领域是人们道德生活的一个重要方面,因此,家庭美德也构成了社会道德要求的一个重要的组成部分,而且家庭美德与其他两个社会道德的组成部分即职业道德和社会公

---

[1] 罗国杰:《马克思主义伦理学》,人民出版社1982年版,第366页。

德的关系是相互联系的,因此,家庭美德的建设,能够更好地促进家庭每个成员的思想道德素质和科学文化素质的提高,为形成良好的职业道德和社会公德打下坚实的基础。

罗国杰在坚持恩格斯婚姻家庭观的基础上,将婚姻和家庭视为"人类社会发展到一定阶段的产物,是受物质资料的生产方式决定的,人类的两性和血缘关系借以建立、赖以确定的社会形式"。首先,罗国杰认为:"肯定婚姻家庭关系的社会性,是研究婚姻家庭的出发点。"[1]社会性是婚姻家庭关系中的道德规范问题的根源。同时,罗国杰从共产主义道德标准出发,理解婚姻关系和婚姻制度。婚姻家庭制度是以具体的历史形态存在于社会发展的一定阶段。在私有制的社会形态中,婚姻的关系完全依经济上的保障,"婚姻仍然是阶级的婚姻"[2]。基于社会主义社会的公有制性质,罗国杰认为:"男女婚姻自由,是社会主义婚姻家庭制度的根本特征,是无产阶级婚姻家庭的本质表现。"与之相应的是,"共产主义道德关于爱情、婚姻和家庭关系中的基本要求在于,家庭要以婚姻为基础,婚姻要以爱情为基础"[3]。男女权利平等的原则,体现了社会主义婚姻家庭制度的本质,体现着社会主义家庭道德的意义。此外,包括一夫一妻,保护妇女、子女和老人的合法权利,计划生育等是社会主义婚姻家庭制度的五项基本要求,也是共产主义道德对于婚姻家庭关系的五项基本要求。[4]

在家庭伦理道德的建设中,罗国杰突出了养成良好家风的重要性。在他看来,在精神文明建设和社会主义道德建设中,形成和建立良好的家庭美德,培育和发展一种文明、和谐、健康、向上的家风,有着重要的意义。家庭是社会的细胞,家庭美德同良好家风的建设,必将进一步促进社会道德建设的良性运行,推动我国社会主义精神文明建设更好地向前发展。

首先,罗国杰对"家风"的内涵作了阐释。他指出,"家风"是一种由父母(或祖辈)所提倡并能身体力行和言传身教、用以约束和规范家庭成员的一种风尚和作风。同时也是一个家庭长期培育和形成的一种文化和道德氛围,有一种强大的感染力量,是家庭伦理和家庭美德的集中体现。而且"家风"一经形成,就能不断地继承发展,并有着日积月累、潜移默化、前后相继、陶冶家庭成员性情的作用,它是一个家庭成员的道德水平的体现。作为一种精神力

---

[1] 罗国杰:《马克思主义伦理学》,人民出版社1982年版,第366—367页。
[2] 《马克思恩格斯选集》第4卷第72页,转引自罗国杰:《马克思主义伦理学》,人民出版社1982年版,第367页。
[3] 罗国杰:《马克思主义伦理学》,人民出版社1982年版,第373页。
[4] 罗国杰:《马克思主义伦理学》,人民出版社1982年版,第379页。

量,它既能在思想道德上约束其成员,又能促使家庭成员在一种文明、和谐、健康、向上的氛围中不断发展。[1]

其次,罗国杰阐述了家风与社会风气的关系。他指出,家风同社会风气也有着相互渗透、相互制约的关系。家风既要受社会风气的影响,又能反过来对社会风气的形成、变化,发挥强有力的作用。良好的社会风气有助于良好家风的形成。在社会风气不好的情况下,如果能重视家风建设,那么,良好的家风也能对社会上的污浊空气起到很好的净化作用,有利于整个社会风气的改善。

在了解了何为家风之后,罗国杰进一步指出,家风在我国历史上历来受到广泛的重视,并且留下了大量与家庭伦理和家风有密切的关系的家教、家训、家范、家规以及治家格言,这些深刻地反映了中国传统家风的主要内容。在继承和发扬传统的优良家风的基础上,结合我们现代社会生活和家庭美德的要求,罗国杰指出了一个文明、和谐、健康、向上的家风,一般来说要包括以下几方面主要内容:

第一,尊老爱幼的风尚。尊老爱幼一直是中华民族最重视的道德风尚,并且这一传统的美德已经深深地扎根于中华民族的血液之中,提倡尊老爱幼在当代仍然具有重要的价值和意义。

第二,孝敬父母的风尚。中国传统道德和家风,特别重视对父母的孝敬。中国历史上的思想家们一直坚持认为,孝敬父母是子女的义务和责任,也是一个人有没有"道德良心"的重要体现。他们反复强调,孝敬父母是一切道德的出发点,离开了对父母的孝敬,也就不可能有什么道德。正确地理解孝敬父母的内容和要求,形成新的"孝敬父母"的风尚,对于我们的社会仍然是必要的。而且,我们今天提倡要孝敬父母,决不是要回到家长制的等级关系中,而是要提倡一种文明、平等的新关系。如果父母的言行是错误的,是不符合我国社会的法律和道德要求的,子女不但不能顺从,而且应当提出自己的正确意见,来加以纠正。

第三,勤俭持家的风尚。罗国杰指出,勤俭不是一种管理家庭的方法,而是一种崇高的道德品质,这两个方面是相互为用和相辅相成的。一个家庭如果不能养成艰苦朴素、勤俭持家的家风,子女就必然奢侈浪费,不但不能培养出有作为的子女,而且一个家庭也会很快地走向衰落。

第四,诚实守信的风尚。罗国杰认为,诚实是一个人的立身处世的根本,也是家风的一个重要方面。在家庭教育中,应当特别注意培养子女从小树立

---

[1] 罗国杰:《论家风》,《光明日报》1999年5月21日。

诚实守信的品德。而且诚实守信也是一种社会公德，是市场经济正常运行的最基本、最重要的条件。强调诚实守信的家风的培育，能够对社会公德产生积极的促进作用，有利于全社会道德水平的提高。

第五，勤奋好学的风尚。"励志勉学"、"诗礼传家"，是中国家风中的一个更重要的要求。在家风中，"勤奋好学"一般有两个方面的内容：一是学习文化和科学技术知识，一是学习有关思想道德修养方面的知识。这两方面对于一个良好的家风的养成是必不可缺的。

总之，在《论家风》这篇文章中，罗国杰依据历史唯物主义的基本观点，从分析历史上家庭道德入手，指出了养成良好家风的重要意义以及当代价值。

通过以上的考察论述，我们可以看到，罗国杰的伦理思想十分丰富、广泛而又深刻，其内容涉及社会道德生活的各个层面，他运用马克思主义的基本观点对中国社会当前实际的道德生活和出现的新问题、新情况做出了具体、真实的反映和解答。罗国杰伦理思想可以说是马克思主义伦理思想与现代中国实际相结合的产物，是马克思主义伦理思想中国化所诞生的全新的优秀的学术界理论成果。在把握当前中国实际的前提下，深刻地理解罗国杰伦理思想，对于当前我国的社会主义建设尤其是道德建设具有重要的理论价值和实践意义。

后 记

　　一个教育工作者在自己从事一生的学科领域的研究方向上能走多远、多久、多深,不仅取决于个人兴趣和坚持努力,更与社会发展、学科建设、学者自我的学术境遇和生命感悟如影随形。

　　断断续续历经10年研修的《百年中国马克思主义伦理思想研究述要》,始于鄙人2005年被邀参与国家马克思主义理论研究和建设工程之"经典作家关于意识形态、先进文化和道德的基本观点课题组",2008年被遴选为国家"马工程"之《伦理学》教材编写项目专家,2007年承担了江苏省研究生精品课程《马克思主义伦理思想中国化研究》项目,2013年承蒙苏州大学出版社的青睐,使课题成功入选国家"12·5"重点图书出版规划项目,又得苏州大学哲学一级省重点学科资助……种种的机缘和巧合,使得这个原本没打算出版,只是为课题研究做前期准备的思想资料,得以以书稿形式问世了。尽管这个成果并不能全面追踪并体现当今中国马克思主义伦理思想研究的前沿,却是我长期从事伦理学学科教学和研究的"资料库"与"压舱石"。当她就要面世的时候,我最想说的是"感恩"两字。感恩时代、感恩前辈、感恩同仁、感恩家人、感恩人生。尤其要感恩我的历届研究生,特别是李西杰、王国银、宫向阳等博士为本书付出了艰辛校对和智慧贡献;感恩苏州大学出版社编辑许周鹣老师为本书的编辑出版付出了艰辛的劳动。

　　《百年中国马克思主义伦理思想研究述要》旨在通过对中国马克思主义伦理思想研究的百年回眸与中国马克思主义伦理学建设的梳理,通过对中国马克思主义伦理学的基本理论、基本原则和研究方法的概括总结与探讨,概览百年中国马克思主义伦理思想史与伦理学学科建设的发展进程。纵观全书,形成了如下研究理路和布局框架:

　　首先,对马克思主义伦理道德思想在中国传播、形成与发展的历程进行了一个清楚的断代、梳理与总结。《百年中国马克思主义伦理思想研究述要》将马克思主义伦理思想中国研究分为引介与传播期(1919—1949)、建构与争辩期(1949—1978)、反思与复苏期(1978—1991)、对话和拓展期(1991至今)。这种"历史演进"的划分并不是对中国马克思主义伦理思想史简单刻板的断代,而是在侧重于马克思主义伦理思想中国化研究的社会宏观考量基础上,试图对马克思主义伦理思想中国研究的一种整体性把握,并极大地拓展了中国马克思主义伦理思想研究的领域,更是对长久以来中国马克思主义伦理思想零散研究现状的突破与尝试。

其次,《百年中国马克思主义伦理思想研究述要》聚焦马克思主义的基本理论、基本原则与研究方法等基本问题。对中国马克思主义伦理思想研究的系统性把握是本书的另一学术意图,通过着重从道德的阶级性、继承性,人生价值观问题,婚姻、家庭伦理道德,为人民服务,革命的功利主义,人道主义,爱国主义,集体主义等主题,梳理并向人们系统、鲜明而又深度地彰显马克思主义伦理思想中国化研究中的思想精华。

再次,《百年中国马克思主义伦理思想研究述要》较为准确细致地描绘刻画了中国马克思主义伦理研究贡献者的思想肖像。通过对李大钊、陈独秀、毛泽东、刘少奇、周恩来、邓小平、江泽民、周原冰、罗国杰等政界、学界不同界别代表的思想概括,不仅系统总结和深化了中国马克思主义伦理思想研究的专题论域,更深化和拓展了马克思主义伦理思想中国化研究的人格力量。尽管我们不能避免对思想人物选择的片面性,但这些人物无疑在很大程度上影响并代表着中国马克思主义伦理思想发展与道德建设的理论和实践方向。

诚然,如同我在本书《导论》中指出的,马克思主义伦理学中国化的过程,既是一个社会实践与道德变迁的过程,更是一个伦理学理论研究与学术探讨争鸣的过程,在这漫长而又短暂的一个世纪之中,中国社会发生了并且正在发生着翻天覆地的变化,伦理学理论与道德现实的丰富性远超我们个人所能的想象,我们只能初步而又单纯地勾画出我们意识之中的马克思主义伦理思想研究的中国化镜像。故此,我们期待学界同仁、后辈研习者的关注和批评。

作　者

2015 年 4 月